纺织服装高等教育“十二五”部委级规划教材

印染·服装跟单实务（2版）

YINRAN FUZHUANG GENDAN SHIWU

林丽霞 杨慧彤 主编

東華大學出版社
·上海·

内容提要

根据现代服务业发展转型升级的需要，加快培养跨学科复合型人才及创新技术技能型人才成为当务之急。本书阐述了服装和印染企业中跟单员必须掌握的基本理论和实践操作。在学习印染面料和服装加工方面各种物料和加工方式等知识的基础上，结合在线订单实践操作，让学习者充分掌握审单与资料收集整理、样衣制作、物料采购、生产制单制作、生产计划管理与跟催、生产质量控制与验货、装箱与资料整理等技能，内容完整详实，实操性强。书中主要标题采用中英文对照，可全面增强跟单员专业素质，更好地适应外贸企业的需求。为使学习者更快进入角色并提高业务水平，书中还引入了跟单岗位所需的外贸知识、国际礼仪和常用计算机技巧，进一步完善了学习的系统性和实用性，为相关人员更深层次的学习打下扎实基础。

本书可作为本科院校及高职高专院校相关专业的教材，也可作为纺织印染与服装企业的培训教材或相关从业人员的参考用书。

图书在版编目(CIP)数据

印染·服装跟单实务/林丽霞，杨慧彤主编. —2版.
—上海：东华大学出版社，2015.8
ISBN 978-7-5669-0817-9

Ⅰ.①印… Ⅱ.①林… ②杨… Ⅲ.①印染工业—生产管理—高等学校—教材②服装工业—生产管理—高等学校—教材 Ⅳ.①F407.816.2②F407.866.2

中国版本图书馆CIP数据核字(2015)第146263号

责任编辑/ 杜燕峰
封面设计/ 魏依东
出版发行/ 東華大學出版社
上海市延安西路1882号
邮政编码：200051
出版社网址/ www.dhupress.net
天猫旗舰店/ dhdx.tmall.com
经销/ 全国新华书店
印刷/ 句容市排印厂
开本/ 787mm × 1092mm 1/16
印张/ 19 字数/ 476千字
版次/ 2015年8月第2版
印次/ 2015年8月第1次印刷
书号/ ISBN 978-7-5669-0817-9/TS·619
定价/ 39.00元

前　言

纺织印染、服装加工企业属于劳动密集型企业，一般大中型制衣企业员工数量都在5000人以上，庞大的企业必须有一批高素质的管理人员指挥和管理生产，跟单员也是制造企业必不可少岗位。

由于认识上的差异，很多人不了解跟单员岗位内容，简单认为是文员或者是质检员，导致很多大学生择业时认为这个岗位没技术含量，瞧不起这个工作岗位。实际上，跟单员在大型制造企业中需求数量很大，而且他们在企业中扮演着非常重要的角色，既要懂生产、又要懂管理，属于全能型人才，跟单员的能力直接影响企业的生产效率与质量。近五年，市场与前几年相比有了长足的发展，跟单员岗位的重要性逐渐凸显。从2011年开始，由中国纺织服装教育学会和教育部高等院校纺织服装教学指导委员会牵头，多次组织了全国大学生外贸跟单（纺织）职业能力大赛，使大学生更加全面地认识了跟单员的岗位性质，大大提高了他们学习的积极性，同时也培养和锻炼了大学生的实践动手能力。

与热火朝天的竞赛相比，印染、服装跟单员培训的教材显得跟不上其发展步伐，大部分教材专业色彩太过浓烈，要么完全侧重于外贸管理知识，要么完全侧重于服装加工知识，"准跟单员"无法将管理与制造完美结合。为此，企业对这些具有职业资格证书的"专业人员"还要进行再培训。

针对地方产业对人才的渴求，为了帮助广大服装专业人员、在校大学生以及其他有意向从事相关工作的读者有的放矢地学习印染行业和服装企业跟单知识，从而促进印染与服装行业的健康发展，在全国纺织服装高等教育"十二五"部委级规划教材建设的契机下，江门职业技术学院与行业相关企业合作编写了这本《印染·服装跟单实务》，本教材编写团队由有十年以上印染与服装外贸企业生产加工经验、同时具备跟单管理经验的成员组成，使该教材不仅有理论指导的前瞻性，更具备实际操作的现实性。本书还引入了跟单岗位所需的外贸知识、国际礼仪和常用计算机技巧，使从业人员的管理水平能更上层楼。在此基础上，从业人员还可以综合学习其他外贸跟单理论与实务的知识，便于考取相关技能证书，进一步提升岗位竞争力。

《印染·服装跟单实务》全书由林丽霞老师主持编写和统稿，第一篇、第二篇、第四篇和附录由林丽霞老师编写，第三篇“印染跟单”由杨慧彤老师编写。本书第一版已经过三年的教学实践，在使用过程中发现了一些问题，同时兄弟院校老师也提出了宝贵的意见和建议。第二版在第一版基础上对错漏进行了修订，并结合企业专业人士的意见对部分内容进行了调整、补充和完善。此外，感谢安踏集团卢于飞女士、梦特娇(广州)商业有限公司邓海茵女士、H&M(广州)公司林静方女士，在本书编写过程中她们对书中知识点结构、内容安排和存在的问题等提出了大量宝贵意见，并花费大量时间和精力进行了调整。

在编写本书时，编者参考了大量的文献，由于篇幅有限只能列出主要参考资料，在此一并表示衷心的感谢！

由于本书编写时间所限，纰漏在所难免，真诚欢迎各界人士批评指正以便修正和完善。

编者

2015 年 4 月

目 录

第一篇 服装跟单基础知识

第二篇　服装生产跟进

第三篇　印染跟单

第四篇 岗位相关技能

第一篇　服装跟单基础知识

项目一　跟单员概述

一、跟单概述

自我国改革开放和加入WTO以来，对外贸易和内部需求使得制造业迅速发展，制造业内部分工愈趋细化，跟单员的岗位应运而生。跟单员岗位划清了与其他岗位的责任界限，提高了制造业的管理水平和经营效率，规避了许多业务操作失误和风险。

跟单是企业生存和发展、运作最重要的一个环节，企业的生存与发展，都是以订单为主线条的，作为订单的跟进者，跟单员的工作横跨一个企业运作体系的每一个环节。从管理的角度来说，企业以订单为主线，生产以客户为中心，跟单则是重中之重。作为一名跟单员，面对客户与订单开展工作，在当今社会竞争日益激烈的市场经济环境下，重要性不断突显。在很多公司，跟单员就是老板们的"特别助理"。跟单员岗位的出现影响深远且意义重大，主要表现在以下几个方面：

① 在制造业的发展中，需要既熟悉业务流程、又熟悉生产流程，并能保证合同顺利履行的业务人员，这就是跟单员。它是企业内部管理结构、管理水平和经营效率有效调整和提高的需要，是生产规范化和科学化的表现和标志。

② 随着商品市场的多样化、小批量化以及节奏的加快，企业需要具备更多商品和外贸知识、综合能力强的人员操控订单的全过程，需要专业人员与客户进行沟通和协调，以便于及时发现和避免业务中的隐患，促使订单完成。因此跟单员工作是一项具有"综合性"和"边缘性"的"学科"，它对外要有业务员的素质，对内要有生产管理能力。跟单员工作质量的好坏直接影响企业的经营和发展，对维护客户关系、市场声誉和企业可持续发展具有重要意义。

③ 在订单完成的各要素之间，相对而言，除跟单员外，几乎所有的工作都是执行性质的，唯跟单员工作是有计划性、管理性的。在动态的生产中，企业所有的工作都以客户和订单为中心去展开，作为站在"订单的高度上"去工作的跟单员，其工作是抽象的。跟单员的工作在整个生产系统中起着特定的作用，其工作具有层次性和联结性。跟单员工作可以使企业获得最佳的经济效益，促进企业发展，完成企业获利的目标。

④ 对订单的完成来说，执行者是生产部门，而跟单员的责任是对客户负责，跟单员需要与掌握着"交期"的生产部门进行沟通、督促，其工作挑战性比其他部门高。因此跟单员这个岗位是对传统组织架构的一种超越：它可能挂在业务部，也可能挂在总经理室或厂长室，但它的工作却是跨部门的，它似乎要去"指挥"很多部门。所以它不只是对传统组织形式的一种超越，更是对传统"官本位"组织作风的一种超越。

二、跟单的概念

跟单员是指在企业动作过程中，以客户订单为依据，在贸易合同签订后，依据相关合同或单证对货物生产加工、装运、保险、报检、报关、结汇等部分或全部环节进行跟踪或操作，协助履行贸易合同的从业人员，跟单员是企业内各部门之间及企业与客户之间相互联系的中心枢纽。

内销跟单员与外贸跟单员相类似，差别是其客户是国内客户，其跟进的订单不需经过报关、报检、收汇和出口退税等工作。

三、跟单员的工作特点

1. 较高的责任心

订单的产品质量,是决定能否安全收回货款、保持订单连续性的关键。执行好订单、把握产品质量需要跟单员的敬业精神和认真负责的态度。

2. 协调与沟通

跟单员工作过程中,对内需要与多个部门(如生产、计划、检验等部门)打交道,对外要与客户、物料供应商、商检、海关、银行、物流等单位打交道。跟单员需要协调处理在跟单工作过程中遇到的问题,因而协调与沟通的能力直接影响工作效率。

3. 节奏快、变化多

来自世界各地的不同客户或国内不同地区、类型的客户都有不同的生活方式和工作习惯,跟单员的工作节奏和工作方式必须与客户保持一致。针对不同的需求,也要求跟单员有快速应变能力。

4. 综合性、复杂性

跟单员工作涉及企业所有部门,由此决定了其工作的综合性、复杂性。

5. 涉外性和保密性

在跟单员的跟单过程中,涉及客户、商品、工艺、技术、价格、厂家等信息资料,对企业来说,这是商业机密,对外必须绝对保密。

跟单员一词常见于企业招聘广告中,其英文表达方式多种,主要有:

√ merchant—跟单员(最常用)

√ production plan controller(PPC)等—生产计划员(最常用)

√ order supervisor—跟单员

√ quality controller(QC)—质检员

√ documentary handler—文员

四、跟单员的工作内容及相关技能要求(表1-1)

表1-1 跟单员的工作内容及相关技能要求

工作内容	技能要求
业务跟单	了解基本外贸知识:如谈判、报价、接单、签合同等等,掌握基础外语及函电往来
物料采购跟单	懂营销、懂产品。熟悉物料及其性能、使用和保养方面知识。熟悉其生产周期和价格
生产过程跟单	懂生产、懂管理、懂沟通
货物运输跟单	掌握货物运输知识,包括运输工具、运输方法,配柜和相关价格和物流时间,了解报关知识
客户联络跟踪(客户接待)	了解对客户的管理,懂国际礼仪知识

五、与跟单相关的岗位

在生产企业中,与跟单员相关的岗位主要包括销售员、跟单员、单证员、报关员、报检员、货运代理等。各工作岗位既是相连也是相互独立的。具体关系如下:

① 销售员主要负责业务操作全过程,主要工作内容有从事贸易交流活动、立项、谈判和合同的制作、签定、执行等。

② 单证员主要负责国际贸易业务中有关商检、运输、报检、报关、结汇等环节的单证缮制事务;其工作是国际间的商品买卖过程中的单证制作、验审等工作(解决单证从无到有的过程)。

③ 报关员是根据国家的法律法规、海关的办事程序判断某些货物需要何种手续并准备相关文件，按要求制作报关单等并向海关申报，还要配合海关查验、缴纳相关税费等。其工作主要目的是让货物顺利出口，而单证员的工作则是制作符合信用证、合同规定的单证，实现顺利结汇、收汇。

④ 报检员主要是负责办理国际贸易业务中有关货物、运输工具、物品进出境时的商检事务。

⑤ 货运代理员主要是负责办理货物进出境运输事务。

⑥ 跟单员主要负责业务中有关销售员（经理）交办的涉及业务操作全过程的相关事务，侧重于订单获取后对订单的执行跟踪和操作，跟单员在不同的企业以及由于其工作熟练程度不同，其所涉及的工作内容是不同的；跟单员在工作中，还会涉及上述岗位的部分工作内容。因此跟单员需要掌握销售、物流管理、生产管理、单证与报关等综合知识（图 1－1）。

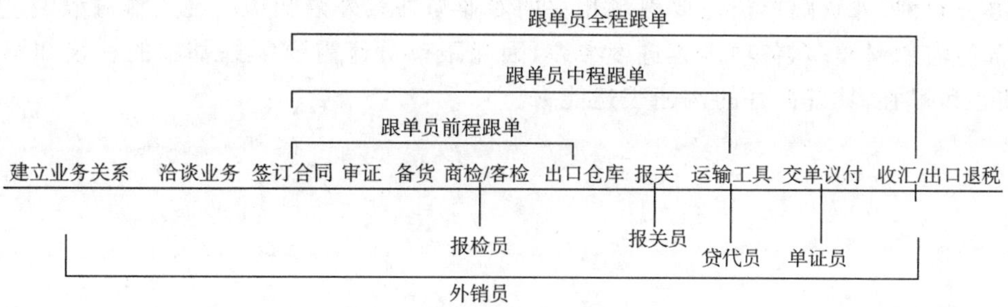

图 1－1　外贸跟单业务进程

六、服装跟单

根据服装的产品属性（图 1－2），服装跟单员应牢牢掌握服装款式、工艺、板型、材料和颜色五项基本知识，具体要求如下：

① 跟单员要熟悉面料及辅料基本特性并对其具有良好的判断和把控能力；

② 熟悉服装加工中涉及的车缝、印花、绣花、钉珠、烫石、贴合、洗水等加工工艺；

③ 熟悉各种服装款式的生产特点；

④ 能根据订单的板型要求，准确测量与控制成衣尺寸；

⑤ 根据订单要求，对面辅料打样颜色进行管理，如批色，对成衣中各种有色物料的技术管理。

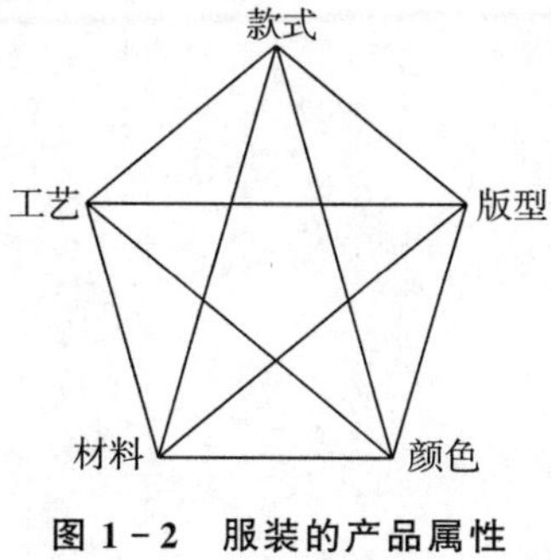

图 1－2　服装的产品属性

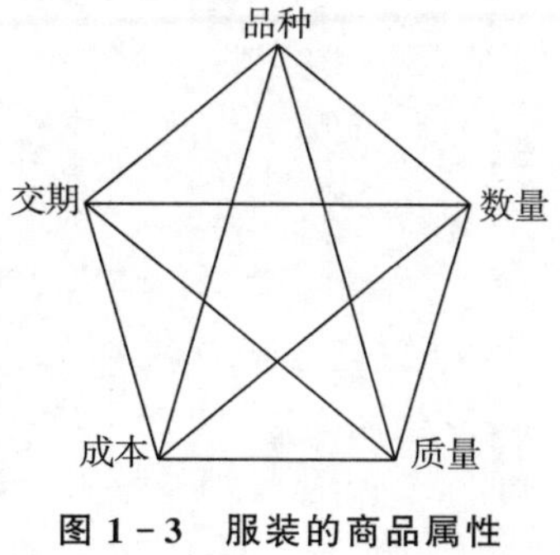

图 1－3　服装的商品属性

图 1－4　撞色裤装

产品的五个属性并非单独而立，而是相互关联。如材料与颜色之间，生产黑色涤纶休闲运动裤，需要在裤子侧边车缝白色撞色捆条（图 1－4）。如果主面料与捆条都使用涤纶作为原料,跟单员首先要将面料的色样交给客户审批颜色,并根据客户对产品颜色搭配要求进行技术分析。该产品黑白相配,随着产品存放或使用,黑色染料就会串色到白色捆条上造成互染,因此捆条原料不能选用涤纶,要改选为棉。另外,跟单员在主面料订单上还应注明此单要撞色,黑色面料色牢度必须不低于 4 级,以防止成衣洗涤后黑色掉色,沾污白色捆条。跟单员应在工作中不断总结服装属性之间的关联性。

跟单员在熟悉服装五种产品属性的基础上,应根据服装的商品属性(图 1-3),从产品的品种、数量、质量、成本和交期等五个维度进行订单跟进。工作中任何一项或多项产品属性的改变都会给商品属性带来风险,跟单员应及早发现情况,及时与生产管理、技术管理、物料管理和质量管理部门进行沟通、协调,提出和落实有效的解决方案,根据情况与客户进行沟通。最后,为提高工作效率,跟单员还应熟练操作 EXCEL、WORD、POWERPOINT、PHOTOSHOP 等电脑办公软件,外贸跟单员还要熟悉相关的专业与外贸外语知识。在工作过程中,因为生产所涉及部门与物料较多,各项内容进度参差,因此跟单员还需要掌握基本的礼仪知识,工作要主动、细心和耐心,具备良好的沟通表达能力。

项目二 服装基础知识

任务一 服装款式

服装款式(style)指服装的式样,通常指形状因素,是造型要素中的一种,一般由三个方面组成:结构、流行元素、质地。结构通常指衣服的外形框架;流行元素通常指衣服的图案、颜色、搭配等;质地通常指所选用的面料类型。

一、服装款式的的分类方式

1. 按照流行元素

分为流行时装和定形服装。定形服装是经过流行的筛选相对固定下来的服装款式,如西装、中山装、茄克、旗袍等。流行服装则根据流行元素设计款式的变化。

2. 按服装按照加工的方式

分为成衣和定制服装。所谓的成衣加工(ready-to-wear)是指按照国家规定的号型规格系列标准,以工业化批量生产方式制作服装。定制服装(custom-made clothes)指根据穿着者个人情况,量体裁衣并单件制作的服装。

3. 按面辅料的特性

面辅料是企业单列成品的重要依据,因为面辅料界定着企业的供应渠道、工艺特点、市场价位等。具体分类如下:

① 毛呢服装(Woolen Garments):由纯毛、毛混纺织物为面料制成的服装;

② 棉布服装(Cotton Garments):由全棉、棉混纺织物制成的服装;

③ 丝绸服装(Silk Garments):由天然丝、人造丝、合成丝织物制成的服装;

④ 化纤服装(Chemical Fibre Garments):由各种化学纤维织物制成的服装;

⑤ 裘革服装(Fur/Leather Garments):由裘皮或革皮制成的服装;

⑥ 羽绒服装(Down Wear):内充羽绒的服装;

⑦ 人造毛皮服装(Artificial Fur Clothing):由天然或化学纤维仿各种毛皮的织物为面料制成的服装。

4. 按穿着对象

可分为男式、女式、儿童和职业服装。具体如下:

① 男式服装(Men's Wear):简称男装,是成年男子穿着的服装;

② 女式服装(Women's Wear):简称女装,是成年女子穿着的服装;

③ 儿童服装(Children's Wear):简称童装,包括婴儿服装、幼儿服装、小童服装、中童服装、大童服装等,还包括中小学的校园服装;

④ 职业服(Professional Garments):是社团或行业成员在社会环境中从业工作时,为展示整体形象需要,满足工作者的动作要求从而为达到社团目标所穿着的服装。职业服可以分为三大类:A. 职业标志服,如校服;B. 劳动保护服,指为特殊行业员工在工作时提供便利和防护伤害的服装。如消防队员服;C. 职业时装,指都市职业中“白领阶层”所穿着的非统一性时装

式职业套装。

5. 按照成品

可分为上装、下装和全身装。具体如下:

(1) 上装　上装一般有大衣(Coat)、外套(Jacket)、休闲西服(Blazer)、针织套头衫(Sweater)、针织外套(Cardigan)、衬衫(Shirt)和t恤(T-Shirt)等(图1-5)。

① 西服(Western-Style Clothes):又称西装,即西式上衣的一种形式;按钉钮扣的左右排数不同,可分为单排扣西服和双排扣西服;按照上下粒数的不同,分为一粒扣西服、两粒扣西服、三粒扣西服等;粒数与排数可以有不同的组合,如单排两粒扣西服、双排三粒扣西服等;按照驳头造型的不同,可分为平驳头西服、枪驳头西服、青果领西服等;

② 背心(Vest):也称为马甲或坎肩,是一种无领无袖,且较短的上衣;

③ 牛仔服(Cowboy's Clothes):包括牛仔茄克、牛仔裤、牛仔衬衫、牛仔背心、牛仔马甲裙、牛仔童装等各种款式;

④ 中山服(Zhongshan Coat):又称中山装;主要特点是立领、前身四个明贴袋;

⑤ 茄克(Jacket):指衣长较短、胸围宽松、紧袖口克夫、紧下摆克夫式样的上衣;

⑥ 猎装(Hunting Wear):具有防露水和子弹袋收腰等结构;造型多为缉明线多口袋、背开衩样式的上衣;

⑦ 衬衫(Shirt):按照穿着对象的不同分为男衬衫和女衬衫;按照用途的不同可分为配西装的传统衬衫和外穿的休闲衬衫,前者是穿在内衣与外衣之间的款式,其袖窿较小便于穿着外套;后者因为单独穿用,袖窿较大,便于活动;

⑧ 中式上衣(Chinese Style Coat):也称为唐装衫,其造型为中式领、装袖的上衣,门襟可盘扣也可锁扣眼、钉扣;

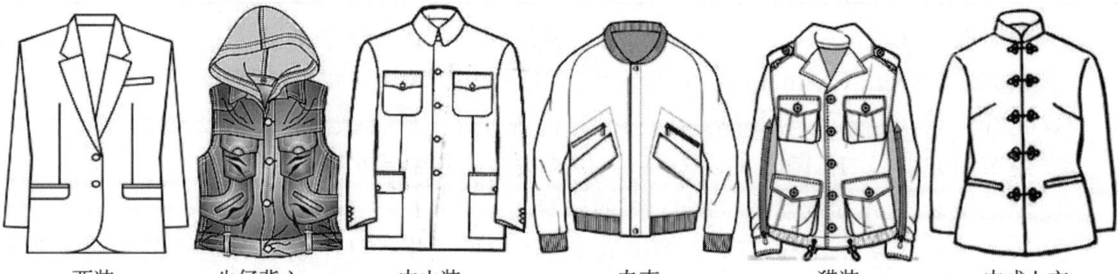

图1-5　上装款式

图1-6　裙装款式

⑨ 棉袄(Cotton Padded Coat):凡是内絮棉花、腈纶棉、太空棉、驼毛等保温材料的上衣均称为棉袄;棉袄有中式棉袄和西式棉袄之分;

⑩ 羽绒服(Down Coat):内充羽绒填料的上衣。

(2) 下装　指穿在腰节以下的服装,一般有长裤(Trousers/Pants)、短裤(Pants/Shorts)、裙子(Skirt)、裤裙(Culottes)等(图 1－6 和图 1－7)。

① 背心裙(Jumper Skirt):指上半身连有无领无袖背心结构的裙装;

② 斜裙(Bias Skirt):指在裁剪时,是按圆径 90°制图,腰口小,下摆大,呈喇叭形,并裙片完全是斜丝缕构成的裙子,常见的品种有钟形裙、喇叭裙、超短裙、褶裙和节裙等;

③ 褶裙(Pleated (or Plaited) Skirt):指在裙腰处打褶的裙子。根据褶子的设计不同可分为碎褶裙和有规则的褶裙;

④ 节裙(Tiered Skirt):又称塔裙;指裙体以多层次的横向裁片抽褶相连,外形如塔状的裙子;

⑤ 超短裙(Miniskirt):又称迷你裙;这是一种长度在大腿中部及以上的短裙;

⑥ 鱼尾裙(Fish Tail Skirt):指裙体呈鱼尾状的裙子;腰部、臀部及大腿中部呈合体造型,往下逐步放开下摆展成鱼尾状;鱼尾裙多采用六片以上的结构形式,如六片鱼尾裙、八片鱼尾裙及十二片鱼尾裙等;

⑦ 筒裙(Barrel Skirt, Tube Skirt):又称统裙、直裙或直统裙。其造型特点是从合体的臀部开始,侧缝自然垂落呈筒、管状;

⑧ 旗袍裙(Cheongsam Skirt, Hobble Skirt, Slim Skirt):通常指左右侧缝开衩的裙;

⑨ 西服裙(Tailored Skirt):又称西装裙;它通常与西服上衣或衬衣配套穿着。在裁剪结构上,常采用收省、打褶等方法使腰臀部合体,长度在膝盖上下变动,为便于活动多在前、后打褶或开衩;

⑩ 西裤(Trousers):主要指与西装上衣配套穿着的裤子;

⑪ 中式裤(Chinese Style Trousers):指宽边大裤腰、大裤裆、无侧缝分割,穿着时无前后之分的裤子;

⑫ 背带裤(Bib Pants):指裤腰上装有跨肩背带的裤子;西裤中的背带裤仅为两根跨带相连,而在工装裤及现代时装中多有前胸补块;

⑬ 马裤(Riding Breeches):指骑马时穿着的裤子;裤子裤裆及大腿部位非常宽松,而在膝下及裤腿处逐步收紧,形成一种特殊的轮廓外形;

⑭ 灯笼裤(Knickerbockers, Knickers, Bloomers, Pantalets):指裤管直筒宽大、裤脚口收紧、外形似灯笼状的一种裤子;

⑮ 裙裤(Pantskirt; Culottes, Divided Skirt; Divided Skirt; Split Skirt):像裤子一样具有下裆,裤下口放宽,外观形似裙子,是结合裤子与裙子特点的服装;

⑯ 连衣裤(Overalls):指上衣与裤子连为一体的服装;

⑰ 喇叭裤(Flare Trousers, Bell-Bottom Pants):指裤腿成喇叭形的西裤。在结构设计方面,是在西裤的基础上,立裆稍短,臀围放松量适当减小,使臀部及中裆(膝盖附近)部位合身合体,从膝盖下根据需要放大裤口。按裤口放大的程度分为大喇叭裤和小喇叭裤及微型喇叭裤。

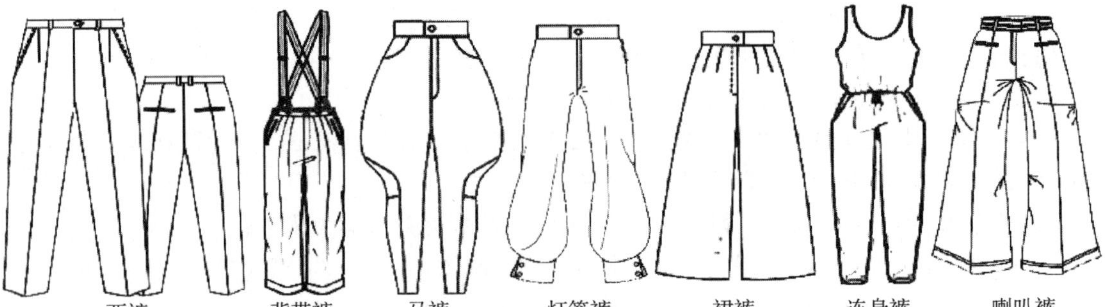

图 1－7　裤装款式

图 1－8　全身装款式

(3) 全身装　所谓全身装成品,是指上下身连为一体的服装款式(图 1－8)。

① 连衣裙(One-Piece Dress):指上衣与下裙连成单体的一件式服装;

② 旗袍(Qipao, Chinese Dress):也称中式旗袍。其主要结构特征是立领、右大襟、紧腰身、下摆开衩等;

③ 燕尾服(Swallow-Tailed Coat, Swallowtail):是男士在正规的特定场合穿着的礼服。其基本结构形式为前身短、西装领造型,后身长、后衣片成燕尾形呈两片开衩;

④ 晚礼服(Evening Dress, Evening Suit):指夜间社交场合中女士所穿着的裙服。款式多采用袒胸露背长裙式;

⑤ 大衣(Overcoat):指为了防风御寒,上下连为一体,穿在一般衣服外面的长外衣;

⑥ 风雨衣(Weather-All Coat & Cloak):用于防风防雨两用的外衣,款式随流行而变化;

⑦ 披风(Dress Smock, Manteau, Mantle):无袖、颈部系带,披在肩上的防风外衣。如果上有连帽,一般称为斗篷;

⑧ 睡袍(Night-Robe):指在卧室中穿用的宽松且较长的袍服;

⑨ 睡衣裤(Sleepwear):指包括上衣和裤子两件式配套穿着的睡衣;

⑩ 套装(Suit):指上下装配套穿着的服装,通常由同种同色面料制作。

若上下装同面料、款式相配或上下装相连,称为套装(Suit);若上下装分开的称为

separates，上下装搭配的称为 sets。

6. 按照成品穿着层次分

按照成品穿着层次可为外衣(Outwear)与内衣(Underwear)。内衣一般有通用型的背心(Vest)、三角裤(Briefs)，女性专用的内裤(Panties)、吊带衬裙(Slip)、紧身裤(Tights)、吊颈背心(Halter)、文胸(Bra)等。

二、服装零部件形态结构

1. 衣领结构与类型(图 1-9～图 1-11)

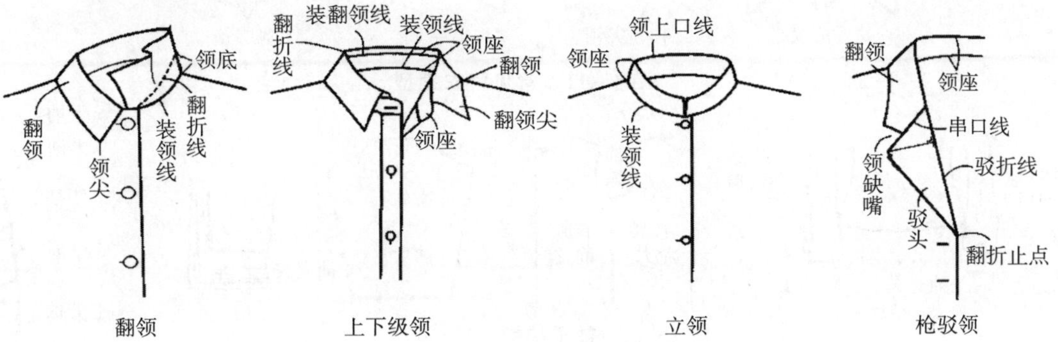

图 1-9 领子基本结构

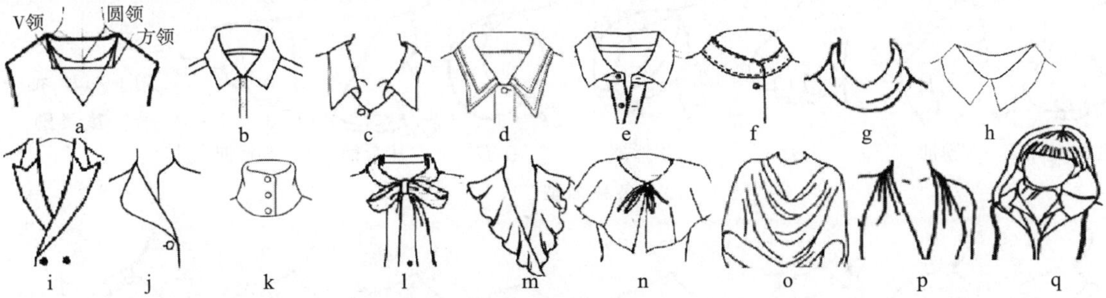

a. 套头领　b. 翻领　c. 领翼　d. 双层翻折领　e. 上下级领　f. 立领
g. 卷领　h. 水手领　i. 翻驳领　j. 翻驳立领　k. 高扣领(下颚领)
l. 连领带领　m. 荷叶领　n. 披肩领　o. 垂堕领　p. 吊肩领　q. 连帽领

图 1-10 常见衣领类型

2. 袖子基本结构与类型

衣袖结构多种多样，总体上分为装袖类和连身袖类。在实际生产中，一般是按照衣袖袖山的结构进行分类，分为圆袖(装袖)、连袖、插肩袖、冒肩袖、肩袖(无袖)等；也可以按照袖片数量进行分类，如一片袖、两片袖、多片袖等；按长度分，可分为短袖、半袖、七分袖、九分袖、长袖和超长袖等(图 1-12～图 1-15)。

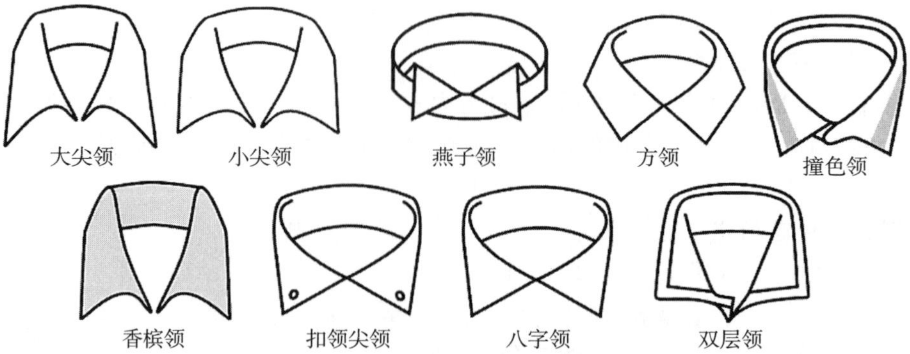

图 1-11　常见衬衣领型

图 1-12　袖子结构

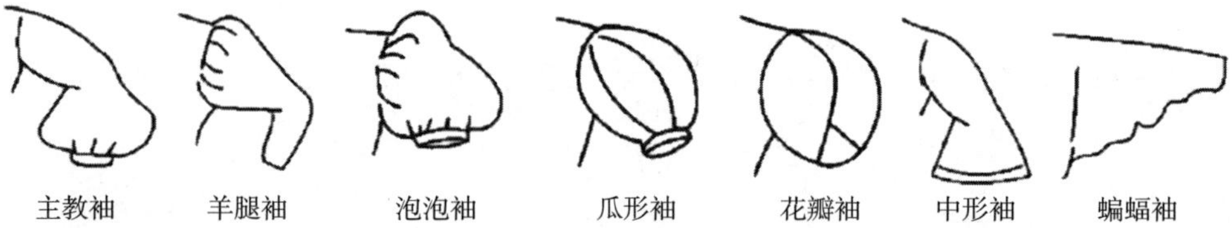

图 1-13　各种袖型

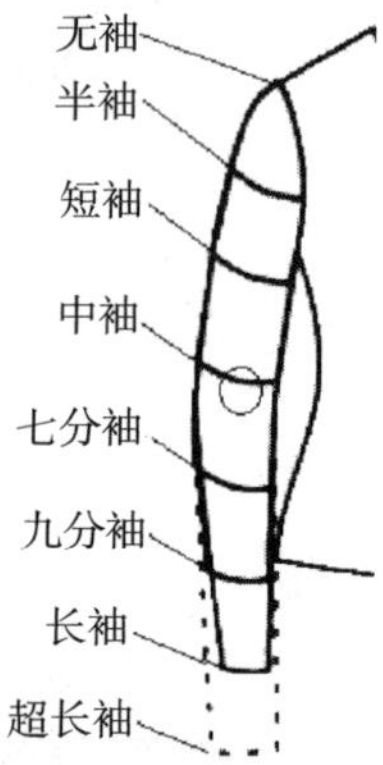

图 1-14　袖子长度类别

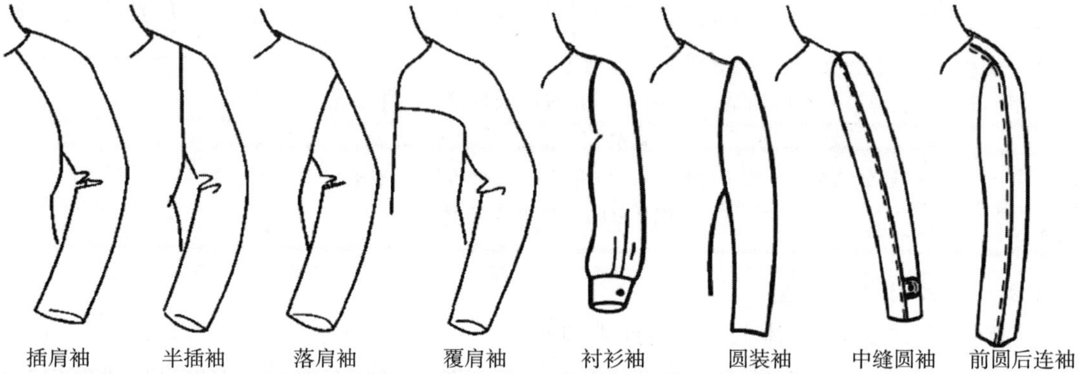

图 1-15　各种类型的分割袖

3. 衣袋基本结构

一般服装上都有衣袋，如图 1-16 和图 1-17 所示。衣袋一般由袋口(Pocket Opening)和袋身(Pocket Bag)组成，也有一些是有袋盖(Pocket Flag)的。根据衣袋的形状可分为贴袋(Patch Pocket)、利用衣片边缘或接缝作为袋口的衣袋(Seam Pocket)和在衣片中剪开作为袋口的挖袋(也称嵌线袋，Inside Or Secret Pocket)。除此之外，有些是属于装饰性的假袋(Mock Pocket)和缝制在服装内侧的里袋(Inside Pocket)。贴袋基本上沿用了服装的原始造型特征,一般有直角贴袋、圆角贴袋、多角贴袋及风琴式贴袋(袋口和袋角鼓起,形如风琴的结构,有一种立体的效果)等。里袋多在衣服的内里前胸处,如西服、大衣、外套、风衣等都在内里缝制里袋。

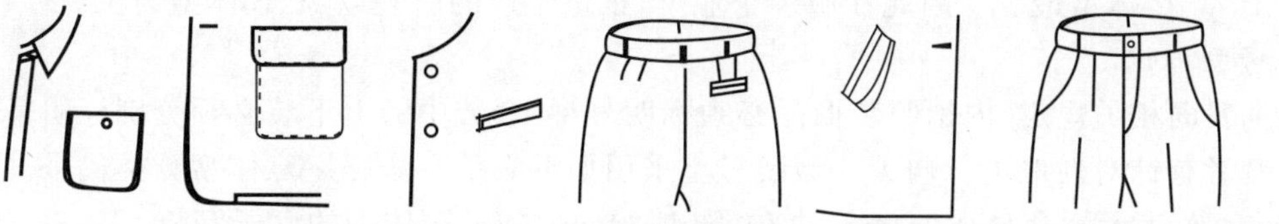

图 1-16　各种类型衣袋

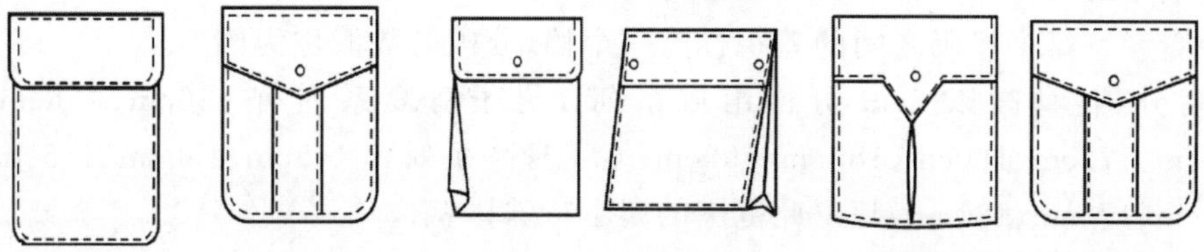

图 1-17　常见衬衣袋型

任务二　服装板型

消费者在实际购买衣服的时候,经常会碰到这样的情况:看着一款衣服不错,可是穿在身上以后往往效果不能令人满意。造成这种情况的主要原因是服装板型与消费者身材不匹配,如腰身收得不到位,显不出体型来;长度过长或过短,显得人不精神;袖窿太紧,不舒服,这些都是板型的原因。

狭义的板型是指裁剪衣片用的样板,广义的板型则是指以服装款式造型和特定人体为依据所展开的结构设计,是服装成型理论实际化的重要表现载体。

板型的构成方法主要是按照现代服装的款式造型特点,参照特定的人再根据人体运动变化对服装造成的影响,形成结构图并依据工艺要求完成成衣所需要的样板。

一、基本概念

1. 号型定义

① 号:指人体的身高,以厘米为单位表示,是设计和选购服装长短的依据。

② 型:指人体的胸围和腰围,以厘米为单位表示,是设计和选购服装肥瘦的依据。

③ 体型:是以人体的胸围与腰围的差数为依据来划分体型,并将体型分为四类(表 1-2)。

表 1-2　体型分类

单位:cm

体型分类代号	Y	A	B	C
女子	24～19	18～14	13～9	8～4
男子	22～17	16～12	11～7	6～2

Y 体型为胸围与腰围差距很大的较瘦体型,该体型宽肩细腰,属扁圆形体态;A 体型为胖瘦适中的标准体型;B 体型为胸围丰满、腰围微粗的丰满体型,C 体型为胸围丰满、腰围较粗的较胖体型,属圆柱形体态。从 Y 型到 C 型人体胸腰差依次减小。大多数人属于 A、B 体型,其次是 Y 体型,C 体型最少。因此在服装企业里,批量生产的服装以 A、B 体型为主。

2. 号型标识

根据我国相关规定,内销服装商品必须标明号型(套装中的上下装必须分别标明号型),以便于消费者有针对性地进行购买。服装号型采用如下表示方法:号型/体型分类代号。如上装中,160/84 A 表示适合身高 160cm 左右,胸围 84cm 左右,A 体型的女子穿着。

3. 号型分档

国家标准中的人体尺寸分布在一定范同内,号型系列并不是包括所有的穿着者,只包括了绝大多数穿着者。每个尺码之间的差距称为一个档,分档的数值称为档差。

① 身高分档:身高以 5cm 分档组成系列。男子身高系列有 150cm、155cm、160cm、165cm、170cm、175cm、180cm、185cm、190cm;女子身高系列有 145cm、150cm、155cm、160cm、165cm、170cm、175cm、180cm,超出此范围的属于特殊体型;

② 胸围分档:胸围以 4cm 分档,组成系列;

③ 腰围分档:腰围以 4cm 或 2cm 分档组成系列。

档差为 5cm 的身高与档差为 4cm 的胸围搭配组成 5·4 号型系列;档差为 5cm 的身高与档差为 2cm 的腰围搭配组成 5·2 号型系列。

4. 号型系列

在成衣规格的设计中,主要决定部位是身高、胸围和腰围,但仅仅有这三个部位是远远不够的,于是国家标准中给出了人体十个主要部位的数值,这十个部位称为控制部位,是设计成衣规格的依据(表 1-3)。

表 1-3　我国中间体基本部位值　　单位:cm

	部位	Y	A	B	C
女子	身高	160	160	160	160
	胸围	84	84	88	88
男子	身高	170	170	170	170
	胸围	88	88	92	96

二、常见服装整体板型(图 1-18～图 1-19)

图 1-18　常见服装板型

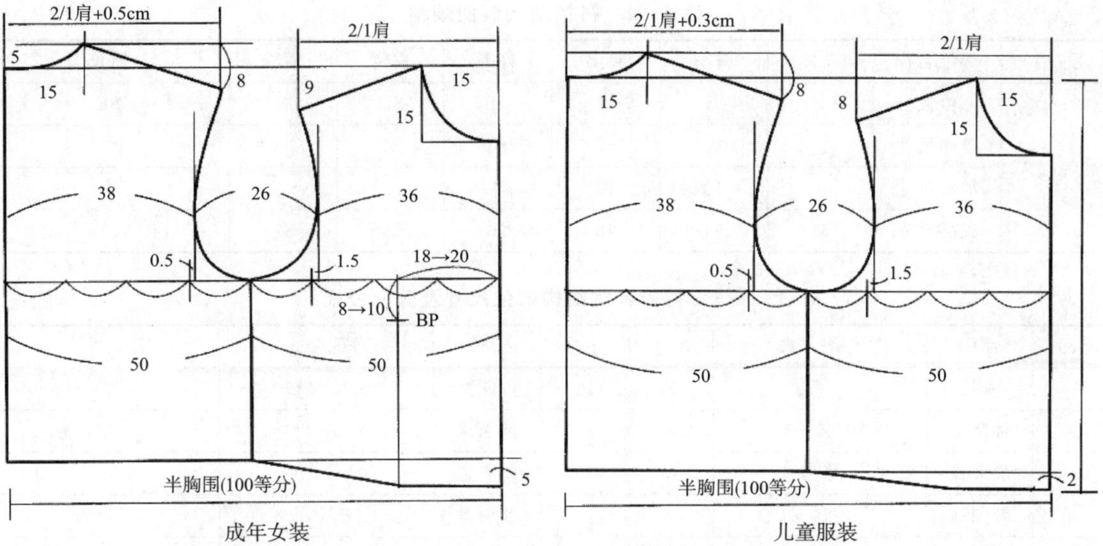

图 1－19　服装百分比数据（图中没有注明单位的均为百分比）

不同类型的服装将使用不同的板型进行生产，如一般正常服装板型是参考国标的数据，不同地区由于人的体型存在差异，所以板型之间存在差异，另外服装设计师会根据服装的定位人群，此常规服装板型上基础进一步调整服装的更细致的数据，以让消费者穿上服装后能更称心满意。板型是根据款式来定的，不同类型的服装需要采用不同的板型，如内衣款式用内衣板型，衬衫款式用衬衫板型（表 1－4、表 1－5）。

1. 衬衫结构与类型

所谓衬衣是指穿着在内衣之外，毛衣或外套之内的上衣，是既可以衬在外套内，又可以单独外穿着的服装。衬衣往往由比较轻薄的面料制成，很少有夹里，通行于一年四季（图 1－20）。

衬衣按照其穿着的方式不同主要分为套头式衬衣和开襟式衬衣两大类。所谓套头式衬衣是指衬衣的整体呈筒形，没有通体的开襟，穿着时自头部向下套入的衬衣类型；开襟式衬衣有通体的开襟，穿着时将门襟打开才能穿入，然后可以全部或部分闭合的衬衣类型，开襟式衬衣又可分为前开襟、后开襟和偏襟等三大类（图 1－21）。根据衬衣的领部款式，又可分为有领式衬衣和无领式衬衣两大类，有领式衬衣按领型的样式有西装领、方领、童门领、立领、青果领等；无领式衬衣又按领口的造型分为一字领、V 领、U 领、圆领、船领、方领等（见图 1－10～图 1－11）。

套头衬衫　　通体开襟衬衫　　部分闭合开襟衬衫　　后开襟衬衫　　偏襟衬衫

图 1－20　衬衫类型

表 1-4 衬衫结构制图规格

单位:cm

号/型	部位名称	衣长	胸围	腰围	臀围	肩宽	领围	袖长
160/84A	部位代号	L	B	W	H	SH	N	SL
	净体尺寸		84	66	90	38	35	
	加放尺寸		10	12	6	1	2	
	成品尺寸	65	94	78	96	39	37	55

表 1-5 衬衫具体结构部位尺寸及分配公式

单位:cm

序号	部位	分配公式	尺寸	序号	部位	分配公式	尺寸
(1)	衣长		65	(11)	前领宽	N/5−0.7	23
(2)	袖窿深	1.5B/10+10.5	24.6	(12)	前领深	N/5−0.3	6.7
(3)	腰节长	号/4	40	(13)	前肩宽	SH/2−0.5	7.1
(4)	臀围高	号/10+1	17	(14)	前胸宽	1.5B/10+3	19
(5)	后领高	N/5−0.4	7	(15)	前胸围	B/4+1	17.1
(6)	后肩宽	SH/2	19.5	(16)	前腰围	W/4+1+2.2(省)	24.5
(7)	后背宽	1.5B/10+3.5	17.6	(17)	前臀围	H/4+1	25
(8)	后胸围	B/4−1	22.5	(18)	袖长		55
(9)	后腰围	W/4−1+2.2(省)	20.7	(19)	袖山深	AH/3−0.5	15
(10)	后臀围	H/4−1	23	(20)	袖口	B/5+6.5	25.3

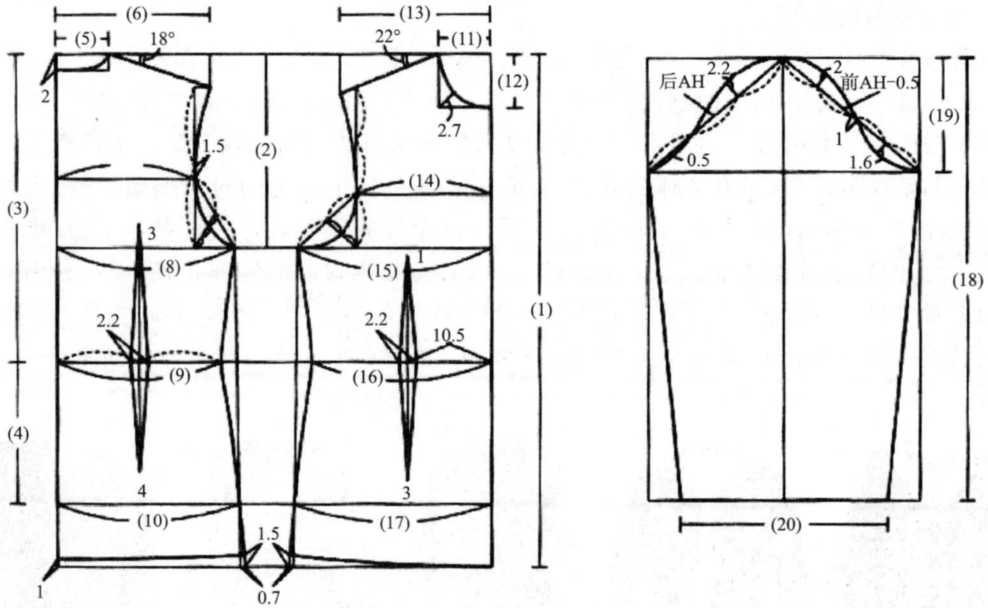

图 1-21 衬衫基本板型示意图

2. 常见的裤装板型

裤子的结构主要体现在臀部松量设计,臀部是造型的基础,裤口是造型的关键。裤子的腰、裆、裤口等部位也有许多造型与款式变化（表 1 - 6、图 1 - 22、图 1 - 23）。

西裤是裤子中最为典型的品种，其结构相对较固定，没有太多样式的流行变化，在外部轮廓上，基本为筒形，裤管贴体，形成合体、挺拔的视觉效果。

表 1 - 6　男西裤制图规格

单位：cm

号/型	部位名称	裤长(L)	腰围(W)	臀围(H)	中裆宽(膝围)	腰头宽	裤口
170/74A	尺寸	100	76	100	24	4	23

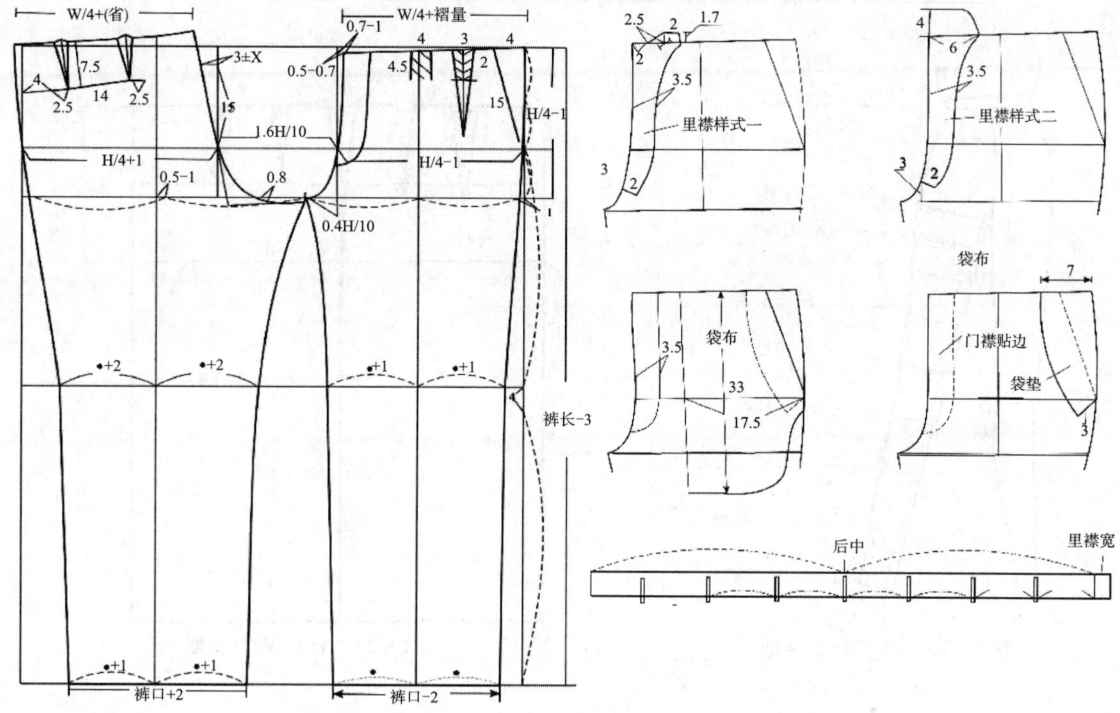

图 1 - 22　男西裤板型设计

注：图 1 - 23 男西裤制作前后臀围为 H/4－1cm，H/4＋1cm；总裆宽为 0.16H，前后裆宽比例为 0.04H 和 0.12H，上裆按照 H/4－1cm 计算。

3. 常见的裙装板型（表 1 - 7～表 1 - 8；图 1 - 24～图 1 - 26）

表 1 - 7　裙装结构制图规格

单位：cm

号/型	部位名称	裙长	腰围	臀围	腰臀长(可根据款式变化)
160/66A	部位代号	L	W	H	
	净体尺寸		66	90	18
	加放尺寸		2	4	
	成品尺寸	60	68	94	18

表 1-8　裙装具体结构部位尺寸及分配公式　　单位:cm

序号	部位	分配公式	尺寸
(1)	裙长		60
(2)	前臀围	H/4+0.5	24
(3)	后臀围	H/4−0.5	23
(4)	前腰围	W/4+0.5+4.5	22.5
(5)	后腰围	W/4−0.5+4	20

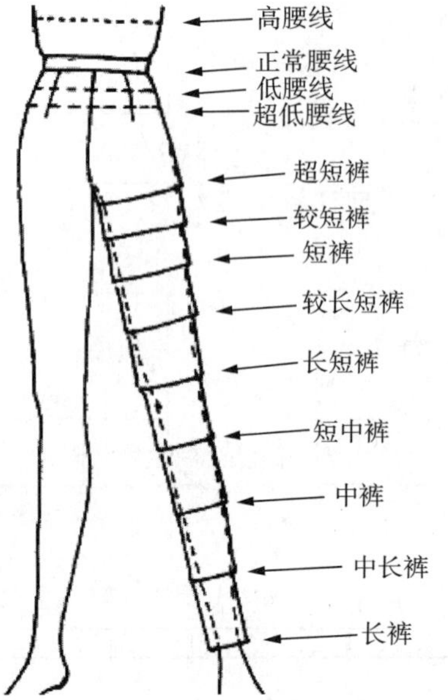

图 1-23　裤装长度类别

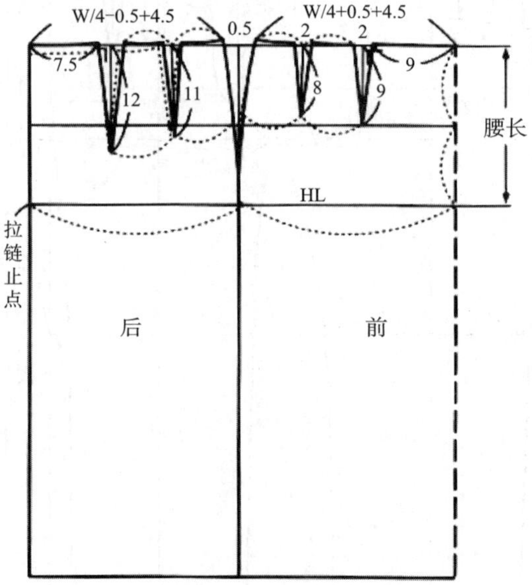

图 1-24　裙装基本板型

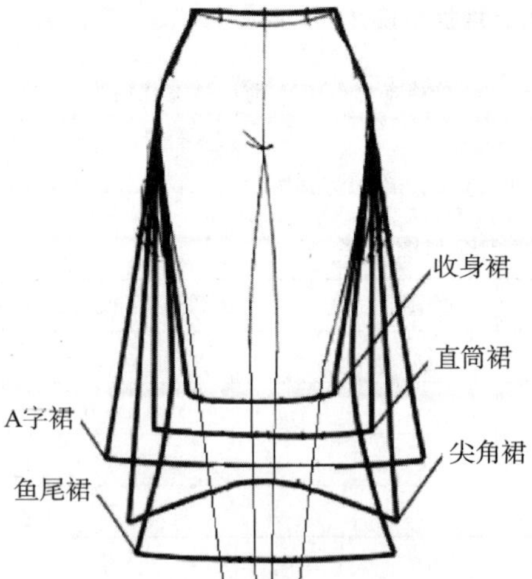

图 1-25　裙装类型

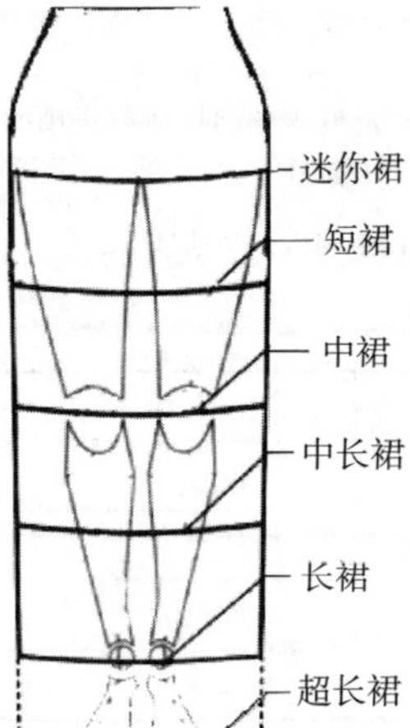

图 1-26　裙装长度类别

4. 常见的西装板型

西装板型一般分为欧板、英板、美板和日板西装(图 1-27)。

① 欧板西装　欧板的分正装和休闲两种。欧板西装实际上是在欧洲大陆,比如意大利、法国流行的。总体来讲,它们都叫欧板西装。欧板西装的基本轮廓呈倒梯形,采用宽厚的垫肩衬托了男性宽阔平坦的肩膀,从腋下部位开始,腰部自然内收,采用双排扣。

② 英板西装　英式西服是欧板的一个变种,其基本轮廓是倒梯型。英板西装领子比较宽广,也比较狭长;采用单排扣,三个扣子的居多;服装两侧有侧衩(也称骑马衩),衣服后中下部有背衩。

③ 美板西装　美板西装的基本轮廓特点是 O 型。服装宽松肥大,适合于休闲场合穿,以单件者居多。

④ 日板西装　日板西装的基本轮廓是 H 型,服装没有宽肩,没有细腰,大多是单排扣式,衣后不开衩。

图 1-27　常见西装板型

任务三　成衣测量

成衣规格测量指测量成品各个部位的规格,检查是否与工艺文件的要求相符合。服装跟单员在跟单过程中需对样书或成品进行测量,必须掌握测量的位置和方法(表 1-9)。

成衣测量主要包括检测服装成品规格和检测服装部位规格。

① 测量成品规格:主要部位规格是否与工艺文件规格要求相符。

② 测量部位规格:部位规格测量包括用尺测量法或对比测量法(对称部位采用此法)。

一、上装测量方法

关于上装的测量方法,以下主要介绍零部件、衬衫和针织套头衫插肩袖的测量方法。

1. 上装零部件测量方法(领、帽)

(1) 领子测量方法(图 1-28、图 1-29):

A01 领围:扣好钮扣,量取领下口的周长;

A02 领大:领子摊平,量取领上口长度;

A03 翻领领围:扣好钮扣,量取领下口的周长;

A04 翻领长:领子摊平,量取领外口长度;

A05 翻领高:领子摊平,量取领上口至领外口之间的高度;

A06 底领高:领子摊平,量取领下口至领上口之间的高度;

A07 领尖长:领子摊平,量取领尖的宽度;

A08E 前领深(无罗纹):领子摊平,从侧肩缝最高点到前开领点的距离;

A08S 前领深(罗纹):领子摊平,从肩点到前开领的直线距离(含罗纹);

A9 后领深:领子摊平,从领侧肩缝最高点到后开领点的直线距离;

A10 后中罗纹领高:后领罗纹的高度;

A11E 领宽(无罗纹):领子摊平,领两侧肩缝最高点之间距离;

A11S 领宽(罗纹):领子摊平,领两侧肩缝最高点之间距离(包括罗纹领,量至缝份处的直线距离);

A12 开领前领深(card 领):领子摊平,从领侧肩缝最高点开领前领深到前开领点的长度;

A13 立领宽:上领口两侧领点之间的距离;

A14 立领高:上领口到下领口之间的距离。

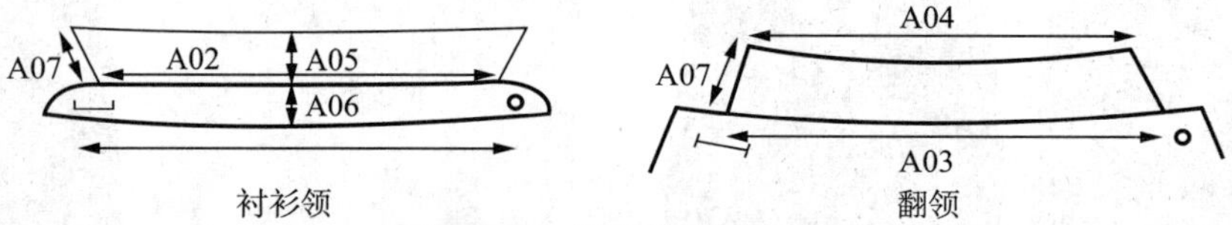

图 1-28 领子的测量方法

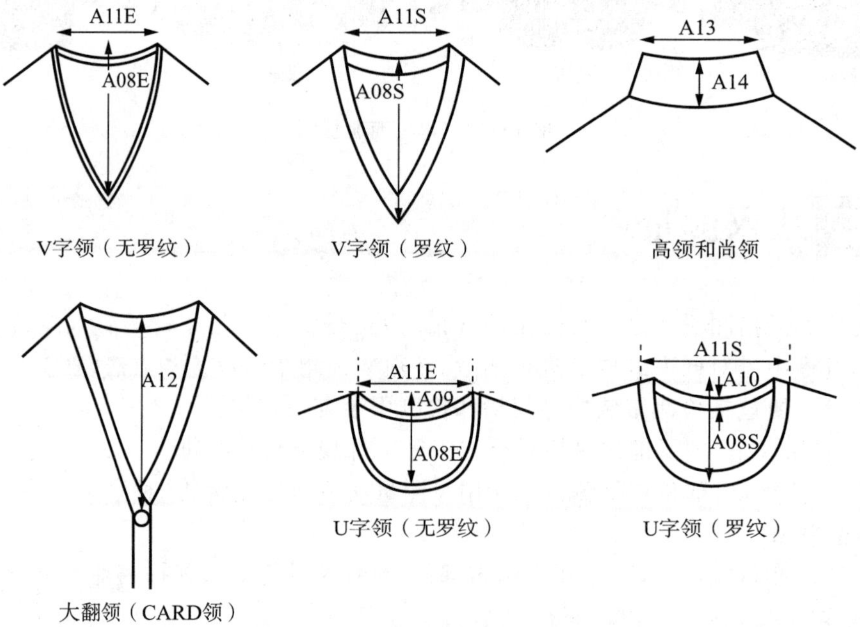

图 1-29 领子的测量方法

对于配有扁机领开筒衣服,需要对扁机领的领高、前领高、后领高、开筒高度、开筒宽度等进行测量(图 1-30)。

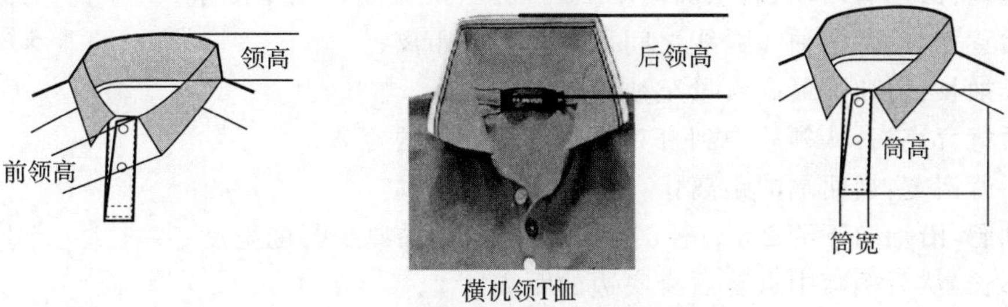

图 1-30 横机领服装领子的测量方法

(2) 帽子测量方法(图 1-31)。

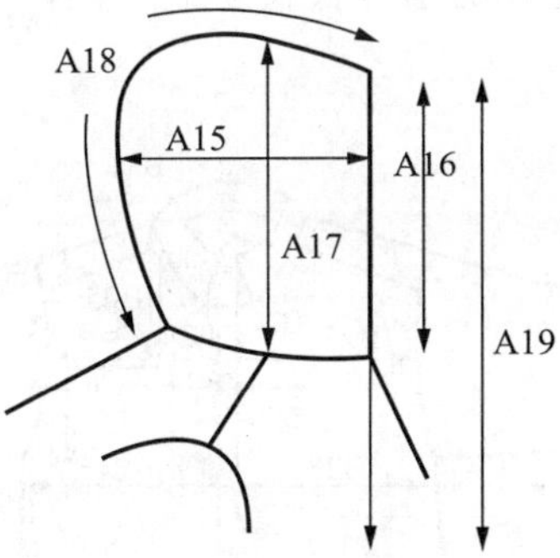

图 1-31 帽子测量方法

A15 帽宽:量取帽子最宽处,从帽左端平行量至右端;

A16 帽顶直径:帽放平,测量帽顶直径;

A17 帽长:帽放平,从帽子顶端垂直量到帽口的距离;

A18 帽后中弧长:帽对折平放,从帽顶到领与帽的接缝处的弧线距离(非国家标准术语);

A19 帽绳长:帽绳拉紧时内无打结,两头拉齐直线距离的两倍(非国家标准术语)。

2. 衬衫测量方法(图 1-32)

B20 领展:衬衫系扣后两领尖之间的距离,量时衣服要适当压平(非国家标准术语);

B21 领隙:衬衫系扣后,翻领与底领两接缝端点之间的距离(非国家标准术语);

B22 前门襟宽:门襟边沿与大身缝线之间的距离;

B23 眼距:扣眼之间的距离;

B24 袋位:从肩缝最高点向下量至袋口的距离(非国家标准术语);

B25 袋位:从过肩点向下量至袋口的距离(非国家标准术语);

B26 袋位:袋左侧边到门襟叠门线之间的距离(非国家标准术语);

B27 前胸宽:前胸两袖窿弧线之间最短的直线距离;

B28 胸围:衬衫系扣后,前后身放平(后折拉开),在袖窿底处横量;出口服装订单中也有在袖窿底向下约 2.5 cm(1 英寸)横量的量法;

B29 下摆:衣服扣好放平,底两侧缝之间的直线距离(周围计算);

B30 下摆弧度长:衣服扣好放平,底边两侧缝之间的弧线长度(周围计算)。

B31 肩宽:由过肩两端、后领窝向下 2.0～2.5 cm 处定点水平测量;
B32 后背宽:后背两袖窿弧线之间最短的直线距离;
B33 长袖长:由袖子最高点量至袖口的长度;
B34 后背育克高:从领后中到育克与后身接缝处的距离;
B35 后背褶宽:褶两端的距离;
B36 袖肥:沿袖向下约 2.5 cm(1 英寸)处定点与袖口平行的宽度;
B37 衫长:从后领窝中点至后身底边的距离;
B38 下摆后开衩高:量有效开衩高或长度;
B39 下摆前开衩高:如果开衩高度相同,以前面的尺寸为准;
B40 袖门襟有效开口:除袖头宽度外的可打开袖开衩长度;
B41 袖门襟总长:除袖头宽度外的袖开衩长度;
B42 袖门宽:袖门襟宽度;

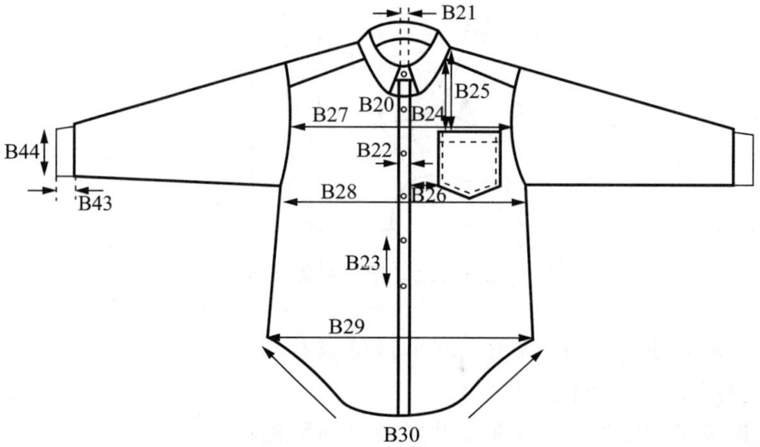

图 1-32(1)　男衬衫测量方法(正面)

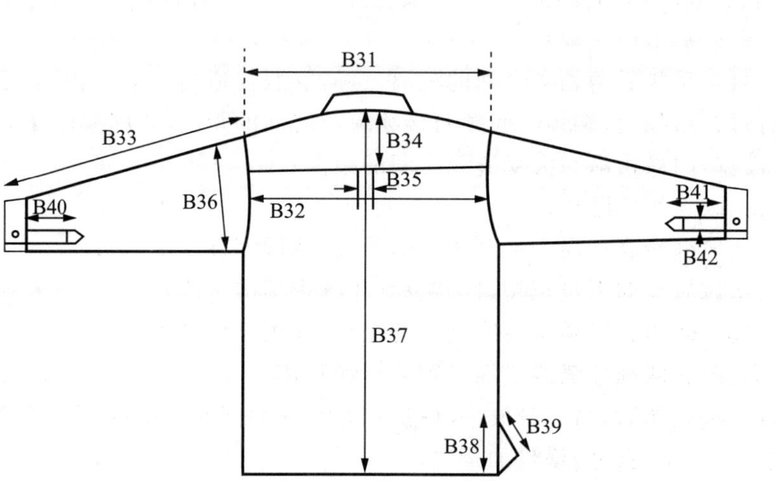

图 1-32(2)　男衬衫测量方法(背面)

B43 袖头高：从袖口到袖头与袖身接缝处的距离；
B44 袖口长：扣好钮扣，袖口放平量取宽度（周围计算）。
3. 针织套头衫插肩袖测量方法（图 1 - 33）
C45 衣长：前后身底边拉齐，由领侧最高点垂直量至底边；
C46 下摆（放松量）：在自然状态下，下摆侧缝两端点之间的距离（周围计算）；
C47 插肩袖长：由领侧最高点到袖口的长度；
C48 袖肥：袖窿下约 2.5cm（1 英寸）处定点与袖口平行的宽度（周围计算）；
C49 袖口长：袖口放平量取宽度（周围计算）；
C50 袖头高：从袖口到袖头与袖身接缝处的距离；
C51 下摆克夫高：底边到克夫与衣身接缝处的距离；
C52 下摆（拉伸量）：没有拉断线的情况下，拉到最大尺寸时下摆侧缝两端点之间的距离。

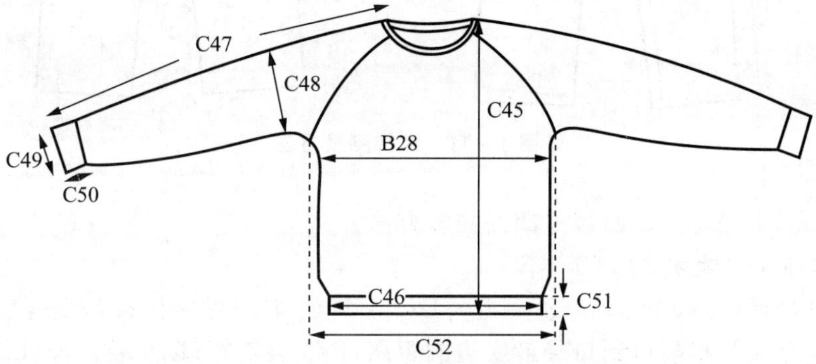

图 1 - 33 针织套头插肩袖长袖 T 恤衫测量方法

二、下装测量方法

此处主要介绍西裤、西裤零部件、裙子和连衣裙的测量方法。
1. 西裤测量方法（图 1 - 34）
D53 腰围：扣好裤扣，腰头摊平测量腰头周长；
D54 臀围：扣好门里襟，量取臀部位置的周长；
D55 裤外侧长：从腰头上口至裤脚口的长度；
D56 裤内侧长：从裆部至脚口的下裆缝的长度；
D57 股围：扣好门里襟，量取横裆位置的宽度（周围计算）；
D58 脚口大：脚口放平，量取脚口宽度（周围计算）；
D59 腰高：腰头的高度；
D60 前裆长：扣好门里襟，从腰头上口沿门襟量至横裆的长度；
D61 后裆长：从腰头上口沿后裆缝量至横裆的长度；
D62 后袋位：见图 1 - 34；
D63 后袋位：见图 1 - 34；
D64 斜侧袋位：见图 1 - 34；
D65 斜侧袋长：见图 1 - 34；
D66 门襟长：见图 1 - 35 西裤零部件测量方法；

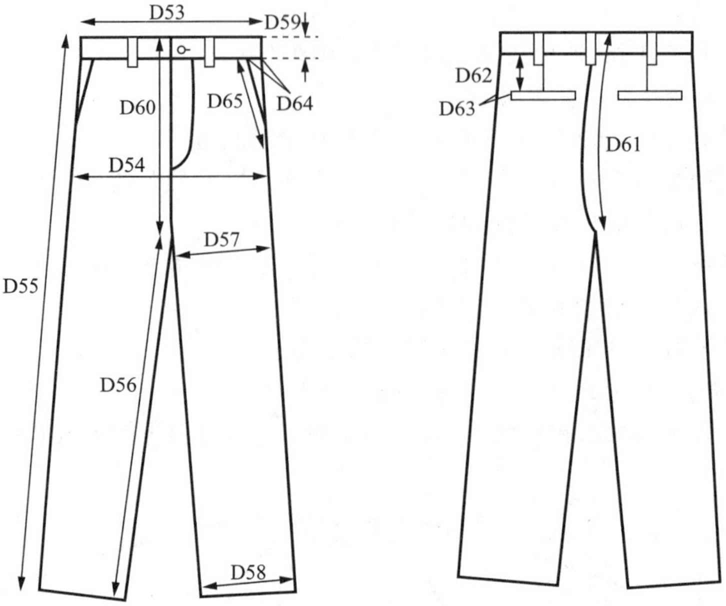

图 1－34　西裤测量方法

D67 门襟宽：见图 1－35 西裤零部件测量方法。

2. 西裤零部件测量方法(图 1－35)

E68 后翘(沿后中)；E69 后翘(沿侧缝)；E70 贴袋位；E71 贴袋位；E72 贴袋大小；E73 贴袋长(侧边)；E74 贴袋长指袋口到口袋最底边的距离；E75 袋盖宽；E76 袋盖长；E77 挖袋长；E78 挖袋宽；E79 袋宽；E80 袋深。图 1－36 为松紧腰围测量方法。

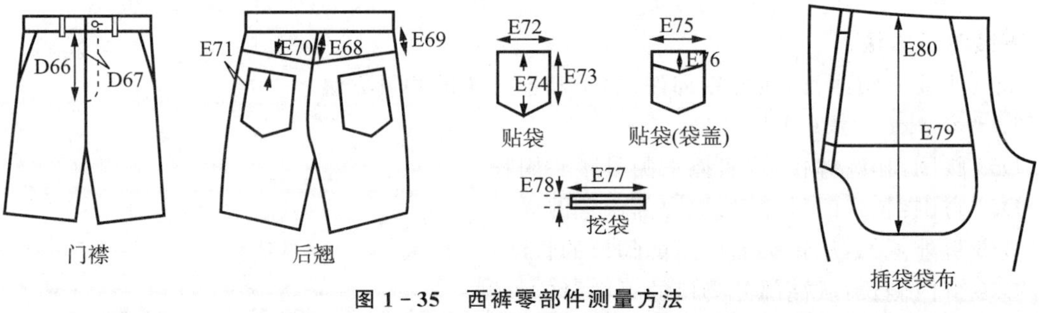

图 1－35　西裤零部件测量方法

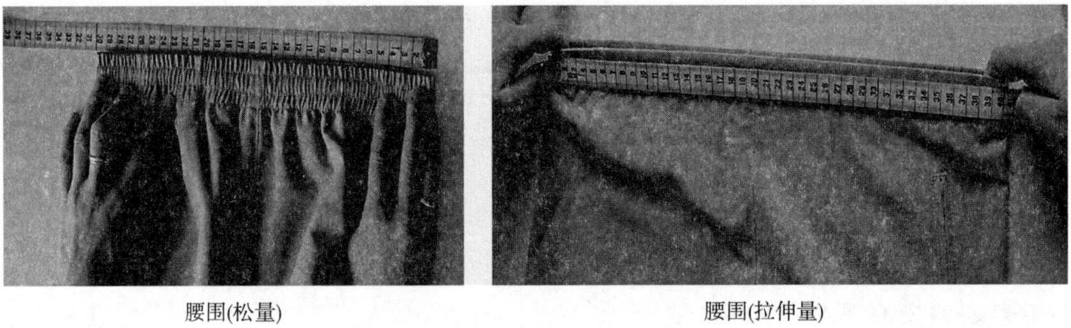

图 1－36　弹力裤子的腰围测量

表 1－9　上下装基本测量中英文对照

	Description	测量位置	Description	测量位置
上装 Top	Centre Back Length	后中长	Sleeve Placket Width	袖襟宽
	Across Shoulder	横肩	Sleeve Placket Length	袖襟长
	Collar Length(From Button To Buttonhole)	领围（钮扣量至钮眼）	Armhole Cirth	袖窿周长
	Collar Spread	领尖距	Armhole Curved	袖窿(弯量)
	Collar Point Length	领尖长	Cuff Opening	袖口宽
	Collar Height	后领高	Cuff Height	袖口高
	Mock Collar Height	假领高	Sweep/bottom Width	下摆
	Front Neck Depth	前领深	Back Yoke Height (From CB Neck)	后育克高（后中量）
	Back Neck Depth	后领深	From Placket Width	前门襟宽
	Chest (1″ Below Armhole)	胸围（夹圈下 1″量）	Pocket Height	口袋高
	Waist	腰围	Pocket Length	口袋长
	Sleeve Length (From CB Neck)	袖长(后中量)	Pocket Width	口袋宽
下装 Bottom	Waist (relaxed)	腰围(松量)	Thigh	大腿围
	Waist (stretched)	腰围(拉伸量)	Bottom Width	裤脚口宽
	High Hip	上臀围	Outseam Length	外长
	Low Hip	下臀围	Inseam Length	内长
	Front Rise	前裆(前浪)	Waistband Width	腰头高
	Back Rise	后裆(后浪)		

三、裙装测量方法

1. *半身裙测量方法*(图 1－37)

F81 下摆：裙子底摆的弧线长度(周围计算)；

F82 裙长：由腰头上口垂直量至底边的距离；

F83 省长：见图 1－37；

F84 腰围：扣好裙扣，腰头摊平测量腰头周长；

F85 臀围：扣好门里襟，量取臀部位置的周长。

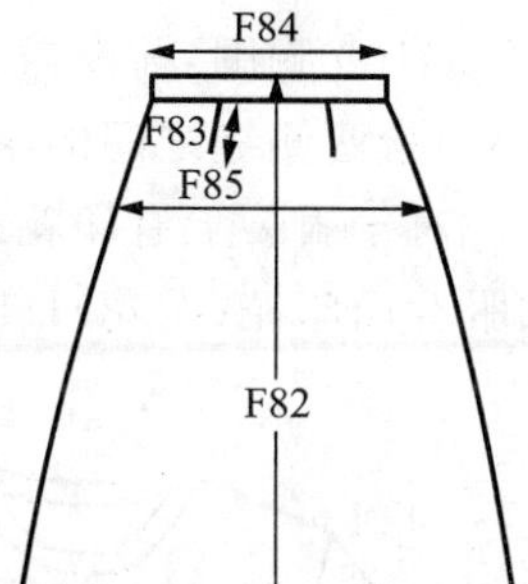

图 1－37　半身裙测量方法

2. *连衣裙测量方法*(图 1－38)

G86 腰围：由腰围部位摊平横量(周围计算)；

G87 臀围：由臀围部位摊平横量(周围计算)；

G88 下摆：裙子底边侧缝两端点之间的弧线长度(周围计算)；

G89 领大：两肩侧最高点之间的距离；

G90 前领深：领子摊平，从领侧最高点到前开领点的垂直距离；

G91 袖窿深(直量)：由肩点到袖窿底之间的直线距离；

G92 袖长：由袖子最高点量至袖口的长度；

G93 袖口:见图 1 - 38;
G94 肩宽:两肩点之间的直线距离;
G95 小肩宽:由颈侧最高点到袖子最高点之间的长度;
G96 后中拉链长:见图 1 - 38;
G97 前省长:见图 1 - 38;
G98 后省长:见图 1 - 38;
G99 衣长(前衣长):由前身肩侧最高点量至底边的距离;

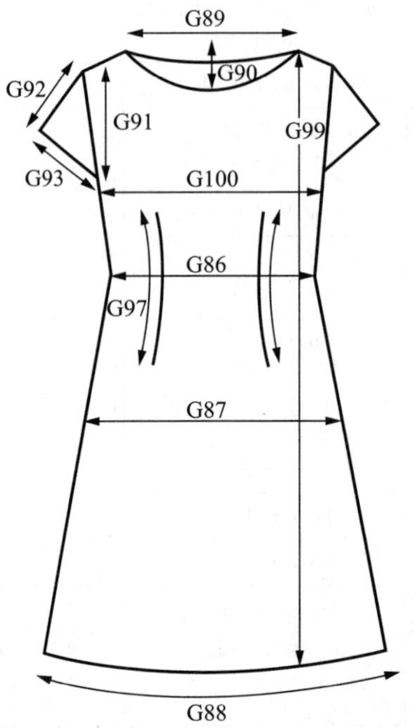

图 1 - 38 连衣裙测量方法(正面/背面)

G100 胸围:前身摊平,沿袖窿底处横量(周围计算),外贸订单中也有从袖窿下约 2.5 cm(1 英寸)量两侧缝之间的距离。

对于服装上有印花或者绣花的,测量方法见图 1 - 39:衣服正面印花(绣花)H101、H102;衣服背面印花(绣花)H103;裤装上印花(绣花)H104、H105。

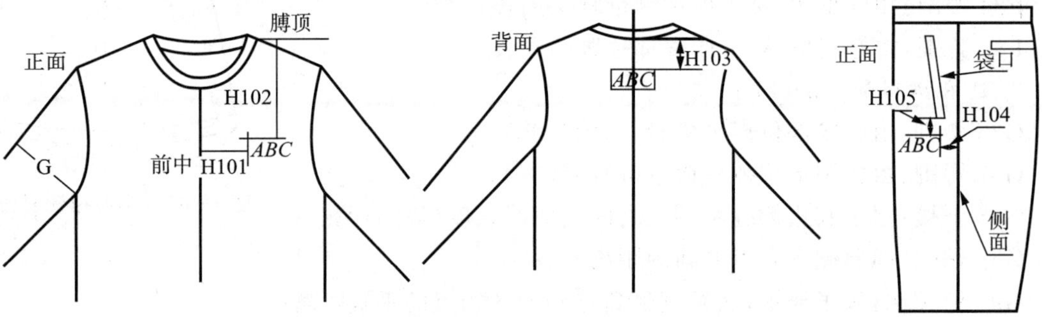

图 1 - 39 服装上印花(绣花)位置测量方法

任务四 车缝基础知识

服装缝制工艺是将设计意图和服装材料组合成实物状态的加工过程，是实现服装设计意图的最后一个步骤，它与服装的板型形成相辅相成的关系。一般来说，准确的服装板型是准确缝制的前提，精致的服装缝制工艺是演绎板型的保证。不管多么完美精准的板型，如果遇到水平低劣的粗制滥造，服装成品的就会面目全非。因此，在服装行业中素有“三分裁、七分缝”的说法，可见缝制工艺的重要。

一、缝制工艺相关术语

① 针码密度：又叫针迹、线迹及针脚密度，常指在 2 cm 或 3 cm 内缝针刺穿衣料的针数，即“针数/2 cm”或“针数/3 cm”。外贸加工中常以每英寸(in)内缝针刺穿衣料的针数表示，即针数/in。

② 车缝：用锁式线迹缝纫机进行的缝纫加工。工厂中也常称为“缉”。

③ 链缝：用链式线迹缝纫机进行的缝纫加工。

④ 包缝：又常称为锁边、包边、缉骨等，是对衣料毛边进行包边，以防纱线脱散的缝纫方式。

⑤ 撩缝：也叫缲缝，用撩边机或手工将服装下摆或下口折边处固定缝合，要求正面不露线迹。

⑥ 拼接：将两个及以上分片连接为一片完整衣片的加工形式。

⑦ 勾缝：两衣片正面相对，在反面缝合后再翻转的加工方法。常用于领子、袋盖、上口和袖头等处。

⑧ 纳：将服装部件与衣身装配缝合的方式，也称绚。

⑨ 丝缕：指机织物经纬方向的纱线。

⑩ 吃与赶：由于缝纫设备送布机构或款式造型的需要，缝合在一起的衣片在长度上产生的差距为吃头份或赶头份。一般衣片缩短的叫吃，长出来的叫赶。

⑪ 缝份：也叫缝头，指缝迹线到衣片边缘的距离。

⑫ 打结：也常称为套结、封结、打枣等，指在开口两端或常受力部位打上结缝以加固强度。

二、常用线迹

常用线迹及其特点见表 1 - 10 和表 1 - 11。

表1-10　常用线迹及其特点

线迹	特点	适用范围
100系列与400系列 链式线迹:是由一根或两根缝线串套联结而成	单线链缝线迹(100类):是由一根线往复循环串套而成的链条状线迹。这类线迹只要将最后一针线迹解开,即可将整个线迹抽出,应用不广泛	一般用于缝制袋口,缝制针织服装时与其他线迹结合使用,如缝制厚绒衣时须用绷缝线迹加固,钉扣机钉扣。其中101是单线链状线,常用于假缝(如西装袋的封口)
	双线链缝线迹(400类):由两根线(一根直针线和一根弯针线)往复循环串套而成的链条状线迹。这种线迹正面线迹与锁式线迹相同,拉伸性和强度均比锁式线迹好,有一定的耐磨性,缝线断后不易脱散	适合于针织服装加工,目前在机织面料服装加工中应用也越来越广泛
200系列 手缝线迹	此线迹很容易发生断线、剥线等故障。因此要使用耐磨性较好的缝线,同时对缝线有一定的限制	常见于西服的装饰线迹,大衣、裤子等钉扣的手工线迹
300系列 锁式线迹:是由两根线(面线和底线)在面料上锁套而成的线迹,也称平缝线迹	服装生产中最基本的线迹,几乎服装所有缝合部位均可使用。301单线是平车线步、双线是双针平车线步;304是人字线步	单、双针平缝机、曲折缝机、平头锁眼机、套结机的线迹均属此种类型。曲折型锁式线迹较直线型线迹的缝线用量相对较多,其拉伸性也明显提高
500系列 包缝线迹:由两根、三根或数根缝线相互循环串套在缝料的边缘上形成的线迹,分单线、双线、三线、四线和五线包缝线迹等	单线包缝线迹501号只有一根缝线	是缝制毯子边缘的专用线迹,服装中一般不采用
	503是双线包缝	适宜缝制强度大的部位,如弹力罗纹衫的袖口、底边常用这种线迹缝制
	504号505号为三线包缝线迹,能防止面料边缘脱散,当缝迹收到拉伸时,面线、底线和上线之间可以有一定程度的互相转移,因此缝迹的弹性较好	在服装加工中应用很广,如面料的包边;针织物衣片的缝合;袖口、下摆的卷边等
	四线包缝(507号)和五线包缝称(516号)为安全缝线迹,四线包缝的缝迹较三线包缝好。五线包缝线迹实际上是由一个双线链式线迹和一个三线包缝线迹复合而成的,并各自保持其独立性,故可称为"复合线迹"。复合线迹可以也由一个双线链式线迹和一个四线包缝线迹组成,构成三针六线包缝线迹	可用于三线包缝的地方都是使用四线包缝;五线或六线包缝多用于外衣(胸罩)等缝制,如男衬衫袖窿及摆缝、袖底缝就是五线包缝
600系列 绷缝线迹:由两根或两根以上面线(直针线)和一根底线(弯针线)相互串套而形成的线迹	绷缝线迹强力大,拉伸性较好。同时还能使缝迹平整,在某些场合(如拼接缝)也可起到防止针织物边缘线圈脱散的作用。如覆盖线是装饰线,就能形成花边的外观效果。它与400系列绷缝线迹的区别在于缝料正面加有装饰线。绷缝机在制衣厂也称冚車,其中602是两针四线绷缝,针距可调1/8"或3/16";其中1/8"的又叫窄虾苏或小虾苏;605是三针五线绷缝,针距一般宽1/4",又叫宽虾苏或大虾苏;607是四针六线绷缝	绷缝线迹多用于针织服装的滚领、滚边、折边、绷缝、拼接缝和饰边,套结机及某些锁眼机等

表 1－11　常用缝纫线迹及其用途

线迹图		ISO 4915 代码	一般用途
服装正面	服装反面		
		101	属于假缝，一般用于西装类服装，或封袋口用
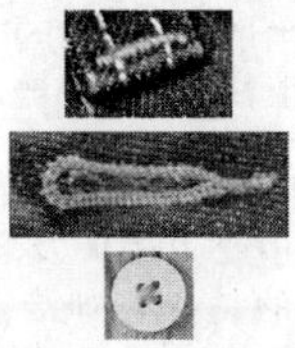	与正面一样	101 或 304，需要加固，只能选用 304 (Lockstitch)	钉钮、开钮门或加固服装，如钉凤眼(打枣/套结)
基本不漏线迹	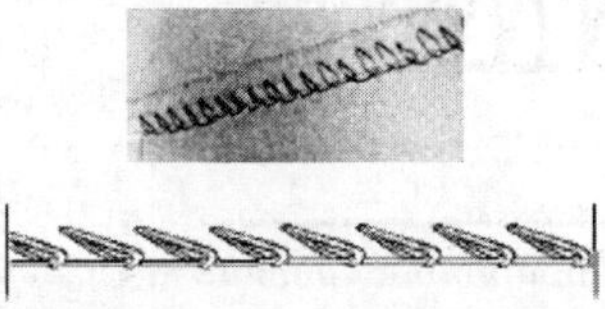	103	暗缝西裤、西装、裙子袖口、下摆口、衣脚
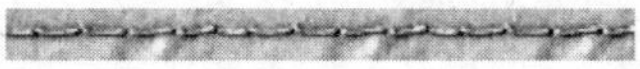		202	用于假缝、加固用
		301(Single Needle Stitching)	形成这种线迹的缝纫机称为平缝机，工厂中俗称平车或“镶襟车”。适合用于缝制针织品中不易拉伸的部位，如衣服的领子、口袋、门襟、裤子的封门及钉商标等
		304	是曲折型锁式线迹，用于缝制有弹性要求，同时又要有一定装饰效果的针织服装，如袖口、裤口等
		401(Single Needle Chainstitch)	有单线和双线两种，单线广泛用于针织服装的滚领、绱松紧带等许多部位的缝合，双线一般用于牛仔服牛仔裤，后裆缝和衬衫缝接
	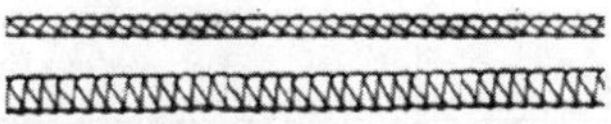	406(2 Needle Bottom Coverstitch)	双针网底线(也称双包缝)，用于袖口和衣脚接缝，滚边条、覆盖接缝，弹性裤头带，裤襻等地方
		407(3 Needle Bottom Coverstitch)	三针网底线(也称三针包缝)，常用于男装或男童内裤上加上弹力带
		503 (2 Thread Overedge)	双线拷边(双线包边，双线包缝)线迹，线迹的弹性好，适宜缝制强度打的部位，如弹力螺纹衫的袖口、底边常用这种线迹缝制

(续　表)

线迹图		ISO 4915代码	一般用途
服装正面	服装反面		
		504(3 Thread Overedge)	三线拷边(三线包缝)具有良好的弹性和延伸性,不易脱散,称为安全缝线迹。在针织服装生产中广泛用于合肩、合肋及上袖等部位的缝制
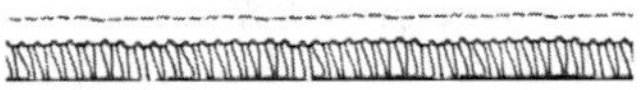		512	四线拷边,常用于外衣合缝和内衣中受力较大及容易摩擦部位的缝制。如合肩、上袖等。目前一般高档针织服装的缝制都要求用四线包缝缝制
		514(2 Needle 4 Thread Overedge)	
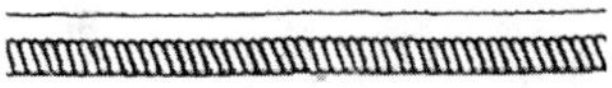	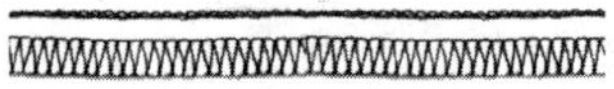	516(5 Thread Safety Stitch)	缝迹的牢度和缝制的生产效率高,多用于外衣及补整内衣的缝制
	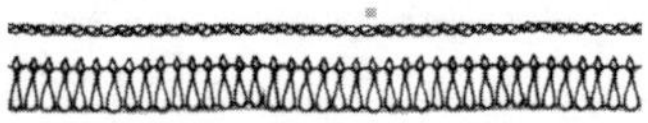	543	
	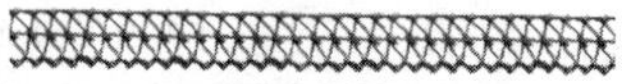	605(3 Needle 5 Thread Coverstitch)	也称三针包缝,用于服装装饰性盖缝或衣片接缝

表 1-12　常用缝纫线迹与车缝方式对照表

车缝方式	英　文	车缝方式	英　文
挑脚	Blinding	平缝	Flat Seam
暗缝	Blind Stitch	劈缝(开缝)	Open Seam
假缝;绗缝	Basting	锁边、包缝、拷边	Overlock/Serging
开钮门	Buttonholing	滚边(上捆条)	Piping
钉钮扣	Buttoning	褶	Pleat
滚边/包缝	Binding/Bound	绗缝	Quilting
打枣	Bartack	压明线	Topstitching
十字缝(裆底)	Cross Crotch	缝头(缝份)	SA (Seam Allowance)
省(死褶)	Dart	翻折(还口)	Turn Finish

三、缝型国际标准图示标准图描绘方法说明

① 用垂直于缝料的直线表示缝针穿透缝料的位置和程度,其中短线表示包覆在内部的缝料缝制穿刺形式,长线一般表示最后完成的呈现在缝料表面的缝针穿刺形式。

② 缝针穿刺缝料有三种情况(图 1-40)。第一种是缝针穿刺所有缝料,用垂直通过所有横线的直线表示;第二种是缝针不穿刺所有缝料,用直线垂直通过部分横线表示;第三种是缝线穿刺与缝料相切,用直线垂直通过横线而与某部分横线相切。

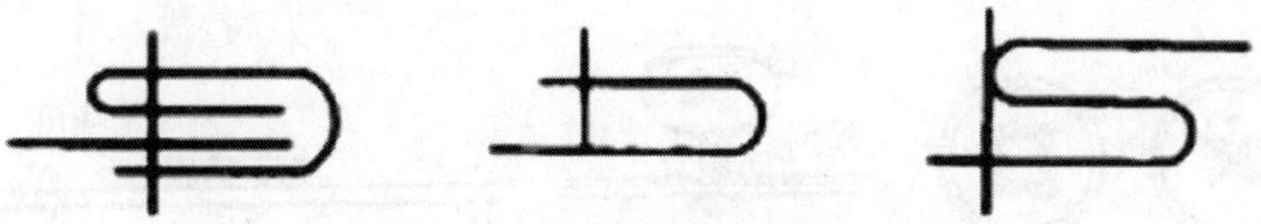

图 1－40　缝针穿刺缝料的情况

表 1－13　常用缝型符号

缝型名称	缝型符号	缝型名称	缝型符号	缝型名称	缝型符号
平缝(合缝)	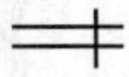	折边(卷边)	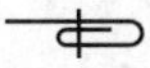	五线包缝合缝	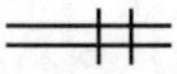
扣压缝(钉口袋)	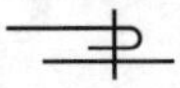	装拉链	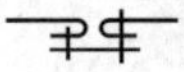	合肩(加肩条)	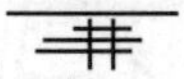
来去缝	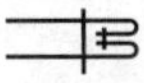	缝裤带环	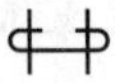	缝单道松紧带	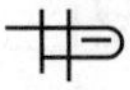
内包缝、外包缝	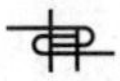	滚边(光滚边、半滚边)	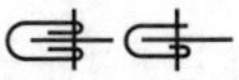	缝双道松紧带	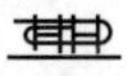
压止口线	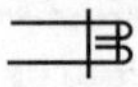	滚边(织带)	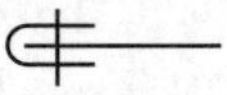	缲边缝	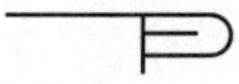
三线包缝合缝		搭接缝	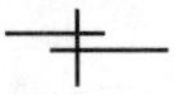		

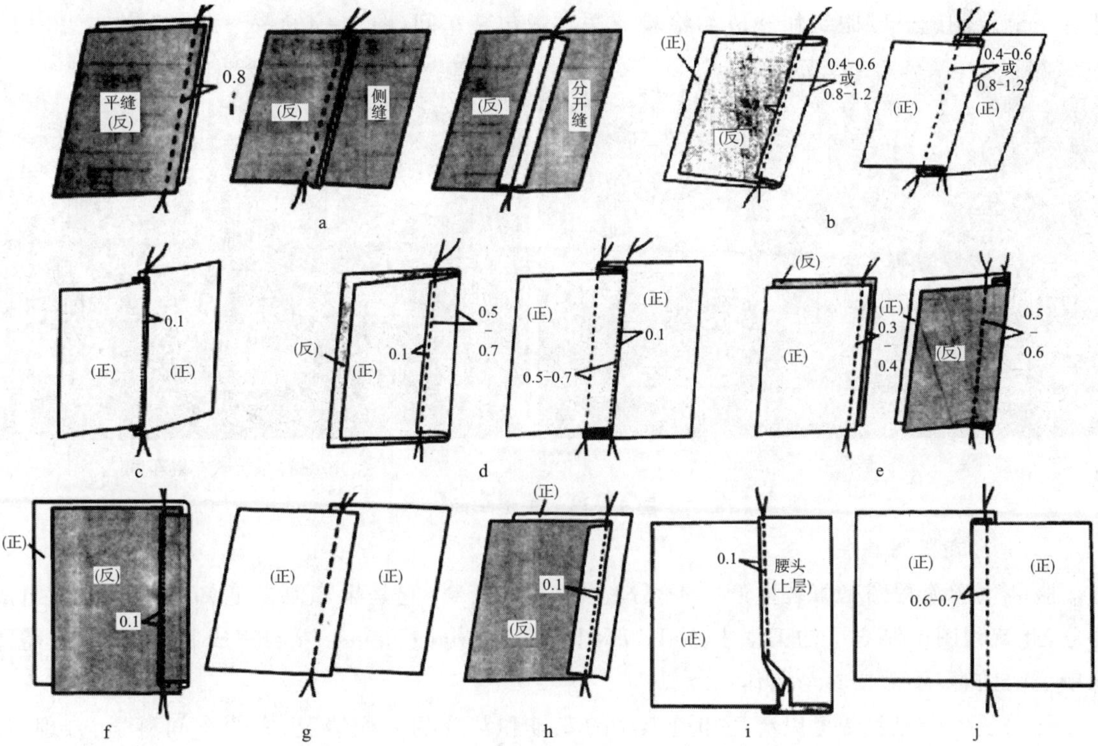

图 1－41　缝型

a. 平缝　b. 内包缝　c. 扣压缝　d. 外包缝　e. 来去缝

f. 滚包缝　g. 搭接缝　h. 分压缝　i. 闷缝　j. 坐缉缝

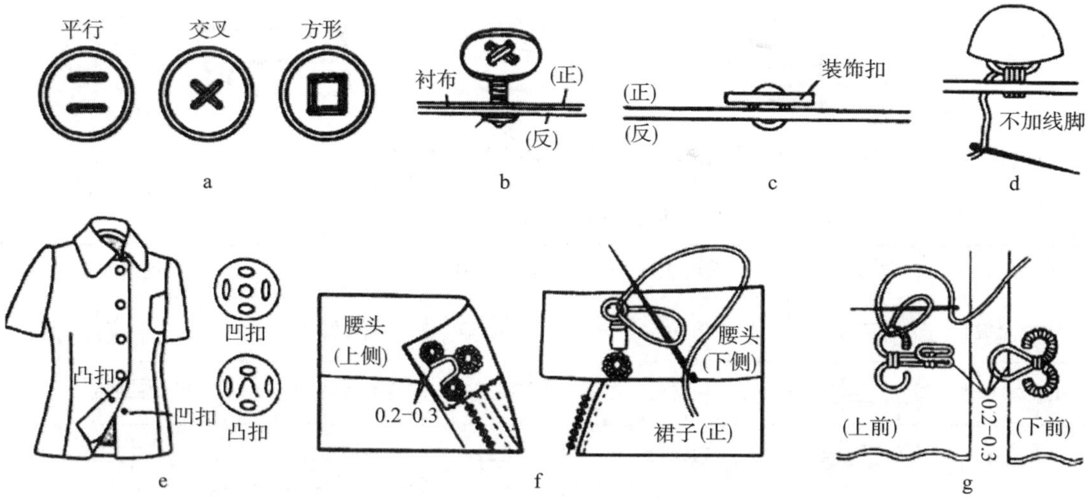

图 1-42 钉钮扣

a. 四孔钮扣钉缝 b. 有线脚和垫扣钉缝 c. 装饰扣钉缝

d. 有脚扣钉缝 e. 按扣钉缝 f. 片状钩扣钉缝 g. 丝状钩扣钉缝

四、成衣缝纫工艺流程

成衣缝纫工艺流程:检查裁片→做缝制标记→烫衬、缝制辅助部位(裁片印、绣花)→做零部件→缝合测缝→锁眼钉钮→成品检验→送整烫包装车间(图 1-43)。

a. 传统式车缝车间

b. 悬挂系统式车缝车间

图 1-43 车缝车间

1. 工艺流程图编制

服装生产流程图是服装生产中不可缺少的文件资料,它是生产制造通知单中的重要组成部分,此流程图由制衣厂的工程中心(IE 部门—Industrial Engineering)完成制作,跟单只需要简单了解内容,不需要参与制作。

从服装生产流程图可以清楚知道工序的安排和裁片的分配情况,方便车间科学、合理、高效地组织生产,起到计划生产、编排与控制生产、分析工序、合理摆放设备等作用。另外,生产流程图还是生产方法、生产程序研究、工序改良的重要依据。所以在生产前必须先根据工厂实际情况,编写好生产流程图,以确保生产的顺利进行。

生产流程图包括的内容有:开裁裁片、流程线、设备符号、工序序号、工序名称和标准时间等。在编写流程之前，首先需要了解工人的人数和分组的情况、设备的种类、数量和摆放的情况、制品的款式和生产要求、操作工序的明细分工、每日生产时间等，并计算出各工人的工作效率和各个工序所需的标准时间（即 S.M.V）或所需的工人数量，从而得出该流程生产的日产量、实际工作时间、工人的平均工作时间和所需的标准工人人数。然后根据以上资料以大分科的生产流程方法编写流程图（图 1－44）。

记号	内容说明	记号	内容说明
◯	平缝作业	○	搬运作业
⊘	特种缝纫机作业	□	数量检查台板作业
◎	手工熨烫、手工作业	◇	质量检查
⊙	整烫作业	▽	裁片、半成品停滞或投料
◈	质量、数量同时检查	△	成品停滞、结束

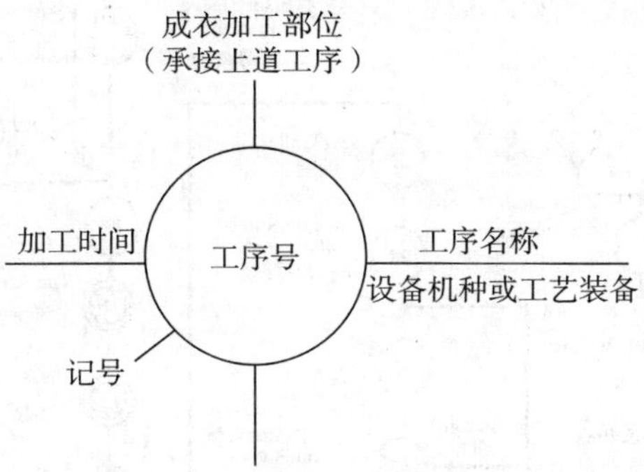

图 1－44　工艺流程图编制符号与工艺流程图表达式

2. 成衣加工流程

举例说明成衣加工流程，如图 1－45 所示。

单元练习题

单选题

1. 按照我国对服装号型的规定，“165/88A”中号是指（　　）

A. 165　　B. 88　　C. A

2. 女内衣常用上下胸围进行确定其尺寸，如 88A，其中数字表示下胸围，字母表示上下胸围的差，以下哪个字母表示上下胸围差最大（　　）

A. A　　B. B　　C. C　　D. D

3. 在针织服装车缝加工中，使用最多的缝纫机类型为（　　）

A. 平缝机　　B. 包缝机　　C. 钉钮机　　D. 打枣机

操作题：取出一件衣服，写出其缝纫线迹类型、测量并记录各个部位的尺寸。

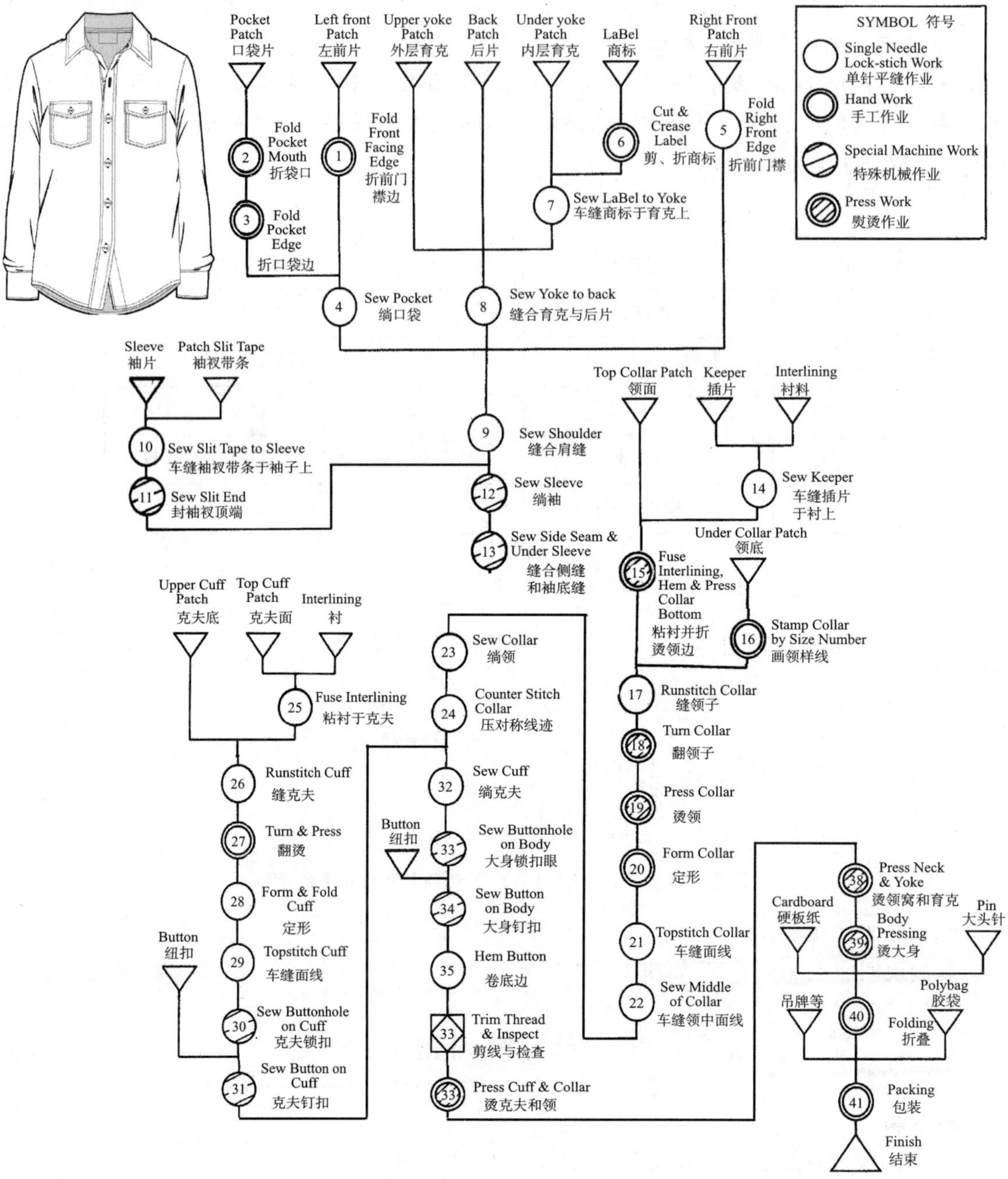

图 1-45 男衬衫生产流程图(Process Chart of Men's Shirt)

项目三　面料基础知识

面料是成衣的基本原料，一般也是每一件成衣中所占成本比例最高的部分，其纤维成分、纱线结构和织物组织结构是决定其特性与风格的主要指标。根据国家规定，市场上销售的服装产品必须标明其面料的成分及比例，因此服装跟单员必须学会面料的相关知识，避免在生产中出现错漏。

一、纤维的分类（图 1－46）

- 纺织纤维
  - 天然纤维 Natural fiber
    - 纤维素纤维：(植物纤维)棉、麻、竹等
    - 蛋白质纤维：羊毛、羊绒、蚕丝、兔毛等
    - 矿物纤维：石棉等
  - 化学纤维 Man-made fiber
    - 再生纤维 Regenerated fiber
      - 再生纤维素纤维：黏胶纤维、天丝、Modal等
      - 再生蛋白质纤维：大豆纤维、牛奶纤维等
      - 其他再生纤维：甲壳素纤维等
    - 合成纤维 Synthetic fiber
      - 聚酯纤维(涤纶)
      - 聚酰胺纤维(锦纶)
      - 聚丙烯纤维(丙纶)
      - 聚丙烯腈纤维(腈纶)
      - 聚氯乙烯纤维(氯纶)
      - 聚氨酯弹性纤维(氨纶)
      - 聚乙烯醇缩甲醛纤维(维纶)

图 1－46　纤维按来源分类

二、纱、线、丝的概念

纱是只由一股纤维束捻合而成的。按纤维长度可分为短纤维纱和长丝纱。

线是由两根或两根以上的单纱并合加捻制成的（图 1－47）。

连续长丝纱，简称长丝或丝。有化学纤维长丝纱和天然纤维长丝纱两种。

化学纤维长丝指纤维成型的同时集束成纱，它不需要像化学短纤维那样需先经过短纤维纺纱工艺将纤维集聚成纱。成纤的高聚物通过喷丝板即形成连续丝条，丝条中含有的纤维根数取决于喷丝板上喷丝孔的数目。用多孔喷丝头制成的长丝纱，称为复丝长丝纱，若将复丝长丝纱加捻后形成的为有捻长丝纱，将几根有捻长丝纱再并合加捻，形成的就是复捻丝线。天然长丝纱主要以天然蚕丝为主。

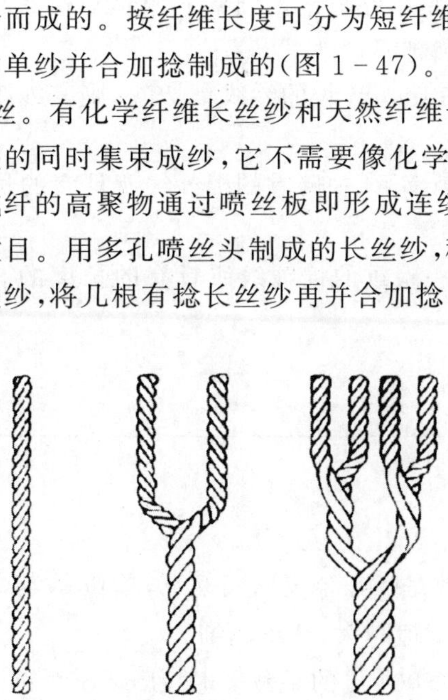

a. 纱　　b. 股线　　c. 绳

图 1－47　纱、股线、绳的结构

三、纱线品种代号

纱线品种(代号)如表 1－14 所示。

表 1－14 常见纱线品种(代号)

1	Woolen Yarn	粗纺(毛)	10	Gray Yarn	原色纱	19	Ramie Like	仿麻
2	Worsted Yarn	精纺(毛)	11	Condensed Yarn	废纺纱	20	Sunday Angora	仿兔毛
3	Core－spun Yarn	包芯纱	12	Filament Yarn	长丝纱	21	Imitated Cotton	仿棉
4	Heather Yarn	花灰纱竹节纱	13	Compound Yarns	股线	22	Cashmere Like	仿羊绒
5	OE Yarn	气流纺纱	14	Micro Fiber	超细纤维	23	DTY	拉伸变形丝,低弹丝
6	Fancy Yarn	花式纱	15	Metal Fiber	金属纤维	24	FDY	全拉伸丝
7	Mercerized Yarn	丝光纱	16	Hollow Yarn	中空纤维	25	POY	预取向丝
8	Slub Yarns	竹节纱	17	Island In Sea	海岛型纤维	26	K	针织用纱代号
9	Top Dyed	色纺纱	18	Sheath－Core	皮芯型纤维	27	J	精梳纱线代号

四、纱线的细度

纱线的细度不同,织物的物理性能、手感、外观风格也不同。其表示单位如下:

1. 特克斯(tex)

国际标准单位,一般用于棉和化纤。特克斯是指在公定回潮率下,1 000 m 长的纤维或纱线所具有重量的克数,用 Tt 表示。同品种纤维,Tt 值越大,纤维越粗。

分特 dtex:在公定回潮率下,10 000 m 长的纤维所具有重量克数。

【例 1】 公定回潮率下,1 000 m 长的纱线重 20 g,则其纱线的线密度(细度)为 20tex。

2. 旦尼尔(D)

绢丝、化纤常用。旦尼尔是指在公定回潮率下,9 000 m 长的纤维所具有重量的克数。同品种纤维,旦尼尔值越大,纤维越粗。

【例 2】 公定回潮率下,9 000 m 长的纱线重 70 g,则其纱线的线密度(细度)为 70 D。

3. 英制支数

英制支数是指在公定回潮率下,一磅重的棉纱线所具有的长度的 840 码的倍数,用 N_e 表示。N_e 值越大,纤维越细。

【例 3】 公定回潮率下,一磅重的棉纱线所具有的长度的 32 个 840 码长,即该棉纱的纱线细度为 32^S。

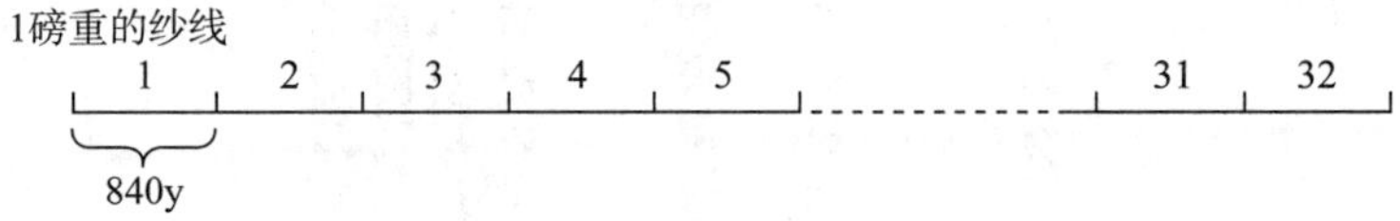

4. 公制支数

常用于毛纤维。公制支数是指在公定回潮率下,单位重量(g)的纤维所具有的长度(m),用 N_m 表示。同品种纤维,N_m 值越大,纤维越细。

【例 4】 公定回潮率下,1 000 g 的毛纱长度为 62 500 m,即该毛纱的纱线细度为 62.5 公支。

【例 5】 经纱(Warps)和纬纱(Picks)的表示顺序为:经纱细度×纬纱细度。

13×13，表示经纬纱都是 13tex 的单纱；

28×2×28×2，表示经纬纱都是由 2 根 28tex 单纱并捻成的双股线；

14×2×28，表示经纱为 2 根 14tex 单纱并捻成双股线，纬纱为 28tex 单纱。

60/2×52/2(公支)，表示经纱是由两根 60 公支纱线合股的双股线，纬纱是由两根 52 公支纱线合股的双股线。

除此之外，对于某些使用超细纤维的纱线还需要在纱线线密度后再增加每根纱线的纤维根数，用"/f"或"/F"表示。

【例 6】 32S JC 麻灰＋ Poly100D/144F 双面布(单面拉毛)

其表示该双面布的正面的原料为 32 英支精梳棉纤维，反面(拉毛一面)为单纱由 144 根单丝组成粗细为 100D 的涤纶丝，面料为麻灰色。

五、面料基本知识

织物是指纺织纤维和纱线制成的柔软而具有一定力学性质和厚度的制品，包括机织物、针织物、非织造布、编织物等。

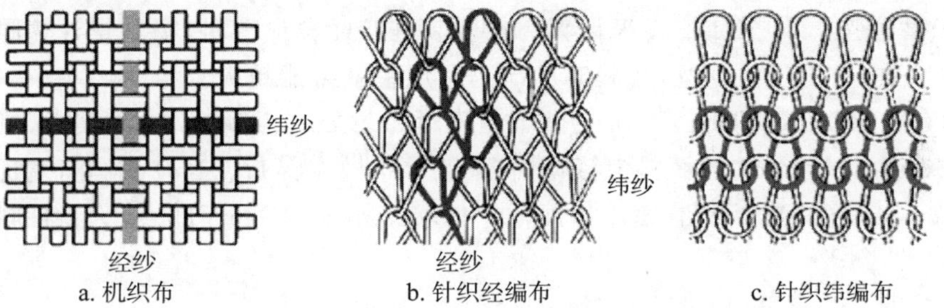

图 1-48 机织布与针织布结构图

1. 机织面料(Woven Fabric)

机织面料也称机织物，是把经纱和纬纱相互垂直交织在一起形成的织物。其基本组织有平纹、斜纹、缎纹三种。不同的机织面料也是由这三种基本组织及由其变化多端的组织而构成。

2. 针织面料(Knitted Fabric)

用织针将纱线或长丝钩成线圈，再把线圈相互串套而成，由于针织物的线圈结构特征，单位长度内储纱量较多，因此大多有很好的弹性。针织面料从外观上可分为单面和双面针织物，按织造方法可分为纬编针织物和经编针织物两大类。

① 纬编针织面料纱线由纬向喂入，同一根纱线按顺序弯曲成圈并相互串套而成。T 恤衫和毛衣产品为最常见的纬编产品。

② 经编针织面料线圈的串套方向与纬编针织面料不同，是一组或几组平行排列的纱线，按经向喂入，弯曲成圈并相互串套。它主要用于服装的网布、运动 T 恤衫和花边一类产品。

3. 非织造面料

非织造面料是由纺织纤维经黏合、熔合或其他机械或化学方法加工而成，主要用于各种衬料和填充物。

(一) 织物的主要技术指标

织物的主要结构参数包括织物的密度、匹长与幅宽、厚度与重量等，这些参数是定量描述或评价织物的客观指标。

1. 长度指标(Fabric Length)

① 经向:面料长度方向;该向纱线称作经纱。

② 纬向:面料宽度方向;该向纱线称作纬纱。

③ 匹长:一匹织物两端最外边完整的纬纱之间的距离。一般,棉织物 27～40 m;毛织物 60～70 m(大匹)或 30～40 m(小匹)。

匹长是面料交易中重要的数量指标。目前的进出口贸易中,主要采用英制,以"码"为单位。值得注意的是,在服装进料合同中,有必要对匹长进行说明,否则若购得的面料匹长太短或参差不齐,服装生产排料时就会有麻烦,零头布就会增多。

注:1 码=0.914 4 m。

2. 幅宽(Fabric Width)

幅宽是指面料的有效宽度,一般是指织物最外边的两根经纱间的距离。幅宽的大小决定了不同的生产设备、生产工艺以及销售价格。

在贸易中若采用公制,则大多用厘米,如 114 cm、142 cm。对外贸易都采用英制,幅宽的单位为英寸,如 44″、59″。由于生产工艺上的原因,幅宽应有一定的机动幅度,如 59/60″、43/44″。定购长度应按下限 59″或 43″来计算。在服装进口面料加工时,幅宽是计算服装用料量的非常重要的参数,一般门幅越宽,排料时的织物利用率就可能越大。

常见的有窄幅 36 英寸(91.44 cm)、中幅 44 英寸(112 cm)、宽幅 57～60 英寸(144 ～152 cm)等等,高于 60 英寸(152 cm)的面料为特宽幅,一般常叫做宽幅布。当今我国特宽面料的幅宽可以达到 360 cm。幅宽一般标记在密度后面,如"45×45/108×58/60"即表示面料的幅宽为 60 英寸(152 cm)。

3. 经纬密度(Threads Per Unit Length)

经纬密度是用于表示机织物单位长度内纱线的根数,一般为 1 英寸或 10 cm 内纱线的根数,我国国家标准规定使用 10 cm 内纱线的根数表示密度,但纺织企业仍习惯沿用 1 英寸内纱线的根数来表示密度。机织物规格常用的表示法为:

$$N_T \times N_W \times P_T \times P_W(\text{经纱线密度}\times\text{纬纱线密度}\times\text{经纱密度}\times\text{纬纱密度})$$

如通常见到的"45×45/108×58"表示经纱、纬纱的纱线支数(Yarn Count)分别为 45 支纱线,经纬密度分别为 108 和 58 根/英寸。

另外对于一些里布,行业内也会采用每英寸内经纬纱的和来表示,如 210T,表示的是每英寸经纬纱的数量的总和是 210。

4. 面密度(克重)(Fabric Weight)

面料的面密度一般为平方米面料重量的克数,它是面料的一个重要技术指标。牛仔面料的克重一般用"盎司(oz)"来表达。

注:1 oz(盎司)=28.350 g=16 打兰(dram), 16 oz=1 磅。

5. 色牢度(Colour Fastness)

纺织品色牢度就是纺织品染色牢度(简称色牢度),它是模拟染色织物在使用过程中,经受外部因素(挤压、摩擦、水洗、雨淋、曝晒、光照、海水浸渍、唾液浸渍、水渍、汗渍等等)作用下的褪色程度,是织物的一项重要指标。

纺织品的色牢度,分为 9 级:1,1～2,2,2～3,3,3～4,4,4～5,5,其中 1 级最差,5 级最高。色牢度常规的检测项目有摩擦色牢度(Rubbing Fastness),日晒色牢度(Light Fastness) 水洗色牢度(Wash Fastness)等,不同类型的产品各国都有相关的标准,具体牢度指标和要求由客户指定。一般情况下,面料颜色越深,色牢度越差,另外靛蓝或硫化面料的色牢度比常规服装低(表 1 - 15)。

表 1 - 15 常见色牢度中英文对照表

1	CF to Rubbing	耐摩擦色牢度	11	CF to Ironing	耐烫洗色牢度
2	CF to dry rubbing	耐干摩擦色牢度	12	CF to Chlorinated Water	耐氯色牢度
3	CF to wet rubbing	耐湿摩擦色牢度	13	CF to Rubbing With Organic Solvents	耐有机溶剂洗擦色牢度
4	CF to Perspiration	耐汗液色牢度	14	CF to Light	耐光色牢度
5	CF to Saliva	耐唾液色牢度	15	CF to Organic Solvents	耐有机溶剂色牢度
6	CF to Dry Cleaning	耐干洗色牢度	16	CF to Seawater	耐海水色牢度
7	CF to Washing	耐洗色牢度	17	CF to Sodium Hypochlorite Bleach	耐钠次氯酸盐漂白剂色牢度
8	CF to Water	耐水色牢度	18	CF to Peroxide Bleach	耐过氧化漂白剂色牢度
9	CF to Water Spotting	耐水渍色牢度	19	CF to artificial light	耐光牢度
10	CF to Weathering	耐气候色牢度	20	Appearance After Laundering/Hand Wash	洗涤/手洗后的外观
CF—color faseteness 色牢度					

6. 尺寸稳定性(缩水率 Shrinkage)

尺寸稳定性是指面料在洗涤或浸水后,面料收缩的百分数。一般来说,缩水率最小的面料是合成纤维及其混纺织品,其次是毛织品、麻织品,棉织品居中,而缩水率最大的是黏胶纤维、人造棉、人造毛类织品等。

缩水率可分为水洗缩率(Washing Shrinkage)和干洗缩率(Dry Cleaning Shrinkage)两种。缩水的而一般规律为:吸湿性大的纤维,缩水率越大;经纬向密度相近,其经纬向缩水率也接近;经密度大的织品,经向缩水就大;纱支粗的布缩水率就大。

7. 织物的厚度(Thickness)

织物在一定压力下,正反两面之间的距离,单位为 mm。在制衣企业采购面料时,极少对面料的厚度有相关规定。

(二) 面料的规格表示

1. 面料的名称

一般情况下,面料的名称用“材料+名称”表示。各种面料有许多传统的名称,如梭织面料中的全棉府绸、真丝缎、全毛华达呢等。在进出口交易中,尤其是在进口服装面料时,要尽可能引用生产商的货号,如:Cotton Poplin Art. No.1234。如果进出口双方对某个货号相应面料规格指标的含义具有共识,则具体的规格指标就不用再重复进行描述。

除此之外,在面料名称内还需要对面料的组织结构进行描述,如梭织面料斜纹布、格子布、条纹布;如纬编面料中的平纹、罗纹、法国罗纹、单珠地、位(卫)衣布等。

2. 原料比例

主要是针对混纺面料而言,必须标明。如:T/C 65/35 表示织物用纱为涤纶 65%棉 35%的混纺比;L/R 20/80 表示混纺比为 20%的亚麻与 80%的黏胶。

3. 面料的加工方式

主要针对有特殊外观或功能要求的面料而言,必须标明。如提花布、印花布、磨毛布、防水布、涂层面料、弹性布、吸湿速干面料等。

在服装加工中,梭织面料应用较普遍。在进出口贸易中,梭织面料规格包含的内容较多,比较完整的有:面料名称+原料比例+染整要求+理化指标+包装要求等。对于一些比较复杂的织物,单靠文字描述已不足以全面反映织物的要求,这时就必须借助实物样品(Sample)来说明,如印花织物中花型图案往往无法用文字来表示的。文字描述的仅仅是织物底布(Ground Fabric)的规格,必须以洽谈时来往的样布(Swatch)确认,再结合文字说明颜色等细节来表示。

针织面料的规格基本可按梭织面料规格的方法来表示。不过,由于针织物是由线圈相互穿套而成,它的密度一般以单位长度内(1 英寸或 5cm)的线圈纵行数(横密)和横列数(纵密)来表示。单位长度内的线圈纵行数主要和编织时所用针织机的机号(Machine Gauge,一般定义为每英寸织针数)有关。各种类型的针织机,均以机号来表明其针的粗细和针距的大小。机号愈高,针床上一定长度内的针数愈多,即针距越小;反之则针数愈少,针距越大。在单独表示机号时,应由符号 E 和相应数字组成,如 18 机号应写作 E18,它表示针床上 25.4mm 内有 18 枚织针。机号越高,针距 T 越小,间隙也越小,允许加工的纱线就越细。另一方面,机号确定后,可以加工纱数细度的下限(最细)则取决于对针织物品质的要求。与梭织物的某些表示方法相似,商业上常说"32 英支棉纱,190g/m^2,18 针的棉毛布",很少再限定纵向密度。

【例 7】 订单面料信息如下:

- DESC. DISCHARGE-PRINTED VELVETEEN
- CONTENT: 53/47 R/C
- SPEC. 42S/2×32 96×102 44″,
- 270G/SQ. M

- 品名:拔染印花平绒
- 成分:53%人造丝(黏胶)+47%棉
- 规格:经纱支数 42 英支双股+纬纱支数 32 英支,经/纬纱密度 96 根/inch 和 102 根/inch,幅宽 44inch,270g/m^2

一些常用面料的中英文对照、印花方式、整理方式分别见表 1-16、表 1-17 和表 1-18。

表 1-16 常见面料中英文对照

功能/外观	格子布	Rip-Stop(隐格)/Checks	条纹布	Stripes Fabric
	提花布	Jacquard/Figured Fabric	单面提花布	Single Jacquard
	印花布	Printed Fabric	涂层面料	Fabric With Coating
	吸湿速干面料	Moisture Absorbing& Quick Drying Fabirc	弹性(力)布	Stretch Fabric
	磨毛布	Fabric With Peach Effect	防水布	Watar-Proof Fabric
	植绒布	Flocking Fabric	桃皮绒	Inter-Woven Peach Fabric
	天鹅绒	Velvet Fabric	珊瑚绒	Coral Fleece/Coral Velvet
	灯芯绒	Corduroy Fabric	摇粒绒	Polar Fleece Fabric
	全消光	Full Dull	半消光	Semi-Dull

续表

机织面料	平纹布	Plain Fabric	府绸布	Poplin Fabric
	尼丝纺	Nylon Taffeta	富春纺	Fuchun Habotai
	电力纺	Silk Habotai	雪纺	Chiffon
	斜纹布	Twill/Drill Fabric	牛仔布	Denim Fabric
	卡其布	Khaki Drill	人字斜纹	Herringbone Twill
	乔其	Georgette	牛津布	Oxford
	缎纹织物	Satin & Sateen Cloth	缎纹色丁	Satin/Sateen
	华达呢	Gabardine	粗花呢	Tweed
	法兰绒	Flannel	凡立丁	Valitine
	帆布;马尾衬布	Canvas	塔丝隆	Taslan
	绉布	Crepe	麻纱	Hair Cords
针织面料(纬编)	平纹(纬平针)	Single Jersey	罗纹	Rib
	抽针平纹	Drop Needle Single Jersey	双罗纹	Interlock
	法国罗纹	French Rib	单珠地	Pique
	位(卫)衣	Inter Loop	双珠地	Lacoste
	双位(卫)	French Terry	毛巾布	Terry,Loop pile
其他	皮革	Fur	革皮	Leather
	网眼布	Mesh Fabric	非织造布	Non-woven Fabric

表 1－17　面料常用的印花方式

1	Direct Printing	直接印花	8	Plate Scream Printing	平网印花
2	Discharge Printing	拔染印花	9	Rotary Scream Printing	圆网印花
3	Resist Printing	防染印花	10	Screen Printing	丝网印花
4	Transfer Printing/ Hot Transferring Printed Compare	转移印花	11	Block Printing	模版印花
5	Pigment Printing	颜料印花	12	Paper Stencil	版印花
6	Coat Printing	涂料印花	13	Burn Out	烂花
7	Printing With Soluble Dyes	可溶性染料印花			

表 1－18　面料常用的整理方式

1	Absorbent Finish	吸湿	11	Napping	拉绒
2	Antistatic Finish	抗静电	12	Oil-repellent Finish	拒油整理
3	Brushed	磨毛	13	Resin Finishing	树脂整理
4	Calendering	轧光	14	Softening Finish	柔软
5	Coating (PVC、PU、PA)	涂层	15	W/P (Water Shrinkage)	防水
6	Embossed/ Logotype	轧花	16	W/R (Water Repellent)	拒水
7	Flame-retardant Finish	阻燃	17	W/S (Water Shrinkage)	缩水
8	Gauffered Finish	轧纹整理	18	Water-repellent And Waterproof Finish	拒水及防水
9	Liquid Ammonia Finish	液氨整理	19	Cellulose Enzyme Wash	酶洗
10	Mercerizaton Finish	丝光整理	20	Stone Wash	石洗

(三)面料正反面、经纬向辨别

服装跟单员在制单的时候,需要制作面料样卡,以便于各部门了解所加工服装的信息,如面料材质、生产加工时织物朝向(在印染加工中,面料正面朝下以防止织物被沾污)、裁剪的方向、服装各部分颜色搭配、印绣花颜色与面料颜色搭配等,尤其是某些客户对面料有特殊要求的,如个别客户为某些特殊效果,需要将面料的底面作为服装的正面等。因此跟单员需要掌握面料的正反面、顺逆方面和经纬方向的的区分方法,否则一旦面料样卡出错,面料在裁剪或进行印绣花加工后才发现问题的话,将会导致无法弥补的损失。

1. 面料的正反面区分

① 一般织物:布面光洁、毛羽少、结头杂质少的为正面。还可以借助整理拉幅的针眼来识别织物的正反面,一般针眼下凹的一面为正面。

② 平纹织物:从织物组织角度看,平纹是没有正反面的。因此,如不是经过其他如印花、染色、拉绒、扎光、烧毛等处理的平纹织物,一般可不区分正反面,但为美观可将结头、杂质少的一面作为正面。

③ 斜纹织物:斜纹织物应区分正反面,即使是正反两面组织点相同的双面斜纹,通常也按"线撇纱捺"的原则区分织物的正反面。我们可以先抽取 1 根纬纱和 1 根经纱,确定织物是全线、全纱还是半线,然后按"线撇纱捺"原则确定织物的正反面,如全线、半线织物,右斜的一面为正面;全纱织物,左斜的一面为正面。

④ 缎纹织物:缎纹织物是分正反面的,而且正反面区别较明显。缎纹织物的正面平整、光滑、紧密、亮丽,浮线长而多;反面则较稀松、暗淡、粗糙、光泽差。

⑤ 印花花纹:印花花纹一般正反面区别比较明显。染料大多是从织物的正面渗透至织物的反面的,因此,正面花纹图案清晰、色彩鲜艳、层次较清楚,而反面花纹比较暗淡、模糊;较厚的织物反面甚至不显花或花纹不连贯;部分印花织物只在正面显现花纹。

⑥ 轧花花纹:轧花花纹由布面的凸起形成,正反面不明显。一般图案完整、凸起的一面为正面,同时可结合面料印花或染色的正反面效果一起识别(图 1-49a)。

⑦ 烂花花纹:烂花花纹形成的是透明图案的织物,因此,正反面差异不大,但是仔细观察,烂花花纹的正面比反面的轮廓清晰。当烂花与印花结合在一起应用时,以印花图案、色彩的清晰程度来识别织物的正反面(图 1-49b)。

⑧ 剪花花纹:剪花花纹正反面区别比较明显。图案清晰、完整且浮线短的为正面,图案模糊、浮线长且留有剪断的纱线毛头的为反面。

⑨ 其他花纹类织物:如提花、凸条、凹凸花纹织物,其正面紧密细致,突出饱满,一般浮线较少,反面略粗,花纹不清晰,有较长浮线;一般其正面光泽较好,颜色匀净,反面质地不如正面光洁,疵点、杂质、纱结都留在反面。

⑩ 起绒织物:如平绒、灯芯绒、长毛绒等起绒织物的正反面区别十分明显。单面起绒织物一般以起绒的一面为正面,具有突出织物柔软、顺滑的绒毛、莹润的光泽和舒适的手感,而反面不起绒,大都比较粗糙,色泽也差,有的还涂有固绒物质;双面起绒织物则绒毛交紧密整齐为正面,光泽稍差一面为反面。

⑪ 起毛织物:起毛织物有单面起毛和双面起毛,一般单面起毛以拉有绒毛的一面为正面,双面起毛以绒毛短、密、齐的一面为正面。但也有例外,有些做服装里料的拉毛织物,为使衣服

穿脱时摩擦力小而选用没有绒毛或绒毛少的一面为正面。

⑫ 毛圈类织物：一般以毛圈丰满面为正面。

对于针织物，一般对于双面效应的织物，其正面一般是显露线圈纵行配置成一定角度的圈柱组成的纵行条纹（呈V型线圈），而反面会根据织物的类型有所差别，如纬平针显露线圈横列配置的圈弧组成的横向条纹（呈半圆形线圈），卫衣布显示鱼鳞状线圈。对于双面织物，如正反面一样，就按照布面光洁的一面为正面；一面是圈柱，另外一面是有立体外观的，一般是以立体感较强的一面为正面。

对于某些布边印有或者织有文字的，有文字一面为正面（图1-49c）。对于某些布一面盖有印章文字的，该面为反面。外销产品相反，其商标和印章均在正面。

各种整理好的面料或成匹包装时，每匹布头朝外的一面为反面，双幅呢绒面料大多对折包装，里层为正面，外层为反面。

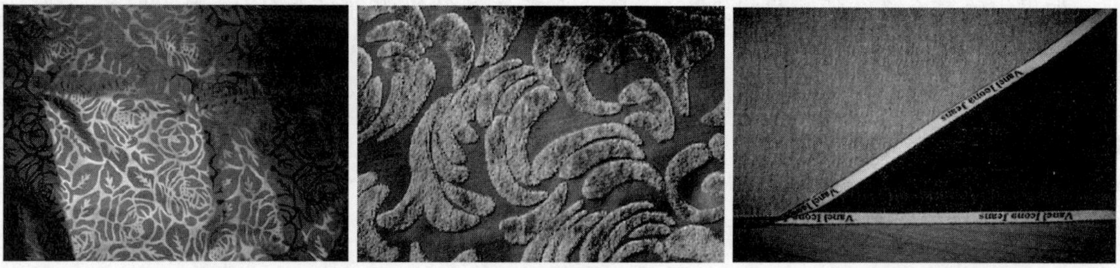

a. 轧花织物　　b. 烂花花纹　　c. 印文字的布边

图1-49　各种类型织物

2. 织物倒顺的鉴别

① 印花类：并非所有印花布都有倒顺，而是要根据具体花纹确定，如有的花卉、几何图案等在面料设计时就不是定向的，因此在裁剪时可不必考虑面料的倒顺；而人物、塔、树木、轮船等有明显方向性的图案，就不能随意颠倒，否则就会影响服装的外观（图1-50a、b、c）。

② 条格类：条格类织物有对称和不对称两种。对称织物的倒顺对花纹没有影响，排料可随意，只要按要求将条格对准即可；不对称的条格织物就要注意整件服装的统一性，不能随意颠倒排料，否则，影响条格的连续性和一致性（图1-50d）。

③ 绒毛类织物：绒毛类织物表面都有一层较厚的绒毛，在织制生产和后整理过程中使绒毛产生倒顺。在光线下，由于反光角度的不同，会产生深浅不一的色光，平面时效果不明显，在立体服装中会产生像色差似的对比效果，因此，特别要注意绒毛类织物的倒顺。一般手感光滑的方向为顺毛，反光强，色光浅；手感较粗糙、有涩感的方向为倒毛，反光弱，色光深。在制作服装时一定要注意整件服装绒毛倒顺的一致性，一般取向以倒向为多，色泽显得浓郁、深沉、润泽。有些作为里料的绒毛类织物也要注意倒顺，应以服装穿脱方便为宜。

3. 织物经、纬向的鉴别（只针对机织物）

织物经纬向的鉴别对服装来说十分重要，经、纬向的不同，织物的伸缩率不同，而且牢度和色彩也会有差别。织物经、纬向对服装的造型、质量都有直接的影响（注：服装加工时，面料的经向与人体的长度方向一致）。织物经、纬向判别可有以下几种方法：

① 从布边看：依据布边识别经、纬向是最基本的方法。对织物来说，平行于布边并与布匹

长度同向的为经向,与布边垂直并与幅宽同向的是纬向。

② 从上浆情况看:上浆的纱线为经向,无浆料的纱线为纬向。

③ 从伸缩情况看:对于没有布边的一小块样品,用手拉时,易延伸,手拉时略松而有变形的方向为纬向,经向基本不延伸,手拉时紧而不易变形。

④ 从原料看:对于不同原料的交织物,还可以通过经、纬向的不同原料加以鉴别。一般讲,棉/毛、棉/麻交织物,棉纱方向为经向;毛/丝、棉/绢丝交织物、丝/人造丝织物是以丝的方的方向为经向。

⑤ 从密度看:从织物的经、纬密度看,一般密度高的为经向,密度低的为纬向。但是也有少数除外,比如横贡缎织物、纬起绒织物等突出纬面效应的织物,纬密一般高于经密,此时可结合其他方法来鉴别。

⑥ 从纱线看:对于织物中单纱与股线的交织物来说,股线的方向为经向,单纱的方向为纬向。如果织物某个系统的纱线粗细不一,另一个系统的纱线粗细一样的,前者一般为经向;如果两个方向纱线都只有一种类型,但是粗细不一样的,一般细的为经向。

⑦ 从捻度和捻向看:一般 Z 捻为经向,S 捻为纬向;一般加捻多为经向,加捻少为纬向(少数面料除外)。

⑧ 从纱线类型看:若两个系统的纱线条干均匀度不同,条干均匀、光泽好的为经向;有竹节纱的织物,有竹节的方向为纬向;毛圈面料,有毛圈的方向为经向;沙罗面料,有扭绞的为经向;起绒面料,沿绒条方向为经向,起绒一向为纬向;花式线类织物,花式纱多位于纬向。

⑨ 条子织物:一般条子织物以条纹的方向为经向,纬向的条纹较少。

⑩ 格子织物:格子织物一般条纹较复杂、平直而明显,并且一般以格子的长边为经向。

⑪ 弹性织物:一般情况下,有弹性的织物以纬向弹性居多。

⑫ 牛仔织物:一般情况下,牛仔面料的经纱是蓝色,纬纱是白色;对于一些套色的牛仔,经纱是蓝色加其他颜色,而纬纱只是一种颜色,并且颜色较浅。

⑬ 从筘路看:从织物表面看,有明显筘路条纹的方向为经向。

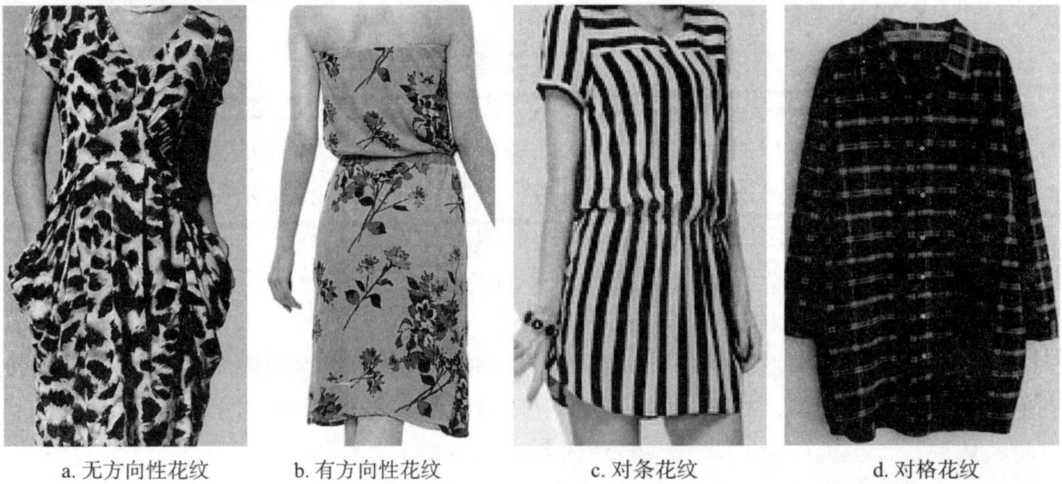

a. 无方向性花纹　　b. 有方向性花纹　　c. 对条花纹　　d. 对格花纹

图 1-50　面料花纹

(四) 织物检验

织物一般根据质量分为一等品、二等品、三等品和等外品 4 个等级。一等品明显的、严重的疵点较少或者没有,等外品则疵点较多。

布匹检验要根据核准的颜色标准及 4 分制或 10 分制,由专职检验员在灯箱下和验布机上作检验,检验须在充足的光源下以适当的速度进行;至少抽齐色和齐缸验 10%,若最初 10%验布结果不合格,则需加验 25%,若仍不合格,则要求全单退货。跟单员一定要落实验布报告情况,对面料质量问题必须在收布后三天之内进行处理。

面料检验包括布疵、色差、布纹弯曲、歪斜等;面料疵点板、色差板、手感板等均需送批,经批准的布板要保存好并送相关部门参考,以作为裁床查片、车缝中查及成衣终查的检验标准;验布报告需注明布的卷号、缸号、布长、布封、颜色及疵点类别等,以供大货生产参考;每缸都要测缩水,缩水率不能超过 5%;依据质量保证要求做相应的物理测试。

如某种成品织物的瑕疵多,就会影响其美观而降低其价值。瑕疵产生原因主要包括纤维原料、纱支原因、织造原因、印染整理原因和生成原因难以归属及操作人员操作原因。

布料检查

布料检查一般以随机抽样形式进行。从整批来布中,任意挑选一定数量的样本,审察整批的品质,包括:①布匹长度;②布匹门幅;③纱支;④经纬密度;⑤组织结构;⑥重量;⑦颜色;⑧疵点等。布料检定评分法包括十分制和四分制。

1. 十分制评法

适用于任何成分、门幅和组织的梭织坯布及整理布。

(1) 经疵长度		(2) 纬疵长度	
10—36 吋*	10 分	全幅	10 分
5—10 吋	5 分	5 吋至半封度	5 分
1—5 吋	3 分	1—5 吋	3 分
1 吋以下	1 分	1 吋	1 分

*"吋"表示英寸,为实际应用方便书中仍沿用。

除特别声明外,验布只限于检查布面的疵点。另外,在布边半吋以内的疵点可以不需理会。每码布料的经疵和线疵评分总和不得超过 10 分;换言之,就算疵点很多或非常严重,最高处罚分数都只是 10 分。若疵点在一个很大的长度重覆地出现,就算处罚分数的总和较被查验的码数小,该匹布料也应评为"次级"。

(3) 等级评估:根据检查的结果,布料评估为"首级"品质或"次级"品质。如果处罚分数的总和较被查验的码数小,该匹布料则被评为"首级";如果处罚分数的总和超过被查验的码数,该匹布料则被评为"次级"。由于较宽布封附有疵点的机会比较大,所以当布封超过 50 inch 首级布料的处罚分数限制可以放宽,但不应多于 10%。

(4) 疵点的评分原则:①同一码中所有经纬向的疵点扣分不超过 10 分;②破洞不问大小扣 10 分;③布边半英寸内不扣分;④连续性疵点须开裁或降等外品;⑤任何大于针孔的洞均扣 10 分;⑥无论经向或纬向,无论何疵,都以看得见为原则,并按疵点评分给予正确扣分;⑦除了特殊规定(比如涂层上胶布),通常只需检验布的正面。

(5) 等级计算方法：①可接受范围＝总分数小于总码数；②百码扣分不得超过100分。

2. 四分制评法

主要应用于针织布料上，也可应用于梭织布料。疵点扣分不分经纬向，依据疵点表长度给予恰当扣分。

(1) 疵点长度：除特别声明外，否则只须检查布面的疵点。另外，在布边1 inch以内的疵点可以不需理会。不论幅宽，每码布料的最高处罚分数为4分。特殊瑕疵如破洞、轧梭，一律扣4分。

①3吋或以下扣1分；②超过3吋但不超过6吋扣2分；③超过6吋但不超过9吋扣3分；④超过9吋扣4分。

(2) 等级评估：不论检查布料的数量是多少，此检定制度须以100yd2布料长度的评分总和为标准。若疵点评分超过40分，该匹布料则便被评为“次级”及不合标准。

(3) 疵点的评分原则：①同一码中所有经纬向的疵点扣分不超过4分；②破洞不问大小扣4分；③布边1吋内不扣分；④连续性疵点须开裁或降等外品；⑤任何大于针孔的洞均扣4分；⑥无论经向或纬向，无论何病疵，都以看得见为原则，并按疵点评分给予正确扣分；⑦除了特殊规定(比如涂层上胶布)，通常只需检验布的正面。

(4) 等级计算方法有两种：①以线长度为基准计算：(A)100m扣分不超过50分为A级(为可接受范围)，(B)100m扣分超过50分为B级(为不可接受范围)；②以平方码为基准计算：(A)每100平方码四十分(为可接受范围)总疵点评分×3600；(B)被查布匹实际长度×实际布匹门幅(英寸)。③拒收标准：(a)一匹布疵点评分超过四十分；(b)整匹大货的标准疵点超过20分；(c)疵点连续出现在3m或以上，不论疵点评分多少。

常见疵点的外观如下：

1. 纤维原料、纱支原因

① 粗结(Slub)：织物经纱或纬纱偶有一小段长约5～20mm，直径较正常纱粗，捻度较正常，捻数少有簇状纤维。

② 飞花(Flyer)：与粗结相似，但它较粗，不像粗结那么细长，纤维成团状。将纱略予退捻，可不使纱断裂。

③ 节纱(Cockled Yarn)：在织物幅宽长度，某段纱中有似竹节状的间隔性大粗结。一般在粗纱织物之纬纱较常见。

④ 纱支不均(Uneven Yarn)：由织物长面观察，织入的纱有粗细不均匀的现象。一般多发生在纬纱。

⑤ 云织(Cloud of Weaving)：纬纱支数显著不匀，织造时粗纱或细纱恰好集中排列在一起，形成片状，布面外观似片片浮云，故称云织。

2. 织造原因

① 异纱(Wrong Yarn)：针织物横向连续的线圈中，由比正常用纱粗或细的纱显现。一般多为单根，但偶亦有并列或间隔多根。

② 组织错误(Wrong Weaving)：即织法错误，布面的织纹与原设计者不同，例如左斜纹织成右斜纹。

③ 稀路(Set Mark，Fine)：布面上纬纱排列的密度比正常稀少。沿织物长度一段织入的

纬纱，由正常密度逐渐变稀，再由最稀逐渐恢复至原来密度，形成一条等宽窄的稀疏布面。

④ 密路(Set Mark,Coarse)：布面上纬纱排列的密度，比正常密集。沿织物长度一段织入的纬纱，由正常密度逐渐变密，再由最密逐渐恢复至原来密度，形成一条等宽窄的紧密布面。

⑤ 百脚(缺纬)：此种瑕疵仅发生在斜纹织造中，在每一完全组织同部位的经纱，同时浮在布面，状似一集蜈蚣的多脚。

⑥ 方眼(Reedness)：相邻的两根经纱挤在一起，左两根与右两根间的空隙增大，与纬纱形成棋盘状的小方格子。

⑦ 跳纱(Float)：经纱或纬纱未按照规定的组织织入而浮在布面上。

⑧ 蛛网：相邻的经纱或纬纱发生同部位连续性跳纱，织物该部位因无交织点而形成网状。

⑨ 松经(Slack End)：一根织入布中的经纱，在其交织点部位，比正常纱线凸出布面向上拱起。

⑩ 紧经(Tight End)：布中一根经纱较为平直，交织点有凹入布面的现象，在斜纹、缎纹织物较为明显，严重者会导致布身不平。

⑪ 漏针：针织物两列线圈间的距离较正常者大，横向两线圈间相连的线段趋向平直。

⑫ 配纱错误：先染后织的织物，或在组织上有不同规格纱的织物，纱线未照设计排列，使花纹或图案未达到预期效果。多发生在条子布、格子布及多种规格经纱的提花布中。

3. 印染整理原因

① 布芒(Fuzz,Nap)：染色整理后的织物布面有细微毛绒，与布纹的色泽相异。

② 精练斑：布面上有不规则片状的淡黄色痕迹，以指甲轻刮，则有短毛绒及碎屑掉落。

③ 色花(Skilteriness)：布面有不规则片状的颜色深浅。

④ 雾斑(Mist)：片状染斑，有深有浅，轮廓不明显，形状大小不一，发生的位置不集中，亦无规律。

⑤ 色差：染色或印花织物，颜色与所指定布样不完全相同。

⑥ 缸别色差：大批量的织物，分缸染色或一批布在同一缸分数次染色，布面上产生的色光深浅不一。

⑦ 阴阳色：染色全幅织物，正、反两面的颜色有色差。

⑧ 左右色差：全幅织物由左布边至右布边颜色逐渐变深或变浅。

⑨ 首尾色差(Tailing of Ending)：一组含数疋或数十疋的织物，在同样设定的条件下连续染色后，开始与结尾施染的布疋颜色有深浅的差别。

⑩ 移染(Migration)：染色的织物在烘干时，水份蒸发使染料随水移向织物表面，使织物表面的色调发生深浅变化。

⑪ 染料斑(Dyestuff Spot)：织物表面有片状颜色较深、形状不一且位置不规则的较大斑点。

⑫ 光泽条斑(Intrinsic Luster Streak)：非起毛染色织物的表面，在受到光线直接照射时，颜色会呈现条状深浅或明暗的差异。

⑬ 绳状痕：绳状染色时因织物缩成绳状，染色后布面沿布长的方向有不规则的颜色深浅皱纹。

⑭ 色斑:已包装好的成品织物,打开后布面有同色较深的斑点。

⑮ 花纹模糊:印出的花纹线条不够清晰,使图案有模糊的感觉。

⑯ 脱版:两色或两色以上所印的花纹,未能遵照原设计的图样衔接组合,致有偏离或满底印花露白的现象。

⑰ 印花断线:印细线条的花纹偶有中断的现象。

⑱ 接版不良:印花织物的连续花纹在接合部位衔接不好。

⑲ 水滚痕:在染色或印花织物的布面,有圆点形或较大片状面积颜色较浅的痕迹。痕迹的边缘往往较中央部位为深。

⑳ 树脂斑:经树脂加工的成品织物,布面上有干固的树脂斑。

㉑ 毛球:树脂加工的成品织物,布面有起毛球的现象。毛织品、聚酯(涤纶)及其混纺短纤产品较易发生。

㉒ 布面发亮:布面过平,产生不需要的亮光,多发生在化纤织物。

㉓ 布面不平:将全幅约1码长的织物平展在平台上,布身有凹凸不平的现象。多发生在纬编织布。

㉔ 弹性不良:具伸缩性的针织布沿纵横向略作拉伸后,不能回复原状,且呈现皱纹。

㉕ 纸感:织物布面平滑且略挺硬,伸缩性差,如同纸张的感觉。

4. 生成原因难以归属及操作原因

① 水渍:坯布或成品布的布面有被水浸渍后自然风干的痕迹。

② 摩擦痕:在加工过程中,因织物受到摩擦而布面产生光泽、色相、组织等的差异。

③ 破洞:坯布或成品布的布面,有经纱与纬纱被截断而形成的破洞。

④ 折痕:布面有一条折叠的痕迹,凸凹不平成一槽沟,较宽,非细线状。施以张力则折痕消失,常发生在布长的方向及一疋布的首尾。

(⑤ 起毛不匀:拉毛布、灯芯绒、天鹅绒、毛巾等起毛织物,毛簇或毛圈的长短、疏密的不均匀现象。

⑥ 脱毛:剪毛织物的毛簇容易脱落的现象。

⑦ 波纹:织物中大片面积的纱支发生移动不在原位,布面产生密度不均一的波浪弯曲。

表1-19为常见的面料性能测试项目。

表1-19 服装面料常见物理测试项目(Physical properties)

No.	Physical properties	测试项目	No.	Physical properties	测试项目
1	Deviation of fibre content	纤维含量偏差	11	Pilling resistance-ICI pilling box	抗起球性—起球箱法
2	Dimensional stability to household laundering	家用洗涤后尺寸稳定性	12	Pilling resistance-Martindale	抗起球性—起球箱马丁代尔法
3	Appearance after wash	洗后外观	13	Rain test	淋雨测试
4	Dimensional stability to dry clean	干洗后尺寸稳定性	14	Seam slippage	接缝滑移

续表

No.	Physical properties	测试项目	No.	Physical properties	测试项目
5	Appearance after dry clean	干洗后外观	15	Snagging resistance	防钩丝测试
6	Twisting	扭曲	16	Surface wetting of fabric	表面润湿测试
7	Air permeability	透气性	17	Tear strength	撕破强力
8	Cold test	低温试验	18	Water vapour	透湿性
9	Drop test	落锤试验	19	Zipper test	拉链测试
10	Pile loss — Abrasion resistance	掉毛—耐磨测试			

单元练习题

一、单选题

1. 在订单中出现的“color fastness”是指(　　)

A. 颜色深浅度　　B. 颜色消失速度

C. 颜色与客户的配对程度　　D. 色牢度

2. 截止目前为止,根据欧盟 2003/34/EC 和 2003/36/EC 的指令,明确在纺织品和皮革中被禁止使用的、经还原可裂解释放出对人体有害的芳香胺偶氮染料有(　　)种。

A. 22　　B. 23　　C. 102　　D. 138

3. 对于针织面料,(　　)是正确的品质指标。

A. 15OZ　　B. $32^S \times 21^S/124\times76$

C. $216g/m^2$　　D. $72m^2$

4.用经纱和纬纱交织而成的面料称为(　　)

A. 针织布　　B. 机织布　　C. 无纺布　　D. 编织布

5. cotton/polyester blended twill fabric 是指(　　)

A. 棉涤交织平纹布　　B. 棉涤交织斜纹布

C. 棉涤混纺斜纹布　　D. 棉锦混纺斜纹布

6. 以下哪种织物最容易产生褶皱(　　)

A. 棉　　B. 毛　　C. 麻　　D. 涤纶

7. 常见的合成纤维是(　　)

A. 黏胶　　B. 天丝

C. 涤纶(聚酯纤维)　　D. 腈纶

8. 以下哪块面料的摩擦色牢度最好(　　)

A. 1—2 级　　B. 2—3 级　　C. 3—4 级　　D. 4—5 级　　E. 5—6 级

二、多选题

1. 以下(　　)是针织面料。

A. 汗布　　B. 罗纹布　　C. 珠地布　　D. 府绸布

2. 以下(　　)是梭织面料。

A. 牛津布　　B. 尼丝纺　　C. 天鹅绒　　D. 卡其布

3. 根据《Oeko－Tex Standard 100》规定，纺织服装中不能含有(　　)

A. 22种以外的偶氮染料　　B. 过敏染料

C. 指定的金属元素材料　　D. 有害的偶氮染料

4. 成人常规服装需要查验的色牢度指标包括(　　)

A. 唾液色牢度　　B. 光汗色牢度

C. 干/湿摩擦色牢度　　D. 干洗色牢度

5. 纱线线密度常用于表示纱线的粗细程度，生产中常用英制支数来表示，如 $32^S/2$，以下哪个表达正确(　　)

A. 32表示单纱的粗细　　B. 32表示整根纱的粗细

C. 2表示此纱是双股线　　D. 48^S 的纱线比 32^S 的纱线粗

6. 以下对面料规格表示不正确的是(　　)

A. 针织面料采购中用码长来定价　　B. 牛仔面料克重通常用“盎司”表示

C. 梭织布面料采购中用面积定价　　D. 丝绸类织物面密度通常用“姆/米”表示

7. 以下哪项对尼丝纺210T中，“T”表示(　　)

A. 表示化纤的经纬密度指标　　B. 表示纱线粗细单位“特克斯”

C. 表示重量“吨”　　D. 表示纤维材料“天丝”

三、名词解释

“Polyester 30D/144f x 30D/144f 280T 58－59 ” 面料规格

四、翻译题

1. 翻译以下订单信息

Lady's Jacket

Shell：32/1 ＋70D 97％ cotton 3％ spandex Twill，/ 128×60，

Fur：100％ Acrylic

Lining：100％Polyerster 230T

Padding：100％ Polyerster，

Body：140g/m^2，sleeve：120g/m^2

2. 翻译以下色牢度等级判定

Table Description of the normal fastness grades

Fastness grade	Shade change of tested sample	fastness	Staining of adjacent white samle
Grade 5	No change	Excellent	No staining
Grade 4	Slight loss in depth	Good	Very slight staining
Grade 3	Appreciable loss	Fair	Moderate staining
Grade 2	Significant loss	Poor	Significant staining
Grade 1	Great loss depth	Very poor	Deep staining

Table Description of the light fastness grades

Fastness grade	Degree of fading	light Fastness
Grade 8	None	Outstanding
Grade 7	Very, very slight	Excellent
Grade 6	slight	Very good
Grade 5	Moderate	Good
Grade 4	Appreciable	Moderate
Grade 3	Significant	Fair
Grade 2	Extensive	Poor
Grade 1	Very extensive	Very poor

五、连线题(将对应纤维材料中英文连接)。

• Cotton	• 棉
• Flax	• 羊毛
• Jute	• 马海毛
• Ramie	• 蚕丝
• Wool	• 涤纶(聚酯)
• Silk	• 锦纶(聚酰胺)
• Mohair	• 腈纶(聚丙烯腈)
• Cashmere	• 开司米
• Viscose	• 亚麻
• Polyamide	• 聚氨酯(氨纶)
• Polyester	• 黄麻
• Polycrylic	• 苎麻
• Elastance	• 黏胶(人棉)

项目四　辅料基础知识

服装订单中出现退单或索赔，多因服装面、辅料的质量出现瑕疵。因此，控制服装面、辅料的质量问题已成为服装跟单员的重点业务内容之一。随着潮流变化，服装上使用的面辅料种类和数量较多，在生产、加工过程中往往容易受到污染，其对人体健康的危害已引起了消费者的关注。德国、美国、日本等发达国家已颁布了一系列法规或管理条例，以便对进口的纺织品服装进行各种环境安全标准的检查，而且涉及内容越来越宽泛。因此，服装面辅料的品质控制已是现今订单的一项重要工作，而这项工作的执行者有效的管理者就是跟单员。

本项目主要介绍服装订单中比较常用的里料、拉链、钮扣、金属扣件、缝纫线、花边和标签等辅料(Accessory)的基本知识。

任务一　服装里料

服装里料(Lining)是指服装最里层的材料，通常称里子或夹里，一般用于中、高档的呢绒服装、有填充料的服装、面料需要加强支撑的服装和一些比较精致的高级服装中。里料是补充单用面料不能获得服装的完备功能而加设的辅助材料。

服装里料可按制作工艺和材料成分的不同进行分类。

1. 根据工艺分为活里、死里、全夹里和半夹里

① 活里是经过加工后里与面可以分开的组合形式。特点是拆洗方便，有些面料如织锦缎、金银缎等不宜洗涤，就必须是与面能分得开的活里。

② 死里是指面和里缝合在一起不能分开的组合形式，大多数服装都采用这种形式。相比较而言，死里工艺简单，制作方便。

③ 全夹里是指整件服装全配装夹里的形式。一般冬季服装和比较高档的服装大都采用全夹里。

④ 半夹里是指在服装经常受到摩擦的部位，局部配装夹里的形式。一般比较简单的服装配装半夹里的较多。但是，如今服装流行轻、软、薄、挺，许多非常高档的服装和夏季的轻薄服装，也常采用半夹里的形式。

2. 根据材料成分分类

里料的组成主要有天然纤维(棉、真丝、柞丝)、再生纤维(黏胶丝或黏胶纤维及其混合、交织产品)、合成纤维(锦纶、涤纶)等(表 1-20)。

表 1-20　里料品种和规格

品名	经纬密度 [根/10 cm(根/英寸)]	经纱[tex(旦)]	纬纱[tex(旦)]	基本组织
腊羽绫	150(38)×110(28)	13.3(120)有光黏丝	18(32s)棉纱	变化斜纹
腊线羽纱	177(45)×110(28)	13.3(120)有光黏丝	28(21s)棉纱	四枚斜纹
羽纱	188.5(48)×10.25(26)	13.3(120)有光黏丝	28(21s)棉纱	四枚斜纹

（续　表）

品名	经纬密度[根/10 cm(根/英寸)]	经纱[tex(旦)]	纬纱[tex(旦)]	基本组织
人丝斜纹绸	216(55)×110(28)	13.3(120)有光黏丝	13.3(120)有光黏丝	四枚斜纹
人丝羽纱	165(42)×114(29)	13.3(120)有光黏丝	13.3(120)有光黏丝	四枚斜纹
光缎羽纱	196.5(50)×122(31)	13.3(120)有光黏丝	13.3(120)有光黏丝	五枚缎
美丽绸	283.5(72)×139(37)	13.3(120)有光黏丝	13.3(120)有光黏丝	四枚斜纹
新羽缎	196.5(50)×122(31)	13.3(120)有光醋丝	13.3(120)有光醋丝	五枚缎
闪色里子绸	255.5(65)×150(38)	13.3(120)有光黏丝	8.3(75)醋酸丝	2/2 斜纹
醋酸绸	196.5(50)×130(33)	6.7(60)醋酸丝	7.2(65)醋酸丝	平纹
铜氨斜纹绸	165(42)×130(33)	8.3(75)铜氨人丝	11.1(100)铜氨人丝	斜纹
平纹尼丝纺	165(42)×130(33)	7.8(70)半光尼丝	7.8(70)半光尼丝	平纹
斜纹尼丝纺	228(58)×138(35)	7.8(70)半光尼丝	7.8(70)半光尼丝	2/1 斜纹
涤美丽绸	196.5(50)×157.5(40)	7.5(68)半光涤丝	8.3(75)有光涤丝	1/2 斜纹
230t 尼丝纺	181(46)×142(36)	7.8(70)半光尼丝	7.8(70)半光尼丝	平纹
210t 尼丝纺	228(58)×157.5(40)	7.8(70)半光尼丝	7.8(70)半光尼丝	平纹
250t 尼丝纺	165(42)×130(33)	7.8(70)半光尼丝	7.8(70)半光尼丝	平纹
190t 涤塔夫	181(46)×142(36)	7.5(68)半光涤丝	7.5(68)半光涤丝	平纹
210t 涤塔夫	196.5(50)×157.5(40)	7.5(68)半光涤丝	7.5(68)半光涤丝	平纹
230t 涤塔夫	196.5(50)×157.5(40)	7.5(68)半光涤丝	7.5(68)半光涤丝	平纹
细纹绸	220(56)×138(35)	7.5(68)半光涤丝	8.3(75)涤低弹丝	1/2 斜纹
星月缎	346(88)×150(38)	5.5(50)有光异形丝	8.7(75)涤低弹丝	五枚缎
寒星缎	259.5(66)×126(32)	8.3(75)有光异形丝	11.1(100)涤低弹丝	五枚缎
锦益缎	259.5(66)×126(32)	8.3(75)有光异形丝	11.1(100)涤低弹丝	五枚缎
电力纺	236(60)×165(42)	2.2(20)桑蚕丝	2.2(20)桑蚕丝	平纹
洋纺	199(50.5)×165(42)	2.2(20)桑蚕丝	2.2(20)桑蚕丝	平纹
全棉坯布	236(60)×228(58)	28(21s)棉纱	28(21s)棉纱	平纹

服装里料的选配原则为：

① 颜色：与面料的颜色相同(男装)或相近(女装)；

② 缩水率：与面料匹配；

③ 悬垂性：里料应轻薄、柔软于面料；

④ 吸湿透气性：改善服装舒适性；

⑤ 加工和服用性能：面料和里料裁剪方法(直裁、横裁或斜裁)的统一，耐热、抗静电、耐洗性能与面料相配。

任务二 拉链

1. 拉链(Zip 或 Zipper)的组成

拉链的制作技术是由美洲传至欧洲，后又普及到亚洲的。在我国拉链行业中，拉链及其各部分的名称也不一致，以下为国内外应用比较广泛的术语及其含义。拉链构造图、类型图如图

1-51、图1-52所示,不同使用功能的拉链如图1-53所示。

① 拉链:拉链是一个可重复拉合、拉开的,由两条柔性的、可互相啮合的单侧牙链所组成的连接件。

② 链牙:由金属、非金属材料按规律固定在拉链边缘的牙。

③ 牙链:将两条相配的单侧链牙相互连续啮合,则两侧链牙就合成一条牙链。

④ 牙链宽度:横跨相啮合的两链牙间的宽度或拉头在其上拉动的牙脚宽度。

⑤ 拉链长度:拉头顶部与下止底部间的距离;在开尾拉链中,是拉头顶部与插口底部间的距离。测量时,拉头应在拉链的顶部拉瓣向下。

⑥ 拉头:是用来拉合和拉开链牙的金属或塑料组装件。

⑦ 上止(前码):在拉链拉开状态下,阻止拉头脱离拉牙的组合件。

⑧ 下止(后码):安装在拉链一端的,在拉链拉合状态下,阻止拉头向拉开方向滑行,并使链牙两部分不能完全分开的金属件或注塑件。

⑨ 拉链带:链牙固定其上的编织带,也叫布带。

⑩ 自锁装置:拉头上的用以防止拉头沿拉链拉开方向自行移动的装置。

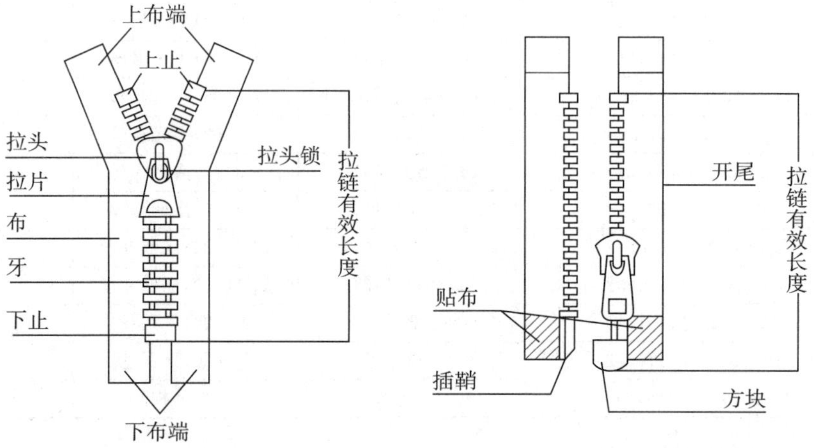

图1-51 拉链构造图

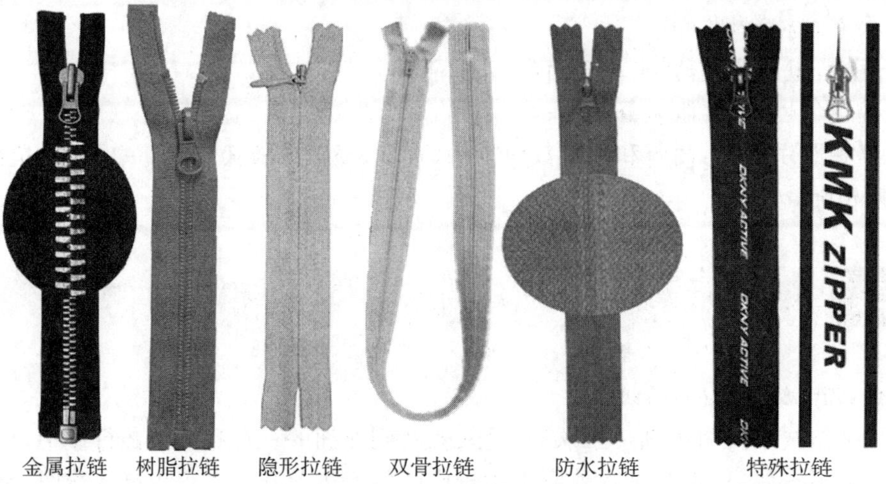

图1-52 常规拉链类型

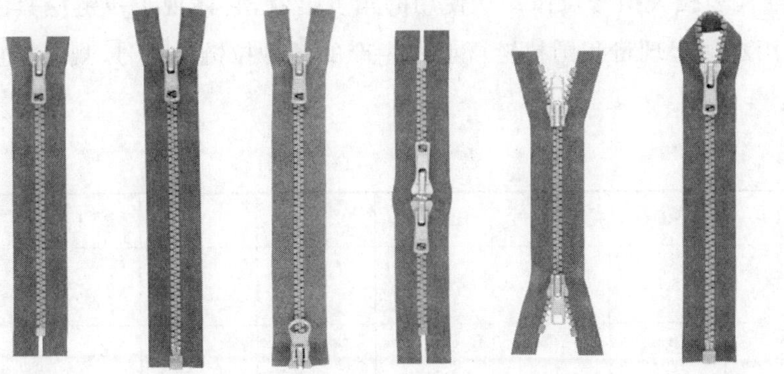

闭口拉链　开口拉链　开尾双头　双头拉拉链　双头拉拉链　环状拉链

上下拉拉链（两头相对）（两头相背）

图 1－53　不同使用功能的拉链

2. 拉链的分类

拉链的类别及其分类方法很多，可以按照链牙的材质、拉链的使用功能以及拉链的加工工艺等对拉链进行分类。

① 按照链牙的材质进行分类

A. 金属拉链(Metal Zipper)：铜拉链(Brass Zipper)、铝拉链(Al Uminium Zipper)、铸锌拉链；

B. 树脂拉链(Industrial Zipper)：聚甲醛注塑拉链(塑钢拉链 Industrial Zipper)、锦纶强化拉链(Nylon Zipper)

C. 涤纶拉链(Polyester Zipper)：螺旋拉链、隐形拉链、编织拉链、双骨拉链

② 按照拉链的使用功能进行分类(表 1－21)

表 1－21　拉链的使用功能类别

功能类别	条装拉链(支装)	闭尾拉链	单头闭尾拉链
			双头闭尾拉链
		开尾拉链	单头开尾拉链
			双头开尾拉链
		双拉头骨拉链	
	米装拉链	以 100 m 为一条，市场上还有英制码装，即 100 码为一条	

3. 拉链的规格型号

拉链的规格：牙链(即两个链牙啮合后)的宽度尺寸或尺寸范围就是拉链的规格。它的计量单位是毫米，是拉链各尺寸中最有特征的重要尺寸。对应于一种规格的拉链，还有一系列相配合的、规定的许多尺寸。例如链牙宽、链牙厚、布带宽、拉头内腔口部宽、口部高等。拉链的规格是制作拉链各形状组件的尺寸依据。

拉链的型号：型号是形状、结构及性能特征的综合反映。拉链的型号，除具有拉链规格的要素之外，还更侧重反映了拉链的性能特征，拉齿型号用＃3 到＃10 数字标示。＃3 代表较小

型号拉齿,#10代表较大型号拉齿。从使用的角度上看,它体现了拉链应具备的技术参数,以确保拉链的使用功能。现将我国拉链行业所生产的各种拉链的型号、规格、链牙厚及布带单宽列于表1-22:

表1-22　拉链规格

单位:mm

拉链种类	型号(#)	2	3	4	5	6	8	9	10
金属拉链	规格	3.5	4.5	5.2	6	—	7.8*~8.0	—	9
	链牙厚	2.5±0.04	3.0±0.04	3.4±0.04	3.8±0.04	—	4.5±0.04	—	5.6±0.04
	带单宽	11±0.5	13±0.5	13±0.5	15±0.5	—	17±0.5	—	20±0.5
注塑拉链	规格	—	4.5	5.3*	6	6.7*	8	—	9
	链牙厚	—	2.4	2.4	2.6~3.0	2.6	3.0~4.0	—	3.0~4.0
	带单宽	—	13±0.5	13±0.5	15±0.5	15±0.5	17±0.5	—	20±0.5
螺旋拉链	规格	3.5~3.8	4.0~4.5	5.0*	5.8~6.0	6.6*~6.7	7.2~7.3	8.0*~8.1	9.0~10.5
	链牙厚	1.2±0.04	1.5±0.04	1.8±0.04	2.25±0.05	2.35±0.05	2.45±0.05	2.65±0.06	2.9±0.06
	带单宽	11±0.5	13±0.5	13±0.5	15±0.5	15±0.5	17±0.5	20±0.5	20±0.5
强化拉链	规格	—	4.2*	—	6.2*				
	链牙厚	—	1.5±0.04	—	2.8±0.04				
	带单宽	—	13±0.5	—	15±0.5				
隐形拉链	规格	—	4.2*	5.0*					
	链牙厚	—	1.5±0.04	1.6±0.04					
	带单宽	—	13±0.5	13±0.5					
编织拉链	规格	—	4	4.6*					
	链牙厚	—	1.4±0.04	1.4±0.04					
	带单宽	—	13±0.5	13±0.5					
双骨拉链	规格	—	4.1*						

注:所有以上品种拉链凡自动头一定要在穿头时检验是否有锁,所有拉链都应该是链牙平直而两边布带松紧匀称且带有荷叶边。

在订购拉链时要注意以下事项：

① 拉链有左滑块（也称 R/S,右手嵌入）和 右滑块（也称 L/S,左手嵌入）两种,L/S 一般在欧洲和亚洲是男女装均适用,在美国仅适用于男装。

② 对于童装拉链应该采用定位塞以及无毒喷涂滑块。

③ 客户对拉链成分是否有相关要求,如是否需不含偶氮(AZO)、不含镍、可过检针器,是否需要产品环保证书,如“Oeko - Tex Standard 100”等。另外,8＃、10＃树脂、金属拉头或是较大体积的拉片、圆型拉片过检针效果不好;一方面是由于其体积较大,另外圆型拉片在测试检针时会产生磁场从而影响检针测试的效果;

④ 需水洗的牛仔服或酸性较大的皮制品类及其他的要下订单时,拉链一般是全棉带金属拉链,成衣染色后金属部分容易在经过酸性或碱性染色后会发生化学反应,而造成变色。因此下订单时要向生产企业提出要求,将金属部位进行加膜处理(这是有偿的);另外,生产前一定要先打样进行试验,确认拉链适合成衣制作工艺后方可采购大货;金属拉链变黑会对衣料造成污染,包装袋要保持通气,不能密封,尽量使用防湿纸、防湿剂减少污染;

⑤ 撞色拉链(面料与拉链布带不一致,如白色面料配黑色、红色拉链布带)在下单时一定要说明,要求色牢度一定要好,拉链在缝制前要进行试验确认后方可大批量投产;

⑥ 尼龙拉链用于 PVC 面料或是防水/滑雪面料(浅色时),请注意面料会吸收拉链中的油渍而造成面料有污渍,接类似订单时,请下单时注明:要进行拉链出油率控制,并在投产前进行试验;

⑦ 镀白不含镍、挂镀白不含镍拉头用于白色棉料(如羊毛制品)上易变色(如变黄、黑等),主要原因是漂白加工染色后处理中未清洗干净,与化学残留物起反应造成;生产前要注意提醒相关部门将面料充分进行清洗至中和状态后进行生产;

⑧ 拉链上的染料和聚乙烯、合成皮革、布料的树脂涂层等中的可塑剂、接合剂、油剂等成分可能会发生反应,而发生移染现象,成品之间要用纸隔开,并且注意保存状态。

任务三 钮扣

一、钮扣(Button)的分类

钮扣的种类繁多,且有不同的分类方法。根据钮扣的特点,可以将钮扣大致分为如下几类:

1. 按材质分

① 天然类:真贝扣、椰子扣、木头扣;

② 化工类:有机扣、树脂扣、塑料扣、组合扣、尿素扣、喷漆扣、电镀扣等;

③ 其他:中国结、四合扣、金属扣、牛角扣、仿皮扣、激光字母扣、振字扣等。

2. 按孔眼分

① 暗眼扣:一般在钮扣的背面,经钮扣径向穿孔;

② 明眼扣:直接通钮扣正反面,一般有四眼扣和两眼扣(但也有特殊情况)。

3. 按光度分

有光扣、半光扣、无光扣(特殊情况下还有按客户的要求抛光)。

4. 按造型分

有上千万种,没有一个统一的称呼。

钮扣在国际上有统一的型号(俗称系列,英文为 Line)。同一型号有固定的尺寸,在各国之间是通用的。钮扣型号与钮扣外径尺寸之间的关系如下:

钮扣外径(mm)=钮扣型号×0.635

【例】 衬衣扣常用尺寸是 18 型,它的外径是 18 mm×0.635=11.43 mm,常见钮扣的型号与尺寸的关系见表 1-23:

表 1-23 常见钮扣的型号与尺寸

钮扣型号	钮扣外径(mm)	钮扣型号	钮扣外径(mm)
14#	8.89	34#	21.59
16#	10.16	36#	22.86
18#	11.43	40#	25.4
24#	15.24	44#	27.94
28#	17.78	54#	34.29
32#	20.32		

钮扣除了国际统一型号之外,各钮扣厂家还可以根据生产及销售情况对钮扣进行编号,不同厂商对同一钮扣的编号是通用的。

二、组合钮扣

主要类型:有 ABS 电镀与尼龙件组合钮扣,ABS 电镀与金属件组合钮扣,金属与环氧树脂组合钮扣,树脂与 ABS 电镀组合扣,ABS 电镀与环氧树脂滴胶组合钮扣,ABS 电镀与环氧树脂滴胶组合扣,免缝钮扣和功能钮扣等。

童装组合钮扣在选择时要注意不能含有重金属元素和有毒元素,如铬、镍、钴、铜、汞、铅等。所用的染料不能含有可分解出有毒成分的某些偶氮类染料。目前组合钮扣中所用的电镀件往往含有镍,树脂钮扣中的珠光钮扣往往含有铅,各类染料中都有一些已被禁用的偶氮类染料,所以必须依据出口国家及客户要求注意以上问题。

三、金属扣件

所谓金属扣件(Buckle)是指用金属材料制成的、被运用在服装及其相关物品上的制品,它包括各种吊环、裤扣、铆钉、气眼、商标、装饰牌、职业标志及装饰件等。

金属扣件在形状、材料、色彩及功能等方面千变万化,从不同角度看则有不同的分类方法,按其功能可分为:

① 按扣(Snap):选用铜带、铜丝等经过冲压、绕制加工组合而成(图 1-54)。

② 四件扣(Four Piece Button):四件扣俗名"五爪扣",由面扣、母扣、子扣、底扣四个部分组成,其原理是利用有色金属黄铜的弹性实现铆合及扣合功能。四件扣种类有空心四件扣、装饰面四件扣、金属面四件扣(图 1-55)。

③ 大白扣(Press Stud):大白扣主要使用在较厚衣料服装上,如羽绒服、滑雪衫、茄克、工作服及牛仔服等服装中。装钉要求服装面料在 0.5～3 mm 之间,装钉后要求铆合牢固、美观而扣不变形等。

④ 四合扣(No-Sew Snap;Snap Fastener;Press Button):四合扣也称弹簧四合钮,它是按钮的延伸,弥补了按扣在装钉、装饰使用范围的不足,是按钮与大白扣相结合的产品。四合扣的装钉要求面料厚度在 0.5～3.5 mm 之间,装钉后扣面不变形、不掉漆、铆合牢固、配合应达到

装钉前的各项技术指标。

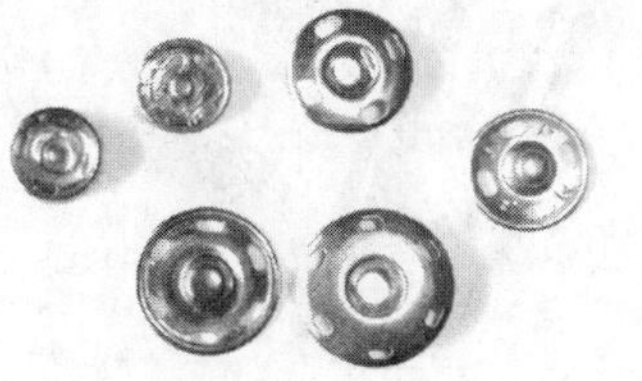

图 1－54　按扣

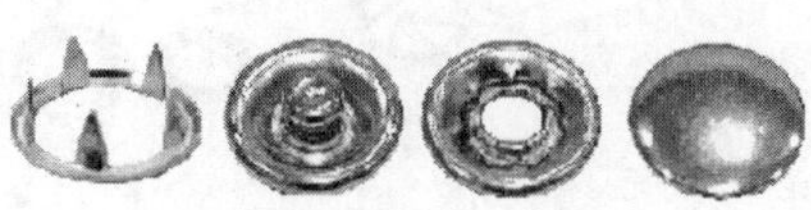

图 1－55　五爪扣

四、扣扣类金属扣件

扣扣类金属扣件，品种繁多，形状千变万化。主要有裤扣、搭扣、线注金属扣、工字扣、金属挂扣等。

① 裤扣（Trouser Buttons；Trouser Hook；Buckle）：有两件裤扣和四件裤扣两种。

② 线注金属扣（Seam Metal Button）：根据钮扣的眼孔分布方式不同有明眼和暗眼之分，其中明眼扣还有两孔扣和四孔扣之分。暗眼扣与明眼扣相比，通常只有一个孔在钮扣的背面，背面脚底也有焊底、自动脚底、铜线脚底三种类型。按生产工艺可分成冲压成型和压铸成型金属钮扣。

③ 工字扣（I-Button；Jeans Button）：工字扣也称仔扣，它由面扣及底铆钉组成，常用的工字扣规格有₵17mm，₵15mm 和₵14mm 三种，选用材料一般有铁质和铜质两种（图 1－56）。

④ 金属挂扣（Buckle；Metal Hanger；Metal Hook）：金属挂扣有调节扣、字扣、拉心扣、鲍鱼扣、方形拉心扣、日字扣（图 1－57）、三线通扣、葫芦扣、布带松紧扣、夹带扣等。

图 1－56　工字扣

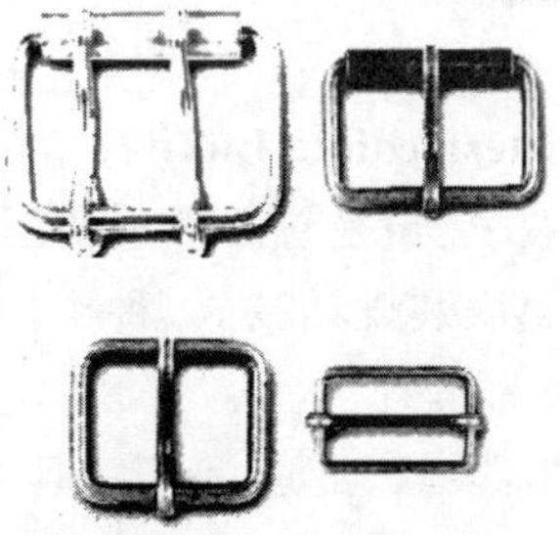

图 1－57　日字扣

五、装饰类金属扣件

① 单纯性装饰扣件：单纯性装饰扣件主要有金属牌、爪式装饰扣、胸花、别针等。

② 具有功能性的组合装饰扣件：一般是将具有锁扣、扣扣功能的钮扣与装饰件用包面或镶嵌工艺进行组合的新型扣件。

六、紧固类金属扣件（图 1－58）

① 衣角钉（Garment Horn Tack Rivet）：衣角钉是以增加衣角强度为目的的空心铆钉。规格一般有₵7、₵9 和₵9.5 等几种。

② 气眼（Air Hole）：以增加服装的耐磨性及强度为目的的扣件。

③ 铆钉（Rivet）：在服装中主要是将服装附件固定在服装某个部位所使用的金属扣件。

图1-58　服装常用紧固类金属扣件

七、钮扣产品检验要求

① 对照样品,看颜色、型号是否与样品相符;

② 表面不应有裂纹、缺口、凹凸不平及明显划痕;

③ 背面无车裂、气泡;无烂边、厚薄不均现象;

④ 花纹应无明显变形、无白眼、白圈等现象;

⑤ 扣眼应光洁通畅;针眼无不穿及破裂,要对称且无大眼。如果是暗眼扣,暗眼槽应光滑、无明显爆裂;

⑥ 同批次钮扣色差应不低于GB250四级标准,与来样相比,应不低于GB250三级标准;

⑦ 包装检验,在外观检验全部合格后,再进行分装。在包装时应放入合格证或其他标签,包装的数量应与规定相符,且每袋实际数量要与规定数量相符,发现因厚薄不一或其他原因超过允差时则要全数检验。

任务四　填料

一、填料(Intermediate Lining)

填料(絮填料)是置于面料与里料之间,起保暖(或降温)及其他特殊功能(如保健、防辐射)的材料,根据服装设计款式、种类用途及功能要求的不同来选择使用。

1. 纤维絮填料

① 棉花:柔软、舒适、保暖,但弹性差,不耐水洗;

② 动物绒毛:如羊毛、骆驼绒等;保暖性好,弹性优良,但水洗后易毡化;

③ 合纤絮料:多用腈纶;弹性好、轻而保暖;中空涤纶,弹性好、保暖性优良;

④ 丝绵:桑蚕丝作絮片状絮料;质轻保暖、吸湿性好,价高;

2. 天然毛皮、羽绒

① 天然毛皮:中、低档毛皮;保暖性好,但缝制复杂,加工昂贵;

② 羽绒:鸭、鹅、鸡等的毛绒;保暖性好,面、里料需用防羽绒布;

3. 混合絮料

羽绒+涤纶,或驼绒+腈纶作絮填料,蓬松保暖、成本低;

4. 絮片

① 热熔絮片(即热熔黏合涤纶絮片):蓬松,透气,保暖,价廉;

② 喷胶棉絮片:涤纶纤网喷撒黏合剂热压后制得;蓬松价廉、透气保暖但强度低;

③ 金属镀膜复合絮片(金属棉、太空棉):轻、薄、暖、软,不耐水洗,分为五层,即中空弹力绒(保温层)、铝钛合金金属膜(反射热能层)、无纺布(金属膜基布)、高压聚乙烯膜(做金属膜的附着层)以及防氧化层(保护层);

④ 毛型复合絮片:羊毛与其他纤维混合料针刺加工而成;保暖性好但价格高;

⑤ 远红外棉复合絮片:远红外涤纶或丙纶复合原料,具有保健作用。保暖性好且能消除疲劳、恢复体力;可缓解神经痛、肌肉痛等症状,对关节炎、肩周炎、气管炎等炎症有消炎功能,对肿瘤、冠心病、糖尿病、脑血管病等具有一定的辅助医疗功能;具有抗菌、防臭和美容的功效。

二、垫料

垫料指为了保证服装造型要求并修饰人体的垫物。其作用是按设计要求加高、加厚、平整、修饰等以保证服装的造型和修饰人体体形的不足。主要品种包括胸垫和肩垫两种(图1-59和1-60)。

1. 胸垫　又称胸绒、胸衬,主要应用于西装、大衣等服装的前胸夹里内。主要分为机织、针织、复合胸垫。

2. 肩垫　俗称攀丁,用于肩部的衬垫。主要分为以下几类:

① 针刺肩垫:用针刺方法将材料加固而成,弹性、保形性好,用于西服、大衣等。

② 热定形肩垫:用模具加热定形制成,尺寸稳定、耐用,用于风衣、茄克等。

③ 海绵及泡沫塑料肩:价廉,但弹性、保形性差,外包布后用于一般女衬衫、女装等。

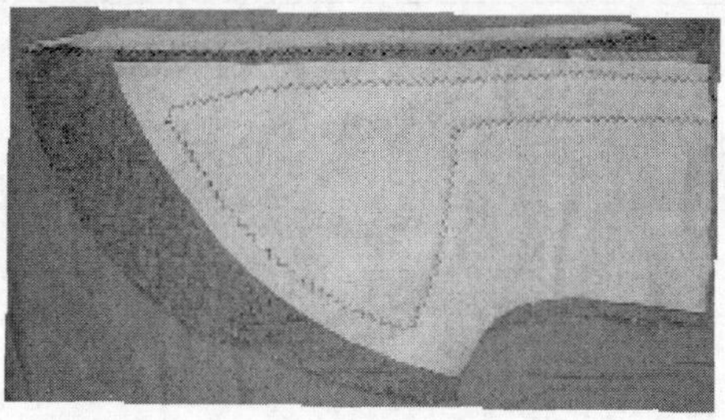

图1-59　西装复合胸垫

图1-60　肩垫

任务五　黏合衬

黏合衬(Interlining)又称化学衬布,黏合衬的布面上附有一层黏合剂,通过一定的温度和适当的压力,将黏合衬与服装面料黏合在一起。品种有机织黏合衬布、针织黏合衬布、无纺黏合衬。

服装用衬的部位如图1-61所示,表1-24为黏合衬布内在质量要求。黏合衬作用如下:

① 使折边清晰平直,服装整体挺括,达到预期的造型(如立领)。

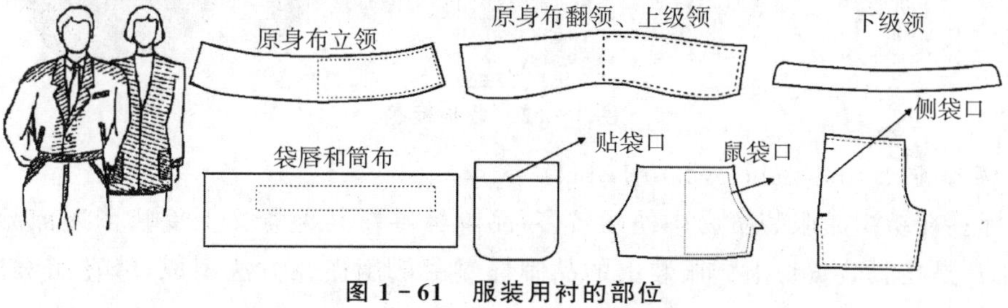

图1-61　服装用衬的部位

② 提高面料的抗皱性能和强度。

③ 保持服装良好的结构形态和稳定的尺寸(如袖窿)。

④ 提高保暖性并使服装结实耐穿。

⑤ 改善面料的加工性能(如轻薄面料缝纫、绣花)。

表 1-24　黏合衬布内在质量要求

项目			机织黏合衬(衬衣用)	机织黏合衬(外衣用)	无纺织黏合衬
剥离强力不低于(N/5×10 cm)			18	12	8
干热尺寸变化不低于(%)		经向	−1.0	−1.5	−1.5
		纬向	−1.0	−1.0	−1.5
水洗尺寸变化不低于(%)		经向	−1.5	−2.5	−1.3
		纬向	−1.5	−2.0	−1.0
黏合洗涤后外观变化不低于(%)	水洗	次数	5	2	2
		等级	4	4	4
	干洗	次数	—	5	5
		等级	—	4	4
黏合洗涤后尺寸变化(%)		经向	−2.0	−3.0	
		纬向	−2.0	−2.5	
断裂强度不低于		经向	坯布的 60%	坯布的 60%	
		纬向	坯布的 50%	坯布的 50%	
渗料性能			不渗料	不渗料	不渗料
抗老化性能			抗老化	抗老化	抗老化

任务六　标签

在纺织品服装贸易中,标签(Label)和吊牌的种类很多,主要有品牌标签(主唛 Main Label/Brand Label)、产地标签(产地唛 CO Label/ Origin Label)、尺码标签(尺码唛 Size Label)、洗涤标签(洗水唛 Care Label)、成分标签和条形码标签(ID Label)等,如图 1-62 所示。

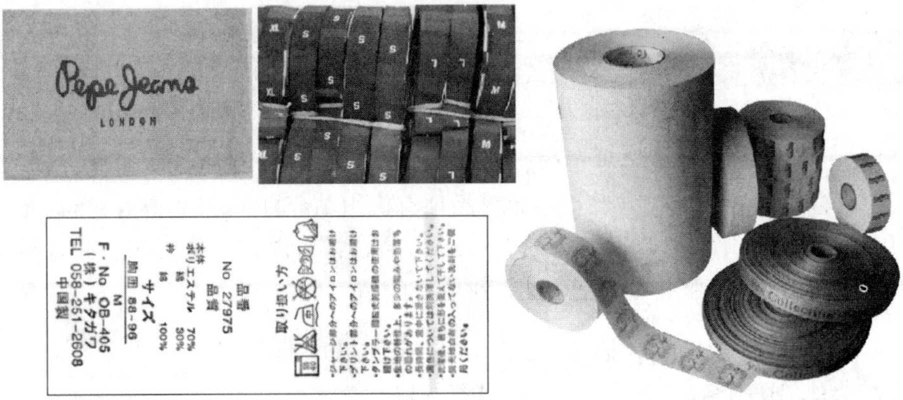

图 1-62　各种标签

1. 品牌标签(Brand Label/Main Label)

品牌标签在纺织品服装贸易中使用较多,品牌标签在某种意义上反映了该商品的质量和知名度,尤其是在服装贸易上。服装上的品牌标签一般用提花方法织成,缝在服装的后领处。

定牌是指买方要求在我国出口商品或包装上使用买方指定的商标或牌名的做法。定牌生产的服装如有必要，应该在合同上注明："如有商标产权纠葛由买方负责"。

一些尚待进一步加工的半制成品，如供印染用的棉坯布，或供加工成批服装用的呢绒和绸缎等，为了避免浪费和降低成本，买方会要求采用在出口商品上免除任何商标或牌名的无牌包装。但无论是定牌还是无牌包装，除了另有约定外，我国出口商品包装上均须表明我国制造字样。

2. 产地标签(Origin Label)

根据我国外经贸部、海关总署和国家出入境检验检疫局关于禁止非法转口的规定，凡在我国生产的(包括来料加工的)出口纺织品不得在标签、吊牌及包装上标示他国或地区为产地。纺织品非法转口主要是指利用第三国或地区的产地证明和标签向对我国纺织品实行配额限制的国家转口原产地属于中国的纺织品的行为。纺织品非法转口活动，是一种既违反我国与设限国达成的纺织品贸易协议和有关进口国法律，也违反我国法规的行为。

中性包装是指在商品的包装上，不标明生产国别、地名和厂名，也不标明原有的商标和牌号。国际市场上常见的中性包装有定牌中性包装和无牌中性包装，前者是指包装上有买方指定的商标和牌号，但不注明生产国别；后者则指包装上既无商标，也无生产国别和厂名。出口纺织品使用中性包装，是符合国际惯例的做法，原则上允许使用，但中性包装可能给非法转口贸易活动提供便利条件，在进出口贸易过程中要注意防范和识别。在使用中性包装的纺织品服装出口时，在相关合同或加工单上注明"该货物不得转口到与中国签订双边纺织品贸易协议的国家"。

3. 尺码标签(Size Label)

在进出口服装上都必须有尺码标签，尺码标签一般都是印刷的。各个国家的服装尺码标准各不相同，表 1－25 至表 1－29 列出了一些国家常见尺码的换算。

表 1－25　欧美各国服装尺寸换算

国家＼尺码	XXS	XS	S	M	L	XL
意大利 Italy	38	40	42	44	46	48
英国 UK	6	8	10	12	14	16
美国 US	0～2	4	6	8	10	12
法国 France	34	36	38	40	42	44
日本 Japan	5	7	9	11	13	15
丹麦 Denmark	32	34	36	38	40	42

表 1－26　女装(外衣、裙装、恤衫、上装、套装)尺寸换算

标准	尺码明细				
中国 (cm)	160～165/ 84～86	165～170/ 88～90	167～172/ 92～96	168～173/ 98～102	170～176/ 106～110
国际	XS	S	M	L	XL
美国	2	4～6	8～10	12～14	16～18

表 1-27　男装(外衣、恤衫、套装)尺寸换算

标 准	尺 码 明 细				
中国 (cm)	165/88～90	170/96～98	175/108～110	180/118～122	185/126～130
国际	S	M	L	XL	XXL

表 1-28　男装(衬衫)尺寸换算

标准	尺 码 明 细				
中国 (cm)	36～37	38～39	40～42	43～44	45～47
国际	S	M	L	XL	XXL

表 1-29　男装(裤装)尺寸换算

标准	尺 码 明 细				
尺码	42	44	46	48	50
腰围	68～	71～	75～	79～	83～
裤度	99 cm	101.5 cm	104 cm	106.5 cm	109 cm

4. 洗涤标签(Wash Label/Care Label)

洗涤标签主要用在服装上，常常包括面料和里料。为了便于各种不同语言的消费者使用，国际上通用的是采用洗涤图形来表示。有的生产商还会在洗涤标志上标上织物的成分、比例，甚至用几种文字说明注意事项，如表 1-30、表 1-31 和图 1-63 所示。

表 1-30　使用说明的基本图形符号

序号	名称		图形符号	说明
	中文	英文		
1	水洗	Washing	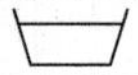	用洗涤槽表示，包括机洗和手洗
2	氯漂	Chlorine-based bleaching	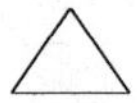	用等边三角形表示
3	熨烫	Ironing and pressing	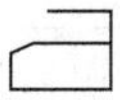	用熨斗表示
4	干洗	Dry clearing	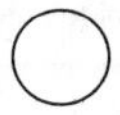	用圆形表示
5	水洗后干燥	Dry after washing	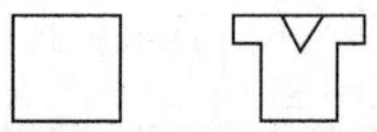	用正方形表示或悬挂的衣服表示

表 1-31　常见洗涤标志

	Dry Clean	干洗		Tumble Dry With Medium Heat	中温转笼干燥
	Do Not Dryclean	不可干洗		Tumble Dry With High Heat	高温转笼干燥
	Compatible With Any Dry Cleaning Methods	可用各种干洗剂干洗		Do Not Tumble Dry	不可转笼干燥
	Iron	熨烫		Dry	悬挂晾干
	Iron On Low Heat	低温熨烫 (100℃)		Hang Dry	随洗随干
	Iron On Medium Heat	中温熨烫 (150℃)		Dry Flat	平放晾干

（续　表）

	Iron On High Heat	高温熨烫（200℃）		Line Dry	洗涤
	Do Not Iron	不可熨烫		Wash With Cold Water	冷水机洗
	Bleach	可漂白		Wash With Warm Water	温水机洗
	Do Not Bleach	不可漂白		Wash With Hot Water	热水机洗
	Dry	干衣		Handwash Only	只能手洗
	Tumble Dry With No Heat	无温转笼干燥		Do Not Wash	不可洗涤
	Tumble Dry With Low Heat	低温转笼干燥			

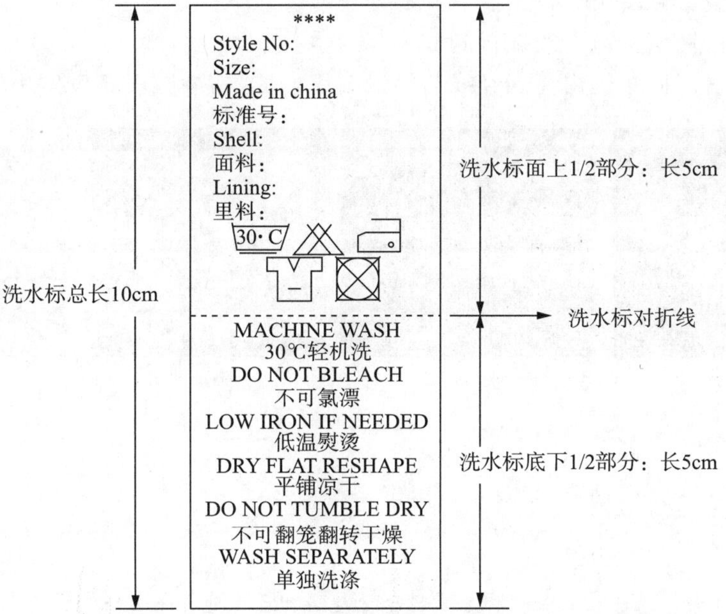

图 1－63　某企业洗水标签要求

5. 其他标签

除了上述常见标签外，企业会根据产品实际情况在成衣上配置其他标签，如用于水洗或牛仔类产品的提示标签（Warning Label），用于产品防伪的防伪标签（Production Certificate），用于风格展示的旗唛、口袋唛等（图 1－64）。

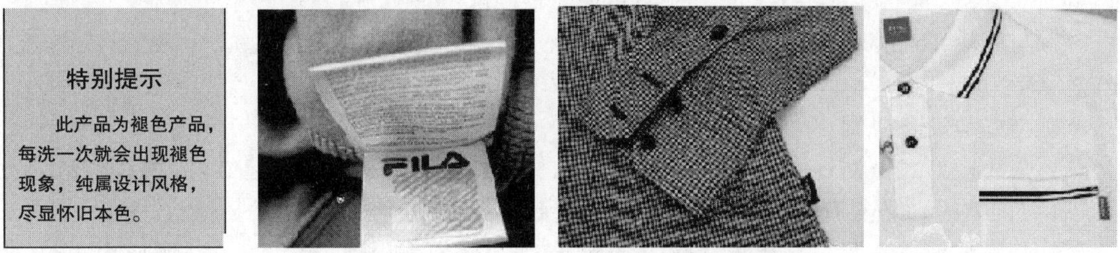

提示标签　　防伪标签　　旗唛　　袋唛

图 1－64　其他标签

任务七 花边

花边(Lace)指有各种花纹图案作装饰用的带状织物,用作各种服装、窗帘、台布、床罩、枕套等的嵌条或镶条,主要包括以下几种(图1-65):

编织花边——又称为线边花边。主要以13.9~5.8tex全棉漂白、色纱为经纱原料,纬纱以棉纱、人造丝、金银线为主要原料,它可用于礼服、时装、羊毛衫、衬衫、内衣等各类服装服饰。

水溶花边——是刺绣花边的一类,分为机绣和手绣。它以水溶性非织造布为底布,用黏胶长丝作绣花线,通过电脑平板刺绣机绣在底布上,再经热水处理使水溶性非织造布溶化,留下具有立体感的花边。可应用于各类服装和装饰用品。

经编花边——针织花边由经编机制作。

机织花边——由提花机构控制经线与纬线交织而成,在少数民族图案中使用较多。

编织花边

水溶性花

边经编花边

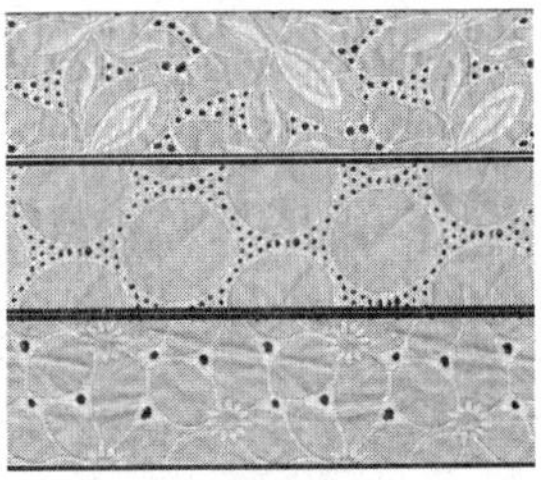
艺术绣花花边

图1-65

任务八 缝纫线

缝纫线(Sewing Thread)是缝合纺织材料、塑料、皮革制品和缝订书刊等用的线。它必须具备可缝性、耐用性与一定的外观质量。缝纫线的粗细一般用三位数字表示,前面2个数字代表纱支数,最后的数字代表股数。如#402就代表40支纱两股捻成的缝线,粗度约为19英支。缝纫线供应厂家一般都会注明每个线的长度,而实际长度通常小很多。例如:1个注明4000英码的缝线,其实际长度通常只有3500英码。所以计算用线之前,必须重新核实线的实际长度。

缝纫线品种包括:天然纤维型(棉线、麻线、丝线);化纤型(涤纶线、锦纶线、维纶线);混合型(涤棉混纺线、涤棉包芯线)。选用种类和规格相匹配的缝线和机针,一般可遵循下列原则:

① 与面料特性协调——可保证收缩率、耐热性、耐磨性、耐用性等的统一,避免线、面料差异过大而引起皱缩;

② 与缝纫设备协调——保持缝线强度;

③ 与线迹形式协调——包(绷)缝机选用细棉线,缝料不易变形和起皱;双线线迹应选用延伸性好的缝线;裆缝、肩缝应选用坚牢的缝线;钮扣眼线迹应选择耐磨的缝线;

④ 与服装种类协调——特殊用途的服装,如弹力服装需用弹力缝线,消防服应用耐热、阻燃和防水处理的缝线;

⑤ 跟单订购缝纫线时,对于撞色服装一定要仔细查看样衣的缝纫线配色情况,尤其针对

标签和钮扣(如品牌标签,尺码标签等)缝纫线的颜色,面线与底线的颜色一定要仔细查看,避免订错线色;另外,部分需要装钉钮扣和需要打枣的服装,由于钮门线或者打枣线密度较大,所以颜色会比其他缝纫线看上去偏深,需要根据客户情况确定是否要另外做缝纫线版批色;

⑥ 对于一些需要洗水或成衣染色的服装,要注意面料材质与缝纫线材质的选择。

除以上常用辅料外,衣服也会使用一些其他物料,如绳带(Cordage & Narrow Fabirc)、捆条(滚边带 Welting Tape)、扁带(Flat Tape)、松紧带(Elastic Rope)、装饰带(Triming/Decorative Ribbon)、商标带(Label Cloth)、魔术贴、绣标等(图 1-66～图 1-68)。

跟单员在订购服装辅料时,如果含有金属,一定要注意:辅料是否含有重金属(如镍);是否需要验针机检测;是否需要成衣洗水。

图 1-66 绣标

图 1-67 带商标花纹/钮门的松紧带

图 1-68 魔术贴

单元练习题

单选题

1. 定牌中性包装是指(　　)

A. 无商标、无牌名、无产地、无厂名　　B. 无商标、无牌名、有产地、无厂名

C. 有商标、牌名、无产地、无厂名　　D. 有商标、牌名、有产地、无厂名

2. 一批服装面料是在日本采购,裁剪和零部件车缝在中国,成衣主要车缝加工、整烫包装等工序在香港完成,此批成衣向海关申报时,申请的原产地应该是(　　)

A. 日本　　B. 中国

C. 香港　　D. “日本,中国,香港”或“不详”

3. 洗涤标志“△”的含义是(　　)

A. 可以洗涤　　B. 可以干洗　　C. 可以漂白　　D. 可以烘干

4. 洗涤标志“”与“”的差别是(　　)

A. 都可以洗涤,前高后低　　B.都可以洗涤,前低后高

C. 都可以熨烫,前高后低　　D. 都可以熨烫,前低后高

5. 出口美国的女装冲锋衣,选用(　　)正确。

A. 左滑块　　B. 右滑块　　C. 都可以

翻译题

The zipper & button must AZO & nickel free.

项目五　包装材料基础知识

成衣加工后一般都需要经过包装，包装的目的是为了在其流通过程中能保护产品、方便储存、促进销售。包装材料指按一定技术方法采用的容器、材料及辅助材料，对成衣包装来讲，主要的包装材料包括纸箱、塑料袋、贴纸、各种扣针、夹子、领条、蝴蝶等。

一、纸箱

纸箱(Carton)最常见的分类是按照纸板的瓦楞楞形来区分的。瓦楞纸板主要分为三层瓦楞纸板、五层瓦楞纸板和七层瓦楞纸板(图 1－69)。

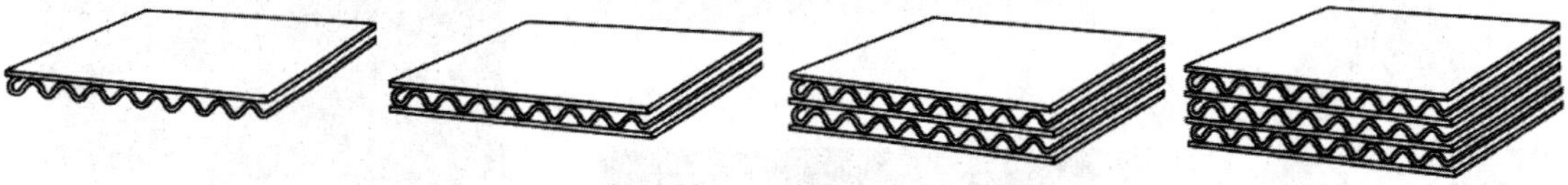

图 1－69　不同层数瓦楞纸结构形式(依次为二层、三层、五层和七层瓦楞纸板)

三层瓦楞纸箱主要用于包装重量较轻的内包装物，三层瓦楞纸箱又叫单瓦楞纸箱，由一张瓦楞纸两面各黏一张面纸组合而成；五层瓦楞纸箱主要用于单件包装重量较轻且易破碎的内装物。五层瓦楞纸箱又叫双瓦楞纸箱，过去简称为三黄两瓦，七层瓦楞纸箱的结构由面纸、里纸、两张芯纸和两张瓦楞纸黏合而成，楞型的组合通常采用 AB 型、AC 型、BC 型、AE 型或 BE 型。

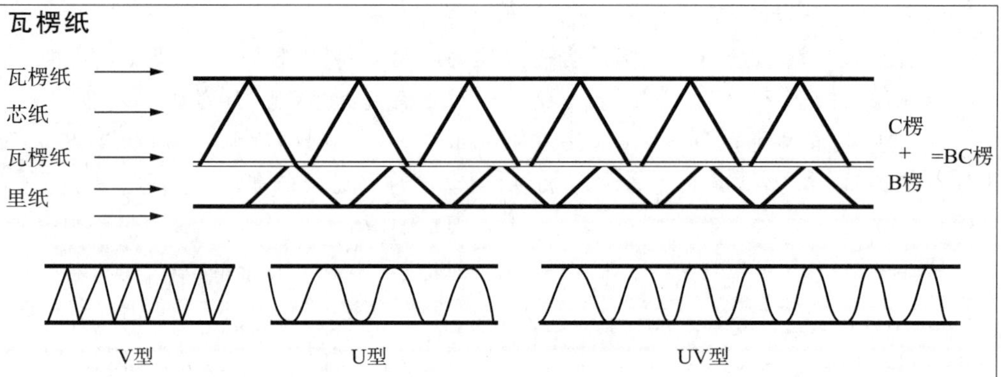

楞型	楞高	楞数 个/30mm	缩比	平压强度	边压强度
A	4.5—5.0	34±2	1.55	4	1
B	2.5—3.0	50±2	1.36	2	3
C	3.5—4.0	38±2	1.47	3	2
E	1.1—2.0	96±2	1.26	1	4

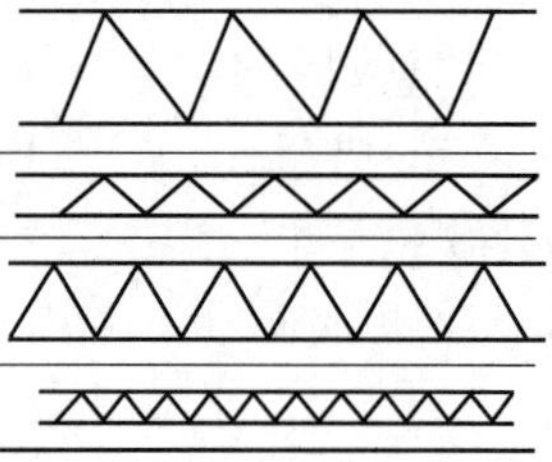

按愣分类：A型楞指单位长度内瓦楞数量最少，瓦楞最高，用于轻质产品包装时缓冲力很大，所以应用最普遍。B型楞指单位长度内瓦楞数量最多，瓦楞最低，其性能同A型楞相反，用B型楞纸板制作的瓦楞纸箱能承受较大平面压力，适合作罐头和瓶类的包装。C型楞指单位长度内瓦楞数量及楞高介于A型和B型之间，性能也介于两者之间。

按楞形分类：U形、V形和UV形。U型瓦楞指楞顶是圆的、其结构富有弹性、压时手感柔软，在弹性变形范围内具有很强的弹性恢复力，U型楞的使用寿命比V型楞长。V型瓦楞指整个楞由直线组合而成，所生产的瓦楞纸板坚硬，其平面压力强度比U型瓦楞纸板高，其缺点是生产的瓦楞纸板一旦受力超过弹性极限就完全丧失恢复力，经常发生楞顶断裂。UV型瓦楞是介于它们两者之间，现在市场上通用UV形。

瓦楞纸箱的种类，按其结构大体上可分为三大类(图1-70)：

1. 开槽型纸箱(02型)——最常见的纸箱

开槽型纸箱是运输包装中最基本的一种箱型，也是目前使用最广泛的一种纸箱。它是由一片或几片经过加工的瓦楞纸板所组成，通过钉合或黏合的方法结合而成的纸箱。它的底部及顶部折片(上、下摇盖)构成箱底和箱盖。此类纸箱在运输、储存时，可折叠平放，具有体积小、使用方便、密封防尘、内外整洁等优点。

2. 套合型纸箱(03型)——天地盖的纸箱

套合型纸箱由一片或几片经过加工的瓦楞纸板所组成，其特点是箱体和箱盖是分开的，使用时进行套合。此类纸箱的优点是装箱、封箱方便，商品装入后不易脱落，纸箱的整体强度比开槽型纸箱高。缺点是套合成型后体积大，运输、储存不方便。

3. 折叠型纸箱(04型)——L型纸箱等

折叠型纸箱也称为异型类纸箱，通常由一片瓦楞纸板组成，通过折叠形成纸箱的底、侧面、箱盖，不用钉合和黏合。为了商品在运输过程中不受损坏，根据不同商品的特点和要求，需要设计出结构合理的附件，起到保护商品的作用。下面就介绍一下常见的纸箱附件。

开槽型纸箱

套合型纸箱(天地盖)

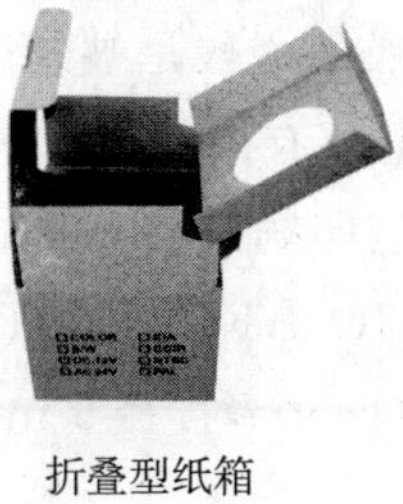
折叠型纸箱

图1-70　常见纸箱类型

① 隔档(常说的蛋格包装)：用于瓶类等易碎易损物品的包装，将各个物品在箱内隔开，防止晃动、碰撞。

② 衬板：主要有三种。一种是全衬板，用于箱内多层堆放作分层隔离之用。第二种是过桥衬板，是用于纸箱内摇盖合笼处，作垫平空隙之用。第三种是衬圈，为提高纸箱的抗压强度和保护商品，在纸箱的四个侧面均围上衬板。

③ 衬垫：根据商品不同的形状及薄弱的部位，设计各种衬垫用于固定商品，确保商品在运输的过程中不致移动，同时具有缓冲的作用。

此外,在瓦楞纸箱的尺寸规格条目中将纸箱的箱底面积(外尺寸)分为三个系列,即:

a. 400×600、400×300、400×200、400×150(单位 mm);

b. 300×200、300×130、300×100(单位 mm);

c. 200×150、200×133(单位 mm)。

4. 包装要求

对于要做出口的产品,其纸箱包装要求如下:

① 外箱毛重一般不超过 25 kg。单瓦楞纸纸板箱,用于装毛重小于 7.5 kg 货物;双瓦楞纸板箱,用于毛重大于 7.5 kg 货物;

② 纸箱的抗压强度应能在集装箱或托盘中,以同样纸箱叠放到 2.5 m 高度不塌陷为宜;

③ 如产品需做熏蒸,外箱的四面左下角要有 2 mm 开孔;

④ 出口到欧洲的外箱一般要印刷可循环回收标志,箱体上不能使用铁钉(扣);

⑤ 纸箱是否要过验针机检测。

二、塑料袋

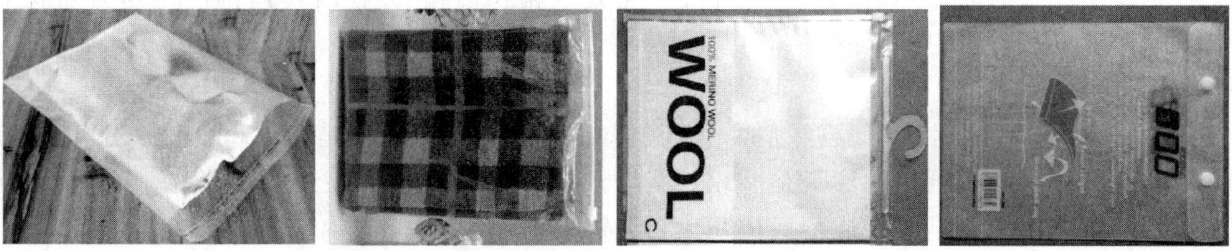

自黏塑料袋　　拉链袋(阴阳袋)　　挂钩袋　　按扣袋

图 1-71　常见塑料袋类型

对于需要塑料袋(Plastic Bag)包装的产品,其外形与规格客户一般有明确的指标,除规格外,出口装的塑料袋制作还需要注意以下事项:

① PVC 胶袋一般是被禁用的;

② 胶袋上要有标明所用塑料种类的三角形环保标志;

③ 胶袋上印刷"PLASTIC BAGS CAN BE DANGEROUS. TO AVOID DANGER OF SUFFO-CATION,KEEP THIS BAG AWAY FROM BABIES AND CHILDREN."胶袋上还要打孔,每侧打一个,直径 5 mm。

三、条形码

服装企业有其特殊的行业特性,服装产品的款式、颜色、尺码组合的特点决定了其单品数量随款式的增加而呈几何级增长;而服装销售体系又涵盖了直销、批发、特许加盟等多种业态,零售店数量众多、地理位置分散导致信息量急剧增长。显然,手工收集销售、物流、盘点、调配等环节的大量数据是不现实的,因此大多数服装企业在服装包装上采用了服装条形码技术。服装条形码(Bar Code)是在服装理单跟单中经常遇到的一个常用知识。

1. 条形码

条形码可以标出商品的生产国、制造厂家、商品名称、生产日期、服装分类号、品名规格、服装价格等,因此在商品流通、图书管理、邮电管理、银行系统等许多领域都得到了广泛的应用。所谓条码(条形码简称)就是一种利用光电扫描阅读设备识读并实现数据自动输入计算机的特殊符号。严格地讲,它是一组规则排列的条、空及其对应字符组成的标记,用以表示一定的信息。

2. 条形码的分类

条形码在服装企业的应用中,根据使用范围不同一般分为商品码和物流码。一般情况下物流码只在企业内部使用,而在进入商业流通领域后应使用商品码(图 1-72)。

4 988902 341437
EAN-13条形码

0000001

(00) 541234567891234516
企业内部物流码

图 1-72 条形码

① 商品码:是经中国物品编码中心审批后,供服装企业产品在商业流通中使用的、代表一定商业信息的条码。商品码主要有 EAN-13 码(表 1-32)。

表 1-32 部分国家或地区的 EAN 代码

美国、加拿大 00-09	澳大利亚 93	希腊 520	土耳其 619、869	古巴 850
法国 30-37	新西兰 94	塞浦路斯 529	中国内地 690-692	斯洛伐克 858
日本 45-49	斯洛文尼亚 383	马其顿 531	以色列 729	捷克 859
英国 50	克罗地亚 385	马耳他 535	墨西哥 750	南斯拉夫 860
比利时/卢森堡 54	保加利亚 380	爱尔兰 539	委内瑞拉 759	韩国 880
丹麦 57	德国 400-440	葡萄牙 560	哥伦比亚 770	泰国 885
芬兰 64	俄罗斯 460-469	冰岛 569	乌拉圭 773	新加坡 888
挪威 70	中国台湾 471	波兰 590	玻利维亚 773	印度 890
瑞典 73	爱沙尼亚 474	罗马尼亚 594	秘鲁 775	马来西亚 893
瑞士 76	拉脱维亚 475	匈牙利 599	阿根廷 779	印度尼西亚 899
意大利 80-83	立陶宛 477	南非 600-601	智利 780	越南 977
西班牙 84	斯里兰卡 479	毛里求斯 609	巴拉圭 784	
荷兰 87	菲律宾 480	摩洛哥 611	厄瓜多尔 786	
奥地利 90-91	中国香港 489	阿尔巴尼亚 613	巴西 789	

② 物流码:是在服装企业内部使用的代表物流信息的条码,其编码原则可依服装企业而定。物流码编有大量价值信息,如有的企业编码原则是:订单号+颜色序号+规格代码。

四、其他包装材料

包装材料还包括衬纸(或称拷贝纸,Tissue Paper)、纸板(Paper Board)、蝴蝶 (Butterfly)、胶领条/胶圈(Plastic Shirt Band)、插竹(Collar Stay)、胶针(Plastic)、金属扣针(Safety Pin)、大头针(Pin)、胶/金属夹(Plastic/Metal Clip)、吊牌(主挂牌(Main Hangtag)和品牌吊牌(Brand Hangtag)、合格证(Guarantee Hangtag)、功能性吊牌(Functional Hangtag)、价钱牌(Price Ticket)、贴纸(Sticker)、衣架(Clothes-Rack)、士啤钮扣袋(Spare Button Bag)、吊绳

(Seal Lock)等,如图 1－73 和图 1－74 所示。

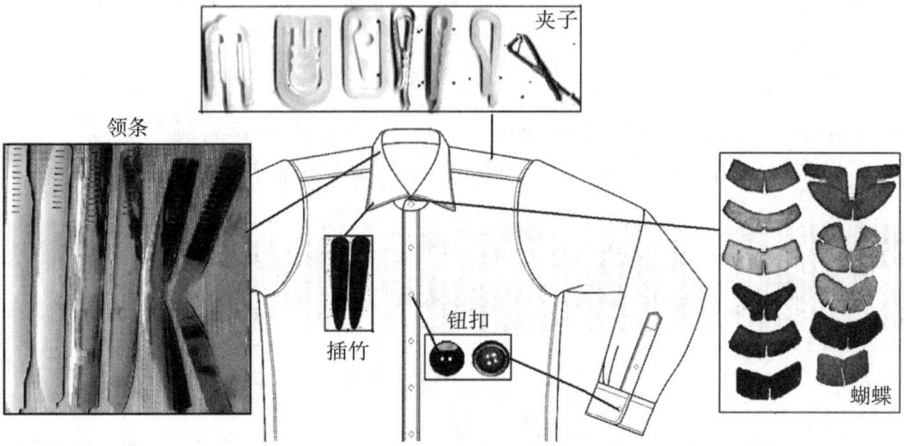

图 1－73 衬衫常规包装辅料的使用部位

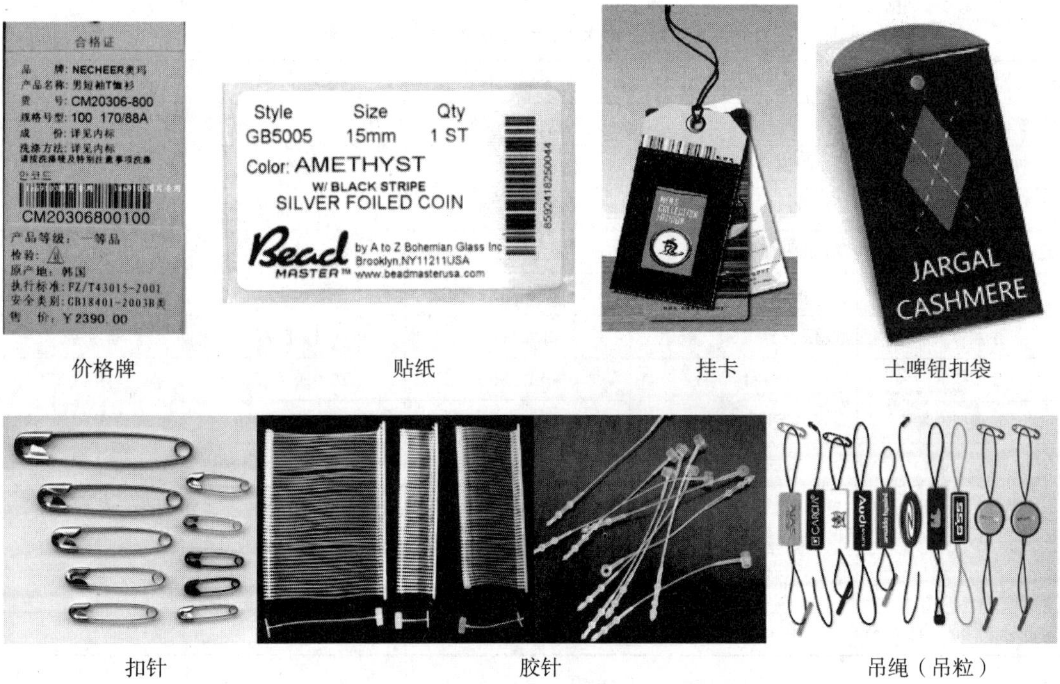

图 1－74 包装物料

常见的包装方式

① 包装的形式

- In Cases 箱装
- In Bales 打包
- In Bundles 打捆

- In Bulk　散装

② 包装形式及数量

- Put one garment into one individual polybag.(每件 1 个独立胶袋)
- In standard carton of 1 dozen each(用纸箱装,每箱 1 打)
- half dozen of garments are packed in one box, solid color and size in the same box, 4 boxes to a standard carton.(先用纸盒装,每纸盒装 6 件,单色单码装,4 个盒装一个标准箱)
- Assorted color and size for ODD carton.(尾箱可以混色混码装)

单元练习题

单选题

1. 以下包装,(　　)能最直接与成衣接触。

A. 纸箱　B. 包装纸盒　C. 内包装塑料袋　D. 宣传用广告纸袋

2. 所谓的“绿色包装材料”是指(　　)。

A. 颜色是绿色的包装材料

B. 可以用其他产品替代的包装材料

C. 是经过处理的,对人体无害,并可降解的包装材料

D. 在整个生命周期中对环境无害的包装材料

3. 欧洲地区不允许使用以下哪种包装材料(　　)。

A. 纸质　B. PVC　C. PET　D.PP

4. 条形码“489”开头的成衣,其产地是(　　)。

A. 中国内地　B. 中国台湾　C. 中国香港　D. 中国澳门

5. 在成衣出口中,常用(　　)纸板制作的纸箱进行装箱。

A. 单瓦楞　B. 双瓦和三瓦楞　C. 五瓦楞和七瓦楞　D. 九瓦楞

简答题

出口产品塑料袋的一般要求是什么?

项目六　色彩基础知识

一、色彩的属性

1. 色的分类

①无色彩　黑、白、灰属于无色彩,具有明暗,但无彩色色调。

②有彩色　光谱中的全部色都属于有彩色。以红、橙、黄、绿、蓝、紫为基本色。

基本色之间不同量的混合,以及基本色与黑,白灰色之间不同量的混合,会产生出成千上万种有彩色。

2. 色彩三属性

① 明度(Value)

明度指色彩的明暗程度,以光源色来说可以称为光度,对物体色来说可称亮度、深浅度等。在无彩色类中,最高明度是白色,最低明度是黑色。在白、黑色之间存在一个系列的灰色,一般可分为九级。靠近白色的部分称为明灰色;靠近黑色的部分称暗灰色。在有彩色类中,最明亮是黄色,最暗的是紫色,这是因为各个色相在可见光谱上振幅不同,对于眼睛的知觉的程度也不同而形成的。黄色、紫色在有彩色的色环中,成为划分明暗的中轴线。任何一个有彩色渗入白色,明度会提高,渗入黑色明度则会降低,渗入灰色时,依灰色的明暗程度而得出相应的明度色。

任何彩色图像,转换成黑白图像后,层次关系依然存在,这种关系就是明度关系(图1-75)。明度可以脱离色相、纯度而独立存在。

② 色相(Hue)

色相指色彩的相貌。色彩的相貌是以红、橙、黄、绿、青、蓝、紫的光谱色为基本色相。不同色相是不同波长给人的一种感觉。基本色相的秩序以色相环形式体现,称为色环(图1-76)。色环分别可作为六色相环,九色相环,十二色相环,二十色相环等多种色彩秩序。

将色相环上的任意两色或三色并置在一起,因它们的差别而形成的色彩对比现象,称色相对比。

A. 同类色相对比 指色相举例15度以内的对比,是色相中最弱的对比;

B. 类似色相对比 指色相距离45度左右的对比,是色相中较弱的对比;

C. 中差色相对比:指色相距离90度左右的对比,属于色相对比中的中对比效果;

D. 对比色相对比:亦称大跨度色域对比,指色相距离120度左右的对比关系,属色相的中强对比效果;

E. 互补色相对比:指色相距离180度的对比,是色相中最强的对比。

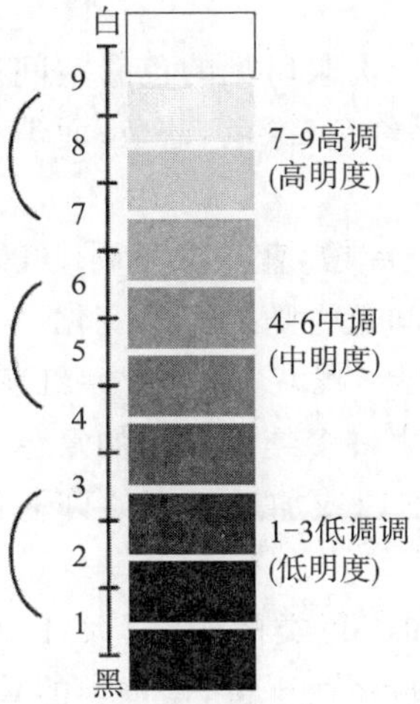

图 1-75 明度对比

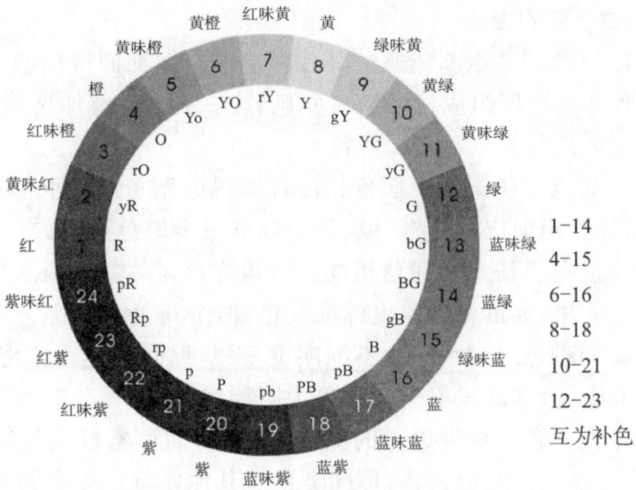

图 1-76 色相环(彩)

③ 纯度(Chraoma)

纯度指色彩的鲜、浊程度,也称为艳度、彩度、鲜度或饱和度,凡有纯度的色彩,必有相应的色相感。各色相最高纯度、色的知觉度不同,明度也不同。

高纯度的色相加白或加黑,将提高或降低色相的明度,这样也会降低这它们的纯度。如果加适当明度的灰色或其他色相,也可相应地降低色相的纯度。美国色彩学家孟谢尔的纯度色标把色相的纯度、明度分别用数字加以标定,这样能明晰地分出色彩的各自不同纯度差别。

彩色的明度、纯度、色相三特征是不可分割的,只有色相而无纯度和明度的色是不存在的,只有纯度而无色相和明度的色是没有的。

二、色彩混合

(一) 色彩混合方法(图 1-77)

1. 加色混合(三原色为青紫色、绿色、橙红色)

加色混合也称色光混合,其特点是把所混合的各种色的明度相加,混合成分越多,明度就越高。此法一般用于舞台照明和摄影(RGB 模式)。

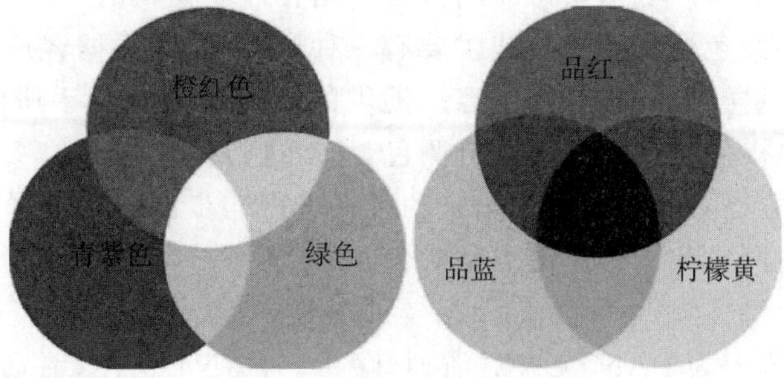

图 1-77 混色方法(彩)

2. 减色混合(三原色为品红、柠檬黄、品蓝)

通常指色料的、物理吸收性色彩的混合,其特点与加色混合相反,混合后的色彩在明度、彩度上较之最初的任何一色都会有下降,面料和辅料染色就采用此法(CMYK 模式)。

(二)色彩混合

1. 原色　是指不能通过其他颜色混合调配而得出的“基本色”。肉眼所见的色彩空间通常由三种基本色所组成,称为“三原色”。一般来说叠加型的三原色是红色、绿色、蓝色;而消减型的三原色是品红色、黄色、青色。

2. 间色　任意两个原色相混合所得的新色称“间色”。红+黄=橙,蓝+黄=绿,红+蓝=紫,等量相加产生的橙、绿、紫为标准三个原色混合的比例不同,间色也随之产生变化。

3. 复色　任意两间色相混合所得之色,称之为“复色”。橙+绿=黄灰,橙+紫=红灰,绿+紫=蓝灰,等量相加得出标准复色;两个间色混合比例不同可产生许多纯度不同的复色。

4. 同种色　颜色产生不同明度变化,称同种色。如将翠绿色加白或加黑出现的许多深浅不同的绿色,这深浅不同的绿色为同种色。

5. 同类色　两种以上的颜色,其主要的色素倾向比较接近,如红色类的朱红、大红、玫瑰红,都主要包含红色色素,称同类色。其他如黄色类中的柠檬黄、中铬黄、土黄,蓝色类的普蓝、钴蓝、湖蓝、群青等,都属同类色关系。

6. 类似色　在色环上任意90°以内的颜色,各色之间含有共同色素,故称“类似色”。

7. 邻近色　在色环上任一颜色同其毗邻之色称为“邻近色”。邻近色也是类似色关系,仅是所指范围缩小了一点。

从同类色、类似色、邻近色的含义来看,都是含有共同色素。采用此类色彩配合给人以统一而调和的感觉。

8. 对比色　在色环上任一直径两端相对之色(含其邻近色)称对比色。

9. 补色　补色又称互补色、余色。如果两种颜色混合后形成中性的灰黑色,这两种色彩为互补色。如黄与紫、青与橙、红和绿均为互补色;一种特定的色彩总是只有一种补色,如绿与红、黄与紫、蓝与橙,皆属补色关系,绿的补色是红色,红的补色是绿色。

补色与对比色的区别,一种特定的色彩总是只有一种补色。对比色是一个范围色。10. 冷暖色　指色彩的冷暖分别。色彩学上根据心理感受,把颜色分为暖色调(红、橙、黄)、冷色调(青、蓝)和中性色调(紫、绿、黑、灰、白)。

三、色卡与对色

制衣厂在接到客户的订单后,第一时间就会根据客户面辅料的颜色要求进行颜色的配对,称为打色样(lab-dip)。色样的颜色构成主要有三种,第一种是根据客户提供的纸质版颜色手册的颜色代码进行打色样;第二种是根据客户提供的面料质版颜色手册的颜色代码进行打色样;第三种是根据客户提供的产品实样进行测色,然后进行打色样。

跟单员主要的任务是对面料厂制作出来的色样进行初步评估,合格的可以送客户审批,不合格的需面料厂重新打色,此工作关键点是对色。

1. 色卡

服装企业常用的色卡为PANTONE(潘通)色卡。PANTONE(潘通)是由日本制作的一种专门用于核对颜色的小册子,里面包括深浅各异的多种颜色,一般常用的是TPX和TCX两种,TCX结尾的色号是纯棉布做的色卡,TPX是纸版印的色卡。虽然两者的颜色相同,但是颜色效果上还是有区别。除了通用的潘通色卡外,部分企业会根据生产需要制定企业色卡,供内部和供应商使用(见彩图)。

2. 对色

① 光源　跟单员进行对色前，一定要确定客户要求的对色光源，正确使用对色灯箱和使用指定光源对色。对色过程中要避免跳灯现象，提高打样准确率（图 1－78 和图 1－79）。

印染厂在染色中的生产样与客供样存在的跳灯现象，是指颜色的同色异谱现象。这是由于印染厂选择的染料和染色工艺与客供样不尽相同，两者之间吸收和反射不同光源下光谱中某一部分的波长不相同。当运用三原色黄红兰匹配方法来调整某一光源中与客供样近似时，在另一种光源下就会产生差异，即所谓跳灯。

标准光源对色灯箱广泛应用于纺织服装的目测评定、配色打样、鉴别色差、荧光物质等颜色管理领域，使试样、生产、质检、验收在相同的标准光源下进行，准确校对货品的颜色偏差，保证货品颜色的品质符合要求，从而提高产品质量和市场竞争力。

常用的光源有：

D65 国际标准人工日光（Artificial Daylight）

TL84 欧洲、日本、中国商店光源

CWF 美国冷白商店光源（Cool White Fluorescent）

UV 紫外灯光源（Ultra-Violet）

TL83 美国暖白商店光源（Warm White Fluorescent）

U30 美国暖白商店光源（Warm White Fluorescent）

A 美式厨窗射灯、比色参考用灯

F 家庭酒店用灯、比色参考光源

图 1－78　对色灯箱（彩）

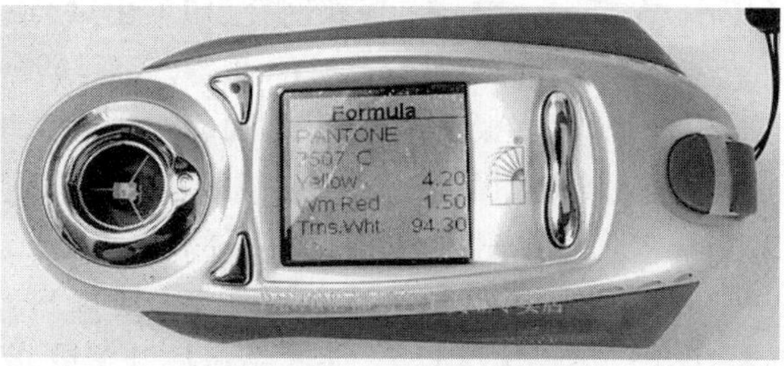

图 1－79　便携式测色仪

② 注意事项

A. 不要戴有色的眼镜或隐形眼镜；

B. 对色前，先让眼睛先适应周围的环境，不要停留在对色物品上超过 20s，第一感觉往往是最准确的；

C. 尽量避免实物与标样尺寸的过分悬殊，确保小样与标样尺寸相近；

D. 布样对色时应对折成双层；

E. 测试时小样和标样放置的纹路应相同；

F. 起绒布应确定起毛（顺逆）方向，若双向（倒顺）裁时将以逆毛（毛向上）为准；

G. 小样与标样应并排放在一起；将标样紧贴于实物右方，重叠越少越好；

H. 不要用双面胶及胶水贴小样，这样会改变小样的颜色；

I. 不要在标样及小样上贴上标签纸，它会影响对颜色的评估；小样贴上标签纸后，即便是拿掉标签纸，标样及小样上仍会留下印记；

J. 对于重复使用的标样，必须每个季节更换，弄脏了或破损了也必须更换；

K. 在打色样时，必须要考虑好色牢度和价格问题，避免大货产生质量问题。

四、颜色管理

对于服装的款式、色彩搭配、面料材质和加工工艺，客户一般情况都有指定要求，制衣厂只需要按照客户要求执行生产计划。在实际的生产当中，由于款式、色彩搭配、面料材质和加工工艺为产品质量带来的问题比比皆是，因此跟单员应掌握基本的颜色管理方法。

1. 颜色数量　成衣的面料颜色数量多，将意味着每种颜色面料需求量不大，可能出现数量不达到面料厂最低起订量要求，增加面料成本；面料颜色多，其衍生的辅料(如缝纫线)配色数量，会全面增多物料进度管理、生产跟进和质量管理难度，增加生产成本；

2. 颜色搭配　面料颜色的搭配不同，会直接影响会面料材质选择、加工方式改变。这主要是因为成衣要考虑生产成本与售后质量问题。其中售后主要考虑产品洗涤后会有互染和沾污情况，因而提高面料色牢度要求或改变材质，但这些改变可能会影响产品外观效果、生产成本和交期。

【案例】客户需要生产一款圆点印花风衣(图1-80)，面料要求为100%尼龙，30D/72f，圆点直径为2mm。

图1-80　圆点印花布

① 颜色分析：可以通过网版印花方式在白布上印黑点；但不能在黑色面料上印制白点，主要是因为白色染料不能覆盖黑色底布，要完成任务需改变材质，改变印花方式；

② 加工风险分析：针对白底黑点面料，由于圆点直径为2mm，直径较小，在生产中容易出现塞网孔(印不出来)或颜色渗化；

③ 售后风险：面料颜色对比度高，售后洗涤有可能出现染料掉色沾色污染问题，色牢度一定要不低于四级(根据国家规定，面料水洗和摩擦色牢度不低于三级)；

与客人沟通，提出方案：①白底黑点面料沿用网版印花方式，圆点直径要增大至3mm及以上；黑底白点面料则改用涤纶为原料，印花方式改为转移印花(成本较网版印花高)，圆点直径可以保留2mm；②两种面料均改为涤纶面料，统一采用转移印花加工，直径保留2mm；涤纶转移印花产品色牢度较高，能满足售后洗涤要求。无论哪种方式，面料材质改变后，感会比原来稍硬，若要保持手感，将需要改用更细的纤维，如涤纶30D/144f、20D/72f或20D/144f。

3. 后加工　成衣后加工方式也会给成衣颜色带来风险。如成衣需要洗水，一般颜色都会变得“陈旧”些，尤其是牛仔服装洗水，其颜色变化更大。另外，裁片胶浆印花受面料上染料类型影响，也可能出现“跑色”现象；熨烫温度过高也会出现“跑色”问题(“跑色”主要是因为面料上的染料耐高温能力不够，温度升高后染料气化所造成)。最后，成衣需要做后加工的，一定要注意后加工对面料的要求，在下订单时要特别注明，如需要做裁片印花，就需要对面料上的助剂进行控制，防止面料上的助剂妨碍印花加工。

第二篇　服装生产跟进

服装生产跟进是指在成衣生产过程中，跟单员根据有关产品要求指导、监督、跟进生产以确保订单按合同要求如期完成的一系列工作流程。它是一项极富艺术性和挑战性的综合生产管理工作，要求跟单员具备很高的专业素养和相应的产品和业务流程知识（如成衣生产流程和具体工艺；相应的面料、辅料以及配套印、绣花等知识），还要具备实际的操作技能，且要求跟单员思想品德高、个人素养好。

项目一　服装跟单基本流程

服装跟单管理部门企业内部简称为PPC(Production Planning & Control),实际上就是服装生产计划控制的部门,主要任务是协调生产、物料、品控等部门,保证生产订单的顺利进行。在不同的制衣厂里跟单部门的组织结构和工作程序都有差异,但其核心的架构和功能大致相同。

服装跟单员在整件服装的加工中没有参加任何具体的生产操作任务。服装跟单员的工作从接收客户的订单开始,按照客户的要求下达服装生产制单,然后在参加生产的各个部门之间起连接和管理功能。因此服装跟单必须对参与生产的各个部门是如何生产有大概的了解,才能在生产中遇到问题时有应急的方法来进行全面协调,使下达的订单能按时、按量、按质完成。服装跟单的步骤包括:产前样的确认,船样的确认,生产中工厂和公司之间的衔接沟通,原料的质量鉴定,生产技术,产品包装方式,交期的跟催和跟进等等,总之包括生产的全过程。

在制衣厂的生产中,整个生产的进行分为三个部分:生产计划、生产和对所有部门的质量控制,它们既相互独立又相互关联,脱离了任何一个部分的管理都会使制衣厂的生产成本、效率、产量和质量受到影响。具体在三个部分中工作的安排和次序,可参照表2-1。

表2-1　制衣厂生产流程及任务

计　划	生　产	控　制
1. 订单咨询(Enquiry)		
2. 样板设计 (Sample Design)	2a 纸样制作	2b 复核
3. 用料预算 (Estimation of Material)	—Pattern Design	Inspected Confirmed
4. 报价(Quotation)	—Sample Making	
5. 复准订单(Confirmation of Sale Order)		
6. 制作要求(Specification of Garment)		
7. 制作通知单(Production Order)		
8. 定购物料(Material Order)		8a 复核物料用量
9. 生产安排(Production Schedule)		(Calculation Material Consumption)
10. 工资估计(Piece Rate Estimation)		10a 定工价(Fixed Piece Rate)
11. 追索物料(Follow-Up of Material Delivery)		11a 收物料及检查
		(Received Material & Inspect)
	12.工场领料(Material Received)	
裁单安排(分床分码)	13.工场试板(Production Sample)	生产控制
	14.工场安排(Production Arrangement	(Production Control)
	15.排唛架(Marker Making)	成本控制(Costing Control)
	16.拉布(Spreading)	产量控制(Quality Control)
	17.剪布(Cutting)	品质控制
	18.车缝(Sewing)	(Quality Control)
	19.熨衣(Ironing &Pressing)	生产报告
21A 付货安排(Shipment)		(Production Report)
	20.包装(Packing)	20a 抽样检查、品质鉴定
	21.包装表编制(Packing List Prepare)	(Final Sampling Audit)
		22.成本分析 (Costing Analysis)

【例】 一批服装进行生产加工,写出其生产跟进流程。

具体的生产跟进流程为:跟样板单→出样板→报价→接大货单→订购大货面辅料→跟进生产→与客户联系安排出货方式和船期→出装箱单→整理剩余物资和生产资料(图 2-1 和图 2-2)。

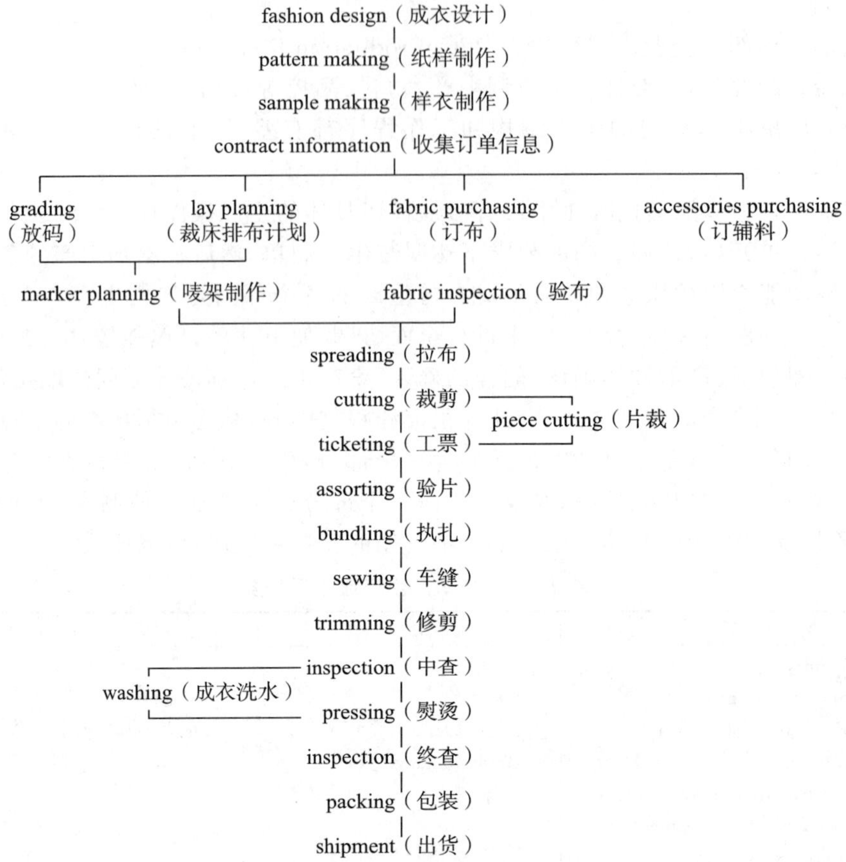

图 2-1 普通服装加工流程

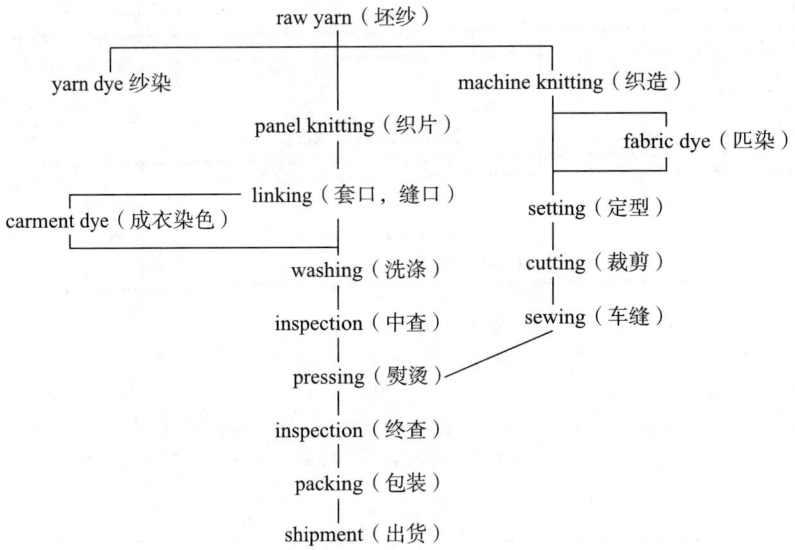

图 2-2 针织(毛线衫)成衣加工流程

项目二　审单与资料收集整理

本项目的主要任务是收到客户的基本资料后，对订单、产品工艺单以及其他要求进行分析，掌握交易的基本信息；根据订单需要，结合企业实际，制订包含交货期、关键时间节点等的工作计划。

任务一　订单评审的操作及结果跟单实践

合同或订单是供货方和购买方的一种书面约定。对客户订单的评审，是进行加工生产之前必须做的工作，审单的目的就是要了解客户的要求是否能够实现。通常客户以合同的形式，提出所需产品应达到的技术和贸易两方面的要求。

一、订单的形式

订单是贸易双方就交易（或加工）印染产品所订立的生产加工合同，通常是由生产加工企业的经营部门通过与客户进行必要的沟通和营销工作后双方所签订的协议。

订单的形式分为两大类：正式文本合同订单和非正式合同订单。

（一）正式文本合同订单

1. 正式文本合同订单形式

通常在下列情况下，对印染企业而言，贸易双方应该使用正式文本合同订单形式：

① 新开发的客户；

② 第一次进行产品交易或印染产品加工的客户；

③ 交易额或加工产品的数量较大的订单；

④ 涉及进出口贸易的产品交易或来料加工订单。

文本合同的格式，有国家公布的通用的合同文本格式，也有交易双方根据实际情况自行拟定的格式。对于印染生产企业，交易合同通常有购销合同和来料加工合同两种。

2. 正式文本合同包含内容

交易条件：主要包括交易产品的名称、品种、规格、数量、单价、金额、交货时间、交货地点、结算方式、运输方式、保险、违约责任、交易双方代表签字确认等内容。

技术资料：主要包括印染颜色样品、色名、色号、印花图案、颜色数量、质量要求、检验内容及标准等。

作为跟单要注意，通常合同文本必须是原件且至少一式两份，甲乙双方各保存一份作为合同执行的依据。有时对于长期合作的稳定客户，有非常紧急的订单时，也可以通过传真或其他方式将合同文本传送给对方，并以此作为确认交易的凭证和依据以使印染加工尽快进行，为尽早完成订单争取时间。

（二）非正式文本合同订单

非正式文本合同与正式文本合同区别之处在于其表达方式不同。客户的订购（加工）合同不是用双方签署的正式文本合同格式，通常是客户单方面提出的订单（或加工单），采用传真、电子邮件或电话的方式表达其订购（加工）意向，也可称这种形式为客户下单。

采用非正式文本合同确定的订单,通常是在双方建立起的长期合作基础上所采用的方式。对于老客户的订单、客户追加的订单、来料加工订单、紧急订单等,经常采用非正式文本合同方式进行下单。这也说明,客户与生产企业之间形成长期稳定的合作关系,彼此之间建立起良好的信誉和融洽的合作模式,订单运行配合默契。

客户在采用这种方式下订单时,通常只列明所需产品的种类、规格、数量、交货期等内容,而对于费用金额、单价等关键内容,并未列出,尤其是对于追加的订单或特别紧急的订单,更加简明扼要。

对于非正式文本合同的订单跟单要点如下:

① 对于染色颜色较多、印花品种较多的订单,跟单员应及时与客户联系沟通,落实客户所需要表达的含义,避免产生误解而造成损失。在客户最终确认无误后方可执行。

② 有时在特别紧急情况下,客户用手写笺的形式进行下单。生产企业可以先安排生产,同时跟单员应尽快与客户取得联系,以使其出具一份较正式的订单文本作为依据,以避免日后的纠纷。

③ 长期合作的客户,有时也采用电话下单的方式,这类情况经常出现。作为生产企业应处理好与客户的关系,不可盲目安排生产,可以先做一些必要的准备工作(如了解生产原料的情况及生产安排情况)。处理这类事情,跟单员应积极主动,及时与客户取得联系,争取客户提供准确完整的文字形式的订单,并以此作为执行订单的依据,保证双方的利益。

客户的订单无论是采用何种形式,跟单员均应安全妥善地保存,通常应复制订单的复本用于跟单过程,特别是随同订单的技术资料附件,如色板、花型图案资料、标准样板等更要安全妥善存放,样品一定要避免变色、损坏而失去样板的作用。这些技术资料在整个订单实施过程的跟单工作中经常使用,最好将这些资料复制多份复本用于跟单工作,以保证原件的标准性。另外,对于跟进过程中电话联系的资料,为避免纠纷,应在电话联系后立刻以邮件的形式将电话内容进行陈述和进一步确认,如果涉及到修改订单内容或工艺的,邮件尽量不要单对单发送,要将相关邮件抄送给相关人员,邮件发送后要将邮件打印成出来作为纸质资料保存好。

邮件发送收件人注意事项

在工作中,如果对方企业有企业邮箱的,切记不要将资料使用个人邮箱进行收发,也不要发送到对方的个人邮箱。

在发送邮件中,收件人分为三种类型,包括"收件人"(代号A)、"抄送"(代号B)、和"秘密抄送"(代号C)。在邮件发送后,三种收件人都能收到邮件,但是这三种类型的收件人有严格意义的区分。

"A"—是需要解决事情的人,或者可称为当事人;

"B"—是需要知道事情内容的人,不一定参与事件;

如A是跟单员，现在客户将信息发给A，由A负责跟进生产；同时此信息需要主管知道，所以抄送给该跟单主管。

"C"—是发件人认为此收件人C需要知道事情的内容，同时不希望A和B收件人知道此邮件也发送给C。

同一个邮件三种类型的收件人都同时存在时，C收到的邮件会看见全部的A、B和C收件人信息；而A、B收件人打开的邮件时可以看到A和B的全部收件人信息，但看不到C收件人信息。

二、订单评审

客户与生产企业之间经过商务谈判而签订的正式文本合同，在谈判过程中，实际上已完成了对订单的评审工作(图2-3)，以确定订单实施的可能性。

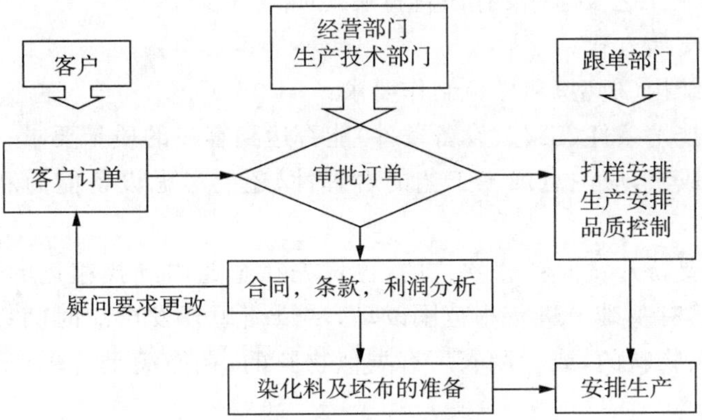

图2-3　订单审核流程图

1. 订单评审

订单评审由生产企业的经营部门及生产技术部门联合负责实施。审单过程中发现有疑问或无法实现的条款，需及时与客户沟通修改，同时应进行利润分析，最终确定是否实施。审单的目的主要如下：

① 评审订单执行的可能性。充分了解和预测实施过程中可能出现的困难并准备好应急措施；

② 分析订单所带来的短期效益和长远效益，同时也要充分考虑其中的风险；

③ 判断企业的生产能力、生产进程以及技术水平，可否能够保证完成订单；

④ 确定是否有足够的生产加工时间，在要求的交货期内完成订单；

⑤ 确定是否需要寻求协助单位进行外发加工，并且可以保证质量和交货期；

⑥ 确定是否需要与客户沟通，对订单中某些不合理的部分进行修改，如需修改应通知客户并得到确认。

2. 订单的评审结果

订单评审的结果，通常有下列三种情况：

① 可能实施的订单，要及时安排生产实施，并保证如期交付；

② 无法执行的订单，应及时通知客户，并解释其中的原因，避免产生误会，争取客户的谅解；

③ 需要做必要修订后可以实施的订单,应及时与客户协商,并提出修订后的建议,修订的内容必须得到客户的确认,直到对方均接受并认可后方可实施。

三、订单评审的内容及注意事项

订单评审的内容包括:产品品种及品质规格、价格、数量、交货期、付款方式、技术要求、附件和、其他条款等。

(一) 产品品种及品质规格(Product Variety and Quality Specifications)

产品品种:通常是成衣款式、尺码分配、配色要求、面料材质、缝制要求和后加工方式(印花、绣花、钉珠、绣线、烫石、洗水、成衣染色等)、整烫和包装要求等。评审时要注意以下几方面:

① 内容是否明确、具体,避免空泛、笼统的规定;如圆领 T 恤衫,项目内没有明确袖子长度,没有说明具体加工工艺要求,没有面料材质说明;

② 确认订单的交易方式;

③ 了解服装的结构(板型)和样板制作要求;

④ 企业本身的技术条件(工艺、设备条件)能否达到客户的质量要求;

⑤ 特殊加工的成衣,应注意加工工艺的合理性,还要考虑设备能力和可实现生产加工的可能性;

⑥ 针对一些需要新开发面料和款式的,也优先在企业内寻找相近的产品让客人挑选,争取让客人接受或在已有基础上进行小范围改动,尽量缩短开发产品时间;对于一些款式,如果客户之前订单有剩余物料的,或者制衣厂有类似物料的,在能满足订单产品数量情况下,尽量向客户推荐使用。

(二) 价格(Price)

① 订单所列价格的含义,是否包括其他费用(如:运输、包装、保险等),合同中是否有明确的约定;

② 价格是否合理,是否达到交易双方的满意;

③ 价格和总金额的计算是否有误,结算用货币的种类是否有明确的说明,同一订单应采用同一币种进行计算。

(三) 数量(Quantity)

跟单员首先要审查自己企业是否能生产和提供合同中规定的货物数量,其次要审查合同中数量条款的规定是否合理。货物买卖合同中的数量条款包括数量和计量单位量部分内容。

1. 纺织品数量的计量

在纺织品国际贸易中,由于商品种类和特性的不同,计量方法和计量单位也多种多样。常见的有:①按重量(Weight)计量(针织物的计量);②长度(Length)计量(机织物的计量);③面积(Area)计量(地毯、皮革的计量)。对服装成衣而言,一般的计量单位为"件"(piece)或者"打"(dozen,1 打=12 件)。

2. 起订量

订购(或加工)数量的大小,对生产时间安排和生产效率有较大的影响。通常颜色少、款式简单而数量较大的品种,生产排期容易、生产效率高;而颜色多、每一种颜色数量较少的订单,生产排期繁杂,生产效率低,速度慢。

因此审单时应注意以下几方面:

① 单一款式的订货数量是否达到起订生产量；

② 订单如果款式复杂、花样较多而订量较少时，会严重影响生产效率和交货时间，因此要注意生产排期，应预先与客户充分沟通，争取充裕的生产时间，以免造成因推迟交货招致的损失；

3. 其他

根据《跟单信用证统一惯例——2007年修订本，国际商会第600号出版物》(简称"UCP")规定，当"about"("约")或"approximately"("大约")字样用于信用证金额或信用证规定的数量或单价时，表示允许有关金额或数量或单价有不超过10%的增减幅度。

(四) 交货期(Delivery)

交货期是订单完成并交付的最后期限，如果不能按期交货，会带来严重的后果，使企业遭受经济损失，因此审单时应注意以下几点：

① 交货期限要合理，大宗订单采用分期交付的方式；

② 在订单中应做出明确的规定，打样批复时间和生产加工时间及产品检测时间；

③ 对于特殊产品需要一定的时间进行开发、试制，因此对于特殊产品的生产加工，一定要争取充裕的时间，要求客户适当延长交货期；

④ 交货日期的确定，应尽量避开节假日。通常在交货的同时，有一个货物交接签收查验等办理手续过程。因此应在订单中做出明确的说明和规定，以避免出现误解；

⑤ 来料加工的订单还需明确规定面辅料到厂期限及首批、尾批到厂时间，首批面辅料到厂时间应安排在大货生产前，并应预留充分时间进行面辅料检验；

(五) 付款方式(Terms Of Payment)

跟单员应主要审查客户所提出的付款方式是否能尽可能地保证货款的顺利(安全、及时)收回、企业是否可以接受。如果接到企业不能接受的付款方式，应尽快与客户联系，并协商确定出企业可以接受的付款方式。在支付条款中要明确规定结算方式，是汇付、托收、信用证还是某几种的结合方式等。

(六) 技术要求(Standard)

订单中的技术要求部分，是对产品质量做出的明确说明，包括质量标准和验收标准，审单时应注意以下几点：

① 要结合现有的技术水平和技术储备状况，合理地规定技术要求；一般情况下，制衣厂尽量生产工艺成熟的款式；

② 特殊的产品，双方应协商确定可行的标准作为产品验收的依据(如款式需要印花后，在印花周围绣图案，印花后面料尺寸变化大，必然影响绣花效果，验收的尺寸公差必须增大)；

③ 当某些对专业技术知识缺乏了解的客户提出一些难以实现的要求时，应及时与客户沟通并耐心解释，提出合理的整改方法(如在针织面料印制色彩相间的细横条纹，针织面料容易形变，服装肯会出现直条纹"不直"的情况，建议改为色织方法处理条纹图案)。

④ 技术要求应明确规定所执行的技术标准，内销产品应以国家标准为依据，外销产品应说明使用标准的类别，无标准可依时，双方应协商制定可行的企业标准，作为针对某一产品品种的执行技术标准(如国家规定纺织产品色牢度不能低于三级，而纯棉黑色的产品难以达到这项标准)。

(七)附件(Attachment)

附件通常是客户针对订单所提供的技术资料。附件通常包括标准色样、花型图案、成品面料样品、特别说明的技术要求等。

审核附件时要注意以下几点:

① 要核对附件与订单明细表中的品种是否对应,尤其是颜色、花型的名称、标志、编号是否一致,出现错误或不相符的标志应及时咨询客户更正或确认;

② 客户提供的附件是否全面,尤其是位置、颜色、花型图案的样板数量应与订单要求的品种数量相一致,如有缺失,应要求客户及时补充;

③ 附件的准确性要进行确认,特别是色样、花型图案是否准确,有无污浊、陈旧、变色等情况,客户的保留样品与提供的样品是否一致。因此在评审附件时,应与客户逐一核对,以避免出现误差,造成不必要的损失;

④ 附件应妥善保管,色样和花型样板在生产加工过程中会经常使用,应采取措施,防止样品变色、污浊从而失去标准性。

(八)其他条款(Others)

主要是指订单中双方约定的交货地点、结算方式、运输包装、违约责任等条款,其要求为:

① 交货地点要明确;

② 结算方式应明确规定结算的时间、币种和方式;

③ 违约责任是规定双方因不能正常履约而所应担负的责任。应具体说明和界定双方的责任,避免以后的纠纷;

④ 运输包装条款,应具体说明运输包装的方式,以保证产品的安全。包装方式尤其重要,应既要方便搬运和装卸,又可起到保护产品的作用。

任务二 合同信息收集

跟单员完成审单工作,订单经过技术、生产和核价等部门确定为可执行订单后,就要立刻对订单进行分析,收集订单中有关的生产资料,对后续的样板制作、物料采购、生产计划的工作进行安排。订单信息收集务必要快而准。一旦合同签订并审核,意味着生产时间就进入倒计时,如果准备工作时间长,那么生产时间将会缩短,当企业出现状况时,可支配的时间将减少;另外如果订单信息有纰漏,将会影响后续的整个生产。

一、模板合同

Contract(sales confirmation)合同

Contract No.合同编号:__________ Date 签订日期:________ Signed at 签订地点:____________

The Buyer:买方:______________________ The Seller 卖方:______________________

Address:地址:______________________ Address:地址:______________________

Tel 电话:__________ Fax 传真:__________ Tel 电话:__________ Fax 传真:__________

E-mail 电子邮箱:__________________ E-mail 电子邮箱:__________________

The Seller and the Buyer agree to conclude this Contract subject to the terms and conditions stated below:

买卖双方同意按照下列条款签订本合同：

1. Name，Specifications and Quality of Commodity（货物名称、规格和质量）：

2. Quantity（数量）：________% more or less allowed（允许________%的溢短装）

3. Unit Price（单价）：

4. Total Amount（总值）：

5. （Terms of Delivery）FOB/CFR/CIF（交货条件）：

6. Country of Origin and Manufacturers（原产地国与制造商）：

7. Packing（包装及标准）：

The packing of the goods shall be preventive from dampness，rust，moisture，erosion and shock，and shall be suitable for ocean transportation/ multiple transportation. The Seller shall be liable for any damage and loss of the goods attributable to the inadequate or improper packing. The measurement，gross weight，net weight and the cautions such as "Do not stack up side down"，"Keep away from moisture"，"Handle with care" shall be stenciled on the surface of each package with fadeless pigment.

货物应具有防潮、防锈蚀、防震并适合于远洋运输的包装，由于货物包装不良而造成的货物残损、灭失应由卖方负责。卖方应在每个包装箱上用不褪色的颜色标明尺码、包装箱号码、毛重、净重及"此端向上"、"防潮"、"小心轻放"等标记。

8. Shipping Marks（唛头）：

9. Time of Shipment（装运期限）：

10. Port of Loading（装运口岸）：

11. Port of Destination（目的口岸）：

12. Insurance（保险）：

Insurance shall be covered by the ________ for 110% of the invoice value against ________ Risks and ________ Additional Risks.

由________按发票金额110%投保________险和________附加险。

13. Terms of Payment（付款条件）：

- Letter of Credit：The Buyer shall，________ days prior to the time of shipment /after this Contract comes into effect，open an irrevocable Letter of Credit in favor of the Seller. The Letter of Credit shall expire ________ days after the completion of loading of the shipment as stipulated.

信用证方式：买方应在装运期前/合同生效后________日，开出以卖方为受益人的不可撤销的议付信用证，信用证在装船完毕后________日内到期。

- Documents against payment：After shipment，the Seller shall draw a sight bill of exchange on the Buyer and deliver the documents through Sellers bank and ________ Bank to the Buyer against payment，i.e D/P. The Buyer shall effect the payment immediately upon the first presentation of the bill(s) of exchange.

付款交单：货物发运后，卖方出具以买方为付款人的付款跟单汇票，按即期付款交单(D/P)方式，通过卖方银行及________银行向买方转交单证，换取货物。

- Documents against Acceptance：After shipment，the Seller shall draw a sight bill of exchange，payable ________ days after the Buyers delivers the document through Seller's bank and ________ Bank to the Buyer against acceptance (D/A ________ days). The Buyer shall make the payment on date of the bill of exchange.

承兑交单：货物发运后，卖方出具以买方为付款人的付款跟单汇票，付款期限为________后________日，按即期承兑交单(D/A ________日)方式，通过卖方银行及________银行，经买方承兑后，向买方转交单证，买方在汇票期限到期时支付货款。

● Cash on delivery (COD): The Buyer shall pay to the Seller total amount within ________ days after the receipt of the goods (This clause is not applied to the Terms of FOB, CFR, CIF).

货到付款:买方在收到货物后________天内将全部货款支付卖方(不适用于FOB、CRF、CIF术语)。

14. Documents Required(单据):

● The Seller shall present the following documents required to the bank for negotiation/collection:

卖方应将下列单据提交银行议付/托收:

● Full set of clean on board Ocean/Combined Transportation/Land Bills of Lading and blank endorsed marked freight prepaid/ to collect;

标明通知收货人/受货代理人的全套清洁的、已装船的、空白抬头、空白背书并注明运费已付/到付的海运/联运/陆运提单。

● Signed commercial invoice in ________ copies indicating Contract No., L/C No. (Terms of L/C) and shipping marks;

标有合同编号、信用证号(信用证支付条件下)及装运唛头的商业发票一式________份;

● Packing list/weight memo in ________ copies issued by ________;由________出具的装箱或重量单一式________份;

● Certificate of Quality in ________ copies issued by ________;由________出具的质量证明书一式________份;

● Certificate of Quantity in ________ copies issued by ________;由________出具的数量证明书一式________份;

● Insurance policy/certificate in ________ copies (Terms of CIF);保险单正本一式________份(CIF交货条件);

● Certificate of Origin in ________ copies issued by ________; ________签发的产地证一式________份;

● Shipping advice(装运通知):The Seller shall, within ________ hours after shipment effected, send by courier each copy of the above－mentioned documents No. ________. 卖方应在交运后________小时内以特快专递方式邮寄给买方上述第________项单据副本一式一套。

15. Terms of Shipment(装运条款):

● FOB交货方式

The Seller shall, 30 days before the shipment date specified in the Contract, advise the Buyer by ________ of the Contract No., commodity, quantity, amount, packages, gross weight, measurement, and the date of shipment in order that the Buyer can charter a vessel/book shipping space. In the event of the Seller's failure to effect loading when the vessel arrives duly at the loading port, all expenses including dead freight and/or demurrage charges thus incurred shall be for the Seller's account.

卖方应在合同规定的装运日期前30天,以________方式通知买方合同号、品名、数量、金额、包装件、毛重、尺码及装运港可装日期,以便买方安排租船/订舱。装运船只按期到达装运港后,如卖方不能按时装船,发生的空船费或滞期费由卖方负担。在货物越过船弦并脱离吊钩以前一切费用和风险由卖方负担。

● CIF或CFR交货方式

The Seller shall ship the goods duly within the shipping duration from the port of loading to the port of destination. Under CFR terms, the Seller shall advise the Buyer by ________ of the Contract No., commodity, invoice value and the date of dispatch two days before the shipment for the Buyer to arrange insurance in time.

卖方须按时在装运期限内将货物由装运港装船至目的港。在CFR术语下,卖方应在装船前2天以________方式通知买方合同号、品名、发票价值及开船日期,以便买方安排保险。

16. Shipping Advice(装运通知)：

The Seller shall, immediately upon the completion of the loading of the goods, advise the Buyer of the Contract No., names of commodity, loading quantity, invoice values, gross weight, name of vessel and shipment date by ________ within ________ hours.

一但装载完毕，卖方应在________小时内以________方式通知买方合同编号、品名、已发运数量、发票总金额、毛重、船名/车/机号及启程日期等。

17. Quality Guarantee(质量保证)：

The Seller shall guarantee that the commodity must be in conformity with the quatity, specifications and quantity specified in this Contract and Letter of Quality Guarantee. The guarantee period shall be ________ months after the arrival of the goods at the port of destination, and during the period the Seller shall be responsible for the damage due to the defects in designing and manufacturing of the manufacturer.

货物品质规格必须符合本合同及质量保证书之规定，品质保证期为货到目的港________个月内。在保证期限内，因制造厂商在设计制造过程中的缺陷造成的货物损害应由卖方负责赔偿。

18. Inspection(检验)(以下两项任选一项)：

- The Seller shall have the goods inspected by ________ days before the shipment and have the Inspection Certificate issued by ________. The Buyer may have the goods reinspected by ________ after the goods arrival at the destination.

卖方须在装运前________日委托________检验机构对本合同之货物进行检验并出具检验证书，货到目的港后，由买方委托________检验机构进行检验。

- The manufacturers shall, before delivery, make a precise and comprehensive inspection of the goods with regard to its quality, specifications, performance and quantity/weight, and issue inspection certificates certifying the technical data and conclusion of the inspection. After arrival of the goods at the port of destination, the Buyer shall apply to China Commodity Inspection Bureau (hereinafter referred to as CCIB) for a further inspection as to the specifications and quantity/weight of the goods. If damages of the goods are found, or the specifications and/or quantity are not in conformity with the stipulations in this Contract, except when the responsibilities lies with Insurance Company or Shipping Company, the Buyer shall, within ________ days after arrival of the goods at the port of destination, claim against the Seller, or reject the goods according to the inspection certificate issued by CCIB. In case of damage of the goods incurred due to the design or manufacture defects and/or in case the quality and performance are not in conformity with the Contract, the Buyer shall, during the guarantee period, request CCIB to make a survey.

发货前，制造厂应对货物的质量、规格、性能和数量/重量作精密全面的检验，出具检验证明书，并说明检验的技术数据和结论。货到目的港后，买方将申请中国商品检验局(以下简称商检局)对货物的规格和数量/重量进行检验，如发现货物残损或规格、数量与合同规定不符，除保险公司或轮船公司的责任外，买方得在货物到达目的港后________日内凭商检局出具的检验证书向卖方索赔或拒收该货。在保证期内，如货物由于设计或制造上的缺陷而发生损坏或品质和性能与合同规定不符时，买方将委托中国商检局进行检验。

19. Claim(索赔)：

The buyer shall make a claim against the Seller (including replacement of the goods) by the further inspection certificate and all the expenses incurred therefrom shall be borne by the Seller. The claims mentioned above shall be regarded as being accepted if the Seller fail to reply within ________ days after the Seller received the Buyer's claim.

买方凭其委托的检验机构出具的检验证明书向卖方提出索赔(包括换货)，由此引起的全部费用应由卖方负担。若卖方收到上述索赔后________天未予答复，则认为卖方已接受买方索赔。

20. Late delivery and Penalty(迟交货与罚款):

Should the Seller fail to make delivery on time as stipulated in the Contract, with the exception of Force Majeure causes specified in Clause 21 of this Contract, the Buyer shall agree to postpone the delivery on the condition that the Seller agree to pay a penalty which shall be deducted by the paying bank from the payment under negotiation. The rate of penalty is charged at ________ % for every ________ days, odd days less than ________ days should be counted as ________ days. But the penalty, however, shall not exceed ________% of the total value of the goods involved in the delayed delivery. In case the Seller fail to make delivery ________ days later than the time of shipment stipulated in the Contract, the Buyer shall have the right to cancel the Contract and the Seller, in spite of the cancellation, shall nevertheless pay the aforesaid penalty to the Buyer without delay. 除合同第21条不可抗力原因外,如卖方不能按合同规定的时间交货,买方应同意在卖方支付罚款的条件下延期交货。罚款可由议付银行在议付货款时扣除,罚款率按每________天收________%,不足________天时以________天计算。但罚款不得超过迟交货物总价的________%。如卖方延期交货超过合同规定________天时,买方有权撤销合同,此时,卖方仍应不迟延地按上述规定向买方支付罚款。

The buyer shall have the right to lodge a claim against the Seller for the losses sustained if any. 买方有权对因此遭受的其他损失向卖方提出索赔。

21. Force Majeure(不可抗力):

The Seller shall not be responsible for the delay of shipment or non-delivery of the goods due to Force Majeure, which might occur during the process of manufacturing or in the course of loading or transit. The Seller shall advise the Buyer immediately of the occurrence mentioned above and within ________ days thereafter the Seller shall send a notice by courier to the Buyer for their acceptance of a certificate of the accident issued by the local chamber of commerce under whose jurisdiction the accident occurs as evidence thereof. Under such circumstances the Seller, however, are still under the obligation to take all necessary measures to hasten the delivery of the goods. In case the accident lasts for more than ________ days the Buyer shall have the right to cancel the Contract.

凡在制造或装船运输过程中,因不可抗力致使卖方不能或推迟交货时,卖方不负责任。在发生上述情况时,卖方应立即通知买方,并在________天内,给买方特快专递一份由当地民间商会签发的事故证明书。在此情况下,卖方仍有责任采取一切必要措施加快交货。如事故延续________天以上,买方有权撤销合同。22. Arbitration(争议的解决): Any dispute arising from or in connection with the Contract shall be settled through friendly negotiation. In case no settlement is reached, the dispute shall be submitted to China International Economic and Trade Arbitration Commission (CIETAC), Shenzhen Commission for arbitration in accordance with its rules in effect at the time of applying for arbitration. The arbitral award is final and binding upon both parties. 凡因本合同引起的或与本合同有关的任何争议应协商解决。若协商不成,应提交中国国际经济贸易仲裁委员会深圳分会,按照申请仲裁时该会现行有效的仲裁规则进行仲裁。仲裁裁决是终局的,对双方均有约束力。

23. Notices(通知):

All notice shall be written in ________ and served to both parties by fax/courier according to the following addresses. If any changes of the addresses occur, one party shall inform the other party of the change of address within ________ days after the change.

所有通知用________文写成,并按照如下地址用传真/电子邮件/快件送达给各方。如果地址有变更,一方应在变更后________日内书面通知另一方。

24. The terms FOB、CFR、CIF in the Contract are based on INCOTERMS 2000 of the International Chamber of Commerce.

本合同使用的FOB、CFR、CIF术语系根据国际商会《2000年国际贸易术语解释通则》。

25. Additional clause(附加条款)：

Conflicts between Contract clause hereabove and this additional clause, if any, it is subject to this additional clause.

本合同上述条款与本附加条款抵触时,以本附加条款为准。

26. This Contract is executed in two counterparts each in Chinese and English, each of which shall deemed equally authentic. This Contract is in ________ copies, effective since being signed/sealed by both parties.

本合同用中英文两种文字写成,两种文字具有同等效力。本合同共________份,自双方代表签字(盖章)之日起生效。

Representative of the Buyer　　　　Representative of the Seller
买方代表(签字)：　　　　卖方代表(签字)：
(Authorized signature)：　　　　(Authorized signature)

二、合同信息实操

PRUCHASE ORDER

The KOO Trade Co.Ltd　　　　Contract Number:2014WK009
Buyer: 108 Tracy Avenue Spokane, Washington 88202 U.S.A　　　　date:July—07—2014
tel:(001202)8003386476　　　　fax::(001202)8003386478

The Guangzhou Shunfeng Import & Export Co.Ltd
Seller: No.711 Zhongshan Avenue, Guangzhou, Guangdong Province,China.
Tel:(8620)88883562 Fax:(8620)88883563
Ship to: Washington, U.S.A

Description of goods:

Boy's Round Neck T-Shirt Style Number:388573

46% Cotton+46% Modal+8% Lycra, Single Jersey 60S,220 gsm

Quantity:4800pcs,size and color assortment:

Item	2	3	4	5	6	Qty	Unit price	Amount
Blue	300	600	640	360	500	2400	CIF Guangzhou $8.3/PC	$19920
LT Grey	300	600	640	360	500	2400	CIF Guangzhou $8.3/PC	$19920
Total	600	1200	1280	720	1000	4800		
Total CIF Guangzhou								$39840

More or less 3% of the Quantity and the amount are allowed.

Packing

1 piece in polybag & flat,with G.W. no more than 10kgs per carton. 12pcs garments are packed in one standard carton. Packing sequence as below:

1st,solid color and size in the same carton. 2nd,solid color assorted size in one standard carton. 3rd, assorted size and color in one standard carton. Placed different carton sticker on the short sides.

Packed in strong export carton and suitbale for long distance ocean transportation.

Maximum size of standard carton: L×W×H: 60cm×30cm×30cm

Maximum gross weight of a carton:10kg

Shipping mark includes "KOO - KIDS",P/C No., style No.,port of destination and carton No.

Side mark must show the shell color, the size of carton and pieces per carton.

Samples:

These items will have to be dispatched by EXPRESS, prepaid. Please advise dispatch details to us immediately.

Type of sample	quantity	Etalondon
Lap dips and accessory material samples, Print samples	3 sets respectively of approval	Derectly! After the contract date
Approval samples	3 pcs size 3 Blue and 2pcs size 4 LT Grey	2 weeks after the contract date.
Pre-production samples	3 pcs size 3 Blue	Waiting for intruction
Bulk samples	3 pcs size 3 Blue	1 day after in-line inspection
Shippment samples	2 pcs size 3 Blue and 2 pcs size 4 LT Grey	2 weeks before shippment

The pre-production samples should be made after the fabric has been tested and passed by SGS (Guangzhou Branch)

Delivery

Latest ship: Sep - 10 - 2014.

Port of loading: guangzhou

Port of destination: Washington

Amount: $39840   SAY THIRTY-NINE THOUSAND EIGHT HUNDRED AND FORTY US DOLLARS ONLY

Terms of payment:

30% T/T in advance. 70% L/C at 30 days after B/L date opened through a bank acceptable the seller waild for deferred payment in china until 10 sep.2014.

Insurance:

Insurance shall be covered by seller for 110% of the invoice value against ALL Risks and WAR risks as per CIC of PICC dated 01/01/1981.

Purchase conditions:

All garments' manutactures must meet the minimum manufacturing stardards, comply with the SA8000.

AZO and nickel free.

Remarks:

This contract is made out in duplicate. One set to be held by the seller, one set to held by the buyer.

The buyer:	The seller:
The KOO Trade Co.Ltd	The Guangzhou Shunfeng Import & Export Co.Ltd
Date: July - 07 - 2014	Date: July - 07 - 2014

任务三 技术信息文件资料收集整理

合同是订单的执行依据，但是合同信息内容只能反映一些主要的交易条款，具体的操作方式是无法全部显示，因此一张订单的执行除了合同以外还需要具体的执行文件作为指导生产的技术文件。主要包括三种文件：产品理化性能标准、品牌运营指导书和款式具体的生产指导文件。

1. 产品理化性能标准（Quality Standards） 主要是为保障消费者权益，所有进入市场的服装必须根据服装的类型与使用的对象，对服装成品的安全性能、功能性评价和技术要求提出相应的检测标准与方法，如针对产品的色牢度、强力、有害物质等检测。对于不符合国家标准的产品坚决不能上市流通，如我国的服装产品必须满足 GB/T 21295—2014《服装理化性能的技术要求》。而对于一些企业标准高于国家标准的产品，在到达国家标准基础而未能达到企业技术要求的，则根据企业之间的合同的约定，进行降级、销毁处理等方式处理（可参考表 2-2 Document 1）。

2. 品牌运营指导书 作为正式的服装品牌，在品牌建设时就会建立指导品牌的规范文件，并以此对品牌产品的细节进行统一规范管理，同时也会将这些管理文件形成指引手册[行业内通常称为品牌的“天书”（Gulidline ，Roadbook or Routines）]，发送给相应的生产企业作为统一的管理规范。“天书”是一个品牌的具有共性的资料原则，如各种唛头的缝制位置与方式，成衣测量的手法，产品挂卡吊挂的次序与位置，纸箱的印制说明，货物包装的方式等等（可参考表 2-2 Document 2）。

3. 生产指导文件 主要包含服装配色状况（颜色代码，如潘通号）、服装结构、不同部位构造、车缝方式与线迹规范，不同尺码的尺寸要求和允许公差，对于需要印花、绣花、烫石、钉珠等加工的，还应有具体的技术要求；另外，如果服装上含有配件的，也应该有配件的相关资料与说明（可参考表 2-2 Document 3～6）。

表 2-2 生产技术文件

Document 1

APPAREL PRODUCT STANDARD

GUIDELINE	TEST	REQUIREMENT
Fabric weight	According to SS-EN 12127 between colors	±5%
Color fastness to:		
- rubbing	According to SS-EN ISO 105-X12, dry and wet,	
	dry, light and dark colors, staining	4
	wet, light colors, staining	3-4
	wet, dark colors, staining	3
- washing	According to SS-EN ISO 105-C06	
	Change	4
	Staining	4
- light	According to ISO 105-B02 change	
	Change	5
- perspiration	According to SS-EN ISO 105-E04	
	Change	4-5
	Staining	4
Dimensional stability		
- to washing	According to SS-EN ISO 3759,	
	All material with or without elastane.	±2%
- to dry cleaning	According to SS-EN ISO 3175, -1, -2, -3, -4	
	All material with or without elastane.	±2%
Spirality/Twisting	After washing according to SS-EN ISO 6330	
	shirts, blouses, short skirts, dresses, trousers and long skirts	2%
	loose fit, general	1%

GUIDELINE	TEST	REQUIREMENT
Pilling, Martindale	According to SS-EN ISO 12945-2	
	Cotton	4
	cotton/elastane, regenat, wool and blends	3-4
Pilling, Pillingbox	According to SS-EN ISO 12945-1	
	Cotton	4
	Regenat and all over blends	3-4
	Wool and wool blends	3
	According to measurement list	
Measurement tolerance:	Unwashed qualities:	
	- length, with or without elastane	±2%
	-width, without elastane	±1.5%
	-width, with elastane	±2%
	Washed qualities:	
	-length, garment dyed and garment washed qualities without elastane	±2.5%
	-length, garment dyed and garment washed with elastane	±3%
	-width, garment dyed and garment washed with or without elastane	±1.5%
Snagging	According to ASTM D 3939	
	silk, synthetic fibers or other filament yarn	3-4

Document 2　LABELS, THREAD, TRIM, HANGTAG, STICKERS, POLYBAG AND CARTON

Category　LABELS
Component　LABSDL7　KOO SMALL END FOLD LABEL (MAIN LABLE WITH SIZE)
CMP Color
Manufacturer　KENCE CO.Ltd.
Width　.00
Content
Remarks　QTY=1 @ 3/4" DOWN FROM CB BIB SEAM

Category　MISCELLANEOUS TRIM
Component　SATINTPE01　3/8" SATIN YARN DYE TAPE
CMP Color　01　COMBO 1
Manufacturer　Not assigned
Width　.00
Content
Remarks　@INSIDE BIB - SEE DETAIL SKETCH

No images found

Category　THREADS
Component　BARTACK1　BARTACKS MISC
CMP Color　DTM　DYE TO MATCH
Manufacturer　Not assigned
Width　.00
Content
Remarks　9312 LT GOLD/2008 WHITE - SEE COLOR /MAIN SKETCH

Category　TICKETS/HANGTAGS
Component　KTH-3　KOO LOGO MULTI PC TG 2PC
CMP Color
Manufacturer　KENCE CO.Ltd.
Width　.00
Content
Remarks

WASH/CARE LABEL

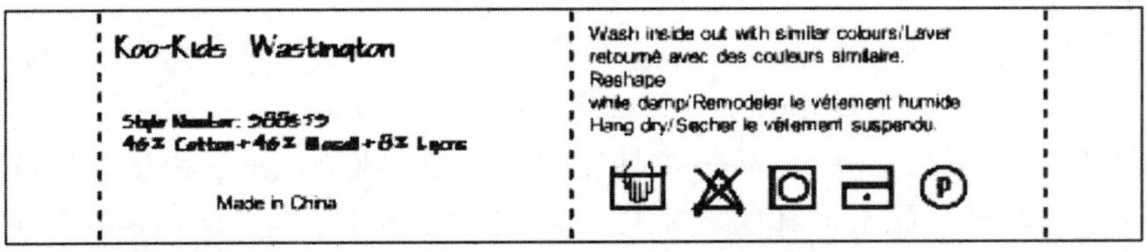

Care label to be placed on left side, *8 cm* from bottom of garment

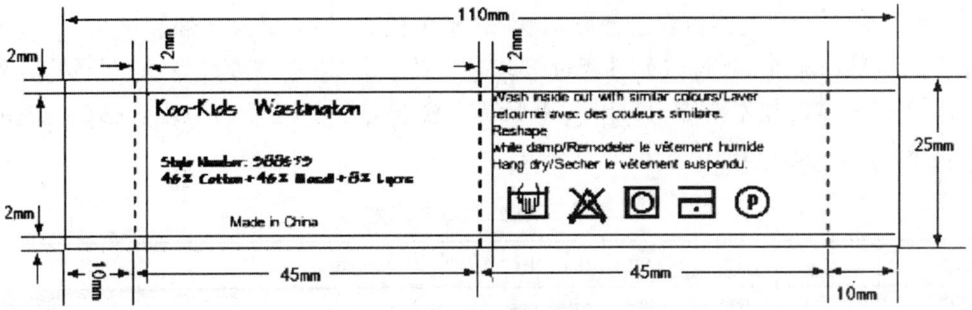

POLYBAG & STICKER

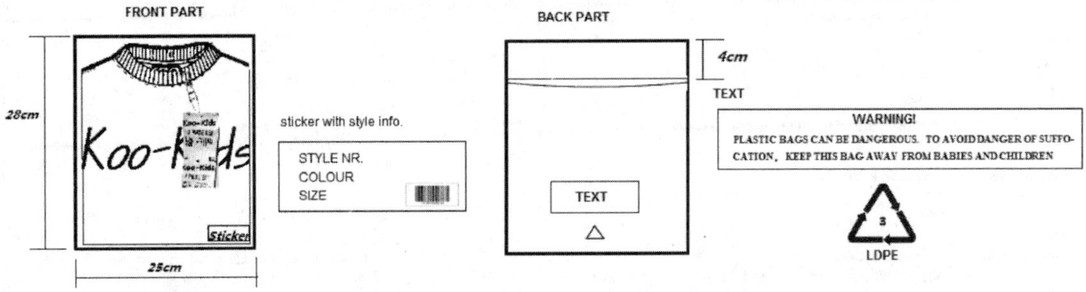

STICKER SIZE: 7cm × 3cm　　WARNING TEXT: LETTERS SHOULD BE BIG ENOUGH TO READ.
POLYBAG: PVC IS NOT ALLOWED.

HANGTAG SEQUENCE

—Logo Multi Hangtag
—Barcode Sticker (Stick on back of Guarantee hangtag, on bottom)

Note:

1. Currency on barcode sticker is USD.
2. Language on barcode sticker is English.
3. Barcode facing up.

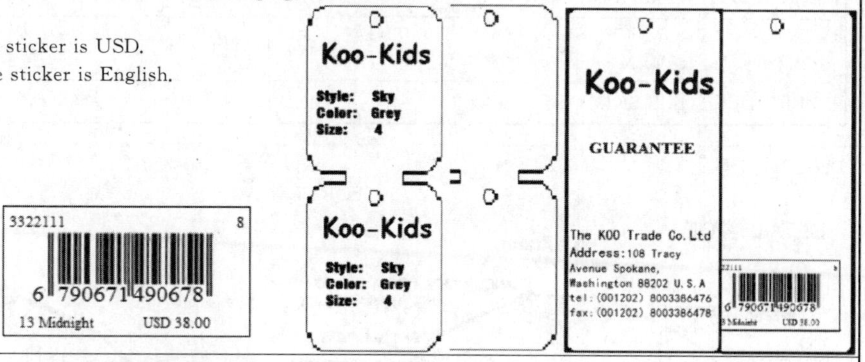

CARTON AND CARTON STICKERS

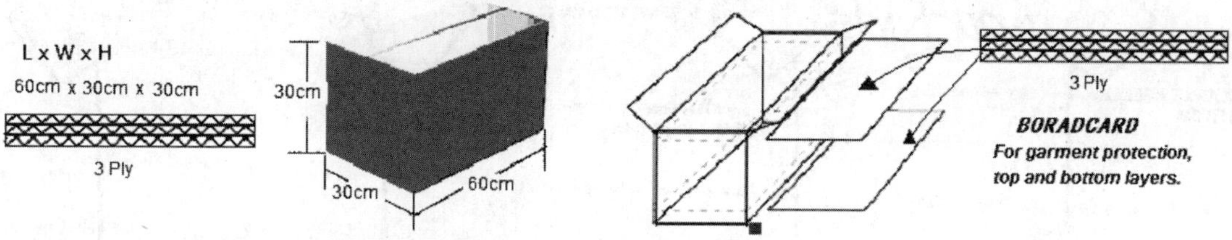

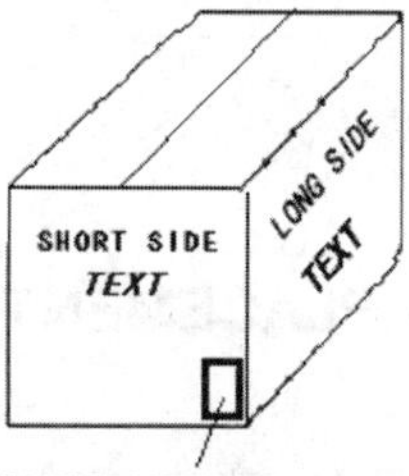

CARTON STICKER

TEXT OF LONG SIDE (2 SIDES):
BUYER: KOO-KIDS
DESTINATION: TEL: FAX:
STYLE No.:
P/C NO.
CARTON No.: 1-UP TOTAL: CARTON
SHELL COLOR:

TEXT OF SHORT SIDE (2 SIDES)
STYLE No.:
P/C NO.
NET WEIGHT: KG
GROSS WEITHT: KG
MEASURMENT: x x CM
___ PIECES IN CARTON.

DIFFERENT SIZE WITH DIFFERENT COLOR CARTON STICKERS. STICKER SIZE: 5 cm X 4 cm
STICKER SHOULD BE PLACED ON THE **2 SHORT SIDE** OF THE CARTON.

SIZE	2	3	4	5	6	ASSORTED COLOR OR SIZE
COLOR	WHITE	RED	YELLOW	BLUE	GREEN	PURPLE

Document 3

SIZE SPECIFICATION SHEET

DISCRIPTION	Tol(—)	Tol(+)	2	3	4	5	6
CHEST—1″ BELOW ARMHOLE	—3/4	1	26	27	28	29	30
HEM	—1	1	26	27	28	29	30
ARMHOLE CIRCUMFERENCE	—1/2	1/2	11 3/8	12	12 5/8	13 1/4	14 7/8
CUFF CIRCUMFERENCE	—1/2	1/2	9 1/4	9 1/2	9 3/4	10	10 1/4
SLEEVE LENGTH	—1/2	1/2	5 3/4	6	6 1/4	6 1/2	6 3/4
ACROSS SHOULDER	—1/2	1/2	13 1/2	13 7/8	14 1/4	14 5/8	15
CENTER BACK LENGTH(HIP)	—1/2	1/2	15	15 3/4	16 5/8	17 3/7	18 2/9
FRONT LENGTH HPS (HIP)	—1/2	1/2	16	16 3/4	17 5/8	18 3/7	19 2/9
HEAD OPENING	—3/8	3/8	21 1/2	21 1/2	21 1/2	21 1/2	21 1/2
FRONT NECK DROP(HPS TO CF NECKSEAM)	—1/8	1/8	2 1/4	2 1/4	2 1/4	2 1/4	2 1/4

BACK NECK DROP(HPS TO CB NECKSEAM)	−1/8	1/8	3/4	3/4	3/4	3/4	3/4
NECK WIDTH SEAM TO SEAM	−1/4	1/4	7	7 1/4	7 3/4	8	8 1/2
PRINTING (FROM CF NECKSEAM TO THE PRINT CENTER POINT)	−1/4	1/4	2	2 1/2	3	3 1/2	4
EMBROIDERY(SEE SKETCH)	−1/4	1/4	1	1 1/4	1 1/2	1 3/4	2

Document 4

FOR SEWING

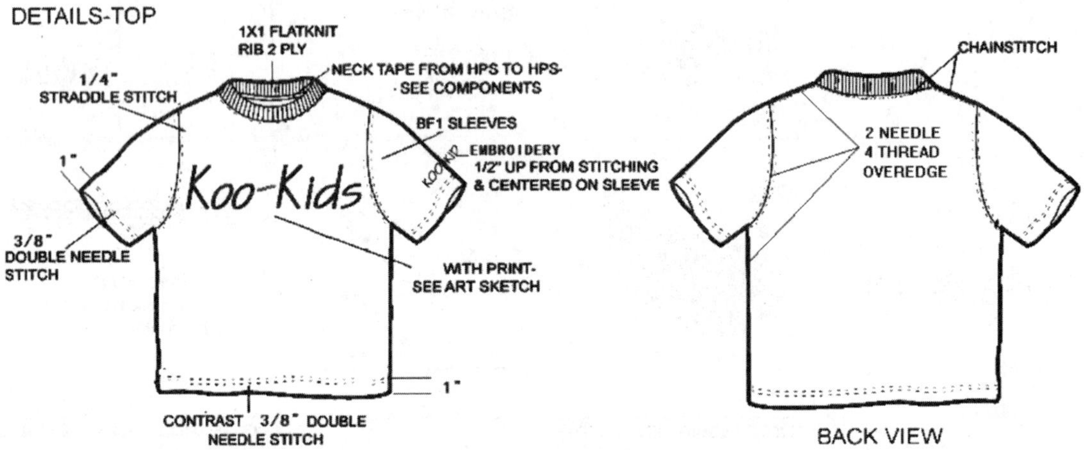

Document 5

DESCRIPTION OF THE EMBROIDERY FOR SLEEVE

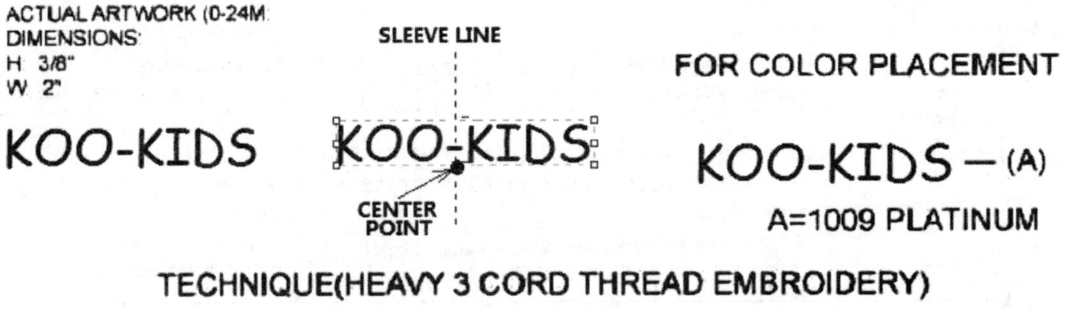

Document 6

DESCRIPTION OF THE PRINTING

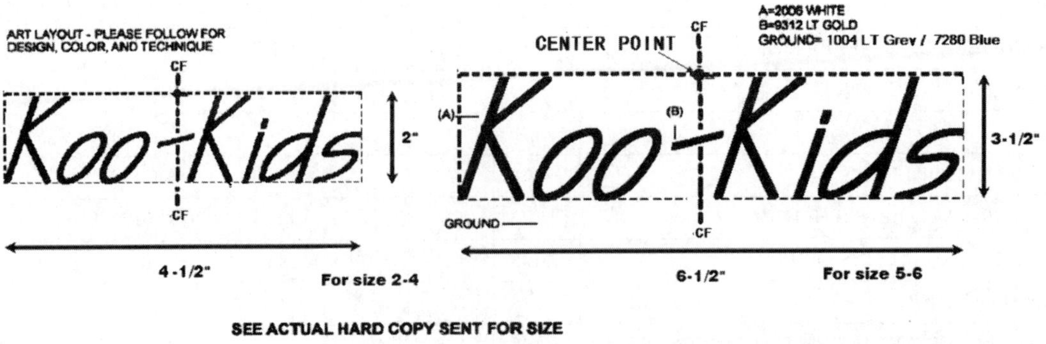

单元练习题

分析题

一、根据任务二的“合同信息实操”完成相关题目。

1. 订单中使用的面料规格是什么？请用中英文写出。

2. 如果实际没有短溢装，此订单中灰色的“2”码和蓝色的“4” 码应有几件？如果允许短溢装，本单最多生产多少件衣服？

3.根据合同条款，此订单的装箱方式是什么？

4.根据合同条款，此订单需要制作多少种样衣？有哪些？

5.根据合同条款，此订单的在制作产前样前需要进行什么工作？

6.根据合同中的“Insurance shall be covered by seller for 110% of the invoice value against All Risks and WAR risks as per CIC of PICC dated 01/01/1981. ”，在投保本订购合同规定的保险后，广州顺峰公司能否加保“淡水雨淋险”？为什么？

7.根据合同条款，此订单的付款方式是什么？

8.合同中是否列出一些关于产品中的禁止事项？如果有，包括哪些内容？

9.根据纸箱的大小，每箱的毛重为 10kg，用 20 英尺的集装箱运输，箱内尺寸为长 5917mm ×宽 2336mm×高 2249mm，容积为 31m^3，请计算出集装箱最多可装运的纸箱数量。

10.如果在此订单的信用证货物的数量规定中出现“ABOUT”字样，根据《UCP600》规定，可以理解为其有关数量增减幅度不超过的量时多少？此订单最多交货量是多少？

二、如果跟单员在跟进过程中，收到客户方工作人员电话，说需要修改订单中的内容（如尺寸、数量），对方且不在工作位置（外出），修订内容只能口头通知，相关的纸质文件需要一周后返回工作位置再补充，修订内容需要制衣厂立刻执行。处理的方法主要有以下几种方式，请分析其风险：

① 跟单员立刻将客户需要修改的信息第一时间通知相关部门进行调整，待一周后客户补充纸质材料；

② 做好调改方案，待收到客户正式修改协议再通知相关部门进行调整；

③ 其他更有效途径既可以立刻解决又不会有风险。

项目三　产品开发与生产跟进

开发和准备阶段是生产最重要的环节之一，跟单员需在了解企业内部状况和客户需求的状况下，收集和整理各方面的信息，在企业内外部门进行交流与沟通，同时为大货生产的各种物料进行配合采购，让相关生产和技术部门做好大货生产的准备。生产阶段则需要掌握生产进度，在线掌握各阶段的生产质量与数量。本项目主要任务如下：

①根据订单关于交货期、关键时间节点，制作工作计划、安排工作任务；

②第一时间安排生产企业打色样，并于客户联系，确认色样；如有需要，配合物料采购员，选择并确定合适的物料生产企业；

③根据订单工艺要求，安排物料生产商与样板房进行物料，下样衣制作制单，完成成衣打样；

④将样衣寄送至客户，跟踪样品，收集客户样品意见并进行修改，落实确认样；

⑤跟进布仓和物料仓库的原辅料进货与检验报告，确保生产物料能按时、按质按量到位；

⑥制作并发放大货制单，安排生产企业打产前样，并与客户确认，封样；

⑦查看车间的生产报表，掌握生产进度；

⑧根据客户需要，安排客户在线查货或内部查货；如需第三方质检报告，则要落实抽样送检；

⑨处理生产企业意外情况；

⑩如有需要，进行外包外协助跟进。

> ERP 系统　它是 Enterprise Resource Planning(企业资源计划)的简称，它是针对物资资源管理(物流)、人力资源管理(人流)、财务资源管理(财流)、信息资源管理(信息流)集成一体化的企业管理软件。目前很多制衣企业都使用 ERP 系统进行生产管理，跟单员入职需要熟悉企业系统的操作。

任务一　产前阶段准备

一般情况下，制衣企业在接单阶段就要核算测算成衣生产费用、时间、加工难度等，因此需要进行成衣开发，此任务在订单正式确认前就开始进行。在成衣进入开发阶段时，跟单员要向客人索取订单相关的详尽资料，例如：客供纸样、制单、色板卡(或色号)、面料样板，样板衫，印(绣)花样板，辅料样板卡或其相关技术信息，并做好订单信息记录。

1. 资料核对

跟单在收到客供的详尽资料后，要将报价与开发阶段的资料进行对比核对；与此同时，物料跟单会将相关的采购项目与供应链核实价钱。核对目的包含两项内容：

第一，是否有资料更改而影响到价格的，如果有要尽快提出修正；

第二，掌握客人的工艺就与开发阶段有否整改。具体如面料、辅料的品种、规格、配色及位置是否正确；部件及缝制方法描述与样衣是否一致；印花、绣花等配件和标志与样衣是否一致；是否有其他特殊要求。若有不一致或有需更改的，需特别注明并出据《内部联系单》通知工艺员、版师、生产经理等确认，必要时生做板衫重做工艺说明书；更改后需重新审核和确认。在审单时一并确认和明确相应的辅料，如印花、绣花及扁机等的质地。审查确认无误的，需在工艺说明书上签名确认。

2. 样板制单发放

跟单将客户提供的制单审单无误后，修改成符合本厂使用的制单，经财务签章后交品控部门发放给各部门。制单发放后如有改动，要发放《工艺变更申请单》的修改通知，并口头通知相关部门，必要时收回旧制单更换新制单，同时需要考虑相关资料是否需要更新(表 2－3、表2－4)。

3. 生产计划

有些客户会要求服装厂在下单后的一段时间内提供生产计划，因此，下样板制单后跟单员一定要跟进生产部门是否根据订单对做好生产计划(表 2－5)。

跟单员需要与排单员协调好生产计划，生产作业计划应明确到订单及具体的生产作业安排(如具体的组别、车缝线、计划上线时间以及目标产量等)，并对照总体产能规划和订单合同交期，确认工厂的生产计划是否满足大货进度的要求，对于达不到大货进度要求的，需与相关部门协商并要求调整相应的生产作业计划，以确保大货交期。

表 2－3　资料更正通知单

(客户：　　　)资料更正通知					
款号		款式		更正日期	
此款因				原因而需更正	
原资料为：					
序号	编号			颜色分配	
更正后资料为：					
序号	编号			颜色分配	
制单人：		审批人：			
相关人员：					
注：1) 请客户及制衣厂相关人员以更正后资料为准； 2) 相关人员必须确认相关原资料已更正方可签名； 3) 更正资料必须由原始负责人申请，工艺科作相应的更正； 4) 为避免更正传达不到位，更正资料必须相关人员每人一份。					

注：另要附更正后正确制单，此更正方可生效。

表 2-4　工艺变更申请单

变更申请事项：□面料　□辅料　□工艺　□板型　□其他 变更内容细说： 申请人：　　日期：
处理方案： 主管签核：　　日期：
变更评审(会审)： 签核：　　日期：
变更方案实施与验证： 审核人：　　日期：
最终效果确认： 批准人：　　日期：
分析总结： 执行人：　　日期：

注：________特急　________急　________一般　________不急　________其他

表 2-5　制衣厂生产排期计划表

客户：　　　　　　　　　　　　填表日期：年　　月　　日

款号	品名	面料	颜色	订单数量	计划返布日期	计划齐布日期	计划面料检测日期	计划成衣检测日期	计划开裁日期	计划车缝组别	计划上线日期	计划包装日期	计划总查日期	计划出货日期	合同交期

4. 采购计料

生产作业计划确定后，跟单员要根据生产作业计划的要求，结合生产指令单和工艺说明书，分款号、分布种汇总和制定出相应的物料需求计划，并将其及时反馈给面料采购员和辅料采购员，以便及时跟进和落实好大货产前准备工作，确保所需的物料适时到位，不影响大货的生产。

在采购部下订单订料之前，跟单员需计算订单各种物料用量，对一些特殊规格的产品系提供具体规格参数，采购部依此资料做采购计划与安排。另外跟单员必须定期查看面辅料到厂情况、面辅料的批复进度以及检测进度。

5. 打面辅料批板

跟单员在跟进过程中，要熟悉客人对款式、颜色方面的偏好，收到订单后要第一时间将客提供的色卡(或代码)、面料效果板、辅料效果板或相关资料提供给采购部，以便于相关供应商或部门能尽快打样。采购部打板的供应商可能是客人指定的，也可能是制衣厂相关联的，要区分好。

部分需配色的辅料需大货头缸回来后才开始打色板，要把握好相应时间与进度，也可以考虑预先打效果板给客批，等大货布回来再批色。所有样板批色客户都会有评语反馈，跟单员要及时跟进，并通知相关部门按照客户要求进行整改，对于没通过的样板要抓紧时间重新打板，避免影响大货生产。

一般情况下，服装的主身面料色样(lab-dip)是由客户进行审核，而配布一般由制衣厂内部批核。对于内部批核的物料，跟单员在车间上线前查看其色差是否达客户接受范围，如达不到要求要及时书面通知相关部门进行整改(具体对色方法见第一部分项目六“色卡与对色”)。

对于辅料，所有大货印花、绣花、辅料(包括洗水唛/拉链/织唛等)在客户批复后，再交由采购组和生产组核准，由主管签字后方可安排采购或生产，跟单员要自留一份存档。

6. 产前批板

在大货生产之前跟单员还需要制作批板，目的是确定款式并抽取一定数量用于款式推广。产前批板着重考虑两方面因素：第一是时间上要把握好，不能因为产前批板而影响开货，尽量准确把握好客人的要求并一次性打好板，尽可能不要因为制衣厂方面的原因造成重新打板；第二，这些板如果有大的改动而影响到价格务必及时提出。产前批板类型可能会有下列情况：

① 初板：下订单后客人需确认款式并检测厂方的工艺，尤其是无板报价的订单或来料加工的订单(复板)，有些客下订单后不要求做初板。跟单员要督促样板房在收到大货订单及纸样工艺后三天之内安排生产一件头板。头板若无正确面料，初板可用相近面辅料来代用；若初板不通过则要做复板，直至合格。

② 大板(又称齐色码板)：在头板批核的基础上，大货面料一到厂，生产厂即刻选取某一色面料生产跳码板，以确保跳码及放码的准确性。一般数量较多，每色每码都做到，它既可以作为大货生产的正确批板，也可作为销售推广使用。

大板是与大货布期和辅料期同步的，所以时间掌握尤为重要，否则会影响开货时间。

③ 车缝、印花、绣花批板：没有确认的车缝线迹、印花和绣花，跟单员需将打好的车缝线迹、印花板、绣花板给客人批复，时间把握尤为重要，尽量赶在做大板前审批。如果客人允许，可考虑用板布或代用布打板，这样可赶在大货布回来之前批板，大货布回来后就可以直接做大板。注意绣花一般不用使用代用线做板。

车缝线迹、印花板、绣花板可能要经过多次打板才最后批核。跟单要注意收集客人每次的要求和整改评语，直至最后批复。车缝、印花板、绣花板经客人批复后，厂方至少要留有二份以上的正确批板，一份跟单留存，另一份给车间车缝、印花和绣花时使用。

7. 批头缸与面料测试

所谓头缸就是印染企业化验室完成客户指定颜色的配色后，采用生产设备对大货面料进行头次试产。批头缸目的在于让客户掌握大货面料质量，判断其是否符合产品质量要求，能否全面大批量生产。

头缸回来后除第一时间安排客户批色外，应立刻安排面料送检。检测单位一般是由客人指定，跟单员要协助并跟踪此项工作完成。

8. 印花测试

如果客户要求做印花测试，要通知印花厂及时安排印花样在指订单位做测试，并提供报告备案。

9. 物料卡

生产物料到厂后，跟单员应以订单为单位，制作主辅料样卡(主要是车缝辅料)，以便于各生产部门生产时有实物参照。样卡的数量与涉及部门数量有关，主要包括生产车间、QC部门、仓库、包装整烫部、出货报关组和跟单部门。物料卡需在做产前板前及时发放，如有欠缺的要注明，过后要补上。

10. 缩水板

成衣在生产中需要进行洗水、成衣染色或者进行高温处理(如印花)，或消费者购买产品后需要进行干洗或水洗清洁，这些都会使面料产生尺寸发生改变，造成尺寸不稳定，影响外观，这些风险都要求制衣厂的纸样师在纸样制作时处理好。因此，在开裁之前需要由样板房做好缩水板，并与跟单员一起确认缩水板的尺寸无误后，由跟单员开单通知开裁。

11. 产前板

在大货批量生产前，用正确的大货面料及辅料生产杂色齐码产前板，通过产前板的试生产，了解该款成衣的品质要求及相应的注意事项，并在此基础上明确相应的预防措施，为确保大货生产的顺利进行做好前期准备工作。产前板需交客户及工艺员审核，经批复的样衣作为大货生产的参考板及客户验货的标准。因此务必协调好制衣厂做好产前准备工作，确保大货生产所需的面辅料准时到位。

若客户判定不合格，则要求制衣厂需重新制作，直至判定合格。然后将产前样与“生产鉴定书”转交技术主管进行技术评审，并将评审结果填写在“生产鉴定书”上。产前样封样并判定合格后，制衣厂可开始安排大货生产。

产前板的鉴定项目：①产品包装方法是否正确；②原辅材料的使用是否正确；③成衣尺寸是否符合规定的要求；④车缝工艺是否与工艺要求一致；⑤色牢度是否合格；⑥印花是否掉色，绣花颜色是否正确。

样板选择事项

● 每个跟单员都希望尽快落实样板，因为越快落实样板，留用的生产时间就会越长。值得注意的是，跟单员提供给客人的确认样，一定要选择比较大众化的产品，也就是代表目前企业生产技术水平、正常生产下就是该质量水平的产品。因为样板选择不是精英选择，而是常规生产，在常规生产中上限的产品只占到产品数量的5%～10%，如果选择样质量最好的产品给客户作为样板，无形中就等于拉高整个生产质量水平，一旦客户将样板作为收货标准，则会造成不合格率高。

12. 产前会议

大货批量生产前要求跟单员召集所有生产部门的管理人员开产前会议，目的是向各生产部门讲解订单的特点与注意事项，要求各部门管理人员和操作人员对订单样品、生产工艺单、纸板、客户服装成品外观检验标准、加工工艺文件等进行培训并确定质量控制要点(明确出该款衣服的关键质量特性参数及关键过程特性参数，从而明确原辅材料、半制品、成品的品质要求及对应检验点、检验方法等；进而明确出裁、车、烫、折、包过程的控制要求及对应的校核点及校核方法等，确保产前封样评审所提出的改进要求得到有效沟通和落实，保证大货的品质并让各部门预熟悉新款式与集中讨论订单的难点。产前会议由跟单员记录各个生产环节的注意事项，经所有到会人员签名后由文控部发放给相关部门，以确保可追溯和验证。翻单可参考以前的会议记录。

以上任务，跟单员需做好产前准备信息的记录表(表 2-6)。

表 2-6　产前会议记录表

客户：__________　日期：__________　跟单员__________

款号：__________　品名：__________

(Ⅰ) 参会人员名单：

部门	姓名	部门	姓名

(Ⅱ) 大货参考资料

	YES	NO	无	审核意见
大货封样(批核的板衫及鉴定意见)	□	□	□	
大货面料质地板/色卡	□	□	□	
大货辅料质地板/色卡	□	□	□	
大货面辅料色差板	□	□	□	
面辅料测试报告	□	□	□	
印花标准板	□	□	□	
绣花标准板	□	□	□	

(Ⅲ) 产前板鉴定意见

	YES	NO	无	鉴定意见
a) 数量和跳码是否符合规定的要求	□	□	□	
b) 板型是否符合规定的要求	□	□	□	
c) 尺寸是否符合规定的要求	□	□	□	
d) 面料是否与工艺要求及质地样一致	□	□	□	
e) 辅料是否与工艺要求及质地样一致	□	□	□	
f) 车缝工艺是否与工艺要求一致	□	□	□	
g) 车缝质量是否达到内控标准要求	□	□	□	
h) 印绣花是否与工艺要求一致	□	□	□	
i) 整烫/折衫/包装是否正确	□	□	□	
j) 其他	□	□	□	

(续　表)

(Ⅳ)生产信息

订单数量：______	计划生产组别：______
合同交期：______	计划生产周期：______
计划开裁日期：______	计划外发工序：______
大货头板：______	计划外发工厂：______

(Ⅴ)产前会会议记录

a)面料/辅料：______

b)裁剪(含纸样/唛架)：______

c)车缝：______

d)整烫：______

e)包装：______

f)终查：______

g)其他：______

(Ⅵ)会后需跟进和落实的事项

事　　项	责任人	完成期限

(Ⅶ)备注：

______

______

任务二　样衣制作

样衣是指订单中不可或缺的服装，尤其对订单型服装生产企业而言，从客户询价、报价到达成订单直至出货，不同的进程都要制作不同的样衣。服装跟单员在熟悉订单工艺文本的具体要求并与生产企业取得一致后，便进入实质性的跟单工作阶段——跟踪样衣生产。样衣的重要性在于：

① 样衣是制衣厂的形象代表，它能体现制衣厂的经营推广能力、生产制造能力；

② 样衣是产品品质的代表，它能体现制衣厂的产品的档次；

③ 样衣是价格的代表，同样的产品图片在不同的厂家生产其价格会有差别，只有看到样衣后才能确定产品的定价；

④ 样衣是生产的代表，订单都是根据确认的样衣来生产的，确认样衣的难度、工艺要求等会直接关系到生产的难度、时间和进程；

⑤ 样衣是验货和索赔的依据，验货是根据确认样来检验的，索赔也是根据确认样来进行的。

一、样衣的种类

在服装生产中，样衣的种类很多，样衣的名称在服装工业常用标准中没有统一术语。一般在服装行业中有原样、生产样、大货样、船样、广告样、留样、推销样及展览样等。

① 原样(Original Sample)：是指客户提供的最原始的样衣，是服装产品的雏形。在订单的实施过程中，有的客户会提供原样，还会附加说明原样是否要归还客户。如果样衣需要归还客户，服装跟单员必须在工艺文件中说明，并嘱咐加工部门不可丢失原样。

② 参考样(Reference Sample)：是指制衣厂需要客户提供仅作为双方谈判参考用的衣服。参考样与成品样的性质不同，不能作为正式的检验依据。样品寄给客户只作为品质、结构、式样、工艺等方面的参考，为产品的某一方面达成共识创造条件。

③ 款式样(Pattern Sample)：主要给客户查看产品的工艺水平、款式效果及生产的用料计算，一般可以选用代用面辅料进行打样。如果服装有配色要求，一定要搭配合适，尺寸方面要完全按照客户提供的工艺指示办理。

④ 测试样(Test Sample)：是交由客户通过某些测试，从而检验制衣厂产品品质的样品。如果测试样测试结果不能达标，会影响客户对制衣厂控制产品质量能力的信用度。

⑤ 广告样(Advertisement Sample)：是在订单确认后客户用于宣传、增加销售的样衣，一般要求齐色齐码、外观效果好、能起到宣传作用，必须提前安排制作完成。

⑥ 推销样(Salesmenship Sample)：推销样指新客户用于境内外参展、对外展示的服装，一般从一批商品中抽取出来，或生产、设计部门设计加工出来能代表日后交货质量的服装，通过样衣向公众反映服装的品质全貌。

⑦ 齐色齐码样(Size,Colour Set Sample)：指客户要求制衣厂按照其工艺要求提供所有颜色和尺码的样衣。

⑧ 洗水样(Washed Sample)：指服装进行洗水生产工序后的样衣，目的是检验成衣经过洗水后尺寸是否变化、形态如何。若发现洗水后对成衣影响较大，必须查找原因，提出解决办法，如提前做好面料的预缩来控制缩水率等。

⑨ 确认样(Approval Sample)：是指双方认可并且客户签字确认的样品。它代表产品的功能、外观、效果等，是作为大货生产的参照样品。大货生产必须严格按照确认样进行，此样是检验的依据之一。该样品非常重要，跟单员需要足够重视。

在确认样制作完成后，必须由技术检验部门评估，只有评估合格的样品才能发送给客户。评估重点主要有：a. 样衣所选的原材料是否与客户要求完全一致(包括面辅料的成分、规格、颜色等)；b. 样衣各个部位的尺寸是否与客户的工艺图纸或实样完全一致；c. 样衣的包装是否与客户的要求或实样完全一致；d. 样衣的数量是否与客户的要求完全一致。

制作确认样衣时，跟单员除了按照客户要求的数量安排制作外，还要安排生产至少一件作为留样，以便于日后生产大货订单时能作为实物参照依据，同时要做好相应编号和记录。

由于制作确认样的过程与订单的生产实际过程基本一致，在制作确认样过程中可能发现生产时隐含的问题，因此要特别注意制作过程的难易程度和实际生产效率。生产工艺如不能达到客户要求则千万不能做，以免日后大货生产时埋下隐患。另外，若大货生产过程中，由于生产工艺的限制，产品的某方面特征，无法达到确认样的标准，跟单员需事先通知客户，以便讨论修改，切不可在没通知客户的情况下私自生产，否则产生的后果客户不负任何责任。

⑩ 产前样(Pre-production Sample)：是大货还没有生产时供客户确认的样衣，也称为PP(Pre-production)版。该样一般用于客户确认大货生产前的颜色、工艺等是否正确，是客户向制衣厂提出的基本要求之一。

产前样需跟单员及技术部批核，经批复的样衣作为大货生产的参考板(封样)及跟单员验货的标准。封样的样衣需给质检人员留底做查货标准样。若确实因部分辅料不能及时到货也可用代用辅料生产产前板，待正确辅料到货后再补生产两件正确的产前板用于封样。

如果客户对产前样确认，制衣厂就可以对大货面料进行开裁，生产大货。此时，要求产前样不能用其他主辅料替代，只能使用大货的所有材料进行生产。在模拟大货生产全过程中，如果出现问题要立即解决，以确保在大货生产中不出问题从而避免损失。

⑪ 先锋样(Pioneer Sample)：某些制衣厂要求每款大货在生产前先做200件先锋样，通过先锋样的试生产了解该款成衣的品质要求及相应的注意事项，并在此基础上明确相应的预防措施，为确保大货生产的顺利进行做好前期准备工作。先锋样由跟单员落实全检状况，经检验的产品如达到客户标准要求则可继续生产大货；如先锋样达不到标准要求，制衣厂需将200件彻底返工经质检员检验合格后，方可继续生产。

⑫ 生产样(Production Sample)：生产样是大货生产中的样衣，它是在大货中随机抽取的，要反映大货的真实品质等情况。

⑬ 船样(Shippment Sample)：代表出口服装的品质水平，又称船头板或大货板。如果大货是以海运方式运输出口的，则要求船样以空运方式直接寄给客户。船样在大货服装中挑出来即可，无须另外制作。一般对服装船样的寄样时间有特殊规定，即在出货前一周左右寄给客户，目的是让客户预先了解订单的生产情况和总体质量。因此，跟单员或生产企业在挑船样的时候不可挑质量最好的产品，也不可挑质量最差的产品，挑出能代表大货普遍质量的即可。如果挑质量最好的容易使客户对大货的质量有过高的期望值，一旦客户收到大货后会对订单大失所望；如果挑质量最差的容易引起客户对大货质量的不满，造成不必要的麻烦。因此船样有时会成为客户检验大货品质签发"检验报告"的依据。

船样的数量根据客户的需要来定，计算出口数量时一般要将船样的数量一并计算在内。

⑭ 留样(Keep Sample)：指企业自己存档作展示用的样品，也可以在大货中选取，一般不必写在工艺文件中。

此外，还有客户需要制作其他的样板，如色样、印绣花样和辅料样等。

⑮ 色样(Lab Dip)：是制衣厂(或面料生产厂)按照客户提供色卡的要求，对面料和辅料进行染色后的样品。制衣厂(或面料生产厂)制作的同一颜色色样至少有A、B、C三种，以便客户确定最接近颜色。同时制衣厂(或面料生产厂)不仅要保留客户原色卡，而且要保留好客户确认的色卡。要注意色卡的辨色需要在灯箱指定的光源下完成。

⑯ 印绣花样(Printed/Embroidery Sample)：指对面料、成衣进行印绣花图案后的样品，一般需要正确颜色的布、线进行模仿打样，以示制衣厂有能力按照客户要求进行生产。在模仿打样时绣花线颜色一定要正确，如果确有难度应与客户沟通好。印绣花资料必须正确，如颜色组

合、花型等，有不明确的地方要技巧地与客户沟通。因为印绣花一般工序较多，不明确因素也较多，通过打样不但可以展示生产能力，也可以测算生产周期，比较准确地计算大货生产时间，从而确定交货时间。

⑰ 辅料样（Accessory Material Sample）：是服装订单样板中重要的组成部分。一般通过外购或代加工生产获得。通过采购或代工能发现辅料生产或采购过程中的不确定因素，掌握辅料实际成本和生产时间。

样板的制作费用可以由制衣厂独家承担，也可以通过商谈由多家企业共同分担，一般由制衣厂与企业进行约定。

二、样衣跟进的特点

样衣的性质决定了其跟进的特殊性，表现为：

1. 时间紧，打样难

按客户所要求的时间制作服装样衣往往都比较紧张，特别是推销样和产前样，同样需要定制面料和辅料，操作的程序丝毫不比生产大货轻松，而且通常还会遇到新面料、辅料和新工艺等问题，给服装加工企业和跟单员带来困难。

2. 数量少，质量精

以推销样来说，因制作推销样给客户是免费的，特别当企业遇到生产旺季的时候，加工部门往往忙不过来，导致推销样较难落实。有时要依靠跟单员灵活机动的业务素质来解决，说服加工企业为其制作推销样，有的外贸企业因而成立了专门制作样衣的生产车间，来缓解这一难题，目的是为了争取到更多的客户。

三、样衣跟进的主要程序

样衣跟进的基本程序和服装大货跟进程序基本相同，一般省去了中期跟进的程序，重点是召开产前会议、样衣成品检验和寄样。

1. 召开产前会议

服装跟单员在接到样衣生产工艺文件后，首先要充分理解样衣工艺文件的所有内容，然后要召集生产企业的技术部门、采购部门以及加工部门召开产前会议。该会议主要是落实样衣面、辅料的采购和指导样衣中的技术难题，安排样衣的生产时间和进程。

2. 样衣成品检验

样衣的成品检验可以参照终期验货，主要检验样衣的面、辅料质地和颜色、核对款式、检验尺寸规格和包装等（表 2 - 26）。

3. 寄样

在完成样衣的制作后，需要考虑采用何种方式寄送。主要途径有邮政和特快专递两种方式。① 邮政方式：主要有航空包裹、水陆包裹、空运水陆包裹等运输方式。其中航空包裹是采用全航空的运输方式，时间最短，费用最高；空运水陆包裹耗时较长，费用较航空包裹低一些；水陆包裹耗时最长，费用最低。② 特快专递方式：有国际快递和国内快递方式。国际快递费用最高，运输时间较快。

4. 样品跟踪

当跟单员将样品寄送给客户后，要通过多种途径跟踪样品的实时信息，同时第一时间通知收件人，以便客户做好接收样品的准备，通知的主要内容有：① 样品名称、规格、数量等。② 寄送的时间、预计到达时间、承运公司名称和货运单号等。③ 送交形式发票。形式发票除了客户清关的必需单据外,也是出口服装样品管理的重要记录凭证。

一旦客户收到样品,跟单员要及时联系客户,询问客户的反馈意见及回复客户的质询,并在规定的时间内完成客户提出问题的整改,以取得客户的信任。收集信息的途径可以选用传真、电子邮件、手机、电话等多种方法,并养成定时查询邮件的习惯,以便及时知晓客户的问题。收到客户反映的问题,要安排相关部门对产品进行及时整改,与此同时跟单员要做好相应的资料登记和记录,将样品进行分类管理,即按照客户号、订单号、合同号等进行分类,从建立样品管理库和建立样品管理表入手。样品管理库主要包括样品基本资料管理、图纸管理、材料管理、试验管理、工时与评估管理、样品进出库管理、需求管理等。而样品管理表则比较简单,只需填写好送样的国别(地区)、客户名称、样品名称、主辅料规格、样品版本号码及生产批次、编号、样品数量、金额、客户对样品评估内容、寄送时间等即可(表 2-7)。

表 2-7 样板评审鉴定书

客户名称				产品描述				款号				厂内单号				日期			
颜色 1				颜色 2				颜色 3				颜色 4				颜色 5			
材料	面料	□正确				□代用													
	辅料	□正确				□代用													
绣花	□合格		□不合格		□欠绣花		外观：				尺寸：				工艺：				
印花	□合格		□不合格		□欠印花		外观：				尺寸：				工艺：				
洗水	□合格		□不合格				外观：				尺寸：				工艺：				
部位	衣：	衣长	胸围	腰围	摆围	肩宽	袖长	袖阔	袖肥	袖根肥	袖口	领高	领阔	前领深	后领深	前中链长	袋口长	帽高	帽阔
	裤：	裤长	腰围拉度	腰围松度	坐围线	坐围	腰围	膝围	脚口阔	前裆	后裆	裤头高	袋口长	脚高					
尺码	M																		
	偏差																		
版型规格	试身员				体重				身高			胸围				臀围			
	L																		
	偏差																		
	试身员				体重				身高			胸围				臀围			
工艺问题																			
重点注意事项																			
判定	□合格			□不合格			□重打样												
评审参与人员	客户：			日期：			部门经理：				日期：			跟单员：			日期：		
	质检部：					日期：				技术部：					日期：				

SAMPLE COMMENTS

BOY'S ROUND NECK NECK T-SHIRT STYLE NUMBER:388573 JULY－20－2014

CMMTS BASE ON 2ND APPROVEAL SAMPLE SIZE 3, JULY －23.

1. FABIRCATION:PLS SEE THE EMAIL FROM ANNA.

2. STYLING:

—REDUCE A/H FELLED SEAM WIDTH TO 3/8″

SAMPLE'S SPEC/FIT IN BELOW AREAS:

—ARMHOLE IS SMALL. PLS INCREASE 1/2″ UNDER ARM TO FINISH.

—BODY LENGTH IS TOO SHORT!

3. OVERALL STITCHING S/B MORE NEATER. ALSO, TENSIONS IS TIGHT & FABIRC IS PUCKERING ROUND ARMHOLE.

4. PRINT:

QUALITY: VERY RUBBERY & SHOULD MATCH PRINT－27 BETTER.

COLOR:WHITE－OK, LT GOLD－TO BE 15－20 DEEPER

SIZE:OK, PLACEMENT:OK

5. EMBROIDERY:

QUALITY: TOO STITCHES PER INCH, STITCH IS TIGHT, JAGGED & UNEVEN. THE STRIKE OFFS LOOKS THIN AND FLIMSY.SHOULD BE IMPROVED.

COLOR IS OK. SIZE:OK. PLACEMENT:OK

ONCE STRIKE OFFS RCVD, WE WILL ADV HOW TO PROCEED WITH EMBROIDERY FOR PP SAMPLE. PLS CFM ALL IS CLEAR AND STRICK OFFS WILL BE PUSHED.

6. ALL TRIMS ARE OK.

图 2－4 样板评语

任务三 唛架制作与裁床生产

一、唛架制作(Maker Making)

服装纸样是由服装纸样师傅根据设计师设计的款式和尺寸要求，通过专业的计算把组成服装的裁片划在纸上而成。纸样是立体服装的平面表达，便于服装在生产中进行修改和剪裁(图 2－5)。

工业生产服装中批量裁剪衣服前，根据款式的要求及布料幅宽，将整件衣服各部分的纸样以最省布的形式经过精密的排列画于纸上，这种列有整件衣服各部分的纸张称为唛架(Marker)。唛架的作用在于确定拉布的长度及驳布位，作为裁布的依据，同时也用于用料计算等(图 2－6)。

跟单员不需要对纸样和唛架进行设计，但是需要对样板部门和唛架部门制作的图纸有一定的了解，以便于控制服装生产用布量和避免生产中有服装部件多裁或漏裁而造成损失。

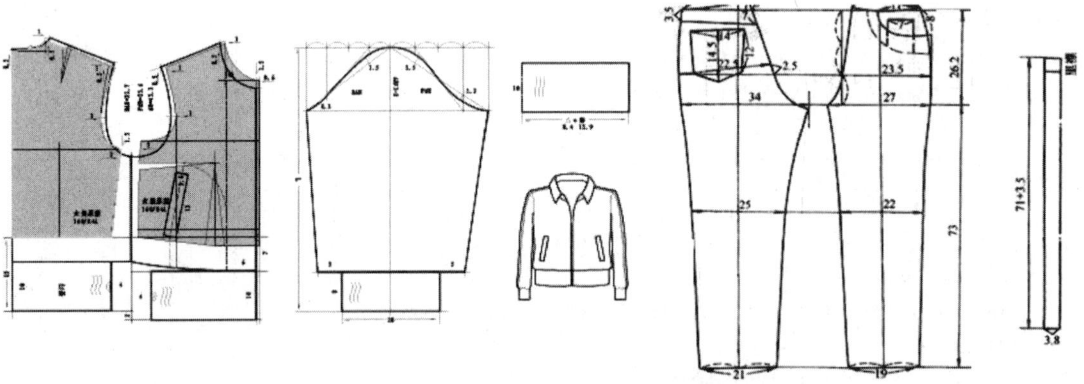

图 2-5 茄克纸样与裤子纸样

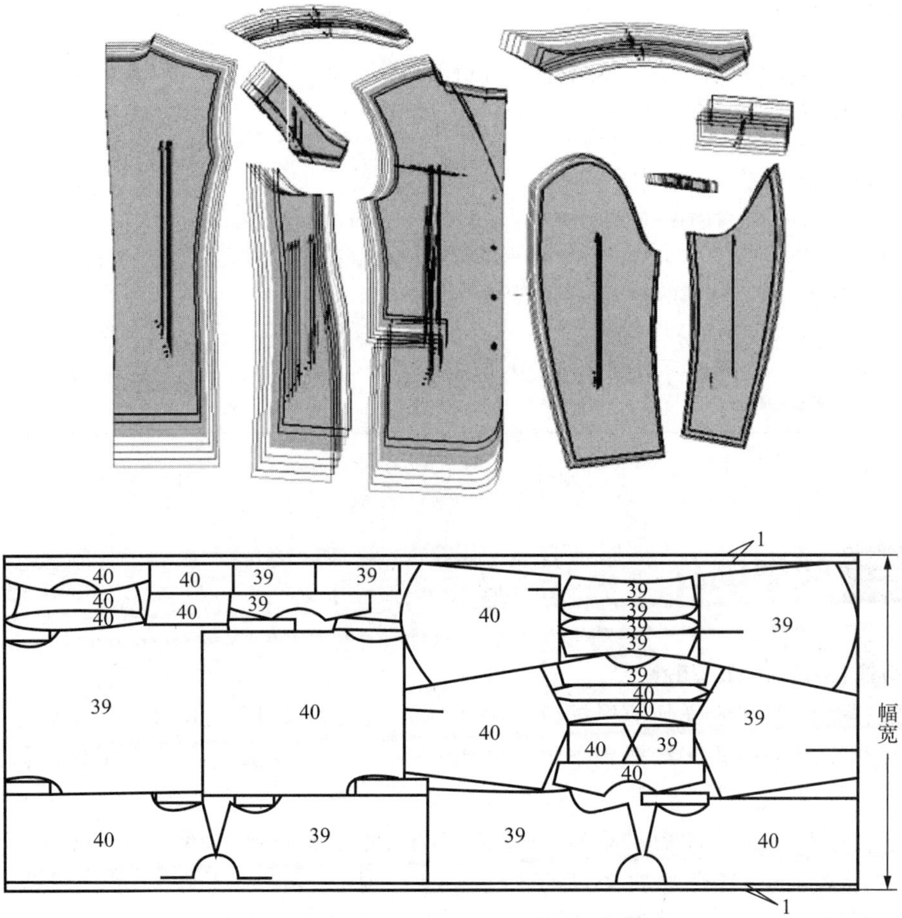

图 2-6 上衣放码图和某衬衫唛架图

(一) 排料的工艺要求

① 经、纬纱向的垂直性：在排料时，除有特殊工艺要求（如斜裁）外，要确保样板经、纬纱向的垂直，不能为了节约面料而画偏面料纱向。

② 面料纹理方向保持一致：对于顺毛、顺光和有方向性的花纹图案，样板各个裁片应向同

一方向排列，以保证成品手感、光泽、花纹方向的一致。

③ 裁片的对称性：在排料时，必须根据实际生产情况决定面料是单一方向还是对合方向排料，如果用单一方向排，样板要用正反面各排一次，以保证裁片的对称性。

④ 面料的留边：排料宽度不能与面料幅度相等，根据布边针孔宽度的不同，面料左右两侧要各留出余量。

（二）排料的方法

① 均码套排：指同一尺码的样板进行反复套排。这种排料既便于估算用料，也可避免色差。

② 混码套排：指同一款式，不同尺码的样板进行混合套排，适用于多规格批量生产。

③ 品种套排：指在同一幅面料上排列不同款式品种的样板，适用于套装或系列服装的批量生产。

（三）跟单员检查唛架内容

① 确定整件成衣的总裁片数量；

② 核查唛架图上每件成衣的面料零部件是否足够，分色分码核算整张订单的全部唛架总裁片数是否符合订单数量要求；

③ 是否按照对条格或花纹等要求进行排列；

④ 对于一些有辅料和撞布的订单要注意是否有漏排现象，如衬衫的黏合衬是否排料；

⑤ 跟单员还需要了解面料性能，如正反面特征及缩水性、伸缩性等。要检查纸样唛架纸，确定 YPD[Yardage Per Dozen 每打衣服用量(单位为码)]。

一般情况下，在订主辅料时唛架房会根据面料订单的面料幅宽排列计算，以确定采购面料的订布 YPD；跟单员根据订单数量进行面料使用量计算，并进行面料采购。在实际大生产前，唛架房工作员会对实际到货面料的幅宽和缩水等进行测量，排列和计算出生产实际的 YPD 值。跟单员要核对订布 YPD 和实际 YPD 是否有有较大出入，以防订购面料不足或者太多，尤其是有对条、对格和对对花纹的面料。在实际生产前，跟单员在确认唛架无误后，才能通知裁床开裁布料。

二、裁床生产

裁床主要是进行成衣缝制前的准备工作（将衣服裁片正确裁出来），工序包括分床分码、铺布、裁布、捆扎等（图 2－7）。

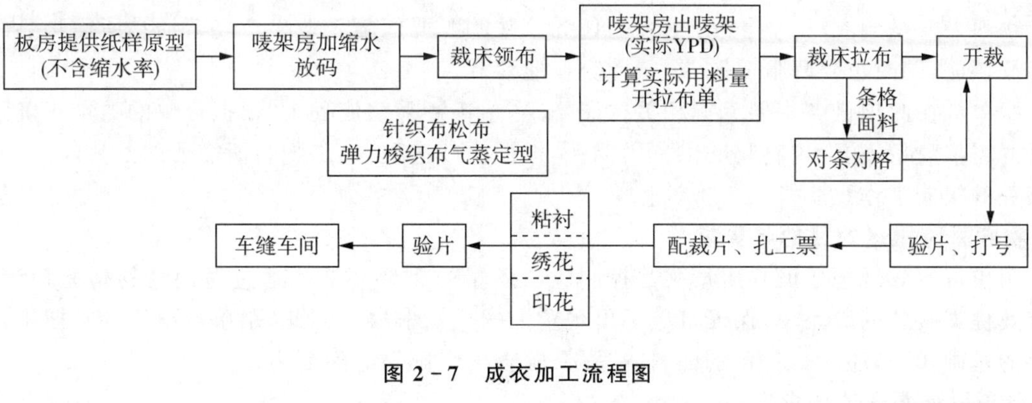

图 2－7　成衣加工流程图

1. 裁布(Cutting)

裁布就是用裁剪机将拉好的布按照唛架上的线条一块块地切成裁片。裁布工序的跟进过程中强调“五不开裁”：

① 没有缩水率试验数据的不能开裁；

② 面、辅料等级档次不符合要求的不能开裁；

③ 面料纬斜超规定的不能开裁；

④ 样板规格不准确,相关部位不吻合的不能开裁；

⑤ 色差、疵点、脏残超标准的不能开裁。

2. 验片、打号、捆扎(Ticket & bundling)

① 验片:跟单或质检验布员发现机织布有严重疵点的裁片需重新配裁片。

② 打号:将裁好的裁片打上编号或者贴上纸以便区别裁片的底面和正面。

③ 捆扎:将裁片分色分码扎上工序票,以方便输送到下一道工序,捆扎裁片时每捆数量不宜过多。捆扎数量在铺布时已经决定,太多则搬运不便,并且在多次捆扎转移过程中也欠牢固。若裁片散落容易造成遗失和沾污,并引起工作运转速度缓慢。

④ 工票:工票用纸制成,上面印有订单编号、款号、尺码、床次、扎号、件数等。工票可使裁片在流通过程中方便裁片与裁片配合成衣;并方便工人和厂方统计每日之产量和工资;还可方便了解半成品量(图 2-8)。

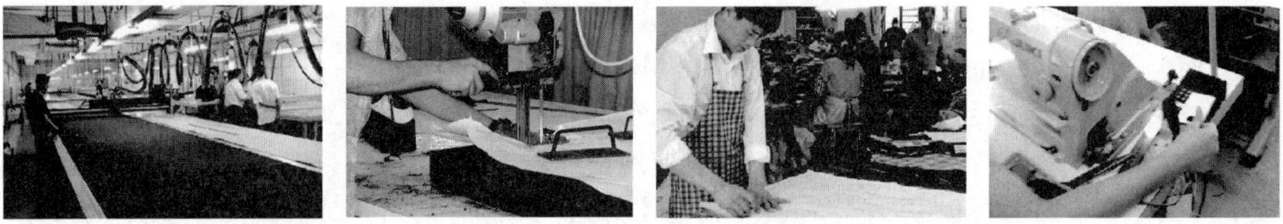

铺布　　裁布　　验片　　电子工票

图 2-8　服装生产加工

任务四　物料采购

物料采购是制衣厂一项十分重大的任务。采购既要保障企业生产经营活动所需物品的正常持续供应,同时也要降低采购成本,使企业能盈利。

跟单员在此项任务中要掌握相关技能:①熟悉各种采购流程;②根据订单的数量正确计算物料的需求数量;③常规物料的供货周期;④根据生产进程,确定物料所需要的到货时间;⑤进行相关的跟催工作。

一、物料采购跟进的目的与要求

跟单员有效地把好面料质量关是控制成衣质量的重要环节。通过对面料的检验和测定,可有效提高服装的正品率,保证订单不出现重大的质量事故。因此,跟单员不但要掌握服装面辅料的基础知识,还应具备鉴别面料的品质、验查面料疵病等的能力。

二、物料采购跟进工作内容

跟单工作的主要内容是准确计算面辅料的需求数量,并在面辅料送达制衣厂后跟进面辅料的质量检验情况。跟单员必须对原料的采购进行跟进(包括面辅料的技术规格、质量、数量及交货期等),要落实供应商所提供的物料质量能否符合生产要求,并能在规定限期内获得必须的原材料,避免车间停工待料,最终保证合同能顺利履行。

三、物料采购实施

面辅料的采购可分为国内和国外采购、制定供应商和非指定供应商。客户指定供应商的物料,则向客户指定供应商采购。客户未指定供应商的物料制衣厂可以根据情况自主组织物资采购(图 2-9)。

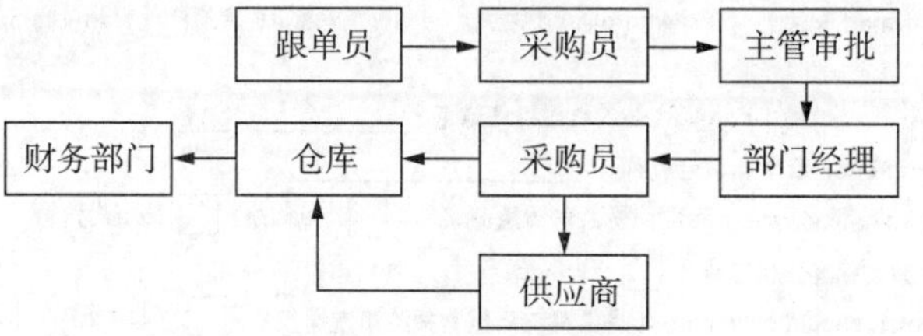

图 2-9 采购流程图

跟单员从销售员(客户)接收采购资料后,先进行数量计算和资料整理,资料核准后,将采购联系单连同销售合同交予采购员,正式提出物料采购申请。对于首次合作的供应商一般要进行企业调查(表 2-8),此项工作由采购员负责,跟单员有必要时则需要给予配合。

1. 物料数量计算

此项工作是需要跟单员统计成衣加工中全部主辅料的单个使用量和订单总使用量、每种物料的最低起订量和包装物料的额定容量和包装要求等。不同的物料由于采购数量不同,因而其损耗量也有很大的差异,其一般规律为:订购数量越少的物料其损耗率越高,非常规物料或专门定制的物料损耗率比普通物料损耗高(表 2-9、表 2-10)。另外采购过程中还要以下几个注意事项:

① 同一个供应商的不同种类的物料应尽量打在同一张订购单上;

② 对于分款、分色、分码的物料应分款、分色、分码进行采购;

③ 采购过程中如果发现有最低订购批量限制的,应及时填写通知,并告知主管和客户,在主管和客户确认后抄送通知给物料仓作为收货依据;

④ 物料有特殊要求的,必须在订单的特殊要求栏标注清楚;

⑤ 不同原材料的生产加工过程是有区别的,为了保证货期、质量,跟单员需要对加工过程进行监控。

跟单员统计完全部物料后,要做好资料汇总信息表。

表 2-8 供应商初次访问报告(1st TIME SUPPLIER VISIT REPORT)

Manufacturer 生产商 ☐ Trading Company 贸易商 ☐

Basic Information 基本信息:

Name of Company 公司名称: ________ **Address of Company 公司地址:** ________

Key Contacts 主要联系人:

Name 姓名: ________ Phone 电话: ________ Title 职务: ________ E-mail 电邮: ________ Fax 传真: ________

Emergency (after hours)紧急情况联系电话(下班后): ________

Item Category 产品种类: ☐ Accessory辅料 ☐ Component 包装材料 ☐ Printed Material 印刷品 ☐ Others 其他 ________

Ownership 所有权: ☐ State-owned 全民 ☐ Foreign-owned 独资 ☐ Joint-venture 合资 ☐ Partnership 合股 ☐ Single Proprietorship 个体

Quality 质量:

ISO certified 是否通过ISO认证? Others certified 是否通过其他认证? ________

☐ Yes (是) If Yes, Certifying body 若是,认证机构: ________

☐ No (否) If No, Is there a Quality Policy 若否,是否有质量政策? ☐ Yes (是) ☐ No (否)

Are there main SOPs 是否有主要的标准操作流程? ☐ Yes (是) ☐ No (否)

Any events related to quality which should be reported 是否有与质量有关的事宜通报? ☐ Yes (是) ☐ No (否)

Any products outsourced to sub-contractor 有否外包工厂? ☐ Yes (是) ☐ No (否)

If yes, pls. remark product produced/carried/represented 若是,注明已生产/运载/代理的产品: ________

Financial (Audited Annual Financial Statement Attached)
财务状况(附经审计的年度财务报表):

Annual Sales Volume 年销售额: Annual Production Value 年产值: Annual Productivity 年产能: ________

Customer Business Survey 合作客户调查

客户区域 Client Area	Percentage In Total Amount 占比(%)	The Percentage Of Customer Brand In Total Amount 客户品牌占比%					
Sale In Domestic Market 内销							
The Asian Region (Except China) 亚洲地区(除国内)							
Europe and the United States and Other Regions 欧美等地区							

Facilities 设备:

Plant 工厂面积: ____(M2) Warehouse space 仓库面积: ____(M2)

Main Device Type 主要设备类型

☐ The Imported Equipment进口设备 Number of Device 设备数: ____ ☐ Home Equipment国产设备 Number of Device 设备数: ____

Others 其他: ________

Personnel 人员:

Number of Employees员工人数: ____ (Organization Chart Attached 附组织结构图) Number of Management 管理人员数: ____

Human rights人权情况:

Prohibit prison labor 不雇用监禁人员? ☐ Yes (是) ☐ No (否)

Prohibit forced labor 没强迫劳动? ☐ Yes (是) ☐ No (否)

Require fair or competitive pay 提供公平有竞争性的报酬? ☐ Yes (是) ☐ No (否)

Prohibit discrimination 没有歧视? ☐ Yes (是) ☐ No (否)

Require a safe workplace 提供安全的工作环境? ☐ Yes (是) ☐ No (否)

Comments/Recommendations 评价/推荐意见: ________

Date / Signature 日期 / 签署

表 2-9 某企业面料损耗表

	3000 件以下	3000 件以上
洗水	3%	2%
不洗水	1.5%	1%

表 2-10 某企业常用物料损耗

项目	<1000 件	1000—5000 件	5001—10000 件	>10000 件
唛头	3%	2.5%	2.5%	1.5%
钮扣	2.5%	2.5%	2%	1.5%
撞钉/鸡眼/工字钮	3%	3%	1.50%	1%
拉链	2%	2%	1.5%	0.80%
胶领条/蝴蝶/挂卡/贴纸等	2%	1%	1%	0.5%
胶袋	2%	1.5%	1.5%	1%
魔术贴/织带/棉绳/丈根绳等	2%	2%	1%	1%
绳制/吊钟/插扣/D 字扣/铜环/衣架/皮牌/胶牌/拷贝纸等	1.50%	1.50%	0.5%	0.5%
所有线类	8%	8%	5%	5%

备注：以上损耗，根据实际情况适当变动，若颜色多/尺码多的应适当加大损耗，数量过大的单又适量减少损耗。订单量小于 500 的，除规定损耗外，另酌情处理。

A. 缝纫线用量计量　技术部门缝纫线用线量测量方法是先用缝纫机车缝 1 英寸长线迹，然后拆下缝线，测量实际的用线量。对于钮门、钉钮、打枣等难以拆下缝线，则先在缝线 2 米处做记号，车缝后再量出余下长度，就可知用去长度(表 2-11)。

B. 橡筋用量计量　橡筋由于有弹性，所以计量时要先测定其缩率。测定是先剪出 1 英码橡筋，熨缩或蒸缩后再量度、计算。橡筋以“罗”为单位，每“罗”4 卷，共 144 码。橡筋也有短码的情形，所以必须通过采购员核实各供货商橡筋松开卷后实测的长度。

缝纫线和橡筋的用量一般样板房会提供参考数据。如果没有提供缝纫线参考数据时，跟单员也可直接用软尺对成衣进行测量，按照缝线的类型比例进行计算，加上损耗后获得单件成衣的用线量。橡筋则直接拉开含橡筋的部位测量，加上缝头和损耗后获得单件的使用量。

表 2-11 常用缝线参考用量

使用车型	用量	使用工序	用量
平车	实长×3.6 倍	拉耳仔车	实长×14 倍
三线锁边车	实长×21 倍	打 1/4″枣	1.12Y
四线锁边车	实长×25 倍	打 1/2″枣	2.2Y
五线锁边车	实长×27 倍	打 3/4″枣	3.2Y
双针车	实长×7.2 倍	打 1″枣	4.1Y
三针人字车	实长×5.5 倍	1/2″钮门	1.1Y
五线虾须车	实长×31.5 倍	3/4″钮门	1.8Y
三线锁密针(波边)	实长×47 倍	1″钮门	2.2Y
狗牙花边车	实长×18 倍	钉钮(四孔钮)	0.5Y/个
裤头车(按单线计)	实长×6 倍	凤眼线(603 线)	2Y
埋夹车(单条线计)	实长×6 倍	凤眼芯(209 线)	0.35Y

2. 查、留库存

跟单员确定需要物料数量后，需先发留库存表给物料仓库进行查库存，物料仓一般在两天内给予书面答复。如该物料有库存或者部分库存的,物料仓应提供样板给跟单员进行确认,然后由物料组以查库存表留库存。如无库存或库存量不足的,则开始物料采购。

对于面料的库存,跟单员要做好以下跟进工作:①核查裁床退布单,与采购员一起确认分类后交布仓分类保存;②核查布仓月报表,每季度进行汇总分类(包括死库存、大货布、现存布、取消单布和存仓库代用布);③核查面料单价报表;④如果库存面料经过核对色差后,能满足新订单生产的,可以直接调用(要注意与客户进行沟通,避免客户对这些仓存的布有其他用途);⑤如果库存面料经核对颜色后符合客户要求,但数量不能满足生产,则根据差额下新的采购订单,物料到库后,要严查色差。如果订单有多处不同目的地的,按收货目的地的分配数量与面料配比情况,将不同批次面料制成的服装分开出货,尽量同一颜色的"新旧"面料成衣不要同时出货到同一目的地。

3. 物料交期的跟进

跟单员在通知采购员订购物料后,应及时查阅物料的到达情况,如发现船期过迟或发生变化以致影响成衣交货期,应及时通知相应部门,必要时物料要安排以 HAND CARRY(手提急件)方式交货。

> HAND CARRY 是一种比快递更快速、安全的运输方式。目前还没有一个固定公认的中文名称,一般称为"手提急件"。一般来说只要航班允许,从国内到日本、东南亚等周边地区当天就能到,欧洲及北美地区第二天到达。HAND CARRY 服务的关键就是快速安全,全过程基本货物不离身,手提携带,能保证货物的安全。

4. 物料数量的跟进

在物料的送递中,有些物料是一次性送货到仓库,有些则是分批进仓的。当物料到货时,跟单员除要跟进物料质量外,还要对物料的数量进行统计,如果发现数量不符应尽快通知采购员并落实原因,及时采取补救措施,追回相应的正品和欠数。

任务五 制定生产制造单

成衣生产制造单是一项最重要最基本的技术文件,它反映了产品工艺过程的全部技术要求,是指导成衣加工和工人操作的技术法规,是贯彻和执行生产工艺的重要手段,是产品质量检验的主要依据。生产制造单还代表了客户对所需服装产品的除价格和运输外的全部要求,它是服装跟单员核查订单要求、跟踪订单质量的主要依据。

跟单员接到订单后,应将订单信息转化为企业下达生产任务的生产通知单,在转化时应明确客户各项要求,并与生产部门对订单内容逐一进行分解,转化为企业内部的生产制单,在交货时间不变前提下,生产制造单内所涉及的所有内容必须与生产部门衔接,不能出现一方或者多方含糊不清、任务下达不明确的问题。

一、服装生产制造单编制的依据

① 客户提供的原样、图片及相关文字说明:通常客户在要求制作款式样时会提供原样或图片,在编制生产制造单时不能背离客户对产品造型风格的要求。

② 合约订单指定的产品要求:生产制造单必须严格按照合约指定产品的规格、款式、型号

及生产批量等要求。

③ 客户的修改意见：生产制造单必须遵循客户对款式样或产前样的修改意见。

④ 出口国的服装贸易政策、法规：不同的国家对进口服装都有相应的政策法规，特别是欧美国家对服装的环保性能的要求等。

⑤ 客户对不同质地面、辅料的常规要求：一般来说，如果是长期合作的客户，双方都会对服装面、辅料的色差等级和色牢度等级等有常规的认定，服装生产制造单中只要用固定格式体现即可。

⑥ 面、辅料的检验报告和理化测试报告：有的客户会要求对所有服装的面、辅料做测试，因而在生产制造单中就要体现出测试的要求。

⑦ 客户确认的面、辅料样卡：在大货生产之前，所有面、辅料都要经过客户确认。生产制造单中的面、辅料样卡应为客户确认后的正确样卡。

⑧ 制单加工的准确性和可行性：作为一张合格的制单，其加工内容必须是全面而覆盖生产全过程的；文字表述必须准确，并且使用企业统一的术语；所编写的加工、操作方法是具备操作性的。

二、生产制造单编制内容

1. 生产制造单的基本项目

① 公司名称(Company Name)：包括公司名称、地址、电话、传真和网址等。

② 组别(Group)：有些客户的订单是指一个系列下的一组订单，包含若干个款式，所以有必要划分组别。

③ 订单号(Order Number)：一般与客户所签合同的订单号一致。

④ 款式描述(Style Description)：指客户所需服装的中文名称，包括外形、结构、特征以及主要原辅料等方面的介绍，如纯棉印花圆领短袖 T 恤。

⑤ 款式图(Sketch)：成衣的款式图也称为效果图，是指导各车间制作的样本，其线条必须清晰，比例与实物相符，印绣花等加工的位置必须准确，对于有些复杂的部位或者关键工序，还应该配备剖析图。

⑥ 款式号(Style No.)：可以公司自编，也可以与客户编号一致。

⑦ 客户名称(Buyer Name)：包括地址、电话、传真等信息。

⑧ 客户号(Buyer No.)：客户企业对服装的编号，便于跟单员与客户沟通。

⑨ 生产数量(Produce Quality)：指总数量以及客户允许的数量变化幅度(短溢数量的要求)。

⑩ 成衣颜色和尺码分配(Color Size Breakdown)：客户在订货总量内，具体对成衣颜色和尺码方面的具体需求数量。

⑪ 原辅料配色要求(Color Matching Requirements)：一般情况下，服装面料、里料、配布、辅料(含缝纫线)、印花、绣花、烫石等都有颜色搭配方面的要求，制单当中必须列明。

⑫ 产品的规格、测量方法和允许误差(Measurement & Tolerance)：跟单员必须严格按照客户的要求进行编制，并且要将客户的测量方法在制单内标示清楚，成衣规格的允许公差需要按照客户要求列明。

⑬ 定额用料(Quota of Materials)：成衣加工中面辅料具体的使用数量，如面料的 YPD、成衣上装订钮扣的数量、捆条的使用长度、包装贴纸数量等。

⑭ 目的地(Port Of Destination):按照合同约定的目的港口填写。

⑮ 交货日期(Delivery Date):在填写交货期时,可以比合同约定的交货日期提早2~3天,以防止在加工过程中出现不可预见的情况时,如验货不合格需要工厂翻仓等,可以不影响合同交货期。

⑯ 跟单员(Inspector):主要目的是明确其职责,以确保服装产品质量。

2. 服装面、里料(配布)的要求

① 面料名称(Shell Fabric/Body Fabric):对于机(梭)织面料名称较为完整的描述应为:原料+面料名称原料成分比例+纱线细度+纱线密度+幅宽+匹长要求+染整要求+理化指标+包装要求。通常是用简单的方法,即"材料名称+名称+结构",如:全棉府绸(Cotton Poplin),涤棉色织格子布(T/C Solid Check Fabric)。对于针织物和机(梭)织物的某些表示方法相似,商业上常用说法如:32支棉纱,190 g/m^2,18针的罗纹布(Rib Fabric)。

② 里料(Lining Fabric)、配布(Match Fabric)名称:描述方式同面料。

③ 织物的整理要求(Finishing Requirement):它是对成品织物品质规格的进一步描述,如防水整理、阻燃整理、防紫外线、柔软整理、预缩整理、砂洗、仿桃皮绒整理等。

3. 服装辅料的要求(Garment Accessory Requirement)

要求说明辅料的品种、规格、单件用量、颜色、供货商(说明是客供或自供即可)、装钉位置等。

① 主标(Main Label):服装的品牌标志。一般缝制在服装后片后中领围下方,多采用四边缝或左右两边车缝的方式。

② 洗涤标(Washing/Care Label):一般是白底黑字,多位置多在服装左侧(穿起计)距衣服底线一定的高度处。对于一些横向印制的标签,缝制要注意客户对文字的方向的要求;

③ 服装吊牌(Hang Tag):一般包装的价格吊牌应置于服装之上,放入胶带袋后能见到价格吊牌,要注意各种吊牌的排列次序和正反面安放;吊牌一般采用胶针、扣针和吊绳三种方式吊挂,多悬挂于主标签或衬衫某钮扣位置。

4. 样衣要求(Sample Requirement)

要求说明样衣的种类、规格、颜色以及寄样时间。

5. 颜色规格搭配(Color& Standard Collocation)

要求说明一个订单有多少颜色规格、搭配颜色以及每个规格的数量,重点提示要填写颜色的色号(标准色卡号)。

6. 服装款式图(Sketch)

产品款式图包括产品正面、背面及重点部位的款式图,一般西服还要有衬里的款式图。款式图要求比例准确合理,各部位的标识准确无误,款式上的缝纫形式、款式造型、结构等必须要与样衣相符,复杂的部位或关键工序应附剖析图。

7. 规格指示表(Specification Chart)

规格指由部位(Position)、部位测量方法(Measure Method)、部位编号(Position No.)、号型(Measures)、尺寸(Size)和公差范围(Permission Error/Tolerance)等六部分组成。

① 规格指示表的重要作用:一是确保生产产品符合成品规格尺寸的依据。二是用于检验产品的成品规格是否合格的主要依据。

② 制定规格指示表的要求:规格指示表中制定的尺寸和量法必须在款式图中能够找到。

款式中各部位的量法必须严谨准确，不能出现模棱两可的量法。

8. 服装款式结构描述(Style Construction Details)

服装款式结构的描述要结合服装款式图来说明，特别是有的订单客户没有原样可供参考，要求描述得更加细致。

9. 服装制作工艺描述(Technological Details)

服装款式制作工艺的描述也要结合服装款式图来说明，描述的顺序也可以参照服装款式结构描述。主要说明面料(里料)颜色搭配、拼块颜色搭配以及工艺细节、印花、绣花等特殊或新型工艺等。

① 面料(里料)颜色搭配(Fabric & Lining Color Collocation)有些订单分不同的组别，不同的组别款式相同，但是面(里)料颜色搭配不一致，必须详细描述其具体的颜色搭配。

② 拼块颜色搭配(Components & Color Collocation)：有些订单款式相同，但是由不同颜色的拼块组成，也必须详细描述其具体的颜色搭配。

③ 工艺细节(Technics Details)：包括缝纫线、滚条、镶边等。另外，是配色还是撞色也必须详细描述。

④ 印花、绣花说明(Print & Embroidery Details)：款式中有印花或绣花时，首先要说明印花或绣花的种类，其次要说明颜色以及位置、规格(可以结合款式图说明)，还要有印花或绣花纸样。

⑤ 特殊及新型工艺说明(Special & New Technics Explanation)：有些订单的辅料或印绣花工艺比较新颖，要求要写清楚，最好附上相关生产企业的联系方式，以便服装生产企业联络。

10. 面、辅料小样(Fabric & Accessory Sample)

经客户确认的面料、里料、辅料以及印绣花稿可以粘贴在一处，用来核对加工厂的大货样。

11. 客户包装要求(Package Requirement)

根据客户的要求将服装按照规定的整烫方式、折叠方法、包装形式、装箱方式(箱子规格、装箱件数等)、相关贴纸黏贴位置和包装带(封箱胶)位置等，将服装进行包装。

12. 服装工艺文本的签发

工艺文本编写完毕后，必须由部门负责人认真审核，然后服装跟单员、主管签字；注明制单日期，原件加盖“正本”字样存档，复印件加盖“副本”字样作为正式生产文件下达至生产企业和相关人员。

三、生产制作单编制实操

根据“项目二 审单与资料收集整理”中“任务二 合同信息收集”的“合同信息实操”，结合“表 2-2 生产技术文件、图 2-4 样板评语和表 2-10 常用物料损耗”进行制单编制。

一、生产制单

款　号：	140728	客户：	KOO	客户款号：	388573
客户订单编号：	2014WK009			面料订单号：	K1477284
款式描述：	男童圆领印花短 T			发单日期：	2014－7－22
纸样编号：	2014N23	参考样	1 件	产　地：	Made in China
绣花：	跟样板	印花	跟样板	YPD：	6.2
对条格要求：	净色布	洗水	无	洗水标准：	无
主身布成分：	平纹 46%棉＋46%Modal＋8%拉架，60S，220g/m^2			其他加工：	无
出货方式	海运	出口地	美国	出厂期	2014－9－8

颜色尺码分配

主身布颜色	2	3	4	5	6	总计
7280 蓝色	309	618	659	370	515	2471
1004 浅灰色	309	618	659	370	515	2471
合计	618	1236	1318	740	1030	4942
主唛(含尺码)用量	636	1297	1383	762	1081	5159

主辅料/配色明细表

编号	物料名称	部位/使用说明	单耗	颜色分配	
				－1	－2
095Y	拉架平纹	主身布色		7280 蓝色	1004 浅灰色
097A	扁机领条	配主身布		7280 蓝色	1004 浅灰色
N17	捆条	后领		红色	白色

样板说明：头版 3 码 7280 蓝色 3 件，大货版 3 码 7280 蓝色 3 件。船头板 3 码 7280 蓝色和 4 码 1004 浅灰色各 2 件。

客评：

1. 所有的缝头应为 3/8″
2. 夹圈太小，要从手臂位至底部增加 1/2″
3. 衣长不够
4. 缝线太紧，不够均匀；张力太紧，夹圈处起浪
5. 印花太胶，尽量按 27 号样做；另外金色要增深 15%～20%
6. 绣花太密太紧，有缺口，不匀；整体外观太细，不够立体

跟单员：　Bella Chen　　　审核：　　　　日期：2014－7－22

二、加工说明

	男童圆领印花短 T	款号:	140728

缝制说明

车缝针密:14(±1)针/1″

领	四线包缝上扁机领条,于后领上撞色织带捆条,全领面间 0.6cm 单链线
袖	四线包缝上袖,骨缝间压 1/4″撞色虾须线;袖口原身布内褶 1″,3/8″双针网底
埋夹	四线包缝埋夹
衫脚	原身布内褶 1″,3/8″双针网底
纳脖	四线包缝纳脖,肩位走前 1cm,内落 0.5cm 宽透明弹性膊带,纳后拔后
主唛	主唛(含尺码)四边车死于后幅居中位,离后中领骨 3/4″
洗水唛	洗水唛摄缝于左侧骨,离衫脚 8cm 处(服装平放于台面时款号一面朝面上)
绣花位置	印花中间点测量(见图),位置见尺寸表
印花位置	绣花中间点测量(见图),位置见尺寸表

尺寸表

序号	位置	2	3	4	5	6	Tol(—)	Tol(+)
1	胸围(夹下 1″量)	26	27	28	29	30	— 3/4	1
2	下摆	26	27	28	29	30	—1	1
3	夹圈(周长)	11 3/8	12	12 5/8	13 1/4	14 7/8	— 1/2	1/2
4	袖口(周长)	9 1/4	9 1/2	9 3/4	10	10 1/4	— 1/2	1/2
5	袖长	5 3/4	6	6 1/4	6 1/2	6 3/4	— 1/2	1/2
6	肩宽	13 1/2	13 7/8	14 1/4	14 5/8	15	— 1/2	1/2
7	后中长(肩高点量)	15	15 3/4	16 5/8	17 3/7	18 2/9	— 1/2	1/2
8	前衣长(肩高点量)	16	16 3/4	17 5/8	18 3/7	19 2/9	— 1/2	1/2
9	头围	21 1/2	21 1/2	21 1/2	21 1/2	21 1/2	— 3/8	3/8
10	前领深(肩高点到前中领骨)	2 1/4	2 1/4	2 1/4	2 1/4	2 1/4	— 1/8	1/8
11	后领深(肩高点到后中领骨)	3/4	3/4	3/4	3/4	3/4	— 1/8	1/8
12	领宽(缝到缝)	7	7 1/4	7 3/4	8	8 1/2	— 1/4	1/4
13	印花位置(前中领骨量)	3	3 1/4	3 1/2	3 3/4	4	— 1/4	1/4
14	绣花位置(距中线边缘)	1	1 1/4	1 1/2	1 3/4	2	— 1/4	1/4

印、绣花位

绣花定位

印花定位

整体效果

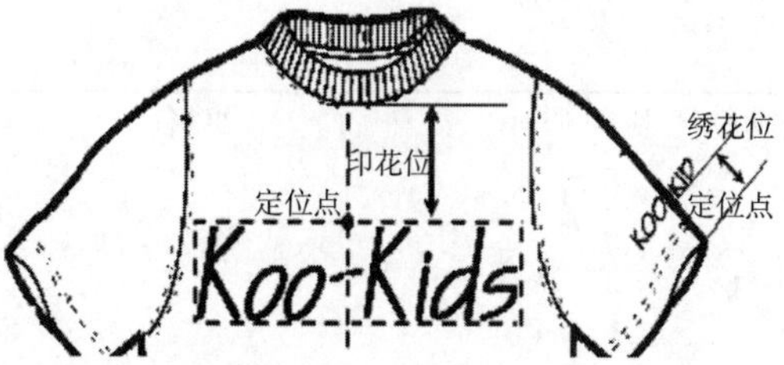

跟单员: Bella Chen　　审核:　　日期:2014—7—22

三、主辅料明细表

品　名:	男童圆领印花短 T		款号:	140728	
主辅料/配色明细表					
编号	物料名称	部位/使用说明	单耗	颜色分配	
				-1	-2
095Y	平纹	主身色		7280 蓝色	1004 浅灰色
097A	扁机罗纹领条	衣领	0.5 码	7280 蓝色	1004 浅灰色
2	0.5cm 阔透明弹性膊带	左右肩骨	30cm		
320	洗水唛:缎面质地 10cm×2.5cm(含止口计)	左侧骨	1		
M13	主唛	后内领骨下	1		
N17	捆条	后领	30cm	红色	白色
N01	PE 胶袋		1		
N03	衬纸	夹于衣内			
N05/06	挂卡/合格证		1 套		
N07	枪针:长 16cm	穿挂卡	1 条		
N08	纸箱贴纸	贴于纸箱两短面	2 张/箱		
N09	胶袋贴纸	贴于胶袋正面右下角	1 张		
N010	厚纸板:三坑七层,跟箱大小	上下各一个	2 个/箱		
N011	纸箱:三坑七层,60cm×30cm×30cm		1		
N012	封箱带	工字封箱			

主唛:位于后中内领骨度至唛顶计 2cm(左右居中)

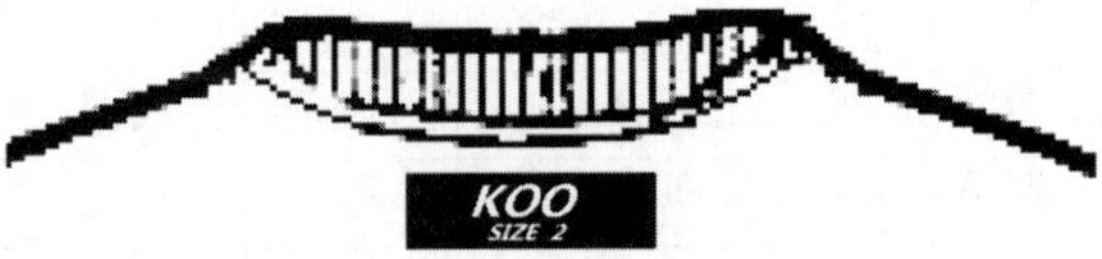

挂卡/合格证

文字均为英文,挂卡次序为先混合挂卡,后合格证。条形码贴纸贴在合格证后,货币单位为美元

洗水唛:位于穿计左侧脚边度至洗水唛底计 8cm

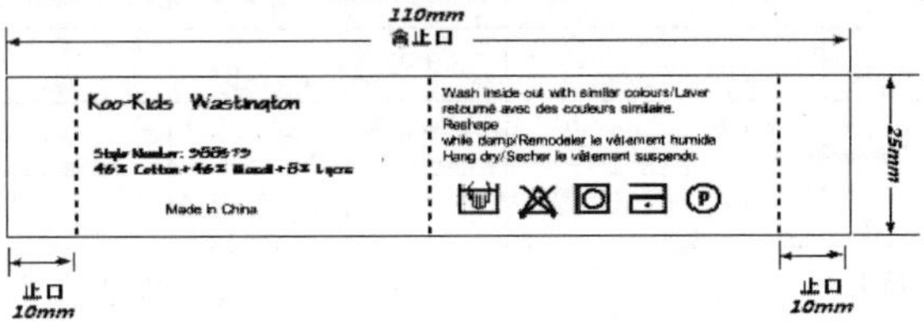

跟单员:　Bella Chen　　审核:　　日期:2014-7-22

四、物料使用

编号	物料名称	部位/使用说明	单耗	整单用量	仓库实发	备注
2	0.5cm 阔透明弹性膊带	左右肩骨	30cm	1512m		
N17R	红色捆条	后领	30cm	756m		蓝色衫
N17W	白色捆条	后领	30cm	756m		浅灰色衫
097A－1	扁机罗纹领条——配主身蓝色	衣领	0.5 码	1260 码		
097A－2	扁机罗纹领条——配主身浅灰色	衣领	0.5 码	1260 码		
320	洗水唛:缎面质地 10cm×2.5cm(含止口计)		1	5065 个		
M13	主唛(含尺码)	后内领骨下	1	5159		见颜色尺码分配表
N01	PE 胶袋(28cm×25cm＋4cm 信封袋)		1	5016		
N03	衬纸	夹于衣内	1	5016		
N05/06	挂卡/合格证挂卡		1 套	5016		
N07	枪针:16cm 长	穿挂卡	1 条	100 扎		50 个/扎
N08	纸箱贴纸	贴于纸箱两短面	2 张/箱	431		见下表
N09	胶袋贴纸	贴于胶袋正面右下角	1 张	5038		
N011	纸箱:三坑七层 60cm×30cm×30cm	24 件/箱	211			
N012	厚纸板:三坑七层,跟箱大小	2 个/箱	422			上下各一
N013	封箱带	工字封箱	尽发			

胶袋贴纸

尺码	2	3	4	5	6	合计	
胶袋贴纸(浅灰色)	315	630	672	377	525	2519 张	
胶袋贴纸(蓝色)	315	630	672	377	525	2519 张	

纸箱贴纸

尺码	2	3	4	5	6	混装箱	合计
对应贴纸颜色	white 白色	red 红色	yellow 黄色	blue 蓝色	green 绿色	purle (紫色)	
数量(张)	51	106	114	64	89	7	431

发料人________　　领料人:________　　日期________

PE 胶袋

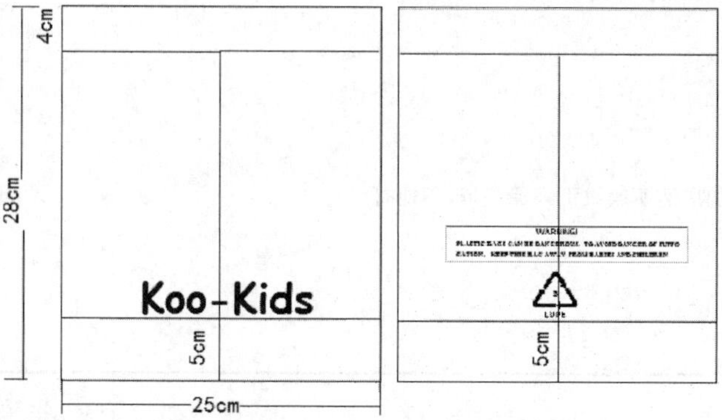

PE 胶袋警告语

WARNING!
PLASTIC BAGS CAN BE DANGEROUS. TO AVOID DANGER OF SUFFOCATION. KEEP THIS BAG AWAY FROM BABIES AND CHILDREN

LDPE

五、包装说明

品　名:	男童圆领印花短 T	款号:	140728

包装尺寸规格:长×宽 25×28cm+4cm
整烫方法:普通烫　　　领尖距:
叠衫尺寸:扁装,衣服后中放衬纸
是否出袖:否
挂卡:　先混合挂卡,后合格证(条形码贴于合格证后)
装箱方法:24 件装一箱,箱上下放硬纸板;
先单色单码装,再单色混码装,
最后混色混码装;不同尺码或混装箱外要贴不同颜色贴纸
备注:以上货物要求同时下货,以便于包烫部装箱,同一张单箱号需要相连

箱唛

正唛　印两长面	侧唛　印两短面

正唛

BUYER: KOO—KIDS
DESTINATION: WASHINGTON,USA
TEL: (001202)8003386476　　　FAX: (001202)8003386478
STYLE No.:388573
P/C No.:2014WK009
CARTON No.:
SHELL COLOR:

侧唛:

STYLE No.:
P/C No.:
NET WEIGHT:　　KG
GROSS WEIGHT:　　KG
MEASURMENT: 60×30×30CM
______　PIECE
IN CARTON

备注:
1. 外箱质地:七层,瓦楞(三坑箱),封箱用湿水纸,不能用透明胶或不环保胶带,不能打带
2. 箱唛所有资料必须能清晰阅读
3. 纸箱四面上下两边需留至少 1"宽用于贴封箱胶纸

六、物料样卡

制单号:140728		客户:KOO
主身布	7280 蓝色	1004 浅灰色
配色扁机罗纹领	7280 蓝色	1004 浅灰色
车缝线	C#648/60/3(蓝色)	C#719/60/3(浅灰色)
捆条	6428 红色	4681 白色
捆条配色车缝线	C#853/60/3(红色)	C#154/60/3(白色)
主唛车缝线	C#145/60/3(黑色)	
唛头	主唛	洗水唛
挂卡/贴纸	挂卡	胶袋贴纸
纸箱贴纸		
备注		

跟单员:Bella Chen　　审核:　　日期:2014—7—22

任务六 外包(协)加工跟进

出于多种原因,服装企业有时会将部分成衣生产任务外包给其他企业,这就需要安排跟单员需要跟踪产品的质量和交货期。

一、外包(协)的原因

① 产能:生产负荷大于实际产能,必须通过外包(协)才能完成生产任务。

② 成本:自制成本大于外包(协)的成本。

③ 品质:外包(协)可以获得较佳的品质。

④ 技术:依本企业的现有技术水平无法解决。

⑤ 设备:本企业的设备无法解决或本企业无特殊设备。

⑥ 能源:企业生产期间,突遇电力等能源动力的短缺。

⑦ 知识产权:本企业没有生产某一商品的专利许可证。

在上述原因中,有些是企业内部的原因(如产能、成本、设备、技术等),有些是企业外部的某些因素(如能源动力等)发生了意想不到的变化,导致生产时间耽搁,从而面临交货期的延误。为了保证交货期,就需要寻求其他生产企业的帮助,即将一部分生产任务外包外发至其他生产企业,在短时间内形成较大的生产能力,最终完成交货任务。

二、外包(协)注意事项

1. 对于下列情况应该避免进行外包(协)作业

① 原材料较为贵重的,如羊毛、丝绸面料类产品不宜外包;

② 原材料或成品的体积(或重量)过大,会造成大额的运费,如羽绒类产品;

③ 外包(协)数量太少,金额过小而管理成本过高;

④ 外包(协)的成本与自制成本相差无几。

2. 不应该采取外包(协)作业的情况

① 有可能泄露本企业的生产技术或机密的;

② 外包(协)的交货期不能符合本企业的要求;

③ 外包(协)的品质达不到本企业的要求;

④ 外包(协)的成本大于本企业生产成本。

三、外包(协)的形式

① 包工包料:也称成品外包(协),是将整件成衣的生产任务外包(协)至其他生产企业,生产企业不仅负责采购原材料、辅料等生产资料,而且要按发包方的工艺要求组织生产加工,发包企业按事先商定的标准进行验收并支付货款。

② 包工不包料:由外包(协)企业提供原材料、辅料、包装材料等生产要素,其他生产企业只负责生产加工,收取加工费(俗称"工缴费")。

无论是包工包料还是包工不包料,发包企业都需要派出跟单员到生产企业进行跟单,跟踪质量和交货期。

四、外包(协)的一般流程

1. 外包(协)的评估

根据所需商品的生产工艺和本企业的生产现状,进行比较分析,作出是否需要外包(协)的评估报告。

2. 外包(协)申请

根据上述的评估报告,确需外包(协)的生产订单,应该及时提出申请,同时为选择外包(协)加工企业做好前期准备工作。

3. 外包(协)加工企业的选择

选择外包(协)生产企业除了具备加工生产能力、加工生产设备、员工素质、质量意识和控制手段、信用度外,还要考虑价格、交期、数量和交易条件。

4. 外包(协)合同的签订

在确定外包(协)加工企业后,需要依外包(协)的方式不同而与外包(协)加工企业签订不同内容的合同,并对违约责任予以明确。

5. 合同的履行与跟单

如果将签订外包(协)合同看成完成生产任务的基础,那么合同的履行是完成生产任务的保障。在合同的履行期间,委托加工方要派出跟单员跟踪生产任务完成情况。

6. 本次外包(协)的总结

在完成本次外包(协)的跟单任务后,跟单员必须整理资料,交公司归档,同时要对本次外包(协)的进行总结,以利于再有类似订单时,迅速选择外包(协)加工企业。

五、外包管理

1. 领(发)料管理

在"包工"的外包(协)业务中,外发企业必须提供原材料和辅料。

2. 验收管理

外包(协)加工企业送回的成品在入库前,要进行检查并作记录。一般而言,跟单员在外包(协)加工企业跟单时,应该对其生产过程和生产商品的质量进行全程跟踪,发现问题在外包(协)加工企业必须及时解决,从而在生产商品入库时只需清点数量即可。

3. 账务管理

外包(协)加工企业的管理如同本企业的生产管理一样,同样要对原材料、辅料的入库和成品的出库进行定期盘点,以使账、物相符。

4. 外包质量管理

① 明确标准:将技术标准和管理标准转化为明确的质量检验标准,使检验人员知道什么是合格什么是不合格;

② 度量:要对产品的一个或多个质量特性,通过物理的、化学的和其他科学技术手段和方法进行观察、测量、试验,取得产品质量的客观数据;

③ 对比:将实际度量结果与质量标准相对比,以检验质量特性是否符合要求;

④ 判定:根据对比结果,判断单件产品或一批产品是否合格;

⑤ 处理:对于不同的检验类型采用不同的处理方式:对单件产品经检验合格则放行,不合格的则打上标志后隔离存放;对工序检验不合格的,则决定停产或调整;对原材料检验不合格的,则不能入库,需退回;

⑥ 记录:每次检验,都要有记录,并出具"查货报告",同时要求外包企业的负责人签字确认,以便在下一次的复检中,作为凭据。

六、外发加工具体操作

① 双方要熟悉工艺资料与品质要求；

② 跟单员根据外发加工要求，开立《加工协议单》，与外发加工厂商议妥交期和交货方式，同时采购需查核本厂物料的仓存量，如物料足够，则直接通知外发加工厂商到本制衣厂来领料；如物料不够，则依据《采购程序》进行采购。发放的物料管理原则如下：

a. 明确物料损耗率；

b. 编制标准材料表；

c. 根据规定的损耗率及标准用料发料(表 2－12)；

d. 领用、发料及余料、不良品退还应根据企业相关制度进行；

e. 及时回收多余的物料及退回的物料。

表 2－12　领(发)料单

编号：　　　　　　　　　　　　　　　　　　　　日期：

序号	外包(协)加工合同号	品名	规格	计量单位	数量
加工企业：					签收人：

本表一式五联(仓库留存联、财务联、随货同行联、统计联、收货人联)

外包企业领料人签字：　　　　　　　　发包企业发料人签字：

③ 外发前跟单员应开立《外加工申请单》，并通知对应的外发加工厂商到本制衣厂取货，外发加工厂商的收货员核实好数量与货物后进行签收；

④ 根据《加工协议单》要求，产品外发加工期间，跟单员随时跟催联络外发加工进度情况，并做好交期跟催；

⑤ 如有需要，跟单员要通知业务部或是品管部门提供标准样品及相关作业文件，并将资料交于外包厂以利生产进行；

⑥ 在开货之前要做一个产前板，不可以使用代用物料，跟单员和质检员一定要认真批示。把有问题的要以纸质材料的形式，清晰注明并告之；

⑦ 大货开裁前需要开一次产前会，最好所有相关生产的人员都应全到齐。会议主要进行货期与生产过程分析，质量方面要怎么样去预防问题与控制品质；

⑧ 在外发加工厂商正式批量生产之前，如果必要，业务部门及品管部门根据实际情况应对外发加工厂商进行现场辅导，确保外发加工产品符合客户要求(表 2－13)；

⑨ 生产过程的质量控制由外包厂商执行，生产中发现物料等质量问题应及时回馈到本厂，跟进工作主要为初期跟进、中期跟进和尾期跟进：

a. 车间质量初期跟进，在开裁前对纸样的确认、裁床裁片检验。

b. 车缝车间开货第一天，一定要安排本厂质检员到外包企业跟进，对刚开的每一道工序严格检查。简单的款式在开货后一个工作日一定要有成品，质检员要核对所有的工艺、做工、物料，需洗水的尽快送洗水试头缸，测试尺寸及颜色。较复杂款式在两个工作日一定要有成品，这一点要严格要求，这是保证大货质量的一个重要环节。所有生产中出现的问题需认真做好书面记录，一定要让外包厂方签字，以便防止类似错误的再次发生。

表 2－13　外包生产资料核对单

工厂		款号		款式		
接单日期		订单日期				
工艺制单		生产指令单		包装资料		
样衣	颜色	数量	颜色	数量	颜色	数量
	种类 1	数量份	种类 2	数量份	种类 3	数量份
面料质卡						
罗纹质地卡						
横机领						
辅料质地卡						
	花号	颜色（货号颜色）	颜色（货号颜色）	颜色（货号颜色）	颜色（货号颜色）	颜色（货号颜色）
（齐色）印花质地卡						
（齐色）印花质地卡						
工艺核对结果						
备注						
资料核对（签名）						

c. 中期跟进：大量出成品的时候，安排质检员认真的做好检验产品的工作，并做好中期检验报告。

d. 尾期跟进：此时的成衣 50％左右在缝制车间加工，另外 50％在整烫包装部门加工，跟单员要跟进外包企业的后整包装方法、整烫效果，及时核对，避免出货抽查发现质量问题后再拆箱返工。

⑩ 外发加工厂商把加工好的成衣送来之后，由跟单员进行核对品名、数量等，无误后方可签收；

⑪ 外发加工产品运回后，由品管部门依照客户相关验货程序与要求进行检验作业，检验合格后方可办理入库手续；检验不合格者，按次品进行处理，选出的不良品退回外发加工厂及时处理。

虽然成衣不是在本厂内生产，但是跟单员仍必须提高责任心，熟悉相关服装的工艺和质量要求，并积极与外发加工厂进行密切沟通。跟单员应按照规定的程序和方法定期进行跟踪查货，每单至少查三次，分别为前期、中期和后期。每次查货均应出具查货报告，明确需整改的问题和整改要求,并要求双方签字确认(表2-14)。

表2-14 外发加工结算表

( )月外发加工结算报表　　　　年　月　日

加工单位	单号	交付时间	款号	数量	加工方式	计算方式	成品数量	单价	金额	已付金额	差额	备注
合计	总加工金额:				已付金额:				差额:			

制表:　　　　账务审核:　　　　跟单员:

近年来,随着服装出口量的不断增加,出口服装企业间的横向联系日益紧密,外发成为企业生产的一种重要形式。部分地区的制衣企业外发加工业务量远远超过了企业自身的生产量。但是有的企业由于外发加工管理不善,导致产品质量不合格,给企业造成了很大的经济损失。因此,服装企业应对此引起高度重视,积极采取措施,尽量减少不必要的损失。

> 外发加工措施(Outward Processing Arrangement 简称 OPA)是指部分加工放在外面,但一部分加工在本地完成,则可领取本地的原产地证。如在国内对成衣进行裁剪、零碎部件的车缝、整烫和包装,纳膊、上袖、埋夹等主要工序在中国香港完成,此成衣在产品产地标签可以标注为"Made in HongKong"。此项措施是为了提升某些地区的出口优势。

任务七 生产计划管理与跟催

一、生产计划制定

订单的完成,是在生产计划指导下实施的。对于服装生产企业,同时会面对多个客户、多个订单和多个品种的加工生产,如何有序高效地完成这些订单,应制定周密的生产计划。制定生产计划,应遵循以下几个原则:

① 依据业务部门的接单量以及每一张订单的交货期,合理配置产量及生产时间进度;

② 根据客户对小样的批复时间、安排大货投产进度;

③ 无论是销售订单或客户来坯布加工订单,均应考虑坯布的准备情况,坯布品种和数量是否备齐将直接影响印染生产的时间和进度;

④ 业务部门有时会依据市场的变化对订单的交货期进行调整,因此制定生产计划时要留有一定的余地,适应市场要求,方便及时灵活调整。

(一) 制定计划

生产计划通常由生产计划部人员依据客户的订单数量、品种、交货期等情况制定,并交由跟单员负责具体跟进。生产计划一般分为两种,一种是生产总计划,是指在一定时间内(通常是一个月或一个季度)所应完成的生产数量。另一种是针对每一个订单的生产计划,是指依据总计划的要求,针对此订单具体实施。

1. 生产总计划

(1) 制定生产计划应遵循的原则及要考虑的因素

① 交货期先后原则：交期越短，交货时间越紧急，正常来说当然优先排产；

② 客户分类原则：客户有重点客户与一般客户之分，越重点的客户，其排产应越受到重视；

③ 产能平衡原则：各生产线生产应顺畅，半成品生产线与成品生产线的生产速度应相同，机器负荷应考虑，不能产生生产瓶颈，出现停线待料事件；

④ 特别原则：工序瓶颈或机器负荷大的应予以特别注意，不可让其中间停产；

⑤ 工艺流程原则：工序越多的产品，制造时间愈长，应重点予以关注；

⑥ 工作部门因素：(车间、组、机器)的种类与名称

(2) 生产管理功能及环节

① 协调销货计划：对销售部门接到的订单能协调出一个较为合理的年度、季度、月度销货计划；对销售部门随意变更生产计划、紧急加单或任意取消单能进行适当的限制、生产部门间的沟通与协调；

② 制定生产计划：根据产能负荷分析资料，能制定出一个合理完善的生产计划，对生产订单的起伏、生产计划的变更有准备措施；

③ 控制生产进度：能准确地控制生产的进度，能对物料控制人员做好物料进度的督促，平衡、调整生产各车间生产计划；

④ 督促物料进度：当生产进度落后时，能及时主动地与有关部门商量对策，协商解决办法，并采取行动加以补救；

⑤ 分析产能负荷：进行产能负荷分析；

⑥ 生产数据统计：产能分析、销货计划的统计、物料进度的统计、物料进度的统计、出货的统计以及其他有关的统计；

⑦ 生产异常协调：对生产中产生的异常情况及时协调解决。

(3) 生产计划制定

① 生产管理的时间因素：a. 产品设计需要的时间(有的已提单设计好则不必考虑)；b. 接到订单到物料分析需要的时间；c. 采购物料需要的时间；d. 物料进货检验 需要的时间(包括等待处理宽裕的时间)；e. 生产需要的时间；f. 成品完成到出货准备时间；g. 周(日)出货计划与生产计划的协调

② 考虑因素：a. 人力负荷是否可以充分支持，加班、倒班是否可以解决；b. 机器设备是否准备好，其产能是否能达到预定产能，若人力或机器无法达到，发外包是否可以解决；c. 物料是否已到位，未到位是否完全有把握在规定的时间到位；d. 工艺流程是否有问题，问题能否在规定时间内解决；e. 环境是否适合生产产品环境的要求。

③ 生产准备：a. 人力负荷是否合理，人员是否符合需求数量；b. 机器是否够用，其产能是否很快提升，有无其他异常问题；c. 机台是否准备充分，其品质是否良好；d. 染化料、坯布是否准备充分，未准备充分的是否确定能按时归位，其品质是否有异常；e. 生产工艺、制造流程是否有问题；f. 品质控制方法、规程是否准备，各控制点是否准备妥当；g. 人员的培训是否到位，是否能熟悉本岗位的操作，速度如何，是否会影响生产效率。

如果出现生产能力不足的情况时，可以考虑通过其他企业的协作方式发外加工，以达到按

期完成订单的目的。对于订货数量少(小订单)交货期紧急的订单,可优先安排。订货数量大、交货期长的订单,可以渐进安排,或采用分批生产分批交货的方式完成订单。对于产品数量很大,而且交货期短的订单,应考虑在保证产品质量的前提下集中生产、突击产量或发外加工的方式促使订单如期完成。

如果发外加工,应充分考虑外协企业的生产能力和产品质量的保证能力。在此之前应进行充分的了解和调查,使外加工产品质量得以保证。通常发外加工有可能会增加生产成本,因此应在充分发挥本企业生产能力的条件下,尽量减少外加工,以保证产品质量的一致性。

生产总计划表应一式多份,分别送交总经理、生产主管、财务部门、跟单部门等有关部门和有关人员。生产实施过程应按总计划的要求进行,计划的修改或调整应有明确的记录以保证生产的正常进行,避免差错和混乱,从而保证订单能够顺利完成。

2. 订单生产计划

订单生产计划,是针对某一订单的生产进度安排,通常是由跟单人员,依据总计划的安排制定。内容要明确清晰,既能够保证订单的顺利实施,又能够使跟单工作方便有序,要有很好的实用性和可操作性。通常采用订单计划表的形式,方便查阅、汇总、归类和跟进。订单计划表的主要内容应包括:

① 客户及订单号;

② 产品品种:明确表示出产品名称、颜色、花型、织物组织等;

③ 产品规格:使用坯布的规格以及印染加工后的成品规格;

④ 生产加工方式及使用染化料的种类;

⑤ 生产加工损耗;

⑥ 交货期:通常是按订单要求的期限,在实际操作中最好将期限提前少许,以防止有意外情况发生时有一定的补救时间。

3.制定生产工作日程表(根据项目二的订单,制作生产工作日程表,图2-10)

◂ 2014年7月 ▸

日	一	二	三	四	五	六
29	30	1	2	3	4	5
6	7	8	9	10	11	12
13	14	15	16	17	18	19
20	21	22	23	24	25	26
27	28	29	30	31		

◂ 2014年8月 ▸

日	一	二	三	四	五	六
					1	2
3	4	5	6	7	8	9
10	11	12	13	14	15	16
17	18	19	20	21	22	23
24	25	26	27	28	29	30
31						

◂ 2014年9月 ▸

日	一	二	三	四	五	六
	1	2	3	4	5	6
7	8	9	10	11	12	13
14	15	16	17	18	19	20
21	22	23	24	25	26	27
28	29	30				

图2-10 工作日历

二、面辅料进度跟进

在成衣加工中,面辅料能否按时、按质、按量到达制衣厂是成衣能否按客户要求交货的关键点,因此,跟单员需要对所采购物料进行跟踪,尤其是交货时间一定要做到心中有数,以保证生产过程的连续性。

所有的生产物料都有正常的生产周期,对制衣厂而言物料的到货时间也要有严格的要求(表2-15)。物料交货太迟,会延缓生产进度,生产周期会因此变长,成衣容易无法按时交货;物料过早交货,会占用仓库空间,提高仓储成本。跟单员要尤其注意一些订购时间长的物料的交货期,如拉链、贝壳钮扣等。

表 2-15 工作内容与时间安排参考

序号	工作内容	时间安排	完成日期	序号	工作内容	时间安排	完成日期
1	下订单,审单	1~2天	7.7—7.9	10	安排中期查货	车缝完成30%~40%时安排	8.18前
2	打色样和印绣花样	下订单后立刻安排,3~5天完成,并收集客户评语	7.10—7.14	11	产品送检	有成品出即刻安排送检,1周左右出结果	8.14前
3	订面料(含主身布、扁机、捆条)	色样确认后立刻下订单,15日内完成生产	7.12—7.15	12	大货样	中期验货后1天内送出	8.19前
4	订辅料/订包装物料	审单后立刻下订单	7.10—7.12	13	船头板	出货前2周内寄出	8.27日前
5	确认板	下订单后2周内	7.21前	14	整烫包装	需要3~5天	8.31—9.4
6	产前样	等客指令	7.28前	15	尾查,装箱	需要2~3天	9.5—9.7
7	开裁	2~3天完成	8.1前	16	计划出货日		9.8
8	送裁片印花/绣花	开裁后3天内送,一周内完成	8.4前	17	最迟出货日		9.10
9	车缝	2~3周左右完成	8.11前				
备注:生产时间64天							

(一) 采购异常问题

在物料的采购中常会出现一些情况,导致物料无法按时到位,主要有三方面原因:

1. 供应方原因

① 供应商产能不足,超量接单;

② 供应商管理不当,质量管理不充分,导致不能按时交货;

③ 供应商方由于员工情绪问题,生产效率低下,拖延作业。

2. 制衣厂方原因

① 供应商选择有误,在采购前没有对其资质、能力方面进行全方位考察;

② 成衣跟单或采购跟单员订购资料不清楚,导致供应商无法生产。

3. 沟通原因

由于采购过程涉及到客户、制衣厂和原辅料供应商,在信息交流中如果有障碍,必然会引起信息的失真和信息不及时等问题。当客户提出物料方面的修改信息时,跟单员必须要做好记录,并要通过书面的形式将客户所提及的意见列举清晰的资料,将其传送一份让客户确认,防止资料有遗漏或者理解错误导致质量问题;也防止口头更改信息后由于任何一方的遗忘而导致质量有误,以致责任无法厘清的问题。

(二) 跟催工作

为了更好地掌控成衣加工的进度,跟单员需要对面辅料的进度进行跟踪,并做好相应的进度登记。对于良好的合作供应商,跟单员进行一般监视即可;对于重要的合同,跟单员必须制定进度表,跟单员每天对合同的执行进行跟踪。

对于面辅料生产,一般在正常交货前一定时间开始进行跟催。如果面辅料是分批到厂的,要做好登记,并进行跟催。

跟单员所跟踪的合同可能同时有几个,每一个合同处于不同的阶段,有的正在谈判,有的正在打样,有的正在生产中,有的正准备运输。作为跟单员要保证每一个合同有条不紊地执行。这就需要对每天的工作安排有具体的规划,以免遗漏其中某个环节。为了更好地规划自己的日常工作,跟单员跟进订单进程可以采取以下方式。

① 按订单跟催:按订单预定的进料日期提前一定时间进行跟催。

a. 联单法:将订购单按日期顺序排列好,提前一定时间进行跟催;

b. 统计法:将所有订购单统计成报表,提前一定时间进行跟催;

c. 跟催箱:按照每月的日期制作一个31格的跟催箱,将订购单依照日期顺序放入跟催箱,每天跟催相应的订单。

② 定期跟催:在每周固定时间,将要跟催的订单整理好,打印成报表定期统一跟催。

以上方法可以混合使用。

为了加强合同管理,外贸管理实践中,企业会定期召开跟单员会议,对每个订单的履行情况进行检查和总结。每季度跟单员要对每张订单每种物料的情况进行检查和分析,协作采购员对供应商进行绩效考核,筛选出不良和合作伙伴。

三、生产进度跟进

生产进度跟进的基本要求是使制衣厂内各部门能按订单要求交货。及时交货就必须使生产进度与订单交货期吻合,尽量做到不提前、也不延迟交货。

(一) 生产跟进

制单下达后,辅料应在出货前1个月内全部到位,跟单员主要是对成衣的半成品和大货进度进行跟进(表2-16)。

1. 半成品跟进

服装半成品跟进是指服装在首件流水样出来之前,对服装半成品进行检验和工艺文件核对等行为。服装半成品跟进是成衣跟单的基础,对服装半成品及时、准确地跟进直接影响服装的总体质量,因此具有非常重要的意义。服装半成品跟进的主要内容包括服装款式的核对和半成品外观质量的检验。

(1) 服装款式的核对

服装款式的核对一般分五个步骤进行:

① 根据工艺文件的款式图进行核查:核查的内容包括缝纫形式、服装结构是否与工艺文件一致等;

② 根据工艺文件的款式描述进行核查:款式描述核查可以和款式图相结合;

③ 根据工艺文件的工艺描述进行核查:核查的内容主要包括印绣花以及服装的特殊工艺制作等;

④ 根据工艺文件的服装辅料搭配进行核查:核查的内容主要包括辅料的颜色搭配以及辅料装钉的位置是否和工艺文件一致等;

⑤ 根据工艺文件的服装规格指示进行规格的核查:是针对服装大的部位进行服装总体规格的核查。比如上衣核查的部位包括胸围、腰围、下摆、衣长、袖长等,裤子核查的部位包括腰围、臀围、横裆、脚口、裤长等。

(2) 半成品的外观质量检验

半成品外观质量检验的内容包括部件外形、外观平整度、缝迹质量、整烫质量等。

① 部件外形：领、袖、袋等部件成形后，形状是否符合要求，应与标准纸样进行对照检查等；

② 外观平整度：缝合后外观是否平整，缝缩量是否过少或过量等；

③ 缝迹质量：缝迹的形式及缝迹的光顺程度是否符合质量规定；

④ 整烫质量：半成品整烫成形质量是否符合要求，有无烫黄等污损现象；

⑤ 对不同产品的缝制、整烫质量的不同要求（具体根据客户的要求）。

（3）其他跟进项目

① 跟进裁床用料和裁片的质量；

② 跟进洗水、印花、绣花、成衣染色流程；

③ 跟进后整理加工过程；

④ 确保装箱数和出运比例准确；

⑤ 填写装箱单，货单一致。

表 2-16　大货期中检查记录表（裤装）

客户：＿＿＿＿＿＿　款号：＿＿＿＿＿＿　厂内单号：＿＿＿＿＿＿　抽检数量：

款式描述：＿＿＿＿＿＿　订单数量：＿＿＿＿＿＿　抽检批次：＿＿＿＿＿＿

	尺寸 / 部位	度量方法	Tol		XS		S		M		L		XL		2XL			
			+	−	+	−	+	−	+	−	+	−	+	−	+	−	+	−
规格尺寸偏差	裤长																	
	腰围																	
	坐围线																	
	坐围																	
	大腿围																	
	膝围																	
	脚阔																	
	前裆																	
	后裆																	
	裤头高																	
	脚高																	
	裤头绳																	
	袋长×袋阔																	
	袋位																	

(续 表)

存在问题(在相应缺陷方格内打"√")		
裁床	印绣花/辅料/装饰配件缺陷	
1. 布纹裁向不对 □	1. 印绣花织标与衫身色差 □	6. 铁扣松紧/掉漆/锈蚀 □
2. 毛向倒向 □	2. 印绣花装饰标位置偏差 □	7. 商标/洗涤说明标识不清 □
3. 裁数超允许范围 □	3. 印花脱落/龟裂/掉色/露底 □	8. 套位不准 □
4. 拉布折痕/起皱 □	4. 绣花变形/串色/浮线/松脱 □	9. 四合扣偏松/偏紧 □
5. 铺布层数不合标 □	5. 织带掉色/互染/抽纱/收缩严重 □	
缝制缺陷		
1. 线头未修干净 □	10. 商标不居中/脱落 □	19. 门襟宽窄/歪斜/暴止口/筒底打褶 □
2. 断线/跑针 □	11. 侧缝扭曲不对称 □	20. 露底筒/扣位不准 □
3. 针距不符合 □	12. 压线大小/藏止口 □	21. 拉链不平服不直/拉动不顺 □
4. 暴缝/脱线 □	13. 止口处反光 □	22. 口袋不正/左右袋高低 □
5. 缝位扭曲/不顺 □	14. 领反翘/不平服/领尖长短 □	23. 开袋笑口/枣位不准 □
6. 包捆不均匀 □	15. 领型变形/不圆顺/领顶高低 □	24. 两袖袖窿容位不均/不圆顺 □
7. 起皱/打褶 □	16. 领骨左右不对称 □	25. 绱袖袖窿容位不均/不圆顺 □
8. 黏衬脱胶/起皱 □	17. 肩走前不一/左右长短 □	26. 下摆不平服/扭曲/起吊 □
9. 熨烫不良 □	18. 领捆压线大小/不平服 □	23. 露止口 □
其他		
综合评定		

质检员： 跟单员： 日期：

(4) 跟进注意事项

① 要仔细核对大货制单与大货样板,以防止大货生产单与样办上的工艺做法及局部造型不符,造成大货生产错误。

② 严格按大货确认办及客户批办语做好大货生产工艺单。

③ 大货单下给车间后,要车间写出大货生产具体的安排和计划。

④ 面料进仓库后,要及时查看验布报告,预防因为面料质量影响大货生产进度和交期;

⑤ 将大货全部辅料、唛头、吊牌的色卡交给辅料仓库,方便仓管在大货辅料进仓时按办验货。

⑥ 在大货生产期间,每天要车间以书面形式报告各款大货生产成品数量,方便了解大货生产的进程,以免延误货期。

⑦ 所有大货成品应该在大货交货期的前一至两天完成检查及包装装箱,以免时间过于仓促影响成衣检查的质量,以及在生产中遇上突发事情时能有时间处理。

2. 大货进度跟进

为了保证成衣大货能按时交货,跟单员要做好以下工作：

① 通过相关部门的"生产日报表",查看每天的成品数量及累计完成数量。

② 利用每日实际生产的数字同预定生产数字加以比较,看是否有差异,以追踪记录每日的生产量。

③ 当发现实际进度与计划进度产生差异时,应及时查找原因。如属进度发生延误导致影响交货期,除追究责任外,应要求相关部门尽快采取各种补救措施,如加班。

④ 相关部门采取补救措施后，跟单员应调查其结果是否有效，如效果不佳，跟单员应要求该部门再采取其他补救措施，一直到问题得到解决。

⑤ 补救措施无效，仍无法如期交货时，跟单员应及时联络并争取取得客户谅解，并征求延迟交货日期。

跟单员在此期间需要完成首床报告与齐裁报告。首床报告在裁完首床的两个工作日内完成，目的是在开裁的早期预测面料的实际使用情况以尽早采取相应的调整策略；齐裁报告在裁完整张的两个工作日内完成，目的是对整张单的用料进行评估，以及在可能的情况下对剩余用料及用料情况采取补救的策略。首床和齐裁的评估都很重要，尤其是对大数量订单来说，它关系到计划用料与实际用料方面的误差调整，确保生产顺利及控制成本。

⑥ 成衣测试板：在大货主辅料到厂后，就可以考虑安排做成衣测试板。一般要求在生产早期尽可能早地提交指定的测试行做，如果有问题可尽早解决，务必确保出货前一周获得测试合格证。如果客户不要求则可不做。

⑦ 外发跟进：需要外发车印花厂加工的要与外厂联络跟进车印花进度，做好过程的数据交接与记录。需要外发加工的要跟进外发面辅料的发放与控制，跟进好生产进度。

⑧ 客户看货：有些客户要求看中期，但是如果需要制衣厂也可主动要求客人到工厂查看成衣生产中期情况。所有订单在出货之前需按客户的要求提前通知客户来看货，验货报告合格后方可出货。

3. 生产异常情况处理

生产中由于各种原因会出现一些意外的事情，使生产无法正常进行。为了将生产中出现的异常状况迅速而有效地处理，将异常影响降到最低程度，跟单员必须了解企业的生产异常情况处理流程。一般情况下，出现生产异常都会影响多个部门运作，因此也需要多个部门共同解决问题。

① 生产部：负责生产异常的调协与处理；

② 质检部：负责品质异常的调协与处理；

③ 工程部：负责技术及工艺异常调协与处理；

④ 物控部：负责及时将生产异常的相关信息反馈给供应商，监督供应商落实对异常处理的决议；

⑤ 计划部：负责生产异常而导致的交期延后的生产安排，并将情况与销售部、跟单员进行沟通和确认。

跟单员应每天了解各部门的异常情况报告，掌握所跟进的订单是否有异常情况出现。当异常情况出现时，所涉及的部门人员应同时到场，共同确定问题产生的原因，并落实具体解决的方式，同时填写异常反馈表。在有处理方案后，跟单员要及时了解情况处理的进度并跟进到问题被完全处理。异常情况处理完毕，企业一般还要进行异常处理记录，目的是追究事情发生的原因，找出问题的源头，避免同类型事件再次发生，或总结出同类事件发生的最有效的应急方案(表 2-17)。

四、不能及时交货的原因及解决方法

1. 造成实际进度与计划进度发生差异的原因

① 企业内部管理不当，如紧急订单插入，生产安排仓促而导致料件供应混乱，延误生产交货；

② 计划安排不合理或漏排；

③ 产品设计与工艺变化过多，图纸不全或者一直在变动，车间无所适从；

④ 产品质量控制不好 不合格产品增多，成品合格率下降，影响成品交货数量；

⑤ 生产设备跟不上，机器设备有故障或者发生停电等突发事件（我国在沿海工业发达地区电力资源短缺，停电问题在夏季尤为严重，很多生产企业都要错峰用电）；

⑥ 产能不足；

⑦ 员工工作情绪低落，缺勤率或流动率高。

2. 交期延误的处理

一旦可能产生交期延误，要及早通知客户并坦诚说明原因，争取取得客户谅解。通常有以下几种解决方法：

① 争取客户同意推迟交货时间，这是最好的结果；

② 改变运输方式，如改为空运，运费按照一定比例分摊；

③ 降价。

表 2－17　异常处理记录表

<table>
<tr><td rowspan="3">三不放过原则</td><td>1 原因没查清不放过</td><td colspan="3">发生次数</td><td>时间</td><td>年　月　日</td></tr>
<tr><td>2 对策措施不明确不放过</td><td>初次□</td><td>再次 □</td><td>次</td><td>发生部门</td><td></td></tr>
<tr><td>3 相关人员没有受到教育不放过</td><td>当事人</td><td></td><td>责任人</td><td colspan="2"></td></tr>
<tr><td rowspan="2">发生状况</td><td rowspan="2">异常状况（时间、地点、产品编号、数量、或其他异常情况等等）</td><td colspan="5">纠正——不合格品处置（实施日期，结果确认等）</td></tr>
<tr><td colspan="5">有何先兆（事后的推测）</td></tr>
<tr><td>问题和对策</td><td>问题和原因（制造原因、流出原因）</td><td colspan="5">纠正措施——对策及控制计划（暂定、永久）</td></tr>
<tr><td>防止再发生</td><td colspan="6">预防措施——防止办法（标准作业，改进策略，管理方法，整改措施等）</td></tr>
</table>

五、按时交货跟单要点

① 加强与生产管理人员的联系，明确生产、交货的权责。

② 减少或消除临时、随意的变更，规范设计、技术变更要求。

③ 掌握生产进度，督促生产企业按进度生产。

④ 加强产品质量、不合格产品、外协产品的管理。

⑤ 妥善处理生产异常事务等。

对于发生各种生产异常，其影响最终体现在生产进度无法按计划进行。跟单员在生产过程中要掌握生产异常情况，及时进行跟踪工作。

单元练习题

一、单选题

1. PANTONE 色卡，是属于（　　）

A. 印花样　　B. 产前样　　C. 标准颜色色样　　D. 广告样

2. 在物料采购过程中，物料提前交货，可能会导致（　　）

A. 增加供应商成本　　B. 增加制衣厂物料管理人员数量

C. 增加制衣厂生产成本　　D. 降低制衣厂生产成本

3. 客户要求按照工艺提供某款成衣的所有颜色和尺码的样板，此样板称为(　　)

A. 船头样　　B. 确认样　　C. 产前样　　D. 齐色齐码样

4. 以下哪项是生产异常时采用的措施(　　)

A. 立刻招聘员工　　B. 扩大生产规模

C.采购生产设备　　D. 检查原因，调配生产资源

5.在采购物料的过程中，制衣厂除了产品质量与单价外，还要考虑供应商的地理位置，其主要原因是(　　)

A.减少仓储和运输费用　　B.减少产品的运输时间

C.方便退订物料　　D.方便到厂进行跟进

6.跟单员工作中花费时间最多的工作是(　　)

A.内部审批　　B. 制作采购订单　　C. 物料采购跟进　　D.物料进仓检验

7.一般欧美客户对生产企业进行考察时都会进行验厂，而其中(　　)是衡量企业道德行为和社会责任的标准。

A. ISO9000　　B. ISO14000　　C. SA8000　　D. 5S

二、多选题

1. 对于物料的跟催，其目的正确的是(　　)

A. 降低企业经营成本　　B. 能提高供应商的产品质量

C. 在必要时能获得原材料　　D. 在必要时获得必要的数量

2. 制衣厂发现实际生产进度落后于计划时，可以通过以下哪些手段解决(　　)

A. 发单外包加工　　B. 追究造成进度人员的责任

C. 适当增加生产时间　　D. 立刻通知客户要延长交货

3. 成衣的确认样，主要是从(　　)进行判别。

A. 尺寸大小　　B. 物料　　C. 包装方式　　D. 生产时间

4. 属于在生产过程中重点进行进度控制的项目是(　　)

A. 面辅料的供应情况　　B. 加工设备的运作情况

C. 生产人员的工作情况　　D. 生产计划的落实状况

5. 以下哪项属于制衣厂方面造成的面辅料采购延迟原因(　　)

A. 资金不到位　　B. 采购订单下单太迟

C. 双方没有沟通清楚　　D. 信用危机

6. 样板的重要性包括(　　)

A. 它是生产的代表　　B. 它是价格的代表

C. 它是品质的代表　　D. 它是验货和索赔的代表

7. 在加工中，在(　　)情况下应避免选择外协(包)。

A. 原材料贵重　　B. 运输成本较高

C. 成本与本厂相差无几　　D. 有知识产权问题

8. 在采购工作中，通常采用的跟催方法包括(　　)

A. 联单法　　B. 统计法　　C. 跟催箱法　　D. 计算机提醒法

9. PP-sample 是指(　　)

A. 头样　　B. 确认样　　C. 产前样　　D. 船头样

10. Lab - dip 是指(　　)

A. 色样　　B. 先锋样　　C. 齐色样　　D. 头缸样

11. 确认样的确定评估包括(　　)

A. 所有主辅料及颜色与客户要求一致　　B. 所有尺寸与客户要求一致

C. 所有数量与客户要求一致　　D. 所有包装与客户要求一致

12. 外包加工的选择原则(　　)

A. 价格　　B. 生产能力　　C. 交货期　　D. 交易条件

三、翻译题

阅读以下资料,翻译客户对相关样板的要求

Pre-production Approval

The Pre-production samples should be submitted after Fit approval and 10 days before cutting. Production may not commence without this approval.

3 samples size "L", and 2 pattern trace offs should be submitted, Pre-requisites are:

- Bulk fabric/Yarn and trims
- Correct label and tickets
- Using fit approved pattern
- Meets our requested construction and quality standards

项目四　生产后期跟进

跟单员在生产后期的主要任务是跟进成品的包装、验货和出货。具体包括如下：

① 根据客户要求查看 QC 报告，落实包装选择、箱唛、贴纸等是否符合要求，包装是否可靠；

② 安排成品终查，查看 QC 报告，并寄送船头板；

③ 跟进出货组同事，结合订单要求，掌握货物的航线、航次货运代理人等信息；

④ 跟进商检通关情况；

⑤ 根据订单需要，准备相关单据，完成出货；

⑥ 出货前和出货后将相关信息通知客户；

⑦ 对货物的剩余物资进行统计和处理；整理订单的整套资料（包括样衣）归档和总结。

任务一　生产质量控制与验货

一、产品质量的概念

1. 产品质量的含义

ISO 9000:2000 国际标准中对质量的描述："质量是指产品、体系或过程的一组固有的特性满足顾客和其他相关方要求的能力。"质量可用形容词"差"、"好"或"优秀"来修饰。

2. 质量检验的含义

世界著名的质量管理专家朱兰（Joseph M .Juran）认为："所谓检验，就是这样的业务活动，决定产品是否在下道工序使用时符合要求，或是在出厂检验场合，决定能否向消费者提供"。对服装产品而言，检验就是用一定的方法和手段测定原材料、半成品、成品等的质量特性，并将测得的结果同该特性的规定标准相比较，从而判断其合格与否的过程。

二、纺织品检测标准

纺织品检验主要是运用各种检验手段对纺织品的品质、规格、等级等检验内容进行检验，确定其是否符合标准或贸易合同的规定。

纺织标准按执行方式分为强制性标准和推荐性标准。为保障人体健康、人身财产安全所制定的标准及法律、行政法规规定强制性执行的标准是强制性标准，其他标准为推荐性标准。

强制性标准必须严格强制执行，违反强制性标准的，要由法律、行政法规规定的行政主管部门或工商行政管理部门依法处理。而推荐性标准虽然没有规定强制执行，是有关各方自愿采用的标准，但现行的国家或行业标准，不管是强制性的，还是推荐性的，一般都等同或等效采用国际标准，具有国际先进性和科学性。积极采用推荐性标准，有利于提高纺织产品质量，增强产品的市场竞争力。

按照纺织标准制定和发布机构的级别、适用范围可分为国际标准、区域标准、国家标准、行业标准、地方标准及企业标准（表 2－18）。我国的《标准化法》中规定：我国标准分为国家标准、行业标准、地方标准和企业标准。其中适用于全国范围纺织行业的有国家标准和行业标准。

表 2-18　常见的检测标准

国内标准	外国标准	国际标准及其他标准
GB/T 中国国家标准 FZ/T 纺织机械和纺织行业标准 GJB 国家军用标准 HG/T 化工行业标准 QB/T 企业标准 SN 商检行业标准	AATCC 美国纺织染色家与化学家协会 ASTM 美国材料试验协会 CPSC 美国联邦消费品安全委员会 FTC 强制性标准—美国联邦贸易委员会 CEN 欧盟标准化委员会 BS 英国国际标准 JIS 日本国家标准 DIN 德国国家标准 NF 法国国家标准 TOCL 俄罗斯国家标准	ISO 国际标准 Oeko-Tex Standard 国际生态纺织品标准 BISFA 国际化学纤维标准化局标准 TWC 国际羊毛局标准 EDANA 欧洲用即弃非织造产业协会标准 国际大型采购商如 Marks & Spencer、Sears、Kmart、Spiegel、Ann Taylor、Gap 等都有自己制定的商业标准。

● ISO9000——是一组涉及质量管理和质量保证国际标准的统称，其主要包括以下四种：

A. ISO9001 质量体系—设计、开发、生产、安装和服务的质量保证模式。当需要证实供方设计和生产合格产品的过程控制能力时，应选择和使用此种模式的标准；

B. ISO9002 质量体系——生产、安装和服务的质量保证模式。当需要证实供方生产合格产品的过程控制能力时，应选择和使用此种模式的标准；

C. ISO9003 质量体系——最终检验和试验的质量保证模式。当仅要求供方最终检验和试验符合规定要求时，应选择和使用此种模式的标准；

以上都是质量保证标准，用于供方证明其能力和外部(如客户、第三方)对其能力进行评定。

D. ISO9004 质量管理和质量体系要素—是用于指导组织进行质量管理和建立质量体系的。

● ISO14000 系列标准——它是 ISO14001～14100 的统称。它的意义在于 ISO14001 标准可以促使企业在其生产、经营活动中考虑其对环境的影响，减少环境负荷；促使企业节约能源，再生利用废弃物，降低经营成本；促使企业加强环境管理，增强企业员工的环境意识，促使企业自觉遵守环境法律、法规；树立企业形象，使企业能够获得进入国际市场的"绿色通行证"。

● Oeko-Tex 标准认证——是世界上最权威的、影响最广的纺织品生态标签。Oeko-Tex Standard 100 禁止和限制使用纺织品上已知的可能存在的有害物质，包括：pH 值、甲醛、可萃取重金属、镍、杀虫剂/除草剂，含氯苯酚，可解理芳香胺染料、致敏染料、有机氯化导染剂，有机锡化物(TBT/DBT)，PVC 增塑剂、色牢度、有机挥发气体、气味等。经过 Oeko-Tex Standard 100 测试和认证的产品，保证不会对人体健康产生危害。

● 社会责任标准"SA8000"——是 Social Accountability 8000 International Standard 的英文简称，是全球首个道德规范国际标准。其主要包括以下四大方面：

A. 劳动标准　①童工。不得使用童工；②强迫性劳工。不得使用或支持使用强迫性劳动，也不得要求员工在受雇起始交纳押金或寄存身份证件；③自由权。企业应尊重所有员工的结社自由和集体谈判权；④歧视。企业不得有歧视行为；不允许强迫性、虐待性或剥削性的性侵扰行为；⑤惩戒性措施。企业不得从事或支持体罚、精神或肉体胁迫及言语侮辱的行为。

B. 工时与工资　①企业在任何情况下不能要求员工在一周内工作超过 48 小时，并且在每 7 天至少应有 1 天休假；每周加班不能超过 12 小时，除非在特殊情况下及短期业务需要时不得要求加班；且应保证加班能获得额外津贴；②企业支付给员工的工资不应低于法律或行业的最低标准，并必须足以满足员工的基本需求。

C. 健康与安全　为员工提供安全健康的工作环境；为员工提供安全卫生的生活环境。

D. 管理系统　企业高层应根据本标准制定符合社会责任与劳动条件的企业政策。

三、我国出口服装检验内容

我国出口服装检验采用《进出口服装检验规程》，它由 9 个部分组成，包括《通则》《抽样》《室内服装》《牛仔服装》《西服、大衣》《羽绒服装及羽绒制品》《衬衫》《儿童服装》《便服》等。《通则》部分明确了服装内在质量中的常规检验项目和安全检验项目；《儿童服装》中除了对偶氮、甲醛等有毒有害物质的检测项目有明确规定外，还根据儿童喜欢拉、扯、咬服装上装饰物的特点，对童装上小部件、装饰物的抗扭和抗拉性能也提出了明确的要求，防止被儿童误吞造成窒息的危险(表 2-19)。服装通用检验标准如下：

1. 高档服装

① 货物数量：检查产品数量是否达到查验要求；

② 唛头：核对唛头是否与客户要求相符；

③ 配比：检查物品配比是否与订单，唛头标注及客人要求一致；

④ 摔箱：检查商品及包装是否适于运输保存；

⑤ 验针：检验商品中是否包括断针和金属；

⑥ 包装检查：检查货物包装是否符合要求；

⑦ 产品描述/款式/颜色的检验：检查产品与订单及样板在描述/款式/颜色上的一致性；

⑧ 尺寸测量：检测产品的尺寸是否与要求相符；

⑨ 产品称重：检查产品的重量是否符合客人的要求；

⑩ 品质：检查产品的品质；

⑪ 挂牌及缝唛：检查挂牌及缝唛是否符合要求；

⑫ 发霉：检查皮革产品可有发霉；

⑬ 适当时可以进行阻燃测试；

⑭ ROHS 测试报告；

⑮ 组装及功能试验：将按 S3 抽样进行功能试验；

⑯ 其他：检查客人提出的其他查验项目；

⑰ 发霉及活虫：检查产品中可有发霉及活虫。

2. 服装的一般外观质量要求

整体外观应整洁无脏污，粉印水花，线头等缺陷，各部位熨烫平挺或平服不允许有亮光、烫黄、烫变色等缺陷。各部位线路平服、顺直、牢固、缝纫及锁眼用线与面料相符，不允许有缺线、短线、开线、双轨线及部件丢落等缺陷。面料质量要符合各类出口服装的标准要求，色差应按 GB250—84 和 ISO105/A01 1984 评定变色用灰色样卡的标准掌握，达到出口服装的行业标准要求，规格尺寸准确，应符合合同或标准的规定，对格、对条、对花的部位要符合合同的标准或成交样品的规定等(表 2-20)。服装检验标准将疵点分为 A 类和 B 类，具体介绍如下：

① A 类疵点：a. 一般指影响服用和商品销售的、消费者不易自行修复的缺陷。主要规格超出极限偏差；b. 一件(套)内出现色差，一部位面料疵点超过标准规定，逆顺毛面料顺向不一致，对条格部位超过标准规定，对称部位超过标准规定，黏合衬脱胶、渗胶、缺扣、掉扣、扣眼没开、锁眼断线、扣与眼不对称；c. 缝纫吃势严重不均，缝制严重吃纵缺件、漏序、开线、断线、毛漏、破洞熨烫变色、水斑、亮光、污渍；d. 绣面花型周围起皱、漏绣露印，链子品质不良，金属锈蚀，整烫严重不良，熨烫不平，洗水后明显不良，一件(套)内不一致，洗水后明显，黄斑、白斑、条痕。

②B类疵点：a. 在部位和程度上明显较A类疵点轻微的缺陷：应滴针（插条）处未滴针（抽条），洗水后不明显的黄斑、白斑、条痕线路不顺直、不等宽，钉扣不牢，缝纫吃势略有不匀，缝制稍有吃纵；b. 整烫折叠不良，里子与面料松紧程度不适宜。

③服装常见的缺陷：止口搅、止口豁、肩头裂、爬领、荡领、领圈豁、领面松、领面紧、领脚断点、两袖前后、后袖山袖子起皱、西装塌胸、背衩搅豁、裤腰腰口不平、裤子前裆起皱、吊裆、裤子挺缝歪斜、裤子门里襟长短、裤子豁脚、插袋不平。

表2-19　纺织产品的基本安全技术要求指标(GB18401—2010《国家纺织产品基本安全技术规范》

项目		A类	B类	C类
甲醛含量（mg/kg）　≤		20	75	300
pH值[a]		4.0～7.5	4.0～8.5	4.0～9.0
染色牢度[b]（级）≥	耐水（变色、沾色）	3—4	3	3
	耐酸汗渍（变色、沾色）	3—4	3	3
	耐碱汗渍（变色、沾色）	3—4	3	3
	耐干摩擦	4	3	3
	耐唾液（变色、沾色）	4	—	—
异味		无		
可分解致癌芳香胺染料[c]（mg/kg）		禁用		

a 后续加工工艺中必须要经过湿处理的非最终产品，pH值可放宽至4.0～10.5之间。b 对需经洗涤褪色工艺的非最终产品、本色及漂白产品不要求；扎染、蜡染等传统的手工着色产品不要求；耐唾液色牢度仅考核婴幼儿纺织产品。c 可分解致癌芳香胺清单见附录C，限量值≤20 mg/kg 。

表2-20　服装执行标准与安全技术要求

名称	产品类型	执行标准	安全技术要求	质量等级
风衣	不含填充物	FZ/T 81010—2009	GB18401—2010　C类	合格品
大衣	女装	GB/T 2665—2009	GB18401—2010　C类	合格品
	男装	GB/T 2664—2009	GB18401—2010　C类	合格品
牛仔茄克衫通用	手洗产品	FZ/T 81006—2007	GB18401—2010　B类	合格品
牛仔裤	手洗产品	FZ/T 81006—2007	GB18401—2010　B类	合格品
牛仔裙	手洗产品	FZ/T 81006—2007	GB18401—2010　B类	合格品
羽绒服	含绒量大于50%	GB/T 14272—2002	GB18401—2010　C类	合格品
	含绒量小于50%	GB/T 2662—2008	GB18401—2010　C类	合格品
上衣/开衫	梭织，不含毛	FZ/T 81007—2003	GB18401—2010　C类	合格品
西服	男式西服上衣	GB/T 2664—2009	GB18401—2010　C类	合格品
	女式西服上衣	GB/T 2665—2009	GB18401—2010　C类	合格品
茄克衫	毛，毛混纺	GB/T 2664—2009	GB18401—2010　C类	合格品
	梭织，不含毛	FZ/T81008—201	GB18401—2010　C类	合格品
上衣	梭织，不含毛（单夹服饰外套）	FZ/T 81007—2012	GB18401—2010　C类	合格品
棉服装	含填充物（涤纶）	GB/T 2662—2008	GB18401—2010　C类	合格品

（续 表）

名称	产品类型	执行标准	安全技术要求	质量等级
皮衣	纯羊皮，牛皮等制品	QB/T 1615—2006	GB18401—2010 C类	合格品
	人造皮革	GB/T 18885—2002	GB18401—2010 C类	合格品
连衣裙、群套	针织，含毛	FZ/T 73026—2006	GB18401—2010 B类	合格品
	梭织，不含毛	FZ/T 81004—2012	GB18401—2010 B类	合格品
裤子	梭织，不含毛(裙裤)	FZ/T 81007—2003	GB18401—2010 B类	合格品
	针织裤	FZ/T 73029—2009	GB18401—2010 B类	合格品
	毛，毛混纺	GB/T 2666—2009	GB18401—2010 B类	合格品
衬衫	衬衫全部(标准男衬衫)	GB/T 2660—2008	GB18401—2010 B类	合格品
裙子	梭织	FZ/T 81004—2003	GB18401—2010 B类	合格品
	针织	FZ/T 73026—2006	GB18401—2010 B类	合格品
	羊毛成分西服裙	GB/T 2666—2009	GB18401—2010 B类	合格品
毛衣	含毛30%或以上	FZ/T 73018—2012	GB18401—2010 C类	合格品
	含毛30%以下或仿毛	FZ/T 73005—2012	GB18401—2010 C类	合格品
针织休闲服	适用于针织面料为主要材料制成的针织休闲服装的品质	FZ/T 73020—2012	GB18401—2010 C类	合格品
针织T恤衫	常规长袖短袖T恤	GB/T 22849—2009	GB18401—2010 B类	合格品
吊带衫/背心		FZ/T 73008—2002	GB18401—2010 B类	合格品
马甲	不含毛，毛混纺	FZ/T 81007—2003	GB18401—2010 C类	合格品
	毛，毛混纺或梭织	GB/T 2665—2009	GB18401—2010 C类	合格品
	针织	FZ/T 73020—2012	GB18401—2010 C类	合格品
针织衬衫	准适用于鉴定以针织面料为主要材料制成的针织衬衫的品质	FZ/T 73043—2012	GB18401—2010 B类	合格品
针织拼接服装	适用于以针织物为主要面料拼接而成的服装	GB/T26385—2011	GB18401—2010 B类	合格品
针织保暖内衣	本标准规定了针织保暖内衣产品号型、要求、试验方法、判定规则、产品使用说明和包装。本标准适用于鉴定针织保暖内衣产品品质。本标准不适用于絮片类产品	FZ/T 73022—2012	GB18401—2010 B类	合格品
针织配饰品	本标准规定了针织配饰品的术语和定义、产品规格、要求、检验规则、判定规则、使用说明、包装、运输和贮存。本标准适用于鉴定以纺织纤维为主要原料，采用针织工艺加工制成的配饰品，包括：发带、腰带、领结、耳套、脖套、臂套、护腕(非运动型)、装饰包、装饰手套等的品质	FZ/T 73044—2012	GB18401—2010 B类	合格品

注意：童装为“A类”，直接接触皮肤的为“B类”，不直接接触皮肤的为“C类”

四、不同阶段的验货内容

(一) 前查(进货检验)

① 面料的管理　对于大货面料，跟单员必须及时查核和验证大货面料供应是否正常。对面料的交期和质量、以及产品防护是否符合大货的要求进行跟进。面料进厂后要进行数量清点以及外观和内在质量的检验，符合生产要求的才能投产使用。

② 辅料的管理　辅料(包括主唛/吊牌/价格签/合格证等)的验收必须在到工厂后三天内跟单员督促工厂点数确认，如有疑问及时反馈。必要时与辅料确认卡核对，查核现场不合格的辅料的不合格性质和数量，填写《物料异常处理记录表》；当加工厂提出补料要求时，跟单员要评估补料的合理性，填写《补料申请》报采购员以便及时补料。若为加工厂问题，补料需扣去加工厂的相应款项(表 2－21)。

表 2－21　辅料品质要求

辅料名称	品质要求
拉链	① 拉链的平直度和平整度要好，当拉链处于自然下垂状态时无波浪或弯曲 ② 拉链颜色、材质正确；无脱色、变色的现象
拉链	③ 链牙光亮，正面中部无凹陷，齿头吻合缜密均匀无缺牙，无缺铆现象 ④ 拉头电镀层光亮，不起皮，无划痕，涂漆拉头涂层均匀牢固，无气泡，无死角 ⑤ 拉头在上下止及插口处启动时无阻碍，拉链上下拉时要顺滑，无卡齿 ⑥ 拉头结实，经得起反复拉动 ⑦ 裙子/裤子的拉链若为普通拉链，拉锁必须能自动锁
钮扣	① 四眼钮：实色树脂钮材料，能耐 180℃熨斗烫，耐腐蚀 ② 金属钮：要求铜或铝制材料，表面涂层为环保材料，涂层表面要求色泽均匀，无起泡、无脱皮、裂纹等现象 ③ 四合钮扣起或拉开时松紧力度要适中，不能拉破面料 ④ 钮扣颜色、材质正确，不脱色、变色 ⑤ 无任何影响外观和使用性能的质量问题 ⑥ 开合顺畅，拉力符合要求
织唛	① 主标(主唛)：书写正确、完整、清晰，不能残缺不齐 ② 尺寸标(尺码唛)：尺寸标书定正确、清晰、完整，与设计规格相符，颜色要同主标一致 ③ 侧唛(旗唛)或下摆唛书写清晰 ④ 洗标(洗水唛) a. 洗标的款名与尺寸单一致，标准号书写正确，洗涤方式图文相符，符号和文字印织/书写正确 b. 洗水唛上的文字符号必须清晰、耐洗 c. 同一系列的服装标识不能打错 所有织唛密度要好，不能暴露底色浮纱，字迹图案要求清晰；外观要平整，热切织唛周边切割要平齐；织唛不能收缩变形，特别是要做贴布绣加工的，更要求整批织唛形状大小要求统一
织带	织带外观要求质地紧密、色泽均匀、手感柔软、纹路清晰，表面无污渍、结头、抽纱等不良现象；色牢度要好，要求达到 4 级以上；使用前要检查其色牢度、缩水率等项目
挂牌	要求吊牌合格证的图案、字体清晰，不掉色，内容正确。条形码字体条码清晰、不黏不断，用识码器能识别
胶袋	胶袋的质地要求正确，一般采用 PE 材料，印刷内容正确、清晰，不掉色。胶袋厚度尺寸等要符合确认样标准，胶袋封口胶黏性要达到要求，侧缝要求牢固
纸箱	纸箱的质地、厚度等要符合确认样。纸箱的主唛、侧唛内容要求正确，字体、图案要求清晰、不掉色，排版位置正确
其他	按客户批复的质地样要求

(二) 中查(过程检验)

1. 唛架和缩水的控制

① 确保跳码的准确性；

② 一定要测缩率或烫缩，确保缩率的准确性；

③ 根据缩率的不同分排唛架；

④ 裁剪前要检查唛架(款式、单号、门幅、部件、布的裁向及布纹、毛向、剪口、尺码分配等等)；

⑤ 查看裁床缝纫裁片检验报告，开裁后主要查看从上、中、下的抽取裁片尺寸是否在容许范围内(表 2－22、表 2－23)。

表 2－22A　裁片对格对条检验的内容和参考要求

部位名称	对格对条规定	允许范围(cm)	
		机织	针织
左右前片	条料顺直、格料对横	0.2	0.2
袋与前片	条料对条、格料对格	0.2	0.2
斜料双袋	左右袋对称	0.3	0.3
左右领尖	条格对称	0.2	0.2
袖口	对直条为主	0.3	0.3
长袖	以袖头顶为准对横	0.3	0.5
短袖	以袖子边为准对横	0.3	0.5

表 2－22B　成衣裁片度量的部位和参考要求

部位名称	允许范围(cm)	
	机　织	针　织
领围	0.3	0.3
袖臂	0.3	0.6
衫长	0.5	0.6
胸围	0.5	0.6
袖长	0.5	0.6
腰围	0.5	0.6
臀围	0.5	0.7
前裆	0.5	0.7
后裆	0.5	0.7
内长	0.6	0.7
腿围	0.5	0.5
脚围	0.3	0.3

表 2-23　裁片疵点检查内容和参考标准

疵点名称	位 置	大小程度	大疵	小疵
油渍/污渍/染渍	任何位置	不可清除	√	
油渍/污渍/染渍	任何位置	可以清除		√
破洞	任何位置	任何程度	√	
布疵、粗纱、色纱、抽纱、结头	任何位置	＞1/2″以上	√	
布疵、粗纱、色纱、抽纱、结头	任何位置	等于 1/2″或 1/2″以下		√
断纱	任何位置	断两根纱或两根以上	√	
断纱	任何位置	断 1 根纱		√
稀纬、粗经	任何位置	1/4″以上	√	
稀纬、粗经	任何位置	等于 1/4″或 1/4″以下		√
带纱、粗纱、横档	任何位置	1/4″以上	√	
带纱、粗纱、横档	任何位置	等于 1/4″或 1/4″以下		√
尺寸不良	任何位置	超出允许范围	√	
色差	任何位置	影响外观	√	
色差	任何位置	不影响外观		√

2. 车缝质量控制

跟单员要关注工厂车缝线在线质检员(QC)的检验报告，首次抽查，要确认首检中不合格项是否得到纠正，而后的每次抽查均要确认前一次抽查的问题是否得到纠正并达到公司允收标准。每次抽查跟单员必须做记录，对于批量性的质量问题或工厂纠正整改不彻底，要及时向上级领导反馈，由上级领导负责解决。

在重点工序应该将参考样衣提供给车间车位工作为参考，特别是开筒工序和制领工序。若发现尺寸超差，必须将之前生产的成衣全数返查(表 2-24～表 2-27)。

表 2-24　成衣半成品每道工序的检查内容和要求

序号	工序	注 意 问 题
1	开筒	是否歪筒、露筒，宽窄是否一致，主条是否正确
2	纳膊	检查是否有长短膊，肩带是否正确，有否起皱、起波浪
3	上领	领是否正确、平服、美观、圆顺
		黏衬的要看其有否出现起皱以及朴印出的污渍
		领与衫身是否符合要求，是否跟衫身罗纹
		领圆拉度的尺寸要足，是否有跳线，接口要平服，看有没有针洞
4	上袖	检查袖窿是否圆顺，不起皱
		罗纹袖，袖子与衫身是否存在色差
		左右袖长短必须一致，左右对称，网袖袖口必须圆顺，看是否有打褶、爆口，罗纹袖口、缝接处高低是否一致

(续 表)

序号	工序	注意问题
5	装袋	尺寸是否符合要求
		袋是否有高低，与衫身是否有色差
		是否对条、对格
6	埋夹	是否对条
		夹底十字缝是否对准
7	网脚	网线是否顺直，子口大小是否均匀，有否跳线、落坑
		是否有一定的收缩率
8	车衩	尺寸是否符合要求
		左右长短是否一致，是否对条
9	开钮门/钉钮	位置是否正确，数量是否正确
		钮线是否牢固，是否正确
		钮门是否整洁，钮门大小是否适中
10	车前袋	袋口是否顺服，间线是否均匀，左右袋是否高低、长短不一，度量其尺寸看是否符合制单要求
11	埋前裆/后裆	包缝线路是否过松或过紧，左右是否有色差，间线是否均匀，是否爆口，是否有针洞，度量其尺寸，看是否拉长或缩短
12	侧缝	拼条是否均匀、顺直，大小与颜色是否符合制单要求，对左右侧缝是否长短，前后片是否有色差
13	埋内裆	裆底十字是否对准，裆底是否牢固
14	车脚	网脚是否顺直，子口大小是否均匀，是否跳线、落坑，罗纹脚则看接缝处是否爆口、打褶，高度是否均匀，度量其内长尺寸，看是否符合制单要求
15	做裤头	钮门位置是否正确，是否有高低，度量橡筋与腰围尺寸是否符合制单要求，间线是否均匀，是否间住钮门，锁链线是否跳线
16	上裤头	裤头是否顺直、均匀，裤头与裤身缝接处是否有爆口、打褶、针洞、露子口
17	唛头	主唛与尺寸唛是否相符
		实际尺寸与唛头尺寸是否相符
		唛有否次、歪、打褶，位置是否符合要求

表 2-25 100% 检查成衣正面的内容和要求

序号	检查部位	操作过程	检查内容	外观要求
1	领部	整理好领子，领圈部位	领形是否正确、平服、美观，圆领领圈是否圆顺	领形端正，不得歪斜，左右翻领一致、对称；领子平整对称，圆领圈圆顺，袖窿圆顺
			滚领领边和罗纹领边是否宽窄一致	
			领子布料与大身色差是否符合规定要求	
			有无漏针、跳线、针洞、线头；有无叠领	

(续 表)

序号	检查部位	操作过程	检查内容	外观要求
2	前片	领部在上方、平摊在检验台上	有无面料疵点和印花疵点	袋口平服,封口牢固
			有无水渍、污渍、油迹等沾污性疵点	
			印花、绣花位置准确、线色一致、轮廓完整、绣花线不外露	
			口袋是否端正、平服	
			口袋布料与大身色差是否符合规定要求	
			倒回针处是否加固	
3	前筒	扣好钮扣	筒宽窄是否一致,钮扣与钮门是否对位、钮门不偏斜,大小适宜,钉扣牢固 拉链是否顺滑,有无损坏等	
4	纳膊(先左后右)	量长短袖	间线是否符合规定要求、均匀 夹圈是否圆顺,不起皱 罗纹袖,袖子和衫身色差是否符合规定要求 两袖子长短应一致,两袖口大小应一致 夹底是否对齐	
5	查尺码	将胸围铺平	胸围量到相应的纸样上,查有否错码	
6	后片	将后身向上,领部在上方,衫脚在下方,平摊在检验台上,检验整体并用两手轻拉左右侧骨	有无面料疵点	
			有无水渍、污渍、油迹	
			布纹是否歪斜	
			拉脚车间线宽窄一致;是否拉断线、是否有针孔	
			罗纹脚与衫身色差是否符合规定要求	
7	侧缝	将侧缝铺平	是否拉断线	
			是否有针孔	
			是否对条	
8	备用钮	检查士啤钮等	有无漏钉与错钉	钮门位置正确,线迹美观,钮与钮门位相宜
			位置是否符合要求,是否牢固	
9	外形及线路		各部位压线0.1cm、0.3 cm、0.6 cm是否准确,单双线大小是否均匀,坎双针是否平服	外型平挺、整洁、线头修净,各部位线路顺直,松紧适宜、整齐、牢固、对称部位和双明线宽窄一致;平缝机针迹缝到边口处,沿边包缝合处,必须打回针;条格、花型面主要部位应对条对格,纹路倒顺一致
10	商标及绣花			商标、尺码、洗涤说明等标志位置正确、整齐、牢固,符合确样要求;绣花位置正确,轮廓完整,绣花不外露

表 2-26 裤装检查顺序和要求

序号	部位名称	部位状态
1	唛头	是否正确，轻拉唛头位置是否牢固，位置是否端正、准确
2	裤头	拉直裤头橡筋，看间线是否平直、均匀，是否有针孔
		有棉绳的要看棉绳是否正确，长短是否适宜，是否配色
3	前片	袋两边是否对称，间线是否有大小，尺寸是否正确，是否有反光、落坑、漏打枣现象
		前裆是否起皱、圆顺，间线是否均匀，是否有跳线、断线、爆口等现象
		看是否有布疵、污渍等
		前片裤脚间线是否均匀、断线、跳线等
4	侧缝	是否顺直、平服，有否起皱，拉开侧骨看是否有针孔、爆口现象
5	内裆	是否顺直，有否起皱、扭脚，是否对十字骨，埋夹是否有爆口
6	后片	后片装袋是否正确，袋与裤身是否有色差，纹路是否顺直，有否返针、打枣
		后裆是否圆顺，是否有跳线、断线、爆口等现象
		是否有布疵、污渍等
		后片裤脚间线是否均匀、是否有断线、跳线等现象
7	左右裤长	是否长短不齐，裤口阔两边大小是否一致
8	裤里面的其他唛头	是否正确，有否松脱
9	裤内	是否正确，有否松脱

表 2-27 成品疵点标准和要求

类别	疵点名称	程度	位置	大疵	小疵	备注
纱疵	细纱	明显		√		
	粗纱	明显	主要部位	√		
			次要部位		√	
	色纱	明显	主要部位	√		
			次要部位	√		
织疵	飞花	明显	主要部位	√		
			次要部位		√	
	修痕				√	
	断纱	明显		√		
缝制疵点	缝制不良	严重		√		
		轻微			√	
	线头		主要部位	√		
			次要部位		√	
	钮子、钮门不良			√		
	针洞			√		

（续　表）

类别	疵点名称	程度	位置	大疵	小疵	备注
缝制疵点	断纱、破洞			√		
	污渍	明显		√		
		较明显			√	
	绣花不良	严重		√		
		轻微			√	
	尺寸	超出允许范围		√		
	漏车唛、士啤钮			√		
针织产品缝制疵点	（紧）稀路针	线圈纵行排列稀密不匀的纹路				在成衣生产过程中，由于部分面料柔软，尤其是针织面料、弹力面料或轻薄面料均易拉伸变形，再加工受机器设备本身状况和安装上的故障、执行工艺不严格、操作不当等因素的影响，会造成编织疵点、染整印花疵点以及缝制不良和尺寸不符等缺陷，不同程度地影响着成品的美观，因此要特别留意
	横路（横条）	一个或数个线圈横列在外观上不同于正常的横列				
	破洞	一个或更多的相邻的线圈断裂形成的窟窿				
	错纱	使用了不符合要求的纱线				
	色差	同一件衣服衫身与袖的罗纹出现色差				
	飞花	局部或大面积的不规则的颜色差异				
	纹路歪斜	线圈纵行和横行呈现不垂直的外观				
	线头	连在成品上的为“死线头”，黏附于成品表面的为“活线头”				
	绣花不良	错绣、漏绣，质量达不到规定效果，绣线错				
	漏缝	缝合处局部未被缝合				

当生产线上有成品完成时，QC会抽取一定数量产品进行度量尺寸和查衫，核对辅料、印花等位置是否正确，检查线号、线色、线的质量是否符合工艺要求，检查各部位（特别是开领、开袋等）的针距、线路是否符合工艺要求，能否达到产前板样衣效果，并填写《样板鉴定书》，跟单员要查看报告。如发现不良品无法得到控制时，应及时上报工厂高阶管理人员请给予协调解决。

3．洗水成衣质量检查

若成衣要洗水，开裁前需获得洗水参考板；成衣洗水需先试头缸，以确保达到洗水效果及洗水缩率的稳定性（洗后尺寸达到规定的要求）。洗水参考板必须得到妥善的保管，每缸必须查5件以上成衣的洗水质量(手感、色差以及洗污等)(表2-28)。

表2-28 印(绣)手洗检测报告

<table>
<tr><td>工厂</td><td></td><td>花号</td><td></td><td>颜色</td><td></td></tr>
<tr><td>测试日期</td><td></td><td>数量</td><td></td><td>样品种类</td><td></td></tr>
<tr><td>报告日期</td><td></td><td>货号</td><td></td><td></td><td></td></tr>
<tr><td>检验性质</td><td colspan="5">□量产检验　□评定检验　□设计验证　□标准验证</td></tr>
<tr><td rowspan="4">手洗互染试验方法</td><td rowspan="2">试验方法</td><td colspan="4"></td></tr>
<tr><td colspan="4"></td></tr>
<tr><td rowspan="2">手洗互染≥____级</td><td>原样</td><td colspan="2">原样贴样处</td><td></td></tr>
<tr><td>试样</td><td colspan="2">试样贴样处</td><td>试样互染/级</td></tr>
<tr><td colspan="6">检测结论:</td></tr>
</table>

批准:　　　　审核:　　　　检验员:

4. 整烫包装质量检查

原则上,成衣整烫时不能拉烫以免影响尺寸的稳定性;烫衫效果重点要求产品平整、整洁、大方、美观,同时注意不可有亮光、污迹、烫黄、烫痕、折印、漏烫等现象。小包重点检查合格证、洗水唛、尺码唛的款号、面料成分、洗涤说明等内容是否与工艺单相符,避免挂错挂牌、车错码等现象;查胶袋规格及码数是否和所包产品相符。对于敏感色或深浅色配色的成衣需特别留意沾色现象,需用拷贝纸一一隔开方可包装入袋。大包重点检查包装组的管理,是否已分不同区域分放及包装产品;纸箱规格是否与工艺单或我司要求包装数量相符,纸箱规格偏大偏小或包装不饱满都不允许。

(三) 尾查(最终检验)

成衣整烫包装完毕后,跟单员要再次落实成衣用料(面料、配布、车缝线、唛头、金属饰物等)、车缝工艺、印花、绣花以及洗水效果、色差、手感,烫、折、包装等都要与工艺说明书及封样(或批板)相一致,任何有不一致的地方都必须事先通知上级管理部门并及时与客户进行沟通。要注意跟单员和QC的手法严格与客户要求保持一致,确保质量检验结果的一致性。

1. 成品查验项目

① 查验物理测试结果是否合格:验证成衣物理测试报告,确认成衣是否通过规定项目的测试并达到规定指标的要求;

② 查验外包装及内包装是否符合制单的要求:跟单员必需确认产品的折叠方法、包装尺寸、包装附件(吊牌、防潮纸等)、防潮袋的使用是否符合规定(防潮袋外贴上袋标),并注意箱标、袋标是否正确,与实物是否相符(每个纸箱两个箱标);

③ 查验成衣尺寸,确定尺寸是否符合规定的要求;

④ 查验尺寸偏差容许范围是否在客户要求范围内(表2-29～表2-31)。

表 2-29　某公司的成品下装尺寸容差(cm)

序号	部位	差值	裤子		裙子	序号	部位	差值	裤子		裙子
			女装	男装					女装	男装	
A	腰围	+/−	2	1.5	2	F	前裆	+/−	0.5	0.5	
B	臀围	+/−	2	1.5	2	G	后裆	+/−	0.5	0.5	
C	大腿围	+/−	1	1		H	内长	+/−	1	1	
D	膝围	+/−	1	1		I	拉链长	+/−	0.5	0.5	
E	脚口	+/−	1	1		J	下摆	+/−			2

表 2-30　某公司的成品上装尺寸容差(cm)

部位	序号	差值	背心	T恤	衬衫	西服	茄克类	外套类	羽绒服	连衣裙	毛衫
肩宽	AM	+/−	0.5	0.5	0.5	0.5	0.5	0.5			
	AW	+/−	0.5	0.5	0.5	1	1	1	1	1	2
胸围	BM	+/−	1.5	1.5	1.5	1.5	1.5	1.5			
	BW	+/−	1	1	1	2	2	2	2	2	3
腰围	CM	+/−	1.5	1.5	1.5	1.5	1.5	1.5			
	CW	+/−	1	1	1	2	2	2	2	2	3
臀围	DM	+/−				1.5	1.5	1.5			
	DW	+/−				2	2	2	2	2	
下摆	EM	+/−	1.5	1.5	1.5	1.5	1.5	1.5			
	EW	+/−	1	1	1	2	2	2	2	2	3
后衣长	FM	+/−	1	1	1	1	1	1			
	FW	+/−	1	1	1	1	1	1	1	1	2
袖长	GM	+/−	1	1	1	1	1	1			
	GW	+/−	1	1	1	1	1	1	1	1	2
袖根肥	HM	+/−	0.5	0.5	0.5	0.5	0.5	0.5			
	HW	+/−	0.5	0.5	0.5	0.5	0.5	0.5	0.5	0.5	1
袖根肥	HM	+/−	0.5	0.5	0.5	0.5	0.5	0.5			
	HW	+/−	0.5	0.5	0.5	0.5	0.5	0.5	0.5	0.5	1
袖口宽	IM	+/−	0.5	0.5	0.5	0.5	0.5	0.5			
	IW	+/−	0.5	0.5	0.5	0.5	0.5	1	1	1	1
后领宽	JM	+/−	0.5	0.5	0.5	0.5	0.5	0.5			
	JW	+/−	0.5	0.5	0.5	0.5	0.5	0.5	0.5	0.5	0.5
前领深	KM	+/−	0.5	0.5	0.5	0.5	0.5	0.5			
	KW	+/−	0.5	0.5	0.5	0.5	0.5	0.5	0.5	0.5	0.5
后领深	LM	+/−	0.5	0.5	0.5	0.5	0.5	0.5			
	LW	+/−	0.5	0.5	0.5	0.5	0.5	0.5	0.5	0.5	0.5
领围	HM HW	+/−			0.5						

(注:M—男装,W—女装)

表 2-31　某公司的成品外观鉴定书

客户		产品名称		款号		检查时间	
颜色 1				颜色 2		季度	
包装	□正确	□不正确					
材料			面料	□正确	□不正确	不正确说明：	
			辅料	□正确	□不正确	不正确说明：	

部位 尺寸																			
规格误差 cm																			
	误差																		
	误差																		
	误差																		
	误差																		
	误差																		

绣花	□合格	√ 不合格	外观：	尺寸：	工艺：
印花	□合格	□不合格	外观：	尺寸：	工艺：
其他	□合格	□不合格	外观：	尺寸：	工艺：
尺寸问题					
	判定：		□合格	□不合格	
试穿结果		是否有异味			
文字核对		标识核对			
材料					
工艺问题					
判定	□合格	□不合格	□重打样		
	车缝组：	面料科：	工艺科：	技术部：	
	跟单员：	绣印花组：	整烫包装部：	质管部：	

五、成衣面料质量检验

1. 抽样方法

对于面料的各种检测,实际上只能限于全部产品中的极小一部分。一般情况下被测对象的总体总是比较大的,且检测大多数是破坏性的,不可能对全部产品进行检测。因此,通常都是从被测对象总体中抽取子样进行检测。抽样方法主要有以下四种。

① 纯随机取样:从总体中抽取若干个样品(子样),使总体中每个单位产品被抽到的机会相等,这种取样就称为纯随机取样,也称简单随机取样;

② 等距取样:指先把总体按一定的标志排队,然后按相等的距离抽取;

③ 代表性取样:是运用统计分组法,把总体划分成若干个代表性类型组,然后在组内用纯随机取样或等距取样,分别从各组中取样,再把各部分子样合并成一个子样;

④ 阶段性随机取样:是从总体中取出一部分子样,再从这部分子样中抽取试样。从一批货物中取得试样可分为三个阶段,即批样、样品、试样。

进行相关检测的面料,首先要取成批样或试验室样品,进而再制成试样。

2. 检验方法

面料(品质、规格、等级等)的检验,主要运用如感官检验、化学检验、仪器分析、物理测试、生物检验等检验手段,从而确定其是否符合标准或贸易合同的规定。

(1) 按检验内容区分

① 品质检验:影响成衣品质的因素概括起来可以分为内在质量和外观质量两个方面。成衣的内在质量检验是指借助仪器设备对产品物理力学性能的测定和化学性质的分析,如色牢度、强力、阻燃性、纤维含量等。成衣的外观质量检验大多采用感官检验法,如面辅料疵点、服装平整度,缝线均匀度、色差等。

② 规格检验:服装的规格一般是指按位置的外形、尺寸、式样等属性划分的类别。

③ 数量检验:根据客户的尺码分配进行核对。

④ 包装检验:指根据贸易合同、标准或其他有关规定,对服装的外包装(又称运输包装或大包装)、内包装(又称销售包装或小包装)以及包装标志进行检验。包装既要保证服装的质量、数量完好无损,又要使用户和消费者便于识别。

(2) 按检验数量区分

可分为全数检验和抽样检验两种。全数检验是对批(总体)中的所有个体进行检验。抽样检验则是按照规定的抽样方案,随机地在一批中抽取少量个体进行检验,并以抽样检验的结果来推断总体的质量。成衣检验中,织物外观疵点一般采用全数检验方式,而内在质量检验大多采用抽样检验方式。

根据GB2828《逐批检查计数抽样程序及抽样表》,可以在连续批产品质量检验中,随着产品质量的状况,随时调整抽样的严格程度,如图2-10所示:

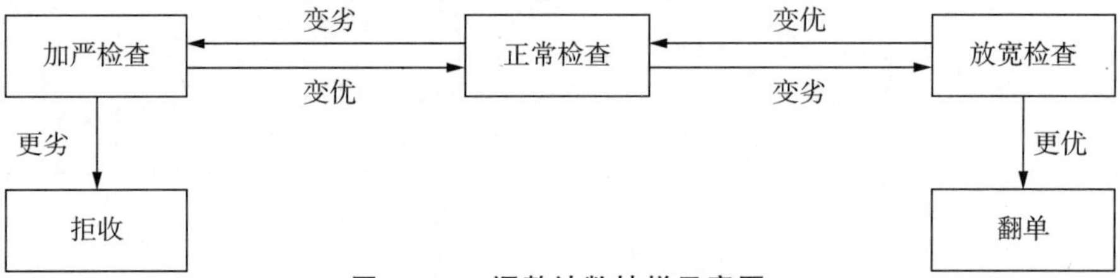

图2-10 调整计数抽样示意图

要进行抽样，必须确定好五个要素，即批量(N)合格质量水平(AQL)、检查水平(IL)、检查次数和严格度。

在抽验过程中，有以下几个简单原则：①在连续5批次抽检样本中，存在2批次不合格品，那么在发现第2批不合格品之后，立即"加严检验"；②在"正常检验"下，连续10批次抽检样本中，全部合格，那么在之后的检验中可以"放宽检验"；③在"加严检验"下，连续5批次抽检样本中，全部合格，那么在之后的检验中可以"正常检验"(表2-32～表2-35)。

(3) 按生产工艺流程区分

可分为预先检验(投产原料检验)、工序检验(中间检验)、最后检验(成品检验)、出厂检验、库存检验、监督检验、第三者检验等。

表2-32　批量范围、检验水平与样本字码之间关系

批量	特殊检验水平				一般检验水平		
	S-1	S-2	S-3	S-4	Ⅰ	Ⅱ	Ⅲ
2-8	A	A	A	A	A	A	B
9-15	A	A	A	A	A	B	C
16-25	A	A	B	B	B	C	D
26-50	A	B	B	C	C	D	E
51-90	B	B	C	C	C	E	F
91-150	B	B	C	D	D	F	G
151-280	B	C	D	E	E	G	H
281-500	B	C	D	E	F	H	J
501-1200	C	C	E	F	G	J	K
1201-3200	C	D	E	G	H	K	L
3201-10000	C	D	F	G	J	L	M
10001-35000	C	D	F	H	K	M	N
35001-150000	D	E	G	J	L	N	P
150001-500000	D	E	G	J	M	P	Q
500001及其以上	D	E	H	K	N	Q	R

表 2-33 GB/T2828 一次正常检查抽样方案

样本量字码	样本量	接收质量限（AQL）																				
		0.01	0.015	0.025	0.040	0.065	0.10	0.15	0.25	0.40	0.65	1.0	1.5	2.5	4.0	6.5	10	15	25	40	65	100
		Ac Re	Ac Re	Ac Re	Ac Re	Ac Re	Ac Re	Ac Re	Ac Re	Ac Re	Ac Re	Ac Re	Ac Re	Ac Re	Ac Re	Ac Re	Ac Re	Ac Re	Ac Re	Ac Re	Ac Re	Ac Re
A	2	↓	↓	↓	↓	↓	↓	↓	↓	↓	↓	↓	↓	↓	↓	0 1	↓	↓	1 2	2 3	3 4	5 6
B	3	↓	↓	↓	↓	↓	↓	↓	↓	↓	↓	↓	↓	↓	0 1	↑	↓	1 2	2 3	3 4	5 6	7 8
C	5	↓	↓	↓	↓	↓	↓	↓	↓	↓	↓	↓	↓	0 1	↑	↓	1 2	2 3	3 4	5 6	7 8	10 11
D	8	↓	↓	↓	↓	↓	↓	↓	↓	↓	↓	↓	0 1	↑	↓	1 2	2 3	3 4	5 6	7 8	10 11	14 15
E	13	↓	↓	↓	↓	↓	↓	↓	↓	↓	↓	0 1	↑	↓	1 2	2 3	3 4	5 6	7 8	10 11	14 15	21 22
F	20	↓	↓	↓	↓	↓	↓	↓	↓	↓	0 1	↑	↓	1 2	2 3	3 4	5 6	7 8	10 11	14 15	21 22	↑
G	32	↓	↓	↓	↓	↓	↓	↓	↓	0 1	↑	↓	1 2	2 3	3 4	5 6	7 8	10 11	14 15	21 22	↑	↑
H	50	↓	↓	↓	↓	↓	↓	↓	0 1	↑	↓	1 2	2 3	3 4	5 6	7 8	10 11	14 15	21 22	↑	↑	↑
J	80	↓	↓	↓	↓	↓	↓	0 1	↑	↓	1 2	2 3	3 4	5 6	7 8	10 11	14 15	21 22	↑	↑	↑	↑
K	125	↓	↓	↓	↓	↓	0 1	↑	↓	1 2	2 3	3 4	5 6	7 8	10 11	14 15	21 22	↑	↑	↑	↑	↑
L	200	↓	↓	↓	↓	0 1	↑	↓	1 2	2 3	3 4	5 6	7 8	10 11	14 15	21 22	↑	↑	↑	↑	↑	↑
M	315	↓	↓	↓	0 1	↑	↓	1 2	2 3	3 4	5 6	7 8	10 11	14 15	21 22	↑	↑	↑	↑	↑	↑	↑
N	500	↓	↓	0 1	↑	↓	1 2	2 3	3 4	5 6	7 8	10 11	14 15	21 22	↑	↑	↑	↑	↑	↑	↑	↑
P	800	↓	0 1	↑	↓	1 2	2 3	3 4	5 6	7 8	10 11	14 15	21 22	↑	↑	↑	↑	↑	↑	↑	↑	↑
Q	1250	0 1	↑	↓	1 2	2 3	3 4	5 6	7 8	10 11	14 15	21 22	↑	↑	↑	↑	↑	↑	↑	↑	↑	↑
R	2000	↑	↑	1 2	2 3	3 4	5 6	7 8	10 11	14 15	21 22	↑	↑	↑	↑	↑	↑	↑	↑	↑	↑	↑

注：表 **2—33,34,35** 中：① ↑使用箭头上面的第一个抽样方案；↓使用箭头下面的第一个抽样方案。

② Ac 为接收数，Re 为拒收数

表 2-34 GB/T2828 一次加严抽验方案

样本量字码	样本量	接收质量限（AQL）																				
		0.01	0.015	0.025	0.040	0.065	0.10	0.15	0.25	0.40	0.65	1.0	1.5	2.5	4.0	6.5	10	15	25	40	65	100
		Ac Re	Ac Re	Ac Re	Ac Re	Ac Re	Ac Re	Ac Re	Ac Re	Ac Re	Ac Re	Ac Re	Ac Re	Ac Re	Ac Re	Ac Re	Ac Re	Ac Re	Ac Re	Ac Re	Ac Re	Ac Re
A	2	↓	↓	↓	↓	↓	↓	↓	↓	↓	↓	↓	↓	↓	↓	↓	0 1	↓	↓	1 2	2 3	3 4
B	3	↓	↓	↓	↓	↓	↓	↓	↓	↓	↓	↓	↓	↓	↓	0 1	↑	↓	1 2	2 3	3 4	5 6
C	5	↓	↓	↓	↓	↓	↓	↓	↓	↓	↓	↓	↓	↓	0 1	↑	↓	1 2	2 3	3 4	5 6	8 9
D	8	↓	↓	↓	↓	↓	↓	↓	↓	↓	↓	↓	↓	0 1	↑	↓	1 2	2 3	3 4	5 6	8 9	12 13
E	13	↓	↓	↓	↓	↓	↓	↓	↓	↓	↓	↓	0 1	↑	↓	1 2	2 3	3 4	5 6	8 9	12 13	18 19
F	20	↓	↓	↓	↓	↓	↓	↓	↓	↓	↓	0 1	↑	↓	1 2	2 3	3 4	5 6	8 9	12 13	18 19	↑
G	32	↓	↓	↓	↓	↓	↓	↓	↓	↓	0 1	↑	↓	1 2	2 3	3 4	5 6	8 9	12 13	18 19	↑	↑
H	50	↓	↓	↓	↓	↓	↓	↓	↓	0 1	↑	↓	1 2	2 3	3 4	5 6	8 9	12 13	18 19	↑	↑	↑
J	80	↓	↓	↓	↓	↓	↓	↓	0 1	↑	↓	1 2	2 3	3 4	5 6	8 9	12 13	18 19	↑	↑	↑	↑
K	125	↓	↓	↓	↓	↓	↓	0 1	↑	↓	1 2	2 3	3 4	5 6	8 9	12 13	18 19	↑	↑	↑	↑	↑
L	200	↓	↓	↓	↓	↓	0 1	↑	↓	1 2	2 3	3 4	5 6	8 9	12 13	18 19	↑	↑	↑	↑	↑	↑
M	315	↓	↓	↓	↓	0 1	↑	↓	1 2	2 3	3 4	5 6	8 9	12 13	18 19	↑	↑	↑	↑	↑	↑	↑
N	500	↓	↓	↓	0 1	↑	↓	1 2	2 3	3 4	5 6	8 9	12 13	18 19	↑	↑	↑	↑	↑	↑	↑	↑
P	800	↓	↓	0 1	↑	↓	1 2	2 3	3 4	5 6	8 9	12 13	18 19	↑	↑	↑	↑	↑	↑	↑	↑	↑
Q	1250	↓	0 1	↑	↓	1 2	2 3	3 4	5 6	8 9	12 13	18 19	↑	↑	↑	↑	↑	↑	↑	↑	↑	↑
R	2000	0 1	↑	↓	1 2	2 3	3 4	5 6	8 9	12 13	18 19	↑	↑	↑	↑	↑	↑	↑	↑	↑	↑	↑
S	3150	↑	↑	1 2								↑	↑	↑	↑	↑	↑	↑	↑	↑	↑	↑

表 2-35 GB/T2828 放宽检验一次抽样方案

样本量字码	样本量	接收质量限（AQL）																				
		0.01	0.015	0.025	0.040	0.065	0.10	0.15	0.25	0.40	0.65	1.0	1.5	2.5	4.0	6.5	10	15	25	40	65	100
		Ac Re	Ac Re	Ac Re	Ac Re	Ac Re	Ac Re	Ac Re	Ac Re	Ac Re	Ac Re	Ac Re	Ac Re	Ac Re	Ac Re	Ac Re	Ac Re	Ac Re	Ac Re	Ac Re	Ac Re	Ac Re
A	2	↓	↓	↓	↓	↓	↓	↓	↓	↓	↓	↓	↓	↓	↓	0 1	↓	↓	1 2	2 3	3 4	5 6
B	2	↓	↓	↓	↓	↓	↓	↓	↓	↓	↓	↓	↓	↓	0 1	↑	↓	↓	1 2	2 3	3 4	5 6
C	2	↓	↓	↓	↓	↓	↓	↓	↓	↓	↓	↓	↓	0 1	↑	↓	↓	1 2	2 3	3 4	5 6	6 7
D	3	↓	↓	↓	↓	↓	↓	↓	↓	↓	↓	↓	0 1	↑	↓	↓	1 2	2 3	3 4	5 6	6 7	8 9
E	5	↓	↓	↓	↓	↓	↓	↓	↓	↓	↓	0 1	↑	↓	↓	1 2	2 3	3 4	5 6	6 7	8 9	10 11
F	8	↓	↓	↓	↓	↓	↓	↓	↓	↓	0 1	↑	↓	↓	1 2	2 3	3 4	5 6	6 7	8 9	10 11	↑
G	13	↓	↓	↓	↓	↓	↓	↓	↓	0 1	↑	↓	↓	1 2	2 3	3 4	5 6	6 7	8 9	10 11	↑	↑
H	20	↓	↓	↓	↓	↓	↓	↓	0 1	↑	↓	↓	1 2	2 3	3 4	5 6	6 7	8 9	10 11	↑	↑	↑
J	32	↓	↓	↓	↓	↓	↓	0 1	↑	↓	↓	1 2	2 3	3 4	5 6	6 7	8 9	10 11	↑	↑	↑	↑
K	50	↓	↓	↓	↓	↓	0 1	↑	↓	↓	1 2	2 3	3 4	5 6	6 7	8 9	10 11	↑	↑	↑	↑	↑
L	80	↓	↓	↓	↓	0 1	↑	↓	↓	1 2	2 3	3 4	5 6	6 7	8 9	10 11	↑	↑	↑	↑	↑	↑
M	125	↓	↓	↓	0 1	↑	↓	↓	1 2	2 3	3 4	5 6	6 7	8 9	10 11	↑	↑	↑	↑	↑	↑	↑
N	200	↓	↓	0 1	↑	↓	↓	1 2	2 3	3 4	5 6	6 7	8 9	10 11	↑	↑	↑	↑	↑	↑	↑	↑
P	315	↓	0 1	↑	↓	↓	1 2	2 3	3 4	5 6	6 7	8 9	10 11	↑	↑	↑	↑	↑	↑	↑	↑	↑
Q	500	0 1	↑	↑	↓	1 2	2 3	3 4	5 6	6 7	8 9	10 11	↑	↑	↑	↑	↑	↑	↑	↑	↑	↑
R	800	↑	↑	↑	1 2	2 3	3 4	5 6	6 7	8 9	10 11	↑	↑	↑	↑	↑	↑	↑	↑	↑	↑	↑

六、验货

验货是指订单出货前的最后一次检验，检验合格则可按相关程序出货，出口服装可以进仓报关。后期验货，是所有检验中程序最复杂、责任最重大的一次检验，一般由客户自己或委托专业的验货机构来进行检验，也有的客户委托订单生产企业的跟单员来完成(表 2-36～表 2-39)。

表 2-36 某公司成衣外观质量抽检表

客户名称：__________ 款 号：__________ 厂内货号：__________ 抽检实际数：__________

客户编号：__________ 产品名称：__________ 生产数量：__________ 抽检批次：__________

请在要检验的项目中打“√”：__________ 检测报告□__________ 装箱单□__________

外观质量缺陷记录		
说明：数字代表 1～10 件成衣，请在相应成衣相应缺陷方格内作分级标记(红陷 X 性，质分级标记：轻缺陷‘√’重缺陷‘△’严重缺陷‘×’)		
1. 包装缺陷	2. 印绣花/辅料/装饰配件缺陷	3. 面料瑕疵
a. 吊卡内容不清/吊卡挂错 1 2 3 4 5 6 7 8 9 10	a. 印/绣花标与衫身色差 1 2 3 4 5 6 7 8 9 10	a. 抽纱/杂砂 1 2 3 4 5 6 7 8 9 10
b. 包装折叠不端正/不规范 1 2 3 4 5 6 7 8 9 10	b. 印/绣花装饰标位置偏差 1 2 3 4 5 6 7 8 9 10	b. 抽纱/杂砂 1 2 3 4 5 6 7 8 9 10
c. 包装袋破损/不合规范 1 2 3 4 5 6 7 8 9 10	c. 印花脱落/龟裂/掉色/露底 1 2 3 4 5 6 7 8 9 10	c. 色差 1 2 3 4 5 6 7 8 9 10
d. 包装袋标识与内装实物不符 1 2 3 4 5 6 7 8 9 10	d. 绣花变形/串色/浮线/松脱 1 2 3 4 5 6 7 8 9 10	d. 破洞 1 2 3 4 5 6 7 8 9 10
e. 外箱标识与内装实物不符 1 2 3 4 5 6 7 8 9 10	e. 织带掉色/互染/抽纱/收缩严重 1 2 3 4 5 6 7 8 9 10	e. 飞花 1 2 3 4 5 6 7 8 9 10
f. 包装规格/件数不符包装要求 1 2 3 4 5 6 7 8 9 10	f. 铁扣松紧/掉滚/锈蚀 1 2 3 4 5 6 7 8 9 10	f. 纱向不顺 1 2 3 4 5 6 7 8 9 10
g.	g. 商标/洗涤说明标识不清 1 2 3 4 5 6 7 8 9 10	g. 折痕/起横 1 2 3 4 5 6 7 8 9 10

(续　表)

4. 整体外观及各部位缝制缺陷		
上装及裤装	上装	裤装
a. 线头未修干净　1 2 3 4 5 6 7 8 9 10	o. 领反袖/不平服/领尖长短 1 2 3 4 5 6 7 8 9 10	o. 左右裤脚长短不一/起吊 1 2 3 4 5 6 7 8 9 10
b. 断线/跳针　1 2 3 4 5 6 7 8 9 10	p. 领型变形/不圆顺/领顶高低 1 2 3 4 5 6 7 8 9 10	p. 裤头容位不均/包裤头不饱满 1 2 3 4 5 6 7 8 9 10
c. 针距不符合　1 2 3 4 5 6 7 8 9 10	q. 领骨左右不对称　1 2 3 4 5 6 7 8 9 10	q. 裤袋口不方正/左右袋高低 1 2 3 4 5 6 7 8 9 10
d. 爆缝/脱缝　1 2 3 4 5 6 7 8 9 10	r. 肩走前一/左右长短 1 2 3 4 5 6 7 8 9 10	r. 开袋笑口/爆口 1 2 3 4 5 6 7 8 9 10
e. 缝位扭曲/不顺　1 2 3 4 5 6 7 8 9 10	s. 领捆压线大小/不平服 1 2 3 4 5 6 7 8 9 10	s. 袋口打枣不良 1 2 3 4 5 6 7 8 9 10
f. 包捆不均匀/露止口 1 2 3 4 5 6 7 8 9 10	t. 门襟宽窄/歪斜/爆止口/筒底打褶 1 2 3 4 5 6 7 8 9 10	t. 左右脚口大小/歪斜 1 2 3 4 5 6 7 8 9 10
g. 滚牙大小不一　1 2 3 4 5 6 7 8 9 10	u. 露底筒/扣拉不准 1 2 3 4 5 6 7 8 9 10	u. 坎脚口弯曲/毛边/不平齐 1 2 3 4 5 6 7 8 9 10
h. 皱褶/打褶　1 2 3 4 5 6 7 8 9 10	v. 拉链不平捋不直/拉动不顺 1 2 3 4 5 6 7 8 9 10	v. 裤侧缝不顺直/撇脚 1 2 3 4 5 6 7 8 9 10
i. 黏衬部位脱胶/起皱 1 2 3 4 5 6 7 8 9 10	w. 口袋不正/左右袋高低 1 2 3 4 5 6 7 8 9 10	w. 裤滚底不对缝/漏打枣 1 2 3 4 5 6 7 8 9 10
j. 熨烫不良　1 2 3 4 5 6 7 8 9 10	x. 开袋笑口/枣位不准 1 2 3 4 5 6 7 8 9 10	x. 裤头绳长度不够/欠打结 1 2 3 4 5 6 7 8 9 10
k. 商标不居中/脱落 1 2 3 4 5 6 7 8 9 10	y. 两袖长短/起吊/袖口大小 1 2 3 4 5 6 7 8 9 10	
l. 侧缝扭曲不对称　1 2 3 4 5 6 7 8 9 10	z. 绱袖夹圈容位不均/不圆顺 1 2 3 4 5 6 7 8 9 10	
m. 压线大小/露止口 1 2 3 4 5 6 7 8 9 10	a1. 下摆不平服/扭曲/起吊 1 2 3 4 5 6 7 8 9 10	
n. 止口处反光　1 2 3 4 5 6 7 8 9 10	b1. 罗纹高低/容位不均 1 2 3 4 5 6 7 8 9 10	

5. 其他补充									
不符合样号			不符合数量			样品等级		符合品等率	
批结论：	合格	☐	不合格	☐	处理方案：	可出货	☐	返工	☐
备注：									

客户/质检员：　　　　　　　跟单员：　　　　　　　查货日期：

表 2－37　广州市纤维产品检测院验货测试协议书

国家纺织品服装产品质量监督检验中心（广州）
广州市纤维产品检测院

广州市海珠区滨江中路总芳园35号之二
电话：（020）34402328 34402339
传真：（020）34402337 34402332
邮编：510220
网址：www.gtt.net.cn

验货测试协议书

委托单位： ***			联系人：XXX	电话：XXXXXXXX
地址：XXXXXXXXXXX				传真：XXXXXXXX
生产单位：XXXXXXXXXXX		联系人：XXXXXX	电话：XXXXXX	传真：XXXXXXXX
地址：XXXXXXXXXXX			手机：XXXXXX	邮箱：XXXXXXXX
缴费单位：（付款时请注明相关报告书编号）：☐ 委托单位 ☑ 生产单位 ☐ 其它单位：				
样品信息	样品名称：***		样品数量：1米	
	号型规格：		商标：	
	批号款号：***		验余样品处理：	
	原料成份：XXXXXXX		☐ 退回	☑ 消耗
	样品颜色及描述：（客户必填） ***			
	洗涤方法：		相关报告书编号：	
测试要求	检验依据：执行标准 ***			
	1 ☐ 外观质量 ☐ 标识		12 色牢度：☑ 水洗 ☑ 汗渍 ☑ 摩擦 ☑ 水浸	
	2 ☐ 内在质量			
	3 ☐ 全项目（外观 + 内在、理化）		☐ 熨烫 ☐ 干洗 ☐ 唾液 ☑ 光汗 ☑ 耐光	
	4 ☑ 成份含量 ☐ 特种毛绒 ☐ 麻纤维含量			
	5 甲醛：☑ 直接 ☐ 非直接		13 起毛球：☐ 轨迹 ☐ 箱式	
	6 PH值：☑ 直接 ☐ 非直接		14 ☑ 顶强 ☐ 胀强	
	7 ☐ 可分解芳香胺染料（偶氮）		15 ☐ 断强	
	8 ☑ 异味 ☐ 有包装 ☐ 无包装		16 ☐ 摆锤撕强 ☐ 单舌撕强	
	9 ☐ 缩水率 ☐ 洗后外观 ☐ 洗后扭曲		17 ☐ 纰裂程度	
	10 ☐ 干洗缩率 ☐ 洗后外观		18 ☐ 剥离强力 ☐ 后裆缝强	
	11 ☐ 建议洗涤标识		19 ☑ 重量 ☐ 幅宽 ☐ 密度 ☐ 纱支	
	其它测试及说明：1、光汗和耐光色牢度两项合在一起另出一份报告书 2、耐皂洗色牢度用单纤测试		☐ 出英文报告（无指定则出中文报告）	
	测试意见：单项 ☐ 评价 ☐ 不评价 综合 ☐ 评价 ☐ 不评价		测试报告：☐ 快递 ☐ 自取	
	测试周期：☐ 特急（一个工作日、加100%费用）☐ 加急（二个工作日、加20%费用）☐ 普通（三个工作日）			
以上资料填写时请书写工整，在测试报告签发后不得更改				
受理日期：年 月 日 时 分			送样日期：年 月 日	
报告预发日期：年 月 日10：00/11：45/16：00/17：30			检验费：¥	
分包项目：	分包方：		受理人：	客户代表：

说明： 1）必要时测试依据按受理单位制定的非标准方法检测。

2）客户须在检验报告验讫日期45天之内取走样品，过期恕不退还。

3）测试费按政府相关规定收费。

4）协议书本着双方自愿的原则共同签署。

表 2-38　某检验机构纺织品验货测试主要项目收费表

面料：					
序号	测试项目	单价(元)	序号	测试项目	单价(元)
1	纤维成分含量	190(定性 95)	19	起毛、起球(圆轨迹)	25、25
2	特种纤维成分	300	20	起毛球(箱式)	100
3	* 甲醛含量	150	21	起毛球(乱滚式)	75
4	* pH 值	45	22	* 耐水洗色牢度	50
5	断裂强力(伸长率)	90	23	耐汗渍色牢度	50
6	撕破强力(落锤法)	50	24	* 耐摩擦色牢度	50
7	纰裂强力(缝脱)	90	25	* 耐刷洗色牢度	50
8	腋下缝接强力	50	26	* 耐熨烫色牢度	50
9	顶破、胀破强力	50、50	27	耐水浸色牢度	50
10	剥离强力、单舌法	90	28	* 耐干洗色牢度	50
11	松驰、毡化收缩	50、100	28	光汗复合色牢度	90
12	缩水率	一次 55 二次(手洗)100 △三次 120 ※五次 180	19	耐日晒色牢度	20fu110、△※40fu160 ※60fu190 ※二阶段 195
13	缩水率及洗后外观	一次 95(55+40) 二次 195(95+100) △三次 215(95+120) ※五次 275(95+180)	20	△马丁旦尔耐磨	※5 千转 110 ※1 万转 165 ※2 万转 205
14	※△气蒸收缩	50	21	* 异味	45
15	编织密度系数	40	22	* 可分解芳香胺染料	350
16	含油		23		
17	脱毛量		24		
18	建议洗涤标识	60	25		

表 2-39　纺织品验货测试主要项目收费表

机织成品：			针织成品：		
序号	测试项目	单价(元)	序号	测试项目	单价(元)
1	标识	40	1	标识	40
2	* 外观质量及规格	315	2	* 外观质量及规格	315
3	* 外观规格	◎5 件以下 40×n ◎5 件以上 200	3	* 外观规格	5 件以下 40×n 5 件以上 200

（续　表）

机织成品：			针织成品：		
序号	测试项目	单价（元）	序号	测试项目	单价（元）
4	干洗及洗后外观	175	4	干燥重量	
5	衬衫缩率 及洗后外观		5	单件重量	
6	服装缩水率		6	缩水率	55
7	缩水率洗后外观	一次 95（55＋40） 二次 195（95＋100） △三次 215（95＋120） ※五次 275（95＋180）	7	缩水率洗后外观	一次 95（55＋40） 二次 195（95＋100） △三次 215（95＋120） ※五次 275（95＋180）
8			8	水洗后扭曲率	95

注：缩水率（单机洗涤）（元）：一次 80，二次 150，△三次 180，※五次 270。

缩水率（单机洗涤）及洗后外观（元）：一次 120，二次 270，△三次 300，※五次 390。

外观验货收费规定：每天按 1200 元/人计算收费。

检验周期：普通检验：在收到样品及申请检验要求、完成相关手续后三个工作日完成。

加急检验：适用于某些测试项目，在收到样品及申请检验要求、完成相关手续后二个工作日完成（△四 组分以上的成分及带※项目，需三个工作日完成）。检验费用须加收 20％。

特急检验：＊适用于二组分以下的成分及带◎项目，一个工作日完成。检验费用须加收 100％。

检验完成后，对接收的批次，在该批成品抽检外箱正面封口处盖“合格”章，送货时不可与其他批次混杂，入库时可凭现场验货报告直接进行入库稽查验货或直接放行。对被客户拒收的批次，要逐级上报，最终依照《不合格品处理规程》规定处理。最后检查各项工作是否已完成，质量记录是否经相关人员确认并已提交和备份，所有原件交给验货人员审核确认。

七、不合格产品管理

不合格产品的定义是“没有满足客户的某个要求的产品”。任何情况下对于不合格产品都应坚持质量检验的“三不放过”原则，即“不查清不合格原因不放过，不查清责任者不放过，不落实改进措施不放过”。

1. 不合格品的管理

不合格品的管理不但包括对不合格品本身的管理，还包括对出现不合格品的生产过程的管理。

① 当生产过程的某个阶段出现不合格品时，决不允许对其作进一步的加工。

② 对于不合格品本身，应根据不合格品管理程序及时进行标识、记录、评价、隔离和处置。

③ 对已作了标识和记录的不合格品，应存放在指定位置等候评审和最终处置，在此期间，不合格的产品应实行严格控制，以防在此之前被动用。

2. 不合格品的处置

① 返工：可以通过再加工或其他措施使不合格品完全符合规定要求。

② 返修：对其采取补救措施后，仍不能完全符合质量要求，但能基本满足使用要求。

③ 原样使用：不合格程度轻微，不需采取返修补救措施，仍能满足预期使用要求，而被直接让步接收回用。这种情况必须有严格的申请和审批制度，并得到客户的同意。

④ 降级：根据实际质量水平降低不合格品的产品质量等级或作为处理品降价出售。

⑤ 报废:如不能采取上述种种处置时,只能报废。

任务二 出货资料整理与装箱单

一、货期与出货跟进

面料到厂后可根据工厂的实际情况到车间跟踪一下生产进度,以便更好地与客户沟通,并及时让客户了解工厂的大货生产情况,以备在出现特殊情况时(如交期不及时、不能按时交货等)让客户在第一时间得到消息,避免出现客户提前订好船期或空运,因退仓不及时而给工厂造成不必要的损失。

跟单员提前 6~7 天提供商检资料给出货部门,并与客户协商最后入仓期,跟进装箱单、进仓单、出口证等出货资料,及时安排出货,对于箱唛、条形码、包装袋会有不同要求,应当引起注意,并以书面形式下达给包装部:

① 出货时间、数量、入货时间,及时通知相关部门(根据入货通知时间及时安排发货,如不能保证交货,及时同船运公司或客户协商处理);

② 订舱、报关;

③ 办理内部发货手续;

④ 船样及相关事宜,船样一般在大货出货前 6~10 天给客户寄出。

(一) 出货阶段

1. 船头板

将指定颜色、数量和尺码的样板在出货前指定时间内寄出,作为客户在收货时核对提货的样板。

2. 尾期验货

跟单员在出货前的三天,向客户出示相关的成衣合格检测证书后,向客户申请看货。在客户授权的质检员(QC)或跟单员看货合格,并签发合格验货报告后方可出货。

尾期看货,关系到能否顺利按时出货,所以应预先通知整烫包装部做好准备,并配合好客户看货,确保货物顺利出货。

3. 提供装箱指令

对于特殊的出货方式,如分口岸、分批等,跟单部需提前向整烫包装部提供装箱及出货方法的不同细则。整烫包装部按跟单员的装箱指令安排装箱。

4. 装箱单

整烫包装部装箱后,向跟单员提供装箱的详细资料,由跟单员按客户的要求开具装箱单给客户。客户对装箱单可能有不同的格式要求,跟单应按照客户要求提供相关资料。

出货的装箱单要同时提供一份给公司财务备案,用于收取货款(表 2-40)。

5. 出货资料

出货常规的资料包括购销合同、商业发票、装箱单、货物运输保险单、出境报检单、产地证、验货报告、商检报告、货运提单、报关单及报告委托书等(表 2-41)。

6. 货运

要配合不同订单的不同出货方式。一般有客户指定货运代理来提货的,制衣厂需考虑到货物的安全，要向客户索取托运委托单，凭委托单再验证货运公司的资料及托运单，等资料无误后再允许发货。属出口单的，在出货时跟单员要协助获取和办理货物的单证手续，如出货的体积、重量、封签纸等，再将相关资料提供给报关操作。

表 2-40 某制衣出货装箱单

ADD:			Tel				Fax:			联系人:		
承运人:												
款　号:							客人品牌:					
款式名称:							出货数量:				PCS	
面料成分:							出货日期:					
CTN NO: FROM: TO:	COLOR	SIZE / 每箱码数分配 XS	S	M	L	XL	每箱数量	箱数 CTNS	件数 PCS	每箱净重:KGS	每箱毛重:KGS	箱尺寸 CMS
—												
—												
—												
—												
总箱数:						CTNS	总毛重:					KGS
总体积:						立方米	总净重:					KGS
箱正唛							箱侧唛					

注：所有装箱单须在出货前先传到本司：　　　　　　　收并随货附送一份，或Email：

表 2-41 成品出货单

TO:		品牌:					送往:													
FM:							日期:				上午:			下午:						
箱号	箱数	PO.	客名	款号	款式	颜色	箱内件数	点货	INV#:	产地证	验货报告	商检报告	保险单	装箱单	报关单	净重	毛重	总净重	总毛重	纸箱尺寸

(二) 出货后

1. 对数

有些客户除了提供装箱单对数后，还会提供出货数要求对数确认，跟单员要配合好对数工作并将其资料提供一份给公司财务。

对于出口单，在出货的限定时间内跟单员要向货运代理相关人员索取一份提单副本给公司财务，以便办理出口退税。

2. 订单总结

在出货的一周内，跟单员要对已出货的订单做整体的成本与用料的分析总结，作为下一步工作改进的依据。

任务三 剩余物资处理

在服装厂的实际生产过程中，物资的溢短是常见的，一般的物料都可以在新的订单上使用，但一些物料由于服装某些物料品种的特殊性或者客户不再需要原来的部分物料，就会造成服装厂物资长期在布仓或物料仓内堆放，造成容积的减少和生产管理成本的增加。

一般情况下，服装厂都会按照客户的生产订单最大量安排生产，为了避免生产中由于质量问题导致短装，企业都会多生产1%～3%的产品，因此在出货中常常会有余量，也会有部分由于质检不合格而造成仓储的服装。

对于一些出口服装，由于有配额的限制，多生产的服装大多时候多会堆积在服装厂。在某些时候，客户销售情况非常好，会将制衣厂的剩余服装以直接采购的方式购买，并将其上市销售。没被客户采购的仓储服装，服装厂处理都需要得到客户的同意，如美国某公司对制衣厂规定，其余量的服装一般需要销毁处理，其公司在两年内不能处理而又没被销毁处理的成衣，制衣厂两年后可以内部销售，销售时必须将其主唛剪掉或剪开，如果产品流入正式市场上销售，制衣厂将要承受法律责任。

对于每张订单加工后剩余的布料和其他辅料，能使用在新订单上的一般优先使用，不能使用的，只能通过转卖方式出售，减低仓储成本(表2-42)。

表2-42 出货后成衣成本核算、库存物料统计及处理

款号	品名	物料编号	物料名称	使用部位	幅宽(m)	唛架长度(m)	克重(g)	单位	料率	单价(kg)	损耗	不含税金额(元)	含税金额(元)	库存余量	处理方法
			机织布												
			针织布												
			扁机												
			面料小计									0.00	0.00		
			朴					码							
			扁带/透明带					码							
			织带					码							
			橡根					码							
			帽绳/裤绳					码							
			五爪扣/四合					粒							
			四眼扣/单脚					粒							
			拉链					条							
			胶章					个							
			线/丝线					个							
			主唛					个							
			洗水唛					个							
			旗唛					个							
			辅料小计									0.00	0.00		
			牛油纸					张							

（续　表）

款号	品名	物料编号	物料名称	使用部位	幅宽（m）	唛架长度（m）	克重（g）	单位	料率	单价（kg）	损耗	不含税金额（元）	含税金额（元）	库存余量	处理方法
			拷贝纸					张							
			合格证					张							
			主吊牌					张							
			功能吊牌					张							
			行李索					个							
			防潮袋					个							
			胶袋					个							
			纸箱					个							
			打包带/封箱					件							
			外包装贴纸					2张							
			条形码					2张							
			包装辅料小计									0.00	0.00		
			绣花												
			印花					片							
			钉珠					片							
			烫石					片							
			印绣花小计									0.00	0.00		
			合计												
			利润/%（含税）												
			加工费（含税）					件							
			检测费					件							
			总　计												
注：包装成本根据包装要求进行调整；印花损耗根据单量的大小进行调整（损耗范围：500件以下5%，500～1 000件之内2%，1 000～10 000件之内1%；1万件以上1‰）； 检测费用：订单量在1万件以下的加检测费0.3～0.5元/件；税率均为17%；															

制表：　　主管：　　日期：　　审批：　　日期：

单元练习题

一、单选题

1. 如果在生产中出现了异常，制衣厂已经采用了各种措施进行补救，但是仍然无法按时交货，跟单员应（　）

A. 继续调查原因，暂时不告诉客户　　B. 通知客户，并解释难处

C. 约见客户，让客户亲自到厂调查　　D. 通知客户，并说明原因，约定新的交货时间

2. 根据客户对成衣包装“assorted color & solid size”的要求，应（　　）进行包装出货。

A. 单色单码　　B.单色混码　　C. 混色单码　　D. 混色混码

3. 在验货过程中，产品批合格是指（　　）

A. 此批货物每件都合格
B. 此批货物有不合格的,且数量在限制范围内
C. 此批货物有不合格的,且数量在限制范围外

二、多选题

1. 包装的运输标志按其用途可分为(　　)
A. 警告性标志　　B. 指示性标志　　C. 运输标志　　D. 识别标志

2. 出口产品验货的方式主要包括(　　)
A. 理化测试　　B. 感官和理化测试　　C. 批次和无损检验　　D. 抽样和全数检验

三、简答题

1. 简述制衣厂不能及时交货的原因。
2. 简述不合格品的处置方式。

四、分析题

现在大货生产即将完成,QC 需要对大货进行终期检验。采样抽样检验方式,分 6 个批次,每次抽 300 件衣服进行检验。请根据实际情况,结合 GB2828—2003 国家标准,评估产品质量。(采用 AQL=1.5,一般检验水平Ⅱ)

批次 (150 件/批)	抽样数量	Ac	Re	检验出的 不合格数	结论 (合格/不合格)	下一批次检验 (一般/加严/放宽)
批次一				2		
批次二				3		
批次三				3		
批次四				4		
批次五				2		
批次六				2		

五、翻译题

请翻译客户验货评语

Request for alterations

Commentaires / Comments :
Following receipt of your initial samples size 38 size 48
Dear Irene
The fit is not bad but frankly speaking as this style is a repeat from Summer 07 & Winter 07/08 we are very surprised & disappointed to find measurement there are still wrong
it is very important to respect the size chart for the waist (WA01)
we found

	38	48
WA01	39.5cm	50.5cm

Please improve & be careful for bulk production , we will check on photos samples & production samples

Be careful for this brand name we need a perfect finish, we do not want to see unfinished seams , with visible yarn. shiny marks, legs skewed , puckering seams

We remind you it is your responsibility to test the colours & accessories according to our lab. requirements
For packaging: see the garment packaging manual (road book) & buyer's requirements
Best regards & thank you in advance

Nicoletta Pomponio

第三篇　印染跟单

织物的染整、印花加工，是纺织品生产的重要工序。高质量的印染加工是高品质服用面料的保证，它可以改善织物的外观和服用性能，提高织物的附加值，从而满足服装生产的要求，为人们提供各种色彩和功能的服装，提高人们的生活质量。

项目一　印染生产基本流程

纺织品的印染加工工艺复杂、工序繁多，每一道工序的完成都涉及许多协调配合工作，如何有条理、有秩序地完成客户的订单，是跟单工作的主要内容。因此，印染加工过程中的跟单工作，是使纺织品在印染加工过程中的产量、质量能够得到保证，并能按期将产品交付客户的有效方法和手段。

一、染整、印花跟单流程（图 3－1）

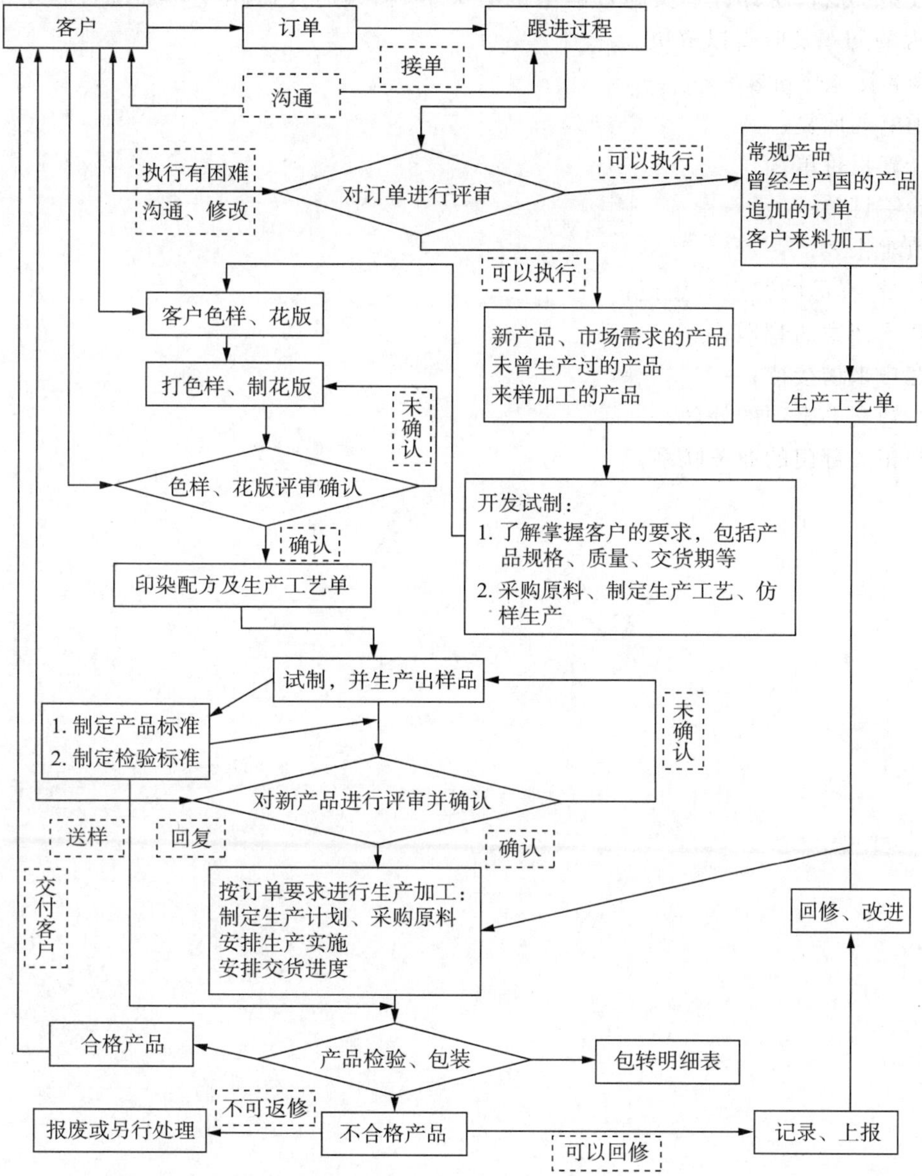

图 3－1　印染跟单流程

染整、印花跟单流程为:接受询价→查询资料→报价→接受订单→订单评审→打样→生产加工→产品交付 →售后服务

二、印染加工过程中跟单工作的职责

1. 跟单员的工作职责如下:

① 全面了解并准备客户的订单资料;

② 负责客户订单实施过程中的联系、沟通、协调、准备以及资料汇总等工作;

③ 根据生产计划,对印染加工过程进行有效地协调和控制,及时将生产进度及质量情况反馈有关主管人员,为管理人员提供及时准确的生产信息,以保证订单的完成;

④ 收集、分析、统计订单实施过程中的有关资料,及时反映出生产加工过程中的异常情况,使出现的问题及时得以解决。

2. 跟单员工作内容

① 函电的回复;

② 计算报价单;

③ 验签订单;

④ 填对帐表;

⑤ 目录、样品的寄送与登记;

⑥ 客户档案的管理;

⑦ 客户来访接待;

⑧ 主管交办事项的处理;

⑨ 与相关部门的业务联系。

项目二 打样跟进实践

打样也称为打小样或仿样，是在正式大货生产前，通过小样试验确定生产工艺，也叫先锋试验。广义的染整打样包括无色打样和有色打样两大部分。由于无色染整(指前处理和后整理)小样工艺与大货生产工艺间的修正调整相对简单，一般染整打样主要是针对有色染整(也即染色印花)来进行，其中染色的颜色打色样常称为L/D样，而印花打样常称为S/O样。

有色打样包括染色和印花的仿色或配色，即对给定颜色的仿拼。染色或印花生产主要根据来样或指定颜色进行，通过小样试验初步确定生产的处方和工艺，后经放大修正达到要求再安排大货生产，所以仿色打样就成为了染色印花生产的重要前提。通过打样，归纳出染色、印花配方和生产工艺，用于指导大批量的生产。

打样过程的组织安排由跟单部门进行，打样的具体实施是由研发部门(或化验室)进行操作，如何能够快速准确打出客户满意的样品，需要两个部门协作配合才能够完成。

新开发或特殊的印染产品，还需要做出中样(即小批量试生产)，以验证生产工艺的可行性，从而保证大批量生产的正常进行。样品打好后需交客户进行评审确认，以客户确认的样品作为生产实施的依据，并且作为产品验收的标准。

在打样过程中，跟单人员作为客户与研发部之间沟通联系的桥梁起着重要的作用，既要与客户沟通，又需跟踪打样的进程。打好的小样由跟单员归纳整理报送客户，了解客户的批复意见并及时传达给研发部门。

任务一 打样跟单

一、打样跟单概述

(一) 打样跟单的流程

客户来样→跟单部门→建立客户档案→客户样品整理→制订和下达打样通知单→打样进度跟进及原料状况跟进→样品整理报送→样品确认跟进→制订和下达样品确认结果通知书→建立样品资料库。

打样操作流程见图3-2所示。

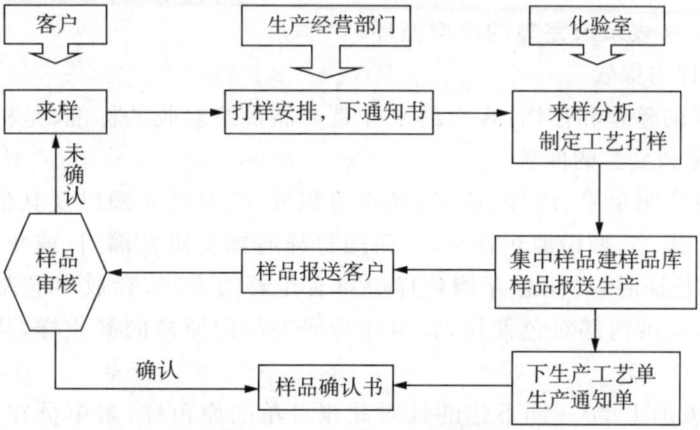

图3-2 打样操作流程图

(二)打样的目的

通过打样,探讨出新产品可行的染色印花生产工艺配方和工艺条件,以保证在大货生产中的工艺可行性、产品质量和生产效率;打出的样品要达到客户的要求,并能够得到客户的确认,以争取实质的生产(加工)订单;确保订单顺利完成,尤其是对于多品种、多颜色、多花型、小批量的订单,能够锻炼和提高生产企业的适应能力和应变能力,从而提高竞争能力。

(三)客户来样审核及来样的整理与保管

客户来样有两种情况,一种是跟随订单的来样,另一种是单纯来样。对于第一种情况,通常来样是针对订单的要求,以合同(订单)附件的形式一同下达给生产企业,打样的时间是包括在订单的交货期内。这就要求研发部门提高打样速度和效率,以尽可能短的时间打出样品并得到客户的确认,以争取更长的生产(加工)时间。对于第二种情况,通常客户出于试探性或技术储备的目的,交给生产(加工)企业进行打样,既可以考核和观察企业的技术水平和能力,又可以对以后的订单预先进行准备。因此在打样过程中,应优先保证打出样品的质量符合客户的要求,同时跟单员要提供优质的服务,表现出企业的技术、质量、服务水平,以达到争取客户订单的目的。

1. 来样审核要点

① 充分了解当前生产能力及原材料状况;

② 确认客户要求,包括来样种类、色牢度、染料种类及环保要求、样品规格及坯布品种成分、对色光源等;

③ 交货时间及数量;

④ 客户要求的货品的产品标准。

2. 来样的整理与保管

(1) 来样分类

① 颜色样:对于需要染色的产品,客户提供的颜色样品,可称为标准原色样。原色样可以是色布样,也可能是标准颜色编号(如色卡编号)。通常面积比较小,客户提供标准原色样时,应注明颜色、名称、编号、布种、坯布成分。

② 手感风格样:手感风格样品,应能够体现出客户所要求的成品手感、风格和质量,通常面积比较大,应有整幅布面宽度,长度 0.5～1 m。

③ 印花样:印花样分为图纸样和成品样,图纸样通常是绘制的彩色图案,另附颜色原样或颜色说明。成品样是印制好的成品面料样品,可以表明最终成品要求的品质。印花样必须有完整的花型图案,能够表示出完整的花型循环。

(2) 来样的整理与保管

① 色标准原样的整理和存档:客户的来样是产品最终验收的标准,是极其重要的技术资料,应做详细的登记和妥善的保管。

a. 色样记录应注明单号、色号、色名、坯布组织成分、对色光源以及其他要求。将客户原色样剪开两份。填制一式两份原色样卡,一份随打样通知交研发部门(或化验室)打样。一份存档备案。分剪原色样时,要注意存档色样应留有足够的大小,存放时应避免污浊、变色、潮湿,保持其标准性,以供内部对色使用,并可作为研发部门原样的参比样,从而使打样对色更准确。

b. 随同订单(或加工单)一同下达的针对此张订单的原色样,跟单员在登记整理过程中,应与订单进行核对，检查是否有遗漏的色样，或者客户提供的色样不完全，发现问题应及时补齐。

c. 当客户以卡的编号指定颜色色样时（通常印染企业应备有色卡），应及时对照色卡中客户指定色号的颜色与色名是否一致（或接近），最好与客户直接沟通，以确定颜色的正确性，以免产生误解。

② 印花标准原样的整理和存档：印花样包含有印花图案和套色，分为图纸印花样和实物印花样。

a. 图纸花样应复制备份，复制图纸交研发部门打样使用，客户原样需妥善保存，以备内部评审做参比样，条件允许时，最好要求客户提供两份原样，一份用于打样，一份存档。

b. 实物原样，应要求客户提供至少有两个完整花型循环的实物样品，以方便打样和存档。

c. 填制一式两份印花原样资料卡，一份存档，一份打样使用。内容应包括单号（批号）、花型编号、套色数量、印花方式、坯布组织及成分等内容。

d. 印花颜色样应贴附在资料卡上，并与印花图案对照，标注清楚套印的颜色。

3. 打样安排

客户的样品，经由业务部门交给跟单部门，由跟单员安排打样进程。下达打样通知书，由研发部实施操作。打样安排过程中，跟单员应进行下列操作程序。

(1) 打样通知书　跟单员整理客户样品后，应开具打样通知书随同色样交由研发部门（或化验室）进行打样。打样通知书应保留一份存档，作为跟单资料。

(2) 制订和下达打样通知单要点

① 打样的质量要求，视客户的要求而定，仔细制订打样通知单，特别注明客户的特殊要求；

② 开具通知单时，应特别仔细核对客户的订单号、色号、颜色等资料，尤其是核对原样资料卡所列明的内容，不可出现差错，需要提醒或容易混淆的地方，应在备注栏中特别注明；

③ 谨慎确定时间期限，应明确规定打样完成时间，以促进打样效率的提高；

④ 特别注明坯布规格情况及对色光源要求；

⑤ 通常情况下需写明客户质量要求及检测所用标准，如果客户有其他特殊要求应特别注明。如关于生态纺织品检测的要求；

⑥ 了解客户习惯，在备注中注明；

⑦ 打样通知单需经主管认可签字后方可交付执行；

⑧ 打样通知单应与客户原样一同交研发部门，并进行登记和交接签字，正确处理和保管客户来样，以防止色样丢失。

案例分析：某服装公司意欲从某印染企业订购一批服装面料并与该企业确定购销意向，印染企业跟单员根据该购销意向书向小样员下达打样通知书（表 3-1、表 3-2）。

表 3－1　购销意向书

甲方：＊＊服装集团公司		购销意向书编号：BT-0804-01-C	
乙方：		签订时间：2014－4－23	
		签订地点：	
现甲方向乙方意向订购下列产品，具体要求如下：			
品种：	纯棉 18.2tex 单面平纹针织布	成分：100%棉	
成品规格：克重 130 g/m²		幅宽：160 cm	

编号	色样	颜色	数量(kg)	单价	金额
BT-08401		粉红	200		
BT-08402		枣红	1 000		
BT-08403		栗色	1 000		
BT-08404		宝蓝	750		
BT-08405		桃肉色	120		

特别要求：1. 剖幅定形，浆切边。2. D65、CWF 光源下对样，不能发生跳灯。3. 送样时要求牢度检测数据。4. 桃肉色用于内衣，要求测试布面 pH 值。

克重范围：125～135 g/m²

交易(意向)条款：

1. 交货(意向)时间：2014－5－7 之前交付
2. 交货(意向)方式：自提
3. 包装要求：按批号分别包装，不可混批号包装
4. 质量要求：按 AATCC 标准进行验收

按下列质量进行验收：

(1) 色牢度

来样编号	来样色名	坯布型号(规格/成分)	耐洗牢度	摩擦牢度(干/湿)	日晒牢度	升华牢度	耐汗渍牢度	备注
BT-08401	粉红	纯棉 18.2tex 单面平纹针织布	3～4	4	3～4	4	3～4	要求测试 pH
BT-08402	枣红	纯棉 18.2tex 单面平纹针织布	3	3～4	3～4	4	3～4	要求测试 pH
BT-08403	栗红	纯棉 18.2tex 单面平纹针织布	3	3～4	3～4	4	3～4	
BT-08404	宝蓝	纯棉 18.2tex 单面平纹针织布	3～4	3～4	3～4	4	3～4	
BT-08405	桃肉色	纯棉 18.2tex 单面平纹针织布	3～4	4	3～4	4	3～4	要求测试 pH

(2) 强力：顶破强力

(3) 环保要求：符合　　　标准

(4) 缩水率：横向±7%，纵向：±7%

甲方：			乙方：		
地址			地址		
联系人		手机：	联系人		手机：
日期	2014－4－23		日期	2014－4－23	

表 3-2　染色打样通知书

客户	＊＊服装集团公司				单号	BT-0804-01-C		
接样时间	2014-4-24				订单交货期	初定 2014-5-7		
打样完成时间	2014-4-26				染料要求	环保染料		
色样数量	5				小样尺寸	5 cm×5 cm		
染色机型	HR631 型高温喷射溢流染机				光源要求	D65　CWF		
来样样品	来样编号	来样色名	坯布型号（规格/成分）	耐洗牢度	摩擦牢度（干/湿）	日晒牢度	升华牢度	耐汗渍牢度	备注
	BT-08401	粉红	纯棉 18.2tex 单面平纹针织布	3～4	4	3～4	4	3～4	要求测试 pH
	BT-08402	枣红	纯棉 18.2tex 单面平纹针织布	3	3～4	3～4	4	3～4	要求测试 pH
	BT-08403	栗色	纯棉 18.2tex 单面平纹针织布	3～4	3～4	3～4	4	3～4	
来样样品	来样编号	来样色名	坯布型号（规格/成分）	耐洗牢度	摩擦牢度（干/湿）	日晒牢度	升华牢度	耐汗渍牢度	备注
	BT-08404	宝蓝	纯棉 18.2tex 单面平纹针织布	3～4	3～4	3～4	4	3～4	
	BT-08405	桃肉色	纯棉 18.2tex 单面平纹针织布	3～4	4	3～4	4	3～4	要求测试 pH
备注：客户要求 1. D65、CWF 光源下对样，不能发生跳灯。2. 送样时要求牢度检测数据。3. 桃肉色用于内衣，要求测试布面 pH 值。									
主管批示：	签字：　年　月　日			签收	签字：　年　月　日				

二、打样跟单实践

打样工作是由印染企业研发部门（或化验室）进行。通常要经过来样分析、制定工艺及打样进程安排三个阶段，打好的样品还需要进行整理汇总，报送到跟单部门，由跟单部门交客户批核确认。客户认可的样品，可以根据打样工艺制定出批量生产工艺，同时尽快安排中样或大货头缸样的试生产。客户未确认的样品需重新打样，直到客户认可为止。

1. 来样分析

根据"打样通知单"及客户原样等技术资料，对客户原样进行分析，通过分析初步拟定打样工艺。来样分析应注意以下几个方面：

① 根据"打样通知单"的具体技术要求，应特别注意对色光源、色牢度、所用染化料的环保问题、打样版数、小样尺寸等；

② 分析坯布成分，确定使用坯布的规格品种。打样用坯布一定要与客户订货要求坯布的成分、品种、规格相一致；

③ 尽量使用将来做大货的坯布进行打样，以使打样准确度提高；

④ 要特别注意对色过程的环境条件对产品的色光、色彩的影响；

⑤ 对色光源的使用一定要正确，可以利用标准光源对色灯箱或计算机测配色系统将样品与标准原样在正确的光源下进行对色，判断样品的准确程度。

2. 制定打样工艺

打样工艺实际上也决定了将来大货的生产工艺。打样工艺，主要是指染料（或印花浆料）

的配方以及印染过程的工艺流程、时间、温度、压力等生产工艺参数。确定工艺时应注意以下几方面。

① 染化料配方的确定要准确,以保证打出样品的效果符合客户的要求;

② 印染工艺的确定,要考虑印染过程中的浴比、温度、压力、时间以及整理工序的各种工艺参数对最终产品质量的影响。尤其是对特殊品种的坯布(如:高弹性、高变形性、特殊纤维成分、特殊风格手感要求等),应特别注意印染过程中的工艺参数的兼容性和合理性;

③ 打样过程的工艺配方和技术参数应进行详细记录,以方便将来生产大货时的工艺的制定。

3. 打样跟单要点

(1) 颜色评核跟进

① 颜色目测评核:

A. 颜色评核环境要求:目测环境要求温度及湿度必须恒温恒湿,颜色评核要在暗房内进行,恒温恒湿的环境要求如下:温度(20℃±2℃)和相对湿度(65%±4%)。

B. 颜色评核灯箱:

a.目测评核需在标准光源箱内进行;b. 不应有房间内的其他光源照射至灯箱或要评核的色办上,标准光源箱应放于有空调的暗房内;c. 标准光源箱只采用原生产商供应的光源灯,光源灯应按使用手册说明按时或每 4 000 使用小时后更换,供应商应保存这些更换记录以便日后检查;d.标准光源箱应每年作维修或校正及应保存维修记录以便日后检查;e. 标准光源箱内除对色样及颜色标准外不应有其杂物,特别是颜色较刺眼的物体,灯箱内的油漆层应保持清洁干净。

C. 色样的要求:

a. 目测前,所有的布片必须于一个标准的环境下(温度 20℃±2℃;相对湿度 65%±4%,比如置于空调房内的标准光源箱中以 D65 光源照射)放置最少 30 min 方可作颜色评核。位于全球各地的很多知名的纺织公司现都采用特别设计的调节箱(Vindon 公司及 Datacolor 公司),这些调节箱可提供快速的调节到受控的温度及湿度以及 D65 日光灯暴露条件,精确的受控条件为温度 20℃及湿度 65%,这些调节箱对颜色评核至为重要;b. 色样必须是双层的,如发现双层有透光,需 4 层折叠才能作颜色评核;c. 色样必须是平直且是干净的,不能有皱纹及疵点影响颜色评核;d. 触摸色样之前必须保证手的洁净干燥,不能直接接触正面。

D. 目测者:

a. 颜色评核人员必须有一定的辨色能力及对色技巧,需通过专业测试,颜色评核人员(包括跟单员)需经过考核合格才能作颜色评核;b. 颜色评估人员(包括跟单员)不可以戴有色彩的眼镜或都擦亮指甲油,服装不宜是大红、杏黄、雪白等鲜艳颜色,最好是穿灰色或素色的衣服进行对色;c. 观测者应先用 20 s 时间适应灯箱所用的光源,当将 D65 日光灯转换至其他光源时亦应先用 20 s 时间适应才作评核。

E. 颜色评核要求:

a. 采用客户指定光源,国际常用的对色光源见表 3－3;b. 色样与客户提供的颜色标准在不同灯光下出现同色异谱现象,最终应以 D65 光源作为最后评定光源;c. 客户提供颜色标准与色样应平衡左右放灯箱中心作评核;d. 应于双层状态下作颜色评核,调整色样与标准的纹路方向一致,纹路方向垂直于评核人员,对于较特殊的布类,例如带有绒毛的样品,应先用手拂一下，使其绒毛朝一个方向，颜色评核时只看表面；e. 颜色评核时的姿势对于颜色评核结果会有较大的影响，样品照射光和入眼观察方向的几何条件用 X/Y 来表示，其中 X 表示入射光与试样面法线的夹角，Y 表示观察者目光与试样面法线的夹角。观察的几何条件有 45/0、0/45、45/90。最佳的目测姿势是色板应放于 45°角的平面上作目测并应每次目测都采用相同的角度（45°），见图 3－3。

表 3－3　国际常用的通用光源

灯的类型	色温	颜色指数	内容及其用途
过滤钨丝（专利）	7500K	95＋	模拟北上天空日光，符合美国视觉颜色评定
过滤钨丝（专利）	6500K	95＋	模拟平均北天空日光，光谱值符合欧洲、太平洋周边国家视觉颜色标准
过滤钨丝（专利）	5000K	95＋	模拟中午天空光，在形象艺术中颜色品质、一致性好
含荧光的平均日光（专利）	7500K	94	符合美国视觉颜色标准，模拟北天空日光
含荧光的平均日光（专利）	6500K	93	符合欧洲、太平洋周边区视觉颜色标准，模拟平均北天空日光
含荧光的平均日光（专利）	5000K	92	模拟北天空日光，在形象艺术中颜色品质，一直性好
卤钨灯（白炽灯）	2300K	95＋	模拟造成日升，下午日落之时日光，同色异谱测试
卤钨灯（白炽灯）	2856K	95＋	同色异谱测试的典型白炽灯，家庭或商场重点使用的光源
美国商业荧光	4150K	62	典型的美国商场和办公室灯光，同色异谱测试
美国商业荧光	3000K	70	典型的美国商场和办公室灯光，同色异谱测试
美国商业荧光	3000K	85	稀土商用荧光灯，用于商场照明。等同于 TL83
美国商业荧光	4100K	85	稀土商用荧光灯，用于商场照明。等同于 TL84
欧洲商业荧光	3000K	85	稀土商用荧光灯，在欧洲和太平洋周边地区用于商场和办公室照明
欧洲商业荧光	4100K	85	稀土商用荧光灯，在欧洲和太平洋周边地区用于商场和办公室照明
“黑光灯”紫外光	BLB	N/A	近紫外线不可视，用于检视增白剂效果，荧光染料等
高强度商业灯	4100K	70	水银灯，用于一些商场、工厂、街道照明
高强度商业灯	3100K	65	金属卤化灯，用于商场
高强度商业灯	2100K	50	高压钠灯，用于工厂

② 仪器颜色测量：除目测外，亦采用仪器颜色测量来支援目测颜色评核，可靠的颜色仪器测量可提供以数字公差作为颜色核准的基础，此方法较有效率且绝对客观。

一般采用颜色度量委员会 CMC（Color Measurement Committee，CMC 是英国染料和颜料者协会的简称）2∶1 颜色程式计算公差。采用电脑对色为辅的目的是要染整厂确保所提交的颜色有更高的准确性及一致性，目前仪器颜色测量仅作参考。建议以 Datacolor 公司的 Spectraflash SF600X 分光度计作仪器评核，测量仪器应置于干净及有空调（温度设定于 20℃ ±2℃，仪器应带每年维修及校正合约。为确保一致性，应采用下列的配置：

颜色差异程式	CMC（2∶1）
光源	主光源：D65（人造日光灯）
观察者角度	10°
测量孔	大面积测量（大孔）

作为目测评核时的参考,具体的格式如下:

CMC PASS/FAIL		CMC DE 值:0.9			
光源/观察者	DL	DC	DH	DE	评定
D65/10 度	0.5(较浅)	0.4(较鲜艳)	0.38(偏黄)	0.56	PASS
TL84/10 度	0.8(较浅)	0.9(较鲜艳)	0.59(偏黄)	1.08	FAIL
A 灯/10 度	0.79(较浅)	0.25(较鲜艳)	0.7(偏黄)	0.87	PASS

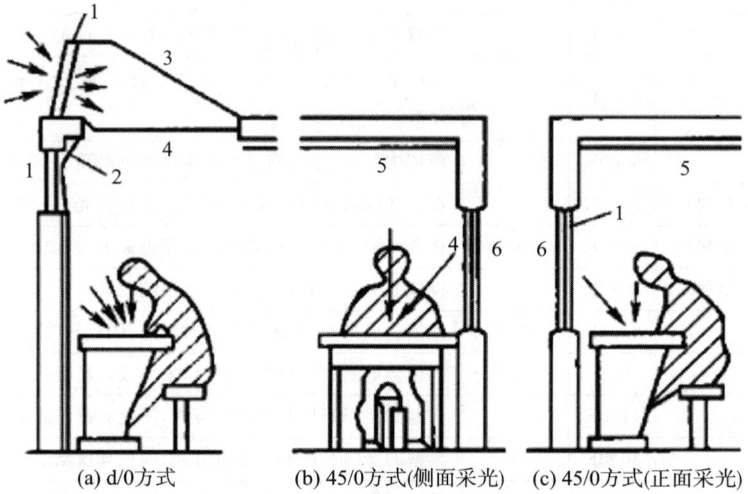

图 3-3 目光评色时利用天然光的几种采光方式

1—磨砂玻璃窗 2—灰布 3—屋脊 4—白窗帘 5—灰布或黑布 6—窗

③ 仪器颜色测量技巧:对于染整厂来说,最理想的结果是所得出的颜色测量结果与客户的要求相若,色样测量时采用的方法对测量所得的结果有很大的影响。

a. 色样的调节:于测量前,所有的色样必须先于一个标准的环境下(温度 20℃±2℃;湿度 65%±4%,比如置于空调房内的颜色评核灯箱中以 D65 光源照射)放置最少 30 min,建议采用 Vindon 公司及 Datacolor 公司的调节箱;

b. 分光光度计的设定:样本必须以大测量孔(大面积测量/LAV,30 毫孔)作测量,此外,应设定"包含紫外线部份程式";

c. 用作仪器颜色测量的样本必须为双层状态,例如网格布等有透光的情况,应折叠 4 层测量;

d. 样本必须平直及不带折痕,测量时应以布面正面为准,样本不应申展到分光光度计的测量球体内,理想的测量方法应作 4 次测量,而每次测量时先将样本转移 90°,样本要根据布样的纹理,分别于 90°、180°、270°及 360°下测量,仪器软件会将 4 次测量的结果计算平均数。

4. 打样进度跟进要点

作为跟单员,随时掌握打样进度。在打样进度跟进的有以下两个要点:

① 如果每一批样品在第一次送样后客户的确认率低于 50%时,会极大影响客户对企业的信心,因此送样前一定要在内部反复审核样品的质量后再行送样,不可为了赶时间而仓促送样。

② 打样速度要快,效率要提高。通常打样的时间要求是:染色小样(烧杯样)数量在 5 个样以下,1~2 天内打好样品送交客户,5 个以上应在 3 天内交齐;印花样可依据数量的多少以

及复杂程度，包括制版时间在内，应在 7～10 天内交齐。如遇特殊样品或比较难打的样品，应及时与客户沟通，争取客户的谅解，适当延长打样时间；

③ 送样前需进行牢度测试，注意结果的跟进。

任务二 样品的整理送报及确认跟单实践

一、样品整理报送及样品确认跟进要点

1. 样品整理及选样

① 染色样的整理：染色样应制做成样品卡，方便客户批色和保管。在样卡中应注明色号、色名、编号、送样日期、对色光源、色牢度等有关技术数据。色样剪裁要整齐平整，尺寸大小要符合客户要求，将裁剪好的色样牢固黏贴在色样卡上，以防脱落。

② 印花样品的整理：印花样品的大小，应视花型的大小而定，通常对于循环面积较小的花型(或小碎花型)至少应有 50cm×50cm 的面积；大花型应至少有一个完整花型循环面积。印制好的样品应注明花型编号、印版编号、客户名称、套色、订单号等内容。

2. 填写送板卡及贴样(表 3-4)

3. 样品的保管

4. 样品送出后，及时通知客户

5. 及时跟进样品的批核情况

一般大多数客户接受的仪器公差如下：

提交色样种类	CMC(2∶1)可接受公差 (D65 日光灯及 TL84 灯下)
LAB DIP	DL＝0.8　DC＝0.5　DH＝0.5　DE≤0.8
大货头缸	DL＝0.8　DC＝0.6　DH＝0.8 DE≤1

上述的可接受公差亦可作为所有的染整厂提交色样的一道“过滤”，如果色样与客户颜色标准的差异较上述差距大，染整厂不应再提交给客户作颜色评核，请自行重新配色，以免浪费时间。

6. 颜色管理采用的颜色评语

在整个颜色评核程序中都会采用 CMC 颜色程式为基础的标准颜色词汇，颜色管理所作的评语会完整地向染整厂的染色员传达而不须作任何形式的翻译。

以下表格中的颜色描述评语只作说明用，客户会就亮度、彩度、色相三方面对色样作评核：

亮度/明度	较深	较浅				
纯度/饱和度	欠鲜艳	较鲜艳	较暗淡	较明亮		
色相	蓝	偏蓝	绿/青	偏绿/青	黄	偏黄

【例】 如果一个 LAB DIP 样是较深和稍偏红，颜色评语将会是：

“所提交的色样颜色较深及偏红，请调至较浅及偏绿然后再提交”

一般情况下，客户对于所有的提交样的颜色批语有以下几种：

- 颜色差，不能接受，批语是“Reject” 并加颜色评语。
- 颜色较好或很好，批语是“OK”。

➢ 颜色不太好，色差边缘接受的，批语为“M/A”(Marginal accepted)并加颜色评语。

➢ 颜色较差，但考虑技术上的因素及交期等因素，勉强接受，不能作标准，以后的大货必须要作改善，评语为“签 L/G”(Letter guarantee)，由供应商写担保出货。

7. 要求客户提供书面批核意见。

8. 否决的样品要及时安排重新打样。

二、建立样品资料库

客户确认的样品应建立样品资料库，将客户的原样及打出经客户确认的样品，集中统一存放。可以建立资料夹，按客户、订单号、样品编号(色号、版号)进行汇集保管，同时将客户和样品确认书附在每一订单的样品资料中，以方便查询检索。

样品资料不只是颜色样和印花小样，同时包括客户提供的其他样品(如：大货质量样、大货手感样、大货风格、大货规格样等)，应进行妥善保管，采取防潮、防变色、防霉变、防虫蛀等措施进行存放，专门建立样品存放室并设专人统一管理。将样品资料登记建卡，借阅查看要有相应的记录，从而达到统一管理、资源共享的目的。

表 3－4 Lab-dip 送板卡

<table>
<tr><td colspan="7">光源：1stD65 ；2nd ；3rd</td></tr>
<tr><td>厂商：</td><td>季度：</td><td colspan="5">颜色牢度等级要符合检验标准要求
(请签名确认)</td></tr>
<tr><td>联络人：</td><td>颜色编号：</td><td colspan="5">以下颜色要符合安踏内控检验标准要求
(请填写测试结果)</td></tr>
<tr><td rowspan="2">联络方式：</td><td rowspan="2">颜色编号：</td><td rowspan="2">耐皂洗色牢度</td><td></td><td rowspan="2">耐摩擦色牢度</td><td>干擦</td><td></td></tr>
<tr><td></td><td>湿擦</td><td></td></tr>
<tr><td rowspan="2">染厂：</td><td rowspan="2">颜色名称：</td><td rowspan="2">耐水色色牢度</td><td></td><td rowspan="2">耐水色牢度</td><td>沾色</td><td></td></tr>
<tr><td></td><td>变色</td><td></td></tr>
<tr><td rowspan="2">送办日期：</td><td rowspan="2">染厂色号：</td><td rowspan="2">耐汗渍色牢度</td><td></td><td>耐光色牢度</td><td colspan="2"></td></tr>
<tr><td></td><td>拼接互染程度</td><td>沾色</td><td></td></tr>
<tr><td colspan="7">面料：</td></tr>
</table>

<table>
<tr><td colspan="2">打色编号：(A)</td><td colspan="2">(B)</td><td colspan="2">(C)</td></tr>
<tr><td colspan="2"></td><td colspan="2"></td><td colspan="2"></td></tr>
<tr><td colspan="2">色差评语</td><td colspan="2">色差评语</td><td colspan="2">色差评语</td></tr>
<tr><td>深度</td><td>较深□ 较浅□</td><td>深度</td><td>偏深□ 偏浅□</td><td>深度</td><td>偏深□ 偏浅□</td></tr>
<tr><td>鲜度</td><td>较暗淡□ 较明亮□
欠鲜艳□ 较鲜艳□</td><td>鲜度</td><td>较暗淡□ 较明亮□
欠鲜艳□ 较鲜艳□</td><td>鲜度</td><td>较暗淡□ 较明亮□
欠鲜艳□ 较鲜艳□</td></tr>
<tr><td>色光</td><td>偏蓝□ 欠蓝□
偏绿□ 欠绿□
偏黄□ 欠黄□
偏红□ 欠红□</td><td>色光</td><td>偏蓝□ 欠蓝□
偏绿□ 欠绿□
偏黄□ 欠黄□
偏红□ 欠红□</td><td>色光</td><td>偏蓝□ 欠蓝□
偏绿□ 欠绿□
偏黄□ 欠黄□
偏红□ 欠红□</td></tr>
<tr><td>批语</td><td>OK □
Reject □
M/A □</td><td>批语</td><td>OK □
Reject □
M/A □</td><td>批语</td><td>OK □
Reject □
M/A □</td></tr>
<tr><td>备注</td><td></td><td colspan="2"></td><td colspan="2"></td></tr>
</table>

项目三　染整、印花订单评审过程的跟单实践

订单评审的具体操作见第二篇项目二的内容阐述。表3-5与表3-6分别为补充说明的面料购销合同文本格式与某单位实际使用的卖布单。

表3-5　购销合同文本

订 购 合 同

甲方：＊＊服装集团公司　合同编号：BT-0804-01-C
乙方：＊＊印染有限公司　签订时间：2014-4-23
现甲方向乙方订购下列产品，具体要求如下：

面料品名	规格	成分	面密度(g/m^2)	幅宽(cm)	批号	颜色	色号	数量(kg)	单价	金额	特别要求
单面针织平纹布	18.2tex	100%棉	125～135	160	BT-01	宝蓝	B0404	500			剖幅定形，浆切边
单面针织平纹布	18.2tex	100%棉	125～135	160	BT-02	枣红	R0405	800			剖幅定形，浆切边
单面针织平纹布	18.2tex	100%棉	125～135	160	BT-03	浅黄	Y0406	1 000			剖幅定形，浆切边
罗纹布	18.2tex精梳棉+77dtex(70旦)氨纶丝	95%棉，5%氨纶	245～255	70(圆筒)	BT-04	漂白	W0401	500			圆筒定形
罗纹布	18.2tex精梳棉+77dtex(70旦)氨纶丝	95%棉，5%氨纶	245～255	70(圆筒)	BT-05	粉红	P0402	800			圆筒定形
罗纹布	18.2tex精梳棉+77dtex(70旦)氨纶丝	95%棉，5%氨纶	245～255	70(圆筒)	BT-06	果绿	G0403	1 000	圆筒定形		

(续　表)

来样编号	来样色名	坯布型号(规格/成分)	耐洗牢度	摩擦牢度(干/湿)	日晒牢度	升华牢度	耐汗渍牢度	备注
BT-01	宝蓝	纯棉 18.2tex 单面平纹针织布	3	3～4	4	4	3～4	要求测试 pH
BT-02	枣红	纯棉 18.2tex 单面针织平纹布	3	3～4	4	4	3～4	要求测试 pH
BT-03	浅黄	纯棉 18.2tex 单面针织平纹布	4	4	3～4	4	3～4	
BT-04	漂白	精梳 18.2tex 棉＋77dtex(70 旦)氨纶丝罗纹布	4	4	3～4	4	3～4	
BT-05	粉红	精梳 18.2tex 棉＋77dtex(70 旦)氨纶丝罗纹布	4	4	3～4	4	3～4	要求测试 pH
BT-06	果绿	精梳 18.2tex 棉＋77dtex(70 旦)氨纶丝罗纹布	3～4	3～4	3～4	4	3～4	

交易条款：

一、交货时间：2014－5－7 之前交付

二、包装要求：按批号分别包装，不可混批号包装

三、质量要求：按 AATCC 标准进行验收

四、按下列质量进行验收：

(1) 色牢度要求

(2) 强力：顶破强力 450 N/m^2

(3) 环保要求：符合 Oeko－Tex 100 标准

(4) 缩水率：横向±7%，纵向±7%

三、交(提)货地点及方式：甲方工厂交货。

四、运输及风险承担：乙方应负责到甲方工厂或甲方指定地点的运输及费用，并承担运输过程中的风险。

五、验收标准：由甲方对乙方商品的外观及物理性能进行检验，并出示检验报告单，检验合格后方可入库。检验报告单是乙方货物符合质量要求的表面证据。如甲方在使用乙方商品过程中发现质量问题，可依据本合同采取相应救济方式。检验报告单不能作为乙方抗辩的理由。

六、结算方式及期限：商品经甲方验收并入库后的第二个月 5 日前，乙方填好对账单，并与甲方财务部核对账目。在核对帐目后 60 天内，由需方通知供方前往需方财务部办理结帐手续。当月入库材料，必须当月开出税票。甲方可通过现金、银行承兑或转帐的方式向乙方付款。

七、违约责任：

1. 供方如果不按本合同约定的日期、数量交货的，逾期 4～7 天内，应按照逾期交付的货款总值的 5%向需方支付违约金；逾期 8～14 天交货的，供方应按照货款总值的 10%向需方支付违约金。逾期 15 天(含)以上交货的，需方有权解除本合同，拒收该批货物，供方还应按本合同总价款的 15%向需方承担违约责任。若该违约金不足以弥补需方因此所受损失的，需方仍可向供方追偿。

2. 如甲方采购的材料上带有甲方的商标标识，乙方应严格按照本合同约定的数量向甲方交付材料；未经甲方书面同意，乙方不得私自生产、销售或以其他方式处理带有甲方商标标识的产品。一经发现，甲方有权按本合同总金额的两倍向乙方收取违约金；如该违约金不足以弥补甲方因此而受到的损失，甲方仍有权进行追偿。

八、质量索赔：

需方收到货物后，经检测，如有不符合本合同质量标准的，需方有权退货，并可要求供方 7 天内补交质量合格的货物；如果供方 7 天内不能补足货物，需方有权拒收货物，供方还应按本合同总价款 10%向需方支付违约金。若该违约金不足以弥补需方因此所受损失的，需方仍可向供方追偿。如果需方让步接收，则该批商品只按货值的一定比例付给供方，但最高不超过原货物价值的 90%。

九、本合同附件，由双方签字确认生效，具有与本合同同等法律效力。本合同无效或被解除，不影响本合同争端解决条款的效力。

十、解决合同纠纷方式：本合同未尽事宜由双方协商解决，协商后达成的书面协议作为本合同的组成部分，与本合同具有同等的法律效力。本合同履行过程中产生的纠纷由合同签订地人民法院管辖。

十一、本合同一式二份，双方各执一份，自双方签字并盖章后生效。

甲　方：＊＊服装集团公司	乙　方：＊＊印染有限公司
地　址：________	地　址：________
联系人：________	联系人：________
手　机：________	手　机：________
日　期：2014－4－23	日　期：2014－4－23

表 3-6 卖布单

头缸日期：　　年　　月　　日

客户名称：＊＊制衣有限公司 BUYER：Tommy Hilfiger　　交货日期：2014 年 04 月 10 日
生产单号：KH0801610　　染厂名称：※ ※印染厂　　发单日期：2014 年 03 月 06 日

		织厂名称	针/英寸	边至边门幅	实用门幅及面密度
布类 A	26S/2(夹纱)JC 自动间平纹	鸿兴			56″ 235 g/m^2
布类 B	26S/2(夹纱)JC 净色色纱平纹	鸿兴			74″ 235 g/m^2
布类 C	20S/1×3JC 横间扁机袖	鸿兴			

颜色及色号	布类 A	布类 B	32″×1～1/2″			总计	实磅
花灰 HAL680/B 米白 GreyHeather/Starfish/W0001	665					665	
褐色/B 天蓝 KensingtonBrown/Raindrop/W0001	555					555	
宝蓝/B 深宝蓝 Versaille Blue/Midnight/W0001	705					705	
宝蓝 Midnight WW00001			35			35	
红 Prue Red WW0001			35			35	
灰 HAL680 Grey Heather WW0001			35			35	
花灰 HAL680/B 深宝蓝 Grey Heather/Midnight W0001			60 打				
褐色/B 深宝蓝 Kensington Brown/MidnightW0001			59 打				
宝蓝/B 深宝蓝 Versaille Blue/Midnight/W0001			70 打				
总计		1 925	105				2 030

染厂备注：落缸洗水小心，固色牢度要好，手感要软，客户要求斜度要好，大货定形斜度要小，扭度可接受 5%内，此单客成衣普洗，A 布洗后总循环：1R=3″。A 布<褐色/天蓝组>抽 KH0701443 单成品布 80 磅，<宝蓝/深宝蓝组>抽 68 磅。
织厂备注：织法/间距及颜色排列跟 KH07011443 批，A 布平均间（A=1－1/2′，B=1－1/2′）。横机圆筒位控制 3～4 毛口，要有弹性，织结较深。

基本加工说明 英文布名	A：W：7　L：7　N：5　制软　剪须　后整定形　成衣洗水　入双胶袋 英文布名：100% Cotton 26S/2 Jersey Auto Stripe
	B：W：7　L：7 N：5　制软　后整定形　成衣洗水　入双胶袋 英文布名：100% Cotton 26S/2 Jersey
	C：W：L：N：制软　拆领　成衣洗水　入双胶袋 英文布名：100% Cotton 20S/1×3 Flat Knit

送货地址：＊＊制衣厂

客户 PO 编码及款号：FAB－0356/08 Liberty Stp Plol ss Fa'08

印染加工费 A：	可接受走货比例（%）：＋5.00－5.00

项目四　印染原料跟单实践

印染生产加工的原料是坯布、染料和助剂，无论是客户来料加工还是生产销售，均要保证坯布的及时供应，跟单员接到订单后，首先要跟进坯布的进度，安排坯布收取，核对坯布到厂数量，到厂后的坯布及时投入加工生产，从而为印染生产加工做好前期准备工作。

任务一　坯布采购跟单

一、坯布采购的流程(图3-5)

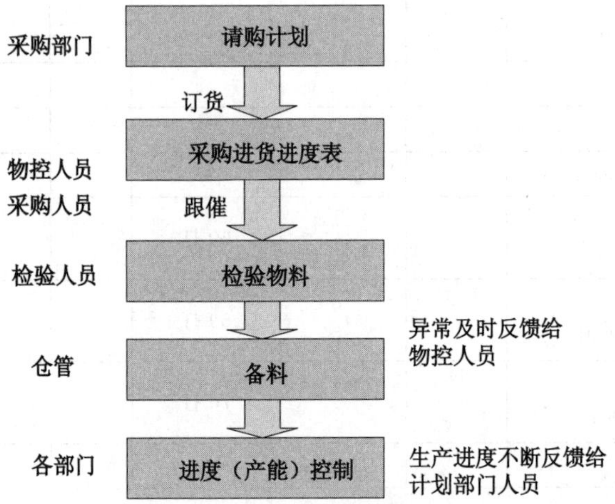

图3-5　原料跟单跟进环节

二、坯布采购跟单内容

坯布采购跟单主要包括制作采购订单、选择供应商、签订采购合同、采购合同跟踪、原料检验、原料接收、付款操作、供应评估等几方面的内容。在此过程中的具体跟单操作应从以下几个方面展开。

1. 制定采购计划

跟单员接到订单后，首先要跟进坯布的情况。详细计算坯布用量，跟进坯布到货进度坯布使用量应根据客户订单要求分品种详细计算，将同一订单的不同品种的坯布用量计算出来，将不同订单相同品种坯布数量累加，可得出某一品种坯布的总用量，在计算用量时要认真仔细，特别是要考虑生产工艺不同所产生的损耗不同，应分别计算才能得出准确数据，避免出现因计算不准而造成坯布不足或超出的情况。根据坯布需求量尽快制定坯布购买计划，对坯布到货的进度进行规划，这是因为坯布到货的进度直接影响到印染加工的时间安排，进而影响成品的交付期。因此在跟进坯布进度时应尽量提前，以留有足够的时间保证印染生产。对于交货期紧急的订单，要特别跟进坯布的进度，定时督促、催问供应商以使坯布能够尽快到货。

2. 选择坯布供应商

生产跟单员要做好坯布购买跟单工作，首先需进行坯布供应商的选择工作。合适的坯布供应商能提供合适质量、足够数量、合理价格的坯布产品，并能准时地交货以及提供良好的售后服务。

3. 签订采购合同及坯布进度的跟进

联系坯布供应厂商，落实坯布供应计划订单确定实施后，跟单员应立即着手跟进坯布的到货进程。

（1）来料加工坯布到货进度的跟进　通常对于来料加工订单，客户会安排坯布供应的事宜，但有时具体的操作，需由跟单员协助完成。客户会将坯布供应计划安排资料交给跟单员，由跟单员具体跟进。

（2）采购坯布到货进度跟进　对于生产销售的订单，跟单员要与坯布供应商进行协调，具体跟进和了解掌握坯布的生产供应进度。跟单员应建立坯布跟进联系资料档案，便于催问、了解、跟进坯布供应事宜，制定坯布供应计划，使坯布到货后，有人管理，存放安全。跟单员可采用表格形式，将坯布供应商的有关资料列入其中方便查阅、联系、沟通，从而提高工作效率，可参考表格式填制，报送有关主管人员，并坯布供应计划可采用表提前通知坯布仓库管理人员，使其做好接收存放坯布的准备工作。

跟单员可采用坯布进度表的形式，随时了解掌握坯布到货进度，通过表格的形式，反映出坯布的的供货信息，方便于快捷查询和发现异常情况，提高跟单的工作效率。

（3）及时跟进坯布的供应进度　坯布供应商交付坯布的进度延误有多方面的原因，作为跟单员应及时跟进，保持经常联络，按计划进行有效的督促、催问。坯布供应计划及订购单下达后，跟单员应定期定时了解坯布的生产进度，如果是客户来坯加工的订单，应及时通报给客户，要求客户尽快解决坯布的供应问题。定时了解、记录坯布的到厂情况，按原生产计划和坯布供应进度，核查坯布的供应量。通常在制定坯布供应计划时，其供应速度应大于印染生产的速度，以保持有一定的坯布储备量，不会导致印染生产进度的延误。

了解造成坯布延迟交付的原因，如有必要可直接到供应商处了解情况，催办交付。如果确因供应商生产能力有限而无法按计划交付坯布时，应及时调整供应渠道，寻求其他的坯布供应商，力求补回延误的时间。坯布订购数量较大时，应寻求多个供应商同时供应坯布，以保证坯布供应量的正常。但应注意同一个品种的坯布尽量安排同一个供应商生产，以使坯布的质量、规格保持稳定。如果多个供应商同时供应同一个品种的坯布，印染生产时要分批次进行管理和使用，禁止混批使用，避免成品规格和质量的差异。

【例】 备坯订单

致＊＊＊＊公司：

为确保我司大货面料能够及时满足成衣生产需求，现要求贵公司提前预备以下坯布：

预坯厂家	编号	主身面料名称	规格	成分	备坯数量(t)
＊＊＊＊	K0046	全棉鱼鳞双卫衣	70″×320g/m²	100%COTTON	25
＊＊＊＊	K0221	全棉珠地布	70″×195g/m²	100%COTTON	10

1. 交期要求：7月20日前完成；
2. 品质要求：按＊＊服装公司针织面料质量检测标准；
3. 质地风格要求：按＊＊服装公司开发正式核可样标准；
4. ＊＊服装公司保证以上备坯面料有100%的坯布使用量；

注：贵公司如未能在要求交期内完成或坯布品质不能满足面料成品质量需求，我公司将不对此备坯布订单负责。

＊＊服装公司

4. 坯布的检验

为了加强坯布品质控制,在染色之前对坯布品质进行抽检是非常必要的。如果抽检时发现坯布品质存在大量问题,必须和纺织厂及时取得联系找到解决问题的方法并寻求补救措施,否则就无法保证产品交货期。为了提高检验效率,以匹为单位,坯布抽检的数量可以控制在5%以内,即100匹织物抽检5匹以下。如果抽检的5匹当中有4匹合格,就可基本判定该批号坯布质量合格。如果5匹中有3匹合格,就必须再抽检5匹。再次抽检的5匹中有4匹合格,则视为整批合格。5匹中有3匹合格则视为整批不合格。抽检的内容主要包括坯布门幅、坯布密度、坯布厚度、坯布长度、原料质量、织造质量等诸方面。

为了加强坯布品质检验,可采取染整加工20 m样布的检验方式,充分检验坯布质量。20 m样布染整检验时可采取带入到其他在线加工的染色产品中一起加工的方式进行,这样的加工方法叫做带样。带样的颜色以中浅色为主,带样产品的检验必须在定形以后进行。这样才能全面地检验坯布的各种质量指标。

5. 协助运输部门,坯布接收的跟进

首先跟单员要与客户或坯布生产商联系,了解每天的坯布生产量及需要收取的数量。通常跟单员可以要求客户或坯布生产商定时(1～2天)提供文字性的收坯布通知,作为收取坯布的凭证。通知时中应列有单号、坯布品种、规格、数量、收取地点等资料,以便于安排运输工具和时间顺序。对于长期稳定的客户(或坯布供应商),可以事先安排好顺序,定时上门收取(表3－6)。

表3－6　坯布收取通知单

请于　　年　　月　　日　　到下述地点收取坯布

客户	单号	坯布品种	坯布规格	预计数量	收取数量	收取地点	备注
合计							

主管：　　　　跟单：　　　　收取人：

其次,跟单员在掌握坯布进度的基础上,应根据印染加工进度分出先后顺序,协同运输部门合理安排运输收取工作。原则上交货期紧急的订单应优先收取,计算每天的应收取量,合理选择恰当的运输工具(运输能力),尽量避免运输工具(车辆)空驶空载现象,科学安排运输线路和先后顺序,避免无故增加行程,以达到尽量降低运输成本的目的。特殊情况下(如遇有特别紧急的订单),可临时增加运输能力以使坯布尽快到厂,保证印染加工的生产时间(表3－7)。

跟单员应在当天安排好第二天的运输工作,并开列出坯布收取通知单,交运输部门实施。通知单中应列明客户、单号、收坯地点、坯布品种、数量等内容。运输部门应按照通知单的要求执行,避免出现因错收坯布而影响印染进程的情况。

表 3-7 坯布供应计划表

客户	单号	品种及规格	价格	成品数量	订货时间	规定时间	坯布交付进度						检测、生产出现的问题及原因
							时间	数量	时间	数量	时间	数量	
							年月日		年月日		年月日		
							年月日		年月日		年月日		
							年月日		年月日		年月日		

6. 跟进坯布进度

坯布到厂的进度是影响印染生产进度的关键因素。对于订货数量大的订单，坯布用量较大，坯布供应往往是分批到厂。通常坯布第一批次到厂后，应立即投入印染生产。为保证生产的连续性，坯布分批次到厂的速度应比印染生产的速度快，而且时间要提前。因此坯布进度的掌握是跟单员必须重视的工作。

坯布的入库情况，应由仓库管理人员定时报出入库报表，以使跟单员随时了解坯布进程，合理安排印染计划。跟单员应根据入坯报表，填制坯布进度表，以提高跟单工作效率。坯布入库报表格式参见表。

随同坯布入库报表，仓库管理员应附有坯布明细单(俗称细码单)的副本。坯布明细单通常是由各个不同的坯布生产厂商提供的，其格式肯定不统一，但其中的内容应包括客户、单号、品种、规格、成分、数量、生产批次等，这其中"生产批次"是一个非常重要的信息。跟单员安排印染缸次时应特别注意，应尽量安排同一批次的坯布进行同缸生产。

跟单员可以要求坯布生产商提供每个订单的坯布生产进度表，也可以根据每天的坯布入库报表和坯布供应计划表了解坯布供应进度。

7. 科学调用坯布投入印染生产

坯布管理应以仓库为主，跟单员因安排印染生产而调用坯布，应经过仓库办理必要的手续方可调用。未安排印染加工的坯布，不可随意调入生产车间，应暂存在仓库，以保证安全，尤其是对客户来料加工的坯布，属客户的财产，需更加注意安全保管，避免因人为的管理失误造成丢失或损坏。

8. 供应商评估

根据坯布购买计划及坯布接收通知，评估供应商运行过程中的技术、质量、货期、服务，由此确定供应商的整体素质，从而保护有价值的制造商且持续合作，促使不理想的供应商做出改善，淘汰不合格的供应商，以保证公司的品牌价值得到稳定且升值的实现。

跟单员按订单号收集相关资料，如成品入库凭证、质量检查报告、订单汇总表、生产逾期统计分析表、成品入库及抽检情况表、内部联络单等资料文件，采用逐单评价方式，评估各项指标(技术、产能、进度、异常处理、质量合格率、货期准时率、配合力度)等，如合格则评定级别；如不合格则放弃；如有改善空间，则要求其做出改进。要求改善的供应商跟单员报生产部经理审批，按公司的标准，向表现欠佳的供应商发出通知，要求供应商按照公司的要求做出相关改进，并在接到改善通知 1 周内提供改善报告，跟单员对供应商的改善做出评估，判定是否符合公司要求。如不符合要求,则放弃。最后由跟单组长评定供应商级别,报生产部经理审批(表 3-8 ~表 3-11)。

表 3-8　坯布供应商交货考核表

交货期情况	扣分标准	总分数(月度或季度)
交货期延迟 3 天以内	每延迟一天扣 1 分	100
交货期延迟 5 天以内	每延迟一天扣 2 分	
交货期延迟 5 天以上	每延迟一天扣 3 分	
实际交货延迟____天	扣分：　　分	得分：　　分

表 3-9　坯布供应商表现考核评分表

部门：________________　　编　号： 坯布供应企业：__________ 坯布供应商编号： 供应商品：				
序号	坯布供应商交货期表现			坯布供应商交货质量表现
	计划交货日期	实际交货日期	扣分	
1				□合格接收　□让步接收　□批退拒收
2				□合格接收　□让步接收　□批退拒收
3				□合格接收　□让步接收　□批退拒收
4				□合格接收　□让步接收　□批退拒收
5				□合格接收　□让步接收　□批退拒收
6				□合格接收　□让步接收　□批退拒收
7				□合格接收　□让步接收　□批退拒收
合计	累计扣分：			一次检验合格率＝(累计合格接收批次/合计交货批次)×100%
交货期表现分数＝100－累计扣分＝　　　(分)				
交货质量分数＝(一次检验合格率×200)－100 ＝　　　(分)				
综合表现分数＝交货期表现分数×40%＋交货质量分数×60% ＝　　　(分)				
跟单员　　　　　　　日期				

表 3-10　坯布供应商考核评分明细

坯布厂商类别	坯布工厂			交货准时率(占 40%)		退货率(占 30%)		坯布检测(占 10%)		配合度(20%)		坯布生产难度系数(附加 5 分)	
	供应商	总评分	排名	准时交货率	评分 A	退货率	评分 B	坯布检测合格率	评分 C	异常处理及配合度 15%	整体配合度 5%	加分值	加分项目

表 3-11　坯布供应商分级管理表

综合分数	评价	级别	措施
＞95	优秀	A	与可靠的坯布供应商来往，建立长期伙伴关系，必要时可在价格、付款等方面采取优惠政策
85～95	优良		
75～84	良好	B	督导改善，限量采购
60～74	及格	C	督导改善，改善前仅在紧急采购时采用，选择后备坯布供应商
＜60	差	D	取消坯布供应商资格，选择新的坯布供应商

考核评审结果：

1. 对定为 A、B、C 级的坯布供应商继续采用，保留合格坯布供应商资格
2. 对 B、C 级坯布供应商，采购主管及质检部主管共同负责对其提出改善要求，并督导及追踪，查核
3. 对 D 级坯布供应商，取消合格坯布供应商资格，由坯布供应商评审委员会负责将其从“合格坯布供应商资格”中删除
4. 对多次要求改善而没回复，没行动的坯布供应商，坯布供应商评审委员会可考虑取消其合格坯布供应商资格

跟单员：　　　　日期：

三、坯布的使用

1. 坯布信息统计

坯布是印染生产的主要原料，其供应、使用、库存情况是保证印染生产能否正常进行的重要信息。坯布信息的统计是否及时准确，是跟单人员在订单的执行和实施过程中重要的信息保证。通过信息的统计整理，可使跟单人员便于随时查阅，及时跟进坯布的订购（或来坯加工）、调用、库存信息，以确保印染订单所需坯布能够及时供应，使订单的实施顺利进行。

坯布的信息统计工作一定要严谨认真，以保证数据的准确及时，坯布台账、库存、使用记录应与各订单的坯布配缸明细表、出入库单等资料吻合，账目与实物相吻合，避免出现错漏。坯布信息可以通过统计整理坯布管理台账的数据，定期（通常是每月一次）对坯布进行盘存，以反映坯布使用情况记录，从而及时准确把握坯布的使用信息（表 3-12 和表 3-13）。

（1）坯布的日常管理信息　坯布的日常管理信息的统计通常是利用进、销、存台账，即利用统一格式的账本进行登记。登记的内容包括品种、规格、购进时间、出库时间、出库数量、单价、余额等。坯布台账是坯布使用管理的基础信息。

表 3-12　坯布使用记录报表

日期	坯布品种	坯布规格	坯布批号	供应商	库存数量	使用情况记录								使用数量	结余数量	备注
						单号	用量	单号	用量	单号	用量	单号	用量			

制表：　　　　跟单员：

注：表格中的“库存数量”是指上一次报表中的“结余数量”是下一次的报表的“库存数量”。

表 3-13 坯布进仓库报表

客户	单号	坯布品种	坯布规格	计划数量	累计入库的数量	差数	存放地	入库日期	备注

仓库管理：　　　　　　　　　　　　　　　　　　　　　　　　　跟单：

(2) 坯布的盘存　坯布的盘存是对坯布仓库中的存储数量进行统计和清点，目的是统计分析坯布的使用和备存的情况。印染生产加工企业坯布分为两大类：一类是用于成品销售订单企业自己购买的作为印染生产原料的坯布，通过盘存可以为坯布的订购决策提供依据，使主管人员及时调整坯布的储备数量和品种，以适应市场的变化；另一类是用于来料加工订单客户提供的坯布，是属于客户的财产，通过盘存可以更好地为客户管理好财产，提供更多的优质服务，取得客户更大的信赖程度，达到维持客户的目的，提高企业的竞争力。因此进行坯布盘存时，应分成两类分别盘存，分别填制盘存表，不可相互混淆。

坯布盘存通常是按月份进行，每月的固定时间进行盘存，做好盘存报表，以方便企业财务部门的统一结算工作(表 3-14)。对客户的坯布盘存报表应定期报送给客户，以使客户了解掌握现存坯布的状况，方便客户决策存坯的使用方向。

盘存表与坯布台账应该是相互吻合的，即坯布台账中记录的坯布进、销、存，尤其是结存数，应与盘存表中的库存数相符合的。如果出现不符情况应及时查找原因，弄清坯布的去向，以免造成损失。

表 3-14 坯布(客户坯布)数量盘存表

填报日期：截止　年　月　日								
坯布品种	规格	批号	供应商	曾用过的订单号	结存数量		存放地	备注
					匹数	数量		
合计								
盘存：	制表：		仓管：		跟单：			

(3) 坯布的使用记录及报表　主管人员、营销人员在订单洽谈过程中，需要了解库存坯布的数量、品质等信息，以回应客户订单的货期要求和质量要求。对于来料加工的客户，通常会有坯布长期存放在印染企业，以便下单时可以随时使用，减少准备坯布的时间。因此在定期盘存客户坯布的基础上，还应编制使用记录报表，定期报送给客户，以体现出良好的跟单素质、服务意识和印染企业的信誉，起到密切联系客户，争取客户信任的作用。

跟单人员应定期编制坯布的使用情况报表，企业自用坯布和客户坯布分别编制。通常应每天报出一次，以供有关人员、客户、跟单员参考，并使跟单员在调拨使用坯布时有一个很好的参考依据，方便跟单员迅速地做出选择，使工作效率大大提高。坯布的使用记录，可以采用表格的形式进行统计以便查阅，可参考表的格式编制。

2. 科学调用坯布投入印染生产

坯布管理应以仓库为主，跟单员因安排印染生产而调用坯布，应经过仓库办理必要的手续方可调用。未安排印染加工的坯布不可随意调入生产车间，应暂存在仓库以保证安全。尤其是客户来料加工的坯布属客户财产，需更加注意安全保管，避免因人为的管理失误造成丢失或损坏。

登记以先进先出为原则，即先收进的坯布优先安排使用，尽量避免长时间的存放。尤其是天然纤维成分的坯布（如棉、毛类）对环境比较敏感，温、湿度的变化往往会对坯布质量产生影响，进而影响印染质量。所以应分批使用，避免混批。

不同批次的纱线原料在织造时应分批使用，生产出的坯布应做出明确的标志，特别是化纤类坯布批差较大，应严格禁止混批情况。坯布混批染色会出现染色色差的问题，特别是化纤类产品，因批差问题造成的染色色差会更加严重。即使是客户的同一订单、同一坯布品种，而不同供应商生产的坯布也应严格区分，从坯布织造至验收入库，应建立科学的制度，避免出现混批情况，特别是仓库管理中，要严格区分、分别存放、标志明显，在坯布收取、入库环节及装卸、清点、搬运、存放等操作过程中，要严格把关。跟单员在安排印染生产缸次（批次）时，要注意坯布的批次问题，根据坯布明细单，分清坯布的批次、供应商、到厂时间，保证同缸染色的坯布是一个批次，杜绝人为造成同缸色差的情况。有时为了赶交货期，将收取回来的坯布直接调入生产车间而没有存入仓库，此时跟单员应与仓库管理人员密切协调配合，及时快速办理有关的坯布调用交接手续，填制必要的单证，完成管理程序。

3. 利用好库存坯布

印染企业无论是生产销售还是客户来料加工，都会有部分的坯布的结余，如何利用这些剩余的坯布，跟单员可按下列原则处理：随时掌握库存坯布的情况。可将定期盘存记录和坯布使用记录进行整理，便于随时查阅。跟单员安排印染生产前应认真分析订单中所列的品种和数量，排缸前先查看库存记录，如果有合适的库存坯布应充分利用，以达到减少库存的目的。

建立详细的库存坯布质量资料档案，有些库存坯布有可能是在当时因不符合质量要求而存留下来的，而对某些订单中质量要求不高能达标的坯布可以利用。因此跟单员接单后要分析订单，充分了解客户的质量要求，根据库存坯布的质量情况有选择地加以利用。

常规品种的库存坯布，其利用价值较高；而某些特殊品种的坯布，因订单量较少，有可能造成存放时间过长而不能利用，造成资金的积压和损失。因此在坯布的采购环节要计算准确、合理订购，用量和采购量要相符，不可盲目地大量订购和储存特殊的坯布品种，以免造成库存积压。还可适当增加成品的交付数量。通常客户的订货数量允许有一定数量偏差，尤其是用于服装生产的订单，往往要求成品交付数量应稍多于订数。

四、原料跟单的要点

1. 事前规划

① 确定交货日期及数量；

② 了解供货商生产设备利用率；

③ 供应商提供生产计划表或交货日程表；

④ 提升供应商的原料及生产管理效率；

⑤ 准备替代来源。

2. 事中执行

① 了解供应商备料情况；

② 企业提供必要材料或技术支援；

③ 了解供应商生产效率；

④ 企业加强交货前的稽催工作；

⑤ 交货期及数量变更的通知；

⑥ 企业尽量减少规格变更。

3. 事后考核

① 对交货延迟的原因分析和对策；

② 分析是否必须转移订单,更换供应商；

③ 执行供应商的奖惩办法；

④ 完成交易后剩料等的收回。

五、物料进度落后的对策

物料进度落后时,会影响生产计划的排期,此时应采取以下措施：

① 与供应商协调,并得到确定的进货时间；

② 通知物料控制人员,告知准确的进货时间；

③ 与技术和物料人员进行协商,有无替代品；

④ 在必要时间变更生产计划。

六、物控中常用的措施

① 罚款；

② 住厂跟踪；

③ 调整供货份额；

④ 激励法。

七、有效处理异常物料

① 退货处理；

② 申请特采；

③ 挑选使用；

④ 加工使用；

⑤ 现况使用；

⑥ 要求紧急放行。

任务二 供应商资质调查

一、坯布供应商调查

为了做好坯布供应的管理,生产跟单员应先进行坯布供应商的调查和选择工作。坯布供应商调查是坯布购买工作的第一步。生产跟单员对坯布供应商了解越多,越有利于跟单工作的顺利进行。

第一,坯布供应商调查的内容主要包括:企业管理水平、专业技术能力及水平、机器设备情况、材料供应状况、质量控制体系及能力、财务及信用状况及管理规范制度等。

第二,坯布供应商调查的方法可以采取发放问卷、面谈、要求坯布供应商提供相关资料、对坯布供应商工厂进行实地考察等方式。在实际操作中，往往把这些方法结合起来使用。

1. 问卷调查法

在设计调查问卷表时，跟单员应注意设计的问题的相关性、问题的形式、问题的用词表达和问题的次序等。表 3-15 为某纺织集团公司坯布供应商调查问卷表，仅供跟单员调查研究过程中参考。

表 3-15　坯布供应商基本情况调查表

公司全称			创建时间	
联系人			企业性质	
资本结构	注册资本：　万元　　万元　流动资金：　万元			
认证情况	认证种类	证件名称	发证机关	获证时间
	管理体系			
	产品			
人力资源情况	专业人员总数	人	技术人员总数	人
	专业人员学历结构	博士：　人，硕士：　人，本科：　人，专科：　人		
	从事质量管理专业（管理）人员	人	从事质量控制员工	人
主要产品情况	产品名称	生产能力	产品名称	生产能力
主要供应商情况	原料名称	供应商名称		
	棉纱			
	合成纤维			
	助剂			
新产品开发能力：	□ 能自行设计开发新产品	□不能自行设计开发		
供应商付款资料：				
供应商全称		开户银行		
帐号		税号		
地址		电话		
我公司保证以上内容的正确性，并对由此产生的后果负责。 供应商负责人确认：　年 月 日				
生产部意见：　年 月 日				
产品部意见：　年 月 日		公司审批意见：　年 月 日		

A. 工厂资料

工厂		地址		
城市		省份		
联系人		职位		
电话		传真		
建厂时间		手机		
最近的港口/机场				
工厂性质	□　100%自营	□　合股______%	□　无投资	
工厂是否有合作加工厂	□　有　□　无	如有：请列出加工厂资料		
加工厂名称	地址	加工类别	机器数量	月产能力
1.				
2.				

(续　表)

B. 客户资料

客户(合作品牌)	年限	现在是否合作	客户(合作品牌)	年限	现在是否合作
	____年	□是□否	____年	□是□否	
	____年	□是□否	____年	□是□否	
	____年	□是□否	____年	□是□否	

C. 工厂建筑资料

工厂建筑面积	平方米	原料仓库面积	平方米
产品检验面积	平方米	车间面积	平方米
成品仓库面积	平方米	织机机台	台
生产线	条	生产能力	万米/月

D. 生产能力(技术能力)

织机	□喷气织机　□喷水织机　□自动化　软件类型						
工厂基本设备(类别)					数量		使用时间
							年
							年
							年
特殊机器	品牌	数量	生产能力	特殊机器	品牌	数量	生产能力

请附上如下资料(电子档案扫描件):工商营业执照、税务登记证(国税、地税)、企业代码证、一般纳税人资格证、银行开户证明和供应商(工厂)照片4～6张(分别从公司展厅、办公室、工厂外景和各车间的情况分别提供有特点的照片备存)。

2. 实地考察法

生产跟单员在实地考察时主要通过"望"、"闻"、"问"和"阅"等方法获取相关资料和信息,需收集和观察的信息主要包括:设施和关键设备的使用年限、研发系统及设施、员工水平和经验、技术流程与控制、全面质量管理原则及贯彻情况、进度安排和优先排序系统的自动化程度、工厂作业管理、订单处理流程和进度安排、环保设施、质量检测手段等。

3. 其他调查法

对坯布供应商的调查方法还有很多,如同行交流获取信息;问询客户或客户自我介绍;客户自行上门寻求合作时及时了解相关信息;国内外展览会、展销会、订货会等收集信息;案头调研,包括查阅国内外贸易指南、浏览国内外新闻媒体(财经媒体)、查阅行业协会的会员名录或产业公报和查阅有关统计年鉴或调研报告等。

二、坯布供应商评审

生产跟单员调查收集了坯布供应商的资料之后,就必须对这些坯布供应商进行评审,以利于对坯布供应的管理。

1. 成立评审小组

坯布供应商的评审,第一步应该是成立评审小组,对合格坯布供应商的各项资格或条件进行分析及审议(表3-16和表3-17)。

表 3－16 坯布供应商名录

类型	厂商	主要产品	本公司所占比例	备注	主要合作品牌

表 3－17 坯布供应商基本情况评估表

<table>
<tr><td colspan="8">一、公司基本资料</td></tr>
<tr><td colspan="8">公司名称：</td></tr>
<tr><td colspan="4">成立年份：</td><td colspan="4">合作年期：　　　　年</td></tr>
<tr><td colspan="8">注册资金：　　　　（请注明货币种类）</td></tr>
<tr><td colspan="8">公司负责人：　　　　职位：</td></tr>
<tr><td colspan="8">公司联络人 1：　　　　职位</td></tr>
<tr><td colspan="8">联系人电话：　　　　电子邮箱地址：</td></tr>
<tr><td colspan="8">公司联络人 2：　　　　职位</td></tr>
<tr><td colspan="8">联系人电话：　　　　电子邮箱地址：</td></tr>
<tr><td colspan="8">公司地址：</td></tr>
<tr><td colspan="8">二、工厂资料</td></tr>
<tr><td colspan="4">总面积：</td><td colspan="4">织造厂面积</td></tr>
<tr><td colspan="2">工人总人数：</td><td colspan="2">织造车间人数
技术人员人数</td><td colspan="2">织前准备车间人数
技术人员人数</td><td colspan="2">质检人数</td></tr>
<tr><td colspan="2" rowspan="2">品质认证或奖项：</td><td colspan="6">ISO 9001:2000 族群质量认证</td></tr>
<tr><td colspan="6">其他认证或奖项（请注明）</td></tr>
<tr><td colspan="8">全年外发加工比例：□无　　%</td></tr>
<tr><td colspan="8">每月总产量评估：</td></tr>
<tr><td>月份</td><td>坯布成分类别</td><td>织物结构</td><td>总数量(t)</td><td>月份</td><td>坯布成分类别</td><td>织物结构</td><td>总数量(t)</td></tr>
<tr><td>1</td><td></td><td></td><td></td><td>7</td><td></td><td></td><td></td></tr>
<tr><td>2</td><td></td><td></td><td></td><td>8</td><td></td><td></td><td></td></tr>
<tr><td>3</td><td></td><td></td><td></td><td>9</td><td></td><td></td><td></td></tr>
<tr><td>4</td><td></td><td></td><td></td><td>10</td><td></td><td></td><td></td></tr>
<tr><td>5</td><td></td><td></td><td></td><td>11</td><td></td><td></td><td></td></tr>
<tr><td>6</td><td></td><td></td><td></td><td>12</td><td></td><td></td><td></td></tr>
<tr><td colspan="8">三、每月可安排给本公司预留生产数量</td></tr>
<tr><td>月份</td><td>坯布成分类别</td><td>织物结构</td><td>总数量(t)</td><td>月份</td><td>坯布成分类别</td><td>织物结构</td><td>总数量(t)</td></tr>
<tr><td>1</td><td></td><td></td><td></td><td>7</td><td></td><td></td><td></td></tr>
<tr><td>2</td><td></td><td></td><td></td><td>8</td><td></td><td></td><td></td></tr>
<tr><td>3</td><td></td><td></td><td></td><td>9</td><td></td><td></td><td></td></tr>
<tr><td>4</td><td></td><td></td><td></td><td>10</td><td></td><td></td><td></td></tr>
<tr><td>5</td><td></td><td></td><td></td><td>11</td><td></td><td></td><td></td></tr>
<tr><td>6</td><td></td><td></td><td></td><td>12</td><td></td><td></td><td></td></tr>
</table>

(续　表)

<table>
<tr><td colspan="6">四、工厂各部门资料(以下资料为属公司资产)</td></tr>
<tr><td>部门/工序</td><td>人数</td><td>职务</td><td colspan="2">工作范围</td><td>备注</td></tr>
<tr><td rowspan="3">跟单部</td><td rowspan="3"></td><td></td><td colspan="2"></td><td></td></tr>
<tr><td></td><td colspan="2"></td><td></td></tr>
<tr><td></td><td colspan="2"></td><td></td></tr>
<tr><td>部门/工序</td><td>人数</td><td>机台机型</td><td>台数量</td><td>日单台产量</td><td>日总产量</td></tr>
<tr><td rowspan="3">织造厂</td><td rowspan="3"></td><td></td><td colspan="2"></td><td></td></tr>
<tr><td></td><td colspan="2"></td><td></td></tr>
<tr><td></td><td colspan="2"></td><td></td></tr>
<tr><td rowspan="3">检验</td><td rowspan="3"></td><td></td><td colspan="2"></td><td></td></tr>
<tr><td></td><td colspan="2"></td><td></td></tr>
<tr><td></td><td colspan="2"></td><td></td></tr>
<tr><td colspan="6">五、自我综合评定及生产优劣势介绍
填表人　　　　职位　　　　日期</td></tr>
<tr><td colspan="6">评价(本公司专用)</td></tr>
<tr><td colspan="6">以往合作记录评定:</td></tr>
<tr><td colspan="6">总体评估:
评估人:　　　　日期</td></tr>
</table>

2. 决定评审的项目

由于坯布供应商之间的条件可能互有雷同,因此必须有客观的评审项目作为选拔合格坯布供应商的依据。评审项目通常包括一般经营情况、供应能力与协调、技术水平、物料质量与价格情况、管理制度、质量保障与控制能力、后续服务能力等。

3. 合格坯布供应商的分类分级

合格坯布供应商应按各供应的专业程度予以分类,分级是将各类的合格坯布供应商按其能力划分等级。分类的目的是避免坯布供应商包办各种采购物件,预防外行人做内行事;分级的目的是防止坯布供应商大小通吃,便于配合采购的需求,选择适当的坯布供应商。

通常生产跟单员最不欢迎“什么都能交,什么都能做”的坯布供应商。因为他们通常并非专业坯布供应商,对物品的性质或施工技术并不十分熟悉,且多在拿到订单后才寻找加工来源。一旦交货有问题或质量出错,一般缺乏能力解决且极力逃避责任。换言之,在高度分工专业化的时代,每一个坯布供应商应有其“定位”——最专精的产品或服务。因此坯布供应商的分类及分级可以避免“鱼目混珠”,达到寻求最适当供应源的目的。

项目五　生产加工过程的跟单实践

订单的生产实施通常是由跟单部门的主管人员进行安排,并指定跟单人员对订单进行跟进。大部分印染企业是采用指定跟单员专门跟进某一客户订单的方法,即某一客户的所有订单中的打样、生产、交货等跟单工作均由一人负责,从而划分清楚跟单责任,方便跟单管理,提高工作效率。在这一过程中是整个订单生产实施和成品交付的关键过程,跟单工作在这一过程中起到了非常必要和重要的作用,需要跟单员进行实际的操作、协调、管理、汇总,最终能够使订单顺利完成。

任务一　生产加工过程跟单与建立资料档案

一、生产过程跟单流程、目的及注意事项

生产过程跟单主要是了解企业的生产进度能否满足订单的交货期,产品是否按订单质量要求进行生产。如果跟单员发现生产没有按照预定计划进行或者有可能出现不能按期进行的情况,跟单员要采取适当措施防止延迟交货的发生。生产过程跟单的基本要求如下:

按时交货:要使生产进度与合同的交货期相吻合,做到不提前也不推迟。

按质交货:生产出来的产品符合合同的质量要求。

(一)生产过程的跟单流程

跟单员进行生产流程跟进,就必须了解产品的生产流程(表 3－18)。虽然各种产品的生产具体形式不同,但是生产型企业的生产流程主要包括以下步骤:

1. 制定生产计划

加工企业生产管理部门接到客户订单后,应根据合同编制生产计划。生产计划就是企业为了生产出符合市场需要或顾客要求的产品,所确定的在什么时候生产、在哪个车间生产以及如何生产的总体计划。企业的生产计划主要是根据销售计划制定的,它又是企业制订物资供应计划、设备管理计划以及生产作业计划的主要依据。

制定生产计划指标是企业生产计划的重要内容之一。

2. 下达生产通知单

生产部门将生产计划转化为生产通知单。生产通知单非常详细地列明了将要生产的产品具体内容,包括合同号、产品名称、规格、数量、所耗材料数量、交货期、对产品的质量要求、后加工要求等。具体生产部门接到生产通知单后根据此安排生产。

3. 安排生产进度

生产部门接到生产通知单后,要按照既定的生产周期、批量和交货期限的要求,在生产能力平衡和资源落实的基础上,确定每种产品的投入与产出日期和每道工序完成的日程。

4. 生产作业控制

生产作业控制包括生产调度、生产进度控制和在制品占用量控制等工作。其中最关键的是生产进度控制。生产进度控制是指从投产准备到成品入库为止的全程所进行的控制。进度

控制的最终目标是要求准时交货。

表 3-18 生产过程的跟单流程

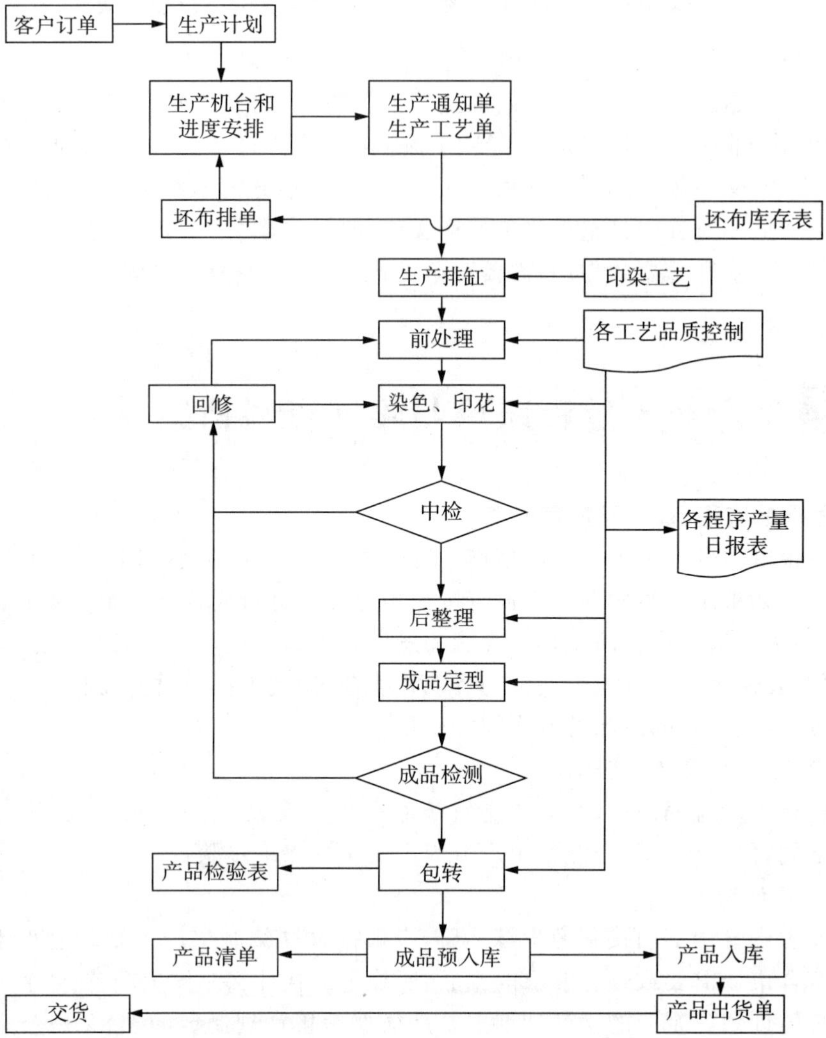

(二)订单的生产实施过程的跟单工作内容

进入实质的印染生产加工阶段,根据订货产品的具体要求跟单工作以及跟单程序,通常有下列两种情况:

第一,对于新产品、以前未曾生产过的产品、来样加工产品,需要经过打样、试染、试中样过程,客户最终确认样品后,才可进入大货的生产实施。跟单员应进行全过程的跟进工作。

第二,对于常规品种、以前生产过的品种、客户的翻单、加单等情况,不需要再进行打样确认的过程,可直接从跟单资料库调阅参考已有的资料,直接进入实质的大货生产阶段。跟单员只需进行部分的跟单工作,相对第一种情形,可以简化跟单工作。

订单的生产实施过程的跟单工作,包括以下几个方面:订单资料档案的建立、小样试制及批复、生产计划安排、生产计划跟进、产品检验标准及方法的制定(协助技术、研发部门进行标准方法的制定、执行)、生产加工过程的跟单操作和仓库管理跟单操作。

二、生产过程跟单工作应注意要点

① 根据坯布库存状况、坯布数量以及客户批复样板等情况，安排订单的生产；

② 依据订货的数量和产品的质量要求，按照坯布种类、印染单号、色号、质量要求等内容开出不同的工艺单；

③ 根据生产单、工艺单进行印染生产加工，完成坯布、染化料的领取和成品预入库工作；

④ 根据工艺单进行生产进度统计跟进工作以及产量统计、质量分析工作；

⑤ 及时汇总整理生产进度，方便企业管理人员、客户随时查询单号、缸号、色号、订单进度等有关信息；

⑥ 进行半成品、成品质量检验的跟进工作，要及时整理疵点分析和品质分析报告；

⑦ 根据工艺单要求，安排成品包装工作，列出包装明细表；

⑧ 及时统计整理生产加工损耗率、返修数量、返修率等数据资料，作为生产管理分析改进的基础资料。

三、企业生产进度控制内容

生产进度控制贯穿整个生产过程，从生产技术准备开始到成品入库为止的全部生产活动都与生产进度有关。进度控制的目标是将进度计划对照实际生产进度，若发现生产进度延误，实时采取行动。控制内容包括投入进度控制、工序进度控制和出产进度控制、在制品占用量控制。其基本过程主要包括：分配作业、测定差距、处理差距、提出报告等。

1. 投入进度控制

指对生产原料的投入日期、投入数量、原料投入提前期的控制。它是保证生产进行的第一步，它可以避免造成计划外生产和产品积压现象，保持在制品正常流转，保证生产的均衡性和成套性。

2. 出产进度控制

指对产品的出产日期、出产提前期、出产量的控制。保证按时、按量均衡地完成生产计划，保持生产过程各环节的紧密衔接和密切配合。要根据每天统计的生产报表进行检查分析，如果发现有差错，要找出原因，进行解决。

3. 工序进度控制

工序进度控制是对产品在生产过程中经过的每道加工工序所进行的控制，是对原材料投入生产到成品入库为止的全过程所进行的控制，特别是对那些周期长、工序多的产品生产必须进行工序控制。其目的在于通过控制采取有效措施，预防可能发生的偏差，纠正已经发生的偏差，保证计划的实现。要依照每一工序的进度计划比较实际进度，并每日跟进。

4. 在制品占用量控制

通过分析对比在制品实际占用量和在制品定额之间的偏差，及时采取纠偏措施，保持在制品的实际占用量与在制品定额相符，以合理的最低占用量，保证生产正常进行。检查半制成品及制成品的数量、位置及情况。

四、跟单员生产进度控制的业务流程

跟单员进行生产进度跟踪的内容和企业生产管理的内容侧重点不同，具体差别如下：

1. 加工企业的跟单员协助制订和下达生产通知单

跟单员要协助生产管理人员将订单及时转化为生产通知单，要明确客户所订产品的名称、规格型号、数量、包装要求、质量要求、交货期等。

2. 跟进大货样品的生产

在合同签订时工厂制作的是小样,和在机器上大批量生产出来的产品有一定区别。所以大货生产前要使用大货原料按工艺要求进行大货样生产,以供客户确认。跟单员要保证大货样的及时送出。

3. 跟进生产进度,了解每天或者某一阶段成品完成数量

跟单员可以通过生产管理部门的生产日报表统计每天完成的产量。对生产进度加以跟踪。

跟单员所跟踪的合同可能同时有几个,每一个合同处于不同的阶段,有的正在谈判,有的正在打样,有的正在生产中,有的正准备运输。作为跟单员要保证每一个合同有条不紊地执行。这就需要对每天的工作安排有具体的规划,以免遗漏其中某个环节。为了更好地规划自己的日常工作,跟单员跟进订单进程可以采取以下方式。

(1) 按订单跟催

按订单预定的进料日期提前一定时间进行跟催:

① 联单法:将订购单按日期顺序排列好,提前一定时间进行跟催;

② 统计法:将所有订购单统计成报表,提前一定时间进行跟催;

③ 跟催箱:按照每月的日期制作一个 31 格的跟催箱,将订购单依照日期顺序放入跟催箱,每天跟催相应的订单。

(2) 定期跟催

在每周固定时间,将要跟催的订单整理好,打印成报表定期统一跟催。以上方法可以混合使用。为了加强合同管理,外贸管理实践中,外贸经理应该定期召开跟单员会议,对每个订单的履行情况进行检查和总结。

4. 产品质量的跟踪

在产成品出来之后,及时向品质管理部了解检验成品检验或测试情况,如果跟单员在工厂,要亲自进行质量检查,并对生产样进行比对或寄样给客户确认,保证每一个环节的质量都得到保证。

5. 最终检验

虽然工厂有成品检验环节,但是跟单员在出货前要对货物进行抽样检验。如质量合格,达到客户要求方可接受货物。跟单员抽样检验是跟单的一个重要环节,有些复杂的产品比如面料等要求较高的产品,外贸公司会有专门的质检员做检验,而不是由跟单员负责。但是跟单员的技能全面及专业化已成为一种趋势。

五、交期延误的原因及处理

1. 造成实际进度与计划进度发生差异的原因

① 原计划错误:这是因为在制订生产计划的时候考虑不周;

② 机器设备有故障或者发生停电等突发事件:由于我国电力供应较短缺,停电问题在夏季尤为严重,纺织品生产企业大多规模小、位于乡村,供电得不到保障;

③ 材料没跟上或前道工序没跟上:连续性生产会引发连锁反应,前道工序不及时完成会拖延整个生产时间;所以要特别保证关键流程的生产;

④ 不良率和报废率过高;

⑤ 临时订单插入的影响:在生产中非常常见,有些重要客户的订单或者高利润的订单会

中途插入，造成拖延生产；

⑥ 员工工作情绪低落，缺勤率或流动率高。

2. 交期延误的处理

一旦可能产生交期延误，要及早通知客户，坦诚说明原因，争取取得客户谅解。通常有以下几种解决方法。

① 争取客户同意推迟交货时间，这是最好的结果；

② 改变运输方式：如改为空运，运费按照一定比例分摊；

③ 降价。

任务二 生产计划的安排和跟进跟单实践

一、生产计划的制定

完成订单要在生产计划指导下实施。印染生产企业常会同时面对多个客户、多个订单和多个品种的加工生产，只有制定周密的生产计划才能有序高效地完成这些订单。

制定生产计划具体实施见第二篇项目三任务七。

二、生产计划实施过程的跟单操作

生产计划安排完毕后，应开展计划的实施工作。在这一过程中主要任务是将生产计划安排转变为实际的生产实施过程，并对生产实施过程加以监督和控制。跟单员需制定一系列的通知、操作、实施等方面的单证供有关人员执行，有计划、有目的地实施生产（表 3-19、表 3-20）。

表 3-19 生产计划总表

年 月(季)订单生产计划总表															
客户	单号	批号	品种名称	织物组织	成品规格	颜色（花型）	成品数量	短溢量	加工方式	环保要求	生产时间	完成时间	签单时间	交货时间	备注
合计															
制单：						审核：						跟单：			

表 3-20 订单生产计划表

编号：												填表日期：				
单号	品名	面料	颜色	订单数量	坯布返布日期	齐布日期	坯布检测日期	打样检测日期	批色日期	上线日期	中检日期	后整理日期	成品检测日期	包装日期	总查日期	出货日期	合同交期
制单：							审核：							跟单：			

生产计划的实施,主要体现在印染加工排程计划表之中(俗称排缸大表)。通过排程计划表,可以直观地反映出每一生产机台正在生产和即将投产的产品品种、投产时间、加工数量、生产工艺等信息,可以很方便地进行操作管理。其核心就是将生产计划、机台安排、进度安排、生产通知单、生产工艺单、投染(印)坯布明细表等有关单证,集中在生产排程表中(表 3-21)。

表 3-21　某企业织染整通知单

TO:HK 营业都		HK 会计部	
澳门营业都		Attn:收发部	
针织部	中央北室		
漂染布	品检部	公司批号:VC84945	
整理部	剪毛部	制单号/款号:A69781	
会计部	抓毛部	发单日期:2010/10/09	客户批号:DO6056
客户:* *(0480)		改单日用:2010/10/09　10:07	营业员:* * *

	VC 批号	单价	布　类	花号	后整	齐还期	交货期
1	84945A　00	HK $ 22LBS	26S/1 棉精梳+40D 普通拉架单珠地	PL26C4D		10/25	11/08
2	84946B　00	HK $ 21.5LBS	32S/1 棉精梳+40D 普通拉架双面布	DL 32C4D		10/25	11/08
3	84947C　00	HK $ 22LBS	32S/1 棉精梳+70D 普通拉架单珠地罗纹布 1× 1	RL32C7D		10/25	11/18
4							

	客户包号	颜色	本厂色号	对色要求	布类 1(磅)		布类 2(磅)		布类 3(磅)	
					浮	实	浮	实	浮	实
1		法式蓝: French Blue	VC140625			4710		80		
2		浅绿: Pale Green	VC140626			410		1460		420
3										
	TOTAL:					5120		5140		420

	订单类型	成品要求	耐洗牢度　3～4	门幅	72″(实用)	70″(实用)	65″(实用)
	卖色布		耐干摩擦　3～4	面密度(g/m²)	250	250	250
	计实重√计虚重		耐湿摩擦　3	横缩%	5	5	5
	付款方式		耐日晒牢度　3	直缩%	6	6	6
	60 天远期信用证		耐汗渍牢度　3～4	扭度			
	送货单注明		耐氯漂牢度	植色/白			
	1		耐氧漂牢度	磨面/底			
	2		附洗涤次数	单/双摇			
	3		其他	抓面/底			
				浆/切边			

备注:

84945A:交货数量接受+/-3%;织法及品质跟客质地板(9/10 收到,稍后交工艺);成分:棉占 95%,拉架占 5%。先安排织还,船头板每包 5 码(请织部预损);测试板每色 3 码,跟"TR-013";克重要准;色牢度要好;9/10 更改备注;12/10 客人复回此质地板 OK,请织坯做大货!定坯。

84945B:交货数量接受+/-3%,织法及手感跟 VC84660B 单,成分:棉占 95%,拉架占 5%;颜色追衫身色;定坯

84945C:交货数量接受+/-3%,织法及品质参考 VC84660C 单,成分:棉占 95%,拉架占 5%;颜色追衫身色;拉罗粗身作面。

制单:　　　　审核:　　　　批准:　　　　表单编号:YY/QR-0010B

列表时间:2010/10/12　上午 08:46:00

1. 开列生产通知单

通常生产通知单是由跟单员依据订货量和生产状况拟定的。生产通知单必须附有所加工坯布的明细表，并一同发至生产部门，再由生产部门制定工艺单后一同下发生产岗位。通知单、生产工艺单和坯布明细表应跟随每个生产过程直到最后出成品，再回到跟单人员手中进行统计整理归档。此三张单证在各个工序流程的交接过程中，应有完善的交接手续，以便于对各个工序的产量、质量进行统计汇总，以使管理人员随时掌握全部的生产进程，方便随时调整协调各个部门之间的工作，使企业能够高效正常运转。

在开列生产通知单时，有以下几个注意事项：①客户及订单号；②产品品种；③产品规格；④生产加工方式及使用染化料的种类；⑤生产加工损耗；⑥交货期。

2. 坯布准备的跟进

① 查询坯布的库存情况，包括客户的剩余坯布存量，了解库存坯布的品种、数量、规格。掌握库存坯布是否适合用于即将投入生产加工的品种、规格要求；

② 对于坯布数量不足的情况，应及时跟进坯布生产情况，追踪客户来坯的进度，尽快备齐所需的坯布；

③ 根据坯布的备存以及订单的具体要求，开列坯布配缸明细表，生产操作人员依据此表进行坯布的配缸、进缸、投染(印)生产(表 3－22)。

表 3－22 坯布配缸明细表

编号：　　　　　　　　日期：

客户名称：					
客户单号：			生产单号：		
生产加工单位：					
产品名称					
使用坯布					
坯布规格	面密度	g/m^2	幅宽	cm	英寸
成品规格	面密度	g/m^2	幅宽	cm	英寸
缸号(批次)			缸号(批次)		
坯布明细					
编号	坯布号	数量(kg 或 m)	编号	坯布号	数量(kg 或 m)
1			1		
2			2		
3			3		
4			4		
5			5		
备注：					

制单：　　　　审核：　　　　跟单：

3. 生产工艺的制定的跟进

生产工艺是由研发部门根据试样结果总结出的工艺流程和工艺配方，最终形成指导生产的生产工艺单(表 3－23)。

表 3-23　某公司生产工艺单

开单日期:2010/03/25　列印时间:2010/03/25　14:40　文员:* * *　审核:　　机号:F

缸号:075198　流水号:24806215　VC 号:Y12714A　色号:VW53720A　(浅)客户:中山☆☆　个数:44　重量:2668.5
颜色:漂白　客批号:SM00311101 款嘉莉　布类:20S/1 棉精梳平纹布(轻蚀毛)纱名:03590H20′全棉骏伟
成品规格:开定实用 68 成品 185G　合染缸号:
追色:对准 L/D 办留意缸差
备注:款号:DO7136 撞色 留意折痕 衫身用　不可多执或少执布因纱问题重蚀毛　pH 值 4～7.5 内　扣除胶袋纸筒重量
骏伟纱

染色 A:N200　漂白　染程 A:950　96℃漂白煮布后洗水加　前处理:S090B　全棉普通　漂白
染色 B:N001 消毛处方　染程 B:

工序:　染色机速:752.29 m/min　米重:535.43 g/m　入布要求:　(染 A)　煮布机速:501.52 m/min

前处理 名称	g/L	用量(kg)
9277 低泡精炼剂 PC60:	1	12.104
9386 双氧水稳定剂 NF－	0.5	6.052
9230 纯碱 99%	3	36.314
9250 苛士的 98%	2	24.209
9390 双氧水 50%	1	72.628
9381 螯合分散剂 ED	1	12.104

备注:程序 014　洗水后才加白
温度:96～0℃　时间:60～0min

9170 HAC 98%	0.6	7.26

备注:
温度: 0～0℃　时间: 0～0min

备注:过 HAC 后放水煮熟水
温度:80～0℃　时间:10～0min

水比 1∶10　浴量:12104.78

染色 A 名称	百分比	用量(kg)
6141 CIBA 黄 FN-2R	0.56	4507.561 g
6350 CTBA 红 FN-2BL	0.927	405.280 g
6600 CIBA 蓝 FN-R	1	8049.217 g
	0	0 g

助剂:

9370 三聚磷酸钠 57%	1	14.841 kg
		kg
		kg
		kg
		kg
		kg

备注:
温度:96℃　时间:20min

水比 1∶4　浴量:4841.91

染色 B 名称	g/L	用量(kg)
染料:		
		g
		g
		g
		g
助剂:		
9230 纯碱 99%		112.104
9881 消毛剂 E		112.104
9170 HAC98%	0.4	4.841
0023 58℃×45′		

备注:消毛 58℃×45′后煮熟水才染色
水比:1∶10　浴量:12104.78　温度:70℃ 时间:10min

后整理

		kg
		kg
		kg
		kg
		kg
		kg

备注:测 PH 值<4.5　大货测色才能<7
温度:80～0℃　时间:20～0min

9200 柠檬酸 99%	0.15	1.81 kg
9618 不变色软油 TD-GA		12145.25 kg
		0.00 kg

备注:出缸前必须加柠檬酸
温度:0～0℃　时间:0min

		kg
		kg

备注:
温度:0～0℃　时间:0～0min

染色工艺流程图

水比 1∶10　浴量:12104.78

后整备注:

出缸日期:　领班:　表单号:PR/QR-0011

生产工艺单是要经过技术主管批核的重要文件，一切生产过程和产品质量控制均是以生产工艺单作为依据。生产过程中的所有操作必须按工艺单的要求严格执行，工艺的落实是保证产品质量的重要前提。因此作为印染生产企业中的管理、跟单、技术、品质控制等部门，应严格把关，随时检查监督，从而保证所生产的产品达到客户的质量要求。

跟单人员应根据工艺单的要求，及时跟进各个工序过程的进度和质量情况。随时掌握订单的进展，并需做详细的统计记录。

4. 印染生产排程的跟进

前面的准备工作完成后，跟单员应配合生产部门的有关人员，依据订单要求的品种、数量、交货期等，根据生产机台的使用状态进行排程。

凭坯布入库单到生产管理部门安排生产计划，提出明确的质量要求，把每种颜色的加工数量明确地通知染厂的生产管理部门，这样的过程叫做点色。生产管理部门的值班人员根据客户来样的颜色特点和染厂的设备特点安排生产计划，这个过程叫做排缸。点色排缸是纺织品染整加工的开端。良好的开端对于一单纺织品的正常加工至关重要。生产计划可以全部安排下去，但是第一缸织物的出缸时间必须掌握。及时掌握第一缸产品的颜色准确性、染色质量、布面织造质量，对于控制这一单的产品质量至关重要。发现重大问题，及时向外贸公司汇报，是保证产品质量的前提。出现重大质量问题时隐瞒不报或者犹豫不决，后患无穷。重大质量问题主要包括坯布质量严重不合格、染色质量严重不合格等。

跟单员将生产通知单、坯布配缸明细表以及生产部制定的生产工艺单一同交由生产部门的排缸人员，由排缸人员依据生产情况及生产通知书的要求进行排程。

5. 印染生产排程的跟单

排缸人员开出排缸卡，随同生产通知单、坯布明细表、生产工艺单一起挂示于该机台下面空位进行排队。生产排程是一项相对复杂的工作，既要考虑生产能力和机台的生产状况，又要顾及订单的交货时间。特急的订单优先安排。

三、中样或大货头缸样生产的跟进

生产计划的跟进重点是从两个方面入手。一方面是大货样(头缸板)的试生产，通过跟单工作尽快得到客户的批复。跟单员要特别跟进试生产过程，全面记录整理有关的资料，为生产和技术人员的工作，做全面的配合服务，使试生产能够顺利进行。另一方面是大货的投产跟进，在这一过程中应及时配合生产部门，保证坯布的供应，同时随着生产的进展，做好有关资料汇集整理，配合生产管理人员协调各生产工序的操作，使订单能够顺利有序地完成。

1. 中样或大货头缸样(船头板)生产跟单要点设计

跟进流程：产品的研发的跟进→生产工艺制定情况 → 使用原材料跟进→中样放样跟进→出缸板跟进→出缸板送检→船头板生产跟进→船头板送检→船头板送样→客户对样品的批核进度跟进→客户批核意见的处理→大货板的生产

跟进过程中有以下一些要点：

(1) 头缸板研发资料收集

① 客户来样及小样批色 OK 板；② 小样生产配方及工艺单；③ 头缸板调用坯布表；④ 头缸板成品规格表；⑤ 其他资料。

跟单员要对所有资料进行核查，如果对收到的资料存有疑问或资料残缺不全，需第一时间将资料退回，确认无误后再接收

(2)《头缸板试产计划》的下达和试产资料交接

跟单员向生产车间厂下达《头缸板试产计划》,《头缸板试产计划》具体内容包括：

① 工艺单编制完成期;② 头缸板技术要求;③ 头缸板调用坯布情况一览表;④ 头缸板成品规格表及质量验收标准;⑤ 头缸板生产完成期。

生产车间需根据《头缸板试产计划》制定头缸板试产的各个时间节点,严格按计划安排头缸板的试产工作。跟单员将资料交接给生产厂,填写《资料交接记录表》并要求生产车间厂相关人员签字确认。

(3) 印染车间头缸板试产准备

印染车间进行头缸板生产前的准备工作,具体为:① 核查客户来样及小样批色 OK 板;② 核查坯布到货情况及坯布质检结果;③ 核查机台运转状况;④ 核查染料及助剂情况。

(4) 编制工艺单

① 收集由工艺员根据小样生产工艺配方和大生产机台状态编制生产工艺及工艺曲线;② 分析工艺节点及质量控制要点,编制跟单要点;③ 根据工艺要点,跟进工艺的落实情况并进行记录。

跟单人员应根据工艺单的要求,及时跟进各个工序过程的进度和质量情况。随时掌握订单的进展,并需做详细的统计记录。

(5) 头缸板进度跟踪

跟单员要时刻了解试产进度的运行状况,掌握试产计划的每一个关键的时间节点,提前预知试产进度问题(表 3-24)。问题发生时,跟单员必须要在第一时间向车间工艺员报告,以免浪费解决问题的黄金时间。绝对不能出现"事前不知不觉,事后大倒苦水"的做法。

表 3-24 大货船头板(头缸)进度表

<table>
<tr><td colspan="2">订单资料</td><td colspan="3">前处理生产进度</td><td colspan="3">坯布进度</td></tr>
<tr><td>客户</td><td></td><td>坯布上机时间</td><td></td><td rowspan="10">备注：</td><td>坯布用量</td><td></td><td rowspan="10">备注：</td></tr>
<tr><td>单号</td><td></td><td>完成时间</td><td></td><td>坯布到厂时间</td><td></td></tr>
<tr><td>品种</td><td></td><td>丝光时间</td><td></td><td>坯检时间</td><td></td></tr>
<tr><td>规格</td><td></td><td>丝光完成时间</td><td></td><td>坯检完成时间</td><td></td></tr>
<tr><td>颜色(花型)</td><td></td><td>磨毛时间</td><td></td><td>备布时间</td><td></td></tr>
<tr><td>交货期</td><td></td><td>磨毛完成时间</td><td></td><td>备布完成时间</td><td></td></tr>
<tr><td>下单时间</td><td></td><td>碱减量时间</td><td></td><td>坯布供应商</td><td></td></tr>
<tr><td></td><td></td><td>碱减量完成时间</td><td></td><td></td><td></td></tr>
<tr><td></td><td></td><td>半成品检测时间</td><td></td><td></td><td></td></tr>
<tr><td></td><td></td><td>检测完成时间</td><td></td><td></td><td></td></tr>
<tr><td colspan="5">染整生产进度</td><td colspan="3">船头板送样核准</td></tr>
<tr><td colspan="2">染色或印花</td><td colspan="3">后整理　定形</td><td colspan="2">船头板(头缸)内部评审</td><td></td></tr>
</table>

（续　表）

缸号(批号)		后整理、定形时间		内部评审意见整理时间	
排单时间		完成时间		船头板(头缸)送样时间	
排单顺序		定前时间		船头板(头缸)寄到时间	
进缸(开印)时间		定后规格		船头板(头缸)核准时间	
完成时间		定后数量		核准结果反馈时间	
损耗率		成品检测时间		船头板(头缸)工艺调整	
出缸板检测时间		成品检测完成时间		船头板(头缸)重试时间	
出缸板检测完成时间		缩率		核准结果：	
半成品中检质量：	备注：	纬斜			
		扭度			
		手感、风格：	备注：		

跟单员：　　　　　　　　　　　　填表时间：　年　月　日至　年　月　日

跟单员需及时跟进进度，了解下列情况：① 头缸板入缸试产时间；② 出缸板对色情况；③ 出缸板牢度测试情况；④ 牢度测试结果达标后跟进后整理生产进度；不达标的要通知工艺员安排回修，并跟进回修结果；⑤ 后整理试产完成后头缸板作为船头板送检，结果达标要剪1m 布板寄送客户批核，并跟进批核结果；⑥ 船头板测试结果不达标，要通知工艺员安排回修，并跟进回修结果；⑦ 其他事宜。

跟单员需及时调整试产计划、及时解决问题，尽最大努力保证在可接受的时间内完成试产任务。

(6) 船头板(头缸板)内部评审

船头板(头缸板)送客户批核前前要先进行内部评审，跟单员、工艺员、车间生产主任、小样员、质管部等必须全部参加。

具体细节和操作方式为：① 跟单员整理好相关的船头板(头缸板)试产资料并提前将会议的时间、地点等信息通知关人员；② 跟单员对船头板(头缸板)进行评审，参与评审会的其他成员在跟单员评审意见的基础之上，加以修正和补充；③ 跟单员负责记录和整理最终的评语。评审“OK”后的船头板(头缸板)才可以送客户批核，评审不“OK”的需改正后才可以参加评审。内部评审意见也将提供给客户，用于船头板(头缸板)批核。

(7) 客户批核意见跟进和处理

① 客户批核“OK”，通知工艺员进行大货生产；② 客户批核不“OK”，通知工艺员根据客户意见调整工艺，重新进行头缸板的试产；③ 客户批核“OK”但有改进意见的，需将客户建议通知工艺员进行调整后进行大货生产。

2. 试生产样品报送的跟单要点

① 首先进行样品的剪取(采样)通常中试样品应剪取整幅布面宽度、1 m 长度(或按客户的要求而定)，在样品上贴附样品的资料卡，同时填制送样记录和送样通知书，随同剪取好的样品，一同送交客户进行批复(表 3-25)。

表 3-25 成品送样通知单

客户：＿＿＿＿＿地址：＿＿＿＿＿编号：＿＿＿＿＿
兹将下列成品布样送交贵客，请即批核为盼！
送样时间：　年　月　日

编号	单号	成品品种	成品规格	颜色花型	色号花号	缸号批号	成品数量		备注
							匹数	重量	
合计送样数量									

批核：　　　　跟单：

② 客户对样品的批核进度跟进客户对于船头板的确认无论通过与否，均应有相应的书面答复材料。此书面资料是跟单和生产的重要依据，跟单员应妥善保管。

③ 客户批核意见的处理客户否决的样品，应由有关人员根据客户的否决理由(原因)进行研究改进，再进行试板生产，直至客户确认。客户确认以后的样品，可作为大货生产的标准对照样进行大货生产，同时技术和研发部门根据客户的质量要求，制定出产品质量标准和产品检验标准，供生产质检和品质控制部门使用，以保证产品质量。跟单人员要存留样品，随同客户批复结果妥善保管，作为跟单依据。

四、大货生产的跟进

1. 大货生产跟单流程

客户批板情况→坯布准备情况→订单的生产实施→产品排缸情况 →产品开始生产时间→产品完成时间 →产品缸差情况 → 产品中检→产品其他质量问题的跟进→产品回修情况→产品完成数量情况 →产品成检 →产品入仓→产品出货。

2. 大货生产的跟进要点

① 要统筹兼顾正在进行中的订单数量和生产进度，协调好生产能力和生产量的关系；

② 要及时了解客户对样品的批核进度和坯布准备情况；

③ 订单的生产实施，应以业务部门的合同条款为准则；

④ 安排生产进度时，要依据订单品种数量、交货时间、坯布准备情况和客户批板情况，分批次、分阶段进行。

任务三 生产加工过程跟单操作

生产加工过程的跟单操作，是跟单工作中的重点工作，也是印染生产跟单的核心工作。在这一过程中跟单工作的效率和质量，直接影响到生产能否正常衔接有序地进行，影响生产效率和产量。

印染产品的生产加工过程，工艺复杂、工序较多、流程较长，因此带来较多的管理和跟单工作，通常印染加工基本分为以下几个步骤：

坯布准备→坯布前处理→染色印花→后整理→定形→检验→包装

在生产过程中，跟单员要随时跟进和了解掌握产品在每一生产工序过程的进展情况，做好各类资料的收集整理，认真做好跟单记录，促使订单的顺利进行。

一、坯布准备及前处理的跟单

1. 备坯

坯布准备主要是指生产操作人员根据生产通知单及坯布配缸明细表进行坯布的抽取和编排，并将坯布退卷或翻布，按缸号编排堆置。坯布准备包括检验、翻布（分批、分缸）、打印和缝接等工作。

备布的跟单要点：

① 核查坯布数量及坯布检验结果等情况；

② 监督是否已开出生产流转卡；

③ 核查备布组是否，按每缸的配缸数量要求配置进行拆卷、称重（或计量长度）；

④ 核查纬编圆筒状针织布是否进行翻面，使织物的反面向外，以避免染色过程中的损伤。

2. 前处理

前处理主要是指对坯布进行煮练，其目的是将去除了织物上的天然杂质和在纺织过程中附加的浆料、助剂及沾污物，包括去除化纤织物上的各种油剂及助剂，使织物具有良好的润湿性，均匀的白度、较好的清洁外观、光泽、手感和稳定的尺寸、强力，使织物在染色时能够保证质量。不同织物前处理工艺流程完全不同，不同的设备也会对工艺流程产生较大影响。棉织物的前处理过程包括坯布（绸）检验、烧毛、退浆、精练、漂白、丝光、水洗等，发生在染色之前的拉毛、磨毛、生物酶抛光处理加工也可以算作前处理范畴。其中拉毛、磨毛、减量、烂花、生物酶抛光等加工后织物的强力损伤是染整跟单员必须关心的重点内容。化纤织物的前处理相对简单，主要包括坯布（绸）检验、退浆、精练、增白、预定形。对于强捻涤纶织物、弹力织物等，预缩、预定形、碱减量等工序都属于前处理的范畴。

跟单员在坯布准备及前处理的整个过程中，要统计产量、记录生产时间，同时建立一个生产流程跟踪资料夹。此资料夹用于整个染色、印花生产过程中每一个工序的生产情况记录和工序之间交接传递记录，将生产工艺单、生产通知单（副本）、坯布明细表、客户批复的样品（用于对色）以及印染生产流程表放入其中，以便这些单证在传递时容易携带、便于保管、防止资料损坏或丢失。印染生产流程表可以记录整个染色、印花生产过程中各个工序的生产情况，跟单员在做跟单记录及整理有关的跟单资料时，可随时查阅流程记录中的内容，随时了解生产情况和进展。其格式可参考表 3 - 26。

表 3-26　印染生产流程表

<table>
<tr><td colspan="5">客户名称:______________客户单号:
生产单号:______________生产加工单位:</td></tr>
<tr><td colspan="2">标准色样(印花样)</td><td colspan="2">技术资料</td><td>缸号(批号)</td></tr>
<tr><td colspan="2" rowspan="7"></td><td colspan="3">产品种类:</td></tr>
<tr><td colspan="3">成品规格:</td></tr>
<tr><td colspan="3">坯布规格:</td></tr>
<tr><td colspan="3">成品数量:　　　坯布数量:　　　匹　　　kg(m)</td></tr>
<tr><td rowspan="3">前处理工序</td><td colspan="2">操作员:　　　　　　机台:</td></tr>
<tr><td colspan="2">时间:　月　日　时　分至　日　时　分</td></tr>
<tr><td colspan="2">备注:
组长:</td></tr>
<tr><td rowspan="7">染色印花工序</td><td>操作员:　　　　机台:</td><td rowspan="9">整理及定形工序</td><td colspan="2">操作组长:　　　　机型:</td></tr>
<tr><td>时间:　月　日　时　分
至　日　时　分</td><td colspan="2">时间:　月　日　时　分
至　日　时　分</td></tr>
<tr><td>坯布数量:　　匹　　kg(m)</td><td colspan="2" rowspan="2">拉伸率:　　横向:　　纵向:
超喂率:</td></tr>
<tr><td>颜色(花型):</td></tr>
<tr><td>色号(版号):</td><td colspan="2">定形数量:　　匹　　kg(m)</td></tr>
<tr><td rowspan="2">备注:
组长:</td><td colspan="2">定前规格:</td></tr>
<tr><td colspan="2">定后规格:</td></tr>
<tr><td rowspan="5">中检工序</td><td>检验员:</td><td colspan="2" rowspan="2">备注:
定形主管:</td></tr>
<tr><td>检验成品数量:　　匹　　kg(m)</td></tr>
<tr><td rowspan="3">备注:
品质控制主管:</td><td rowspan="3">成品检验</td><td colspan="2">检验员:</td></tr>
<tr><td colspan="2">检验成品数量:　　匹　　kg(m)</td></tr>
<tr><td colspan="2">备注:
品质控制主管:</td></tr>
<tr><td colspan="5">工艺员:　　　　生产技术主管:　　　　跟单员:</td></tr>
</table>

二、染色、印花跟单操作

在染色、印花生产过程中,跟单员的重点工作是跟进生产进度和有关数据资料的汇集整理,填制订单实施进度记录。表中有关资料的收集可通过印染生产流程表查看流程记录,收集汇总有关数据后填入进度记录表中。此表作为跟单原始记录,可以及时了解客户多个订单的进展情况,同时对于客户查询了解订单进度有一个可靠准确的依据,从而使跟单工作更加便捷。

订单实施进度记录是整个印染生产过程中各个环节的进展情况汇总。可以提供给客户作为订单生产进度的报告,也可成为管理人员协调生产的依据,使其根据生产进度和交货期限,及时调整生产安排,保证准时交货。

跟单员填制进度表时一定要及时准确,同时结合进度情况提醒有关人员需要关注的问题,对于交货期迫在眉睫的订单,应要求主管人员及时调整计划并优先安排生产,尤其是客户临时增加订货数量或增加订单,更有必要提醒主管人员注意。填写进度表时应注意以下事宜:

1. 客户和单号

填写客户订单进度时,应将同一客户的不同订单列在一起,或者一张进度表只填写同一客户的不同订单。如果不同的客户交叉混列,容易使进度表混乱而且不明确,特别容易出现漏填订单的情况,会造成失误甚至较大的损失。

填列订单号时,应按订单号的顺序填制。这样查看方便,而且不易出现漏填的现象。有时客户的订单号按主料色布和辅料色布区分,造成同一系列的印染产品订单号不同,甚至排列顺序相差较远,跟单员可在备注栏中注明与相关单号的关系,以方便跟进。

2. 下单时间和交货期

这两项时间必须标注清楚,以便生产中及时督促进度。

3. 样品的批复进度

填制样品的批复进度时应注意与交货期比较,如果批复进度太慢而影响交货,应及时提醒客户和主管人员,采取相应的措施。因客户批复缓慢应联络客户催问结果,申请延期交货;因样品质量问题,应立即加以改进,提供合格的样品交客户批复,以争取较长的大货生产时间。

4. 坯布的进展情况

对坯布的数量与品种、进厂时间清楚填写,以确保生产正常进行。

5. 染色、印花加工进展情况

印染进度是跟单的核心工作,信息量较多,而且非常重要,是印染生产过程详细准确的记录,要反映出各个生产工序的进展情况和技术信息,其中缸号(批号)、颜色、花型、排序、生产时间、完成时间等信息应全面反映。

6. 产量和交货量

产量和交货量的统计数据一定要准确,要核查生产单位提供的数据,准确无误填写进度表,如果数据不准确,会产生误导,造成被动,给交货和结算带来不利甚至造成损失。因此要认真填写产量和交货量的统计数据,避免出现问题。

7. 损耗统计

超常损耗可能导致成品数量的不足而需要补染(印),影响交货时间,因此跟单员应密切注意各个工序的损耗情况,及时发现问题,及早采取措施,保证成品交货数量的准确和充足。

三、中检工序的跟单工作

所谓中检,即是生产过程中间对产品的质量检验,也是指对半成品的检验。坯布经染色或印花加工后应对半成品进行检验,通过检验进行判断和筛选合格的产品进行下道工序的加工,不合格的产品需进行回修处理。因此中检工作是印染产品质量监检的一个非常重要的手段,也是必不可少的程序(表 3-27～表 3-29。在中检过程中,跟单员的工作较多,主要进行以下几项工作。

1. 出缸板的收集整理工作

出缸板是指经染色后的织物样品。跟单员应及时跟进出缸板的剪取工作。技术和品质控制人员在进行中检的同时,对出缸板进行内在质量的检验,主要是进行核对色差、测试染色牢度、染后织物强度、手感、风格等指标,判断出是否达到客户要求。同时根据出现的质量问题决定是否回修,或采取措施进一步改善工艺。

表 3－27　生产进度统计表

编号：　　　　　　　　　　　　　　　　　　日期：

客户	订单号	批号	品种	成品规格	数量	交货期	打样	坯布		前处理车间		染色车间		后整理车间		成品检验	包装	成品入库	交付		备注
								订购	入库	A组	B组	A组	B组	A组	B组				数量	时间	

制单：　　　　　　　　　　　　审核：　　　　　　　　　　　　跟单：

表 3－28　大货实施进度记录表

订单资料		前处理生产进度			坯布进度		
客户		客户来样时间		备注	坯布用量		备注
单号		送样时间			首批坯布到厂时间		
品种		色号			首批已收数量		
规格		客户批复时间			二批坯布到厂时间		
颜色花型		小样批复结果			二批已收数量		
交货期		船头板生产时间			尾批坯布到厂时间		
下单时间		船头板送检时间			尾批已收数量		
		船头板批核时间			差额		
		船头板批核结果			坯布供应商		

印染生产进度					交付进度	
染色　　印花		后整理		回修		
缸号(批号)		后整理时间		回修原因	订货数量	
排单时间		完成时间				
进缸开印时间		定前规格			成品数量	
完成时间		定后规格			交付时间	
损耗率		定后数量		回修数量	交付数量	
缸差板收集		成品检测时间			差额	
缸差评定		成品检测完成时间				
出缸板板检测时间		缩率				
出缸板检测完成时间		纬斜		回修结果	备注	
半成品中检质量	备注	扭度				
		手感、风格：	备注：			

跟单员：　　　　　　　　　　　　填表时间：　　年　　月　　日至　　年　　月　　日

表 3-29 产量统计表

客户	单号	品种	缸号批次	颜色	花型	投产时间	完成时间	投坯数量		半成品数量		成品数量		检查结果	损耗	备注
								匹数	重量	匹数	重量	匹数	重量			
合计：																

制单： 统计： 跟单：

出缸板需分类整理，并要留样存档以备核对查验，尤其对于多缸次染色的品种（或颜色），每一缸次的出缸样都是控制缸差（色差）的重要依据，将这些样板剪取适当的大小，排列整齐贴附在一起制成缸差板，方便对色和核对缸差。缸差板要妥善保管，它是跟单的重要资料。

2. 中检质量统计

中检质量统计是指中检过程对产品的染色质量进行全面的记录，主要是通过产品质量检验报告来体现。跟单员应及时收集整理此张表格，使主管人员及时了解掌握染色生产的质量情况，从中可以发现生产管理和技术管理的问题，进而可以及时改善，使生产加工正常顺利进行。

中检工作通常是由质量检验部门（或品质控制部门）安排质检人员进行操作。中检操作应逐匹检验，并做出详细的检验报告（即验布表）。跟单员应保留一份检验报告，归入跟单档案中。产品质量检验报告的格式可参考表 3-30 至表 3-33，此表也可用于量检验报告的格式可参考表。生产流程最后工序的成品质量检验工作，依据检验记录，跟单员也可以进行产量统计，挑出合格产品进行后续加工，不合格产品进行回修。

表 3-30 大货质量跟踪表

客户	单号	品种	成品数量	颜色（花型）	色号（版号）	缸号（批号）	定前规格	定后规格	洗水前规格	洗水后规格	缩水率（%）		扭度（%）	色牢度（级）						强度
														水洗		摩擦		日晒	汗渍	
											W	L		变色	沾色	干摩	湿摩			

表 3－31　染色半成品质量检测报告表

客户：　　　　　　　　送检日期
订单号　　　　　　　　检测时间
生产单号　　　　　　　颜色
品种　　　　　　　　　克重
规格

质量检测项目		缸号(批号)							备注
		1	2	3	4	5	6	7	
耐皂洗色牢度	变色								
	沾色								
耐摩擦色牢度	干摩擦								
	湿摩擦								
耐汗渍色牢度	耐酸汗渍								
	耐碱汗渍								
耐熨烫色牢度									
耐日晒色牢度									
耐水色牢度	变色								
	沾色								
耐氯色牢度									
色花									
缸差									
左中右色差									
前后色差									
污点									
色点									
横档									
折痕									
白斑									
破洞									
色斑或色渍									
数量									

送检人：　　　　　　检测员：　　　　　　跟单员：

表 3－32 质量异常反馈表

<table>
<tr><td>客户</td><td></td><td>品名</td><td></td><td>合同号</td><td></td></tr>
<tr><td colspan="6">异常状况：

跟单员：　　　　日期：</td></tr>
<tr><td colspan="6">处理方案：

工艺员：　　　日期：　　　生产主任：　　　日期</td></tr>
<tr><td colspan="6">处理结果：

QA：　　　　日期：</td></tr>
</table>

表 3－33 面料品质整改通知

<table>
<tr><td>染整厂：</td><td>品种：</td><td>发单日期：</td></tr>
<tr><td>染整厂负责人：</td><td>规格：</td><td>要求完成日期：</td></tr>
<tr><td>问题类别：</td><td>色号：</td><td>跟单员</td></tr>
<tr><td colspan="3">问题描述：

记录人：</td></tr>
<tr><td colspan="3">问题原因分析：

负责人：</td></tr>
<tr><td colspan="3">问题改善具体措施：

跟进责任人：</td></tr>
<tr><td colspan="3">客户意见：

审核人：</td></tr>
</table>

3. 印染生产量统计工作

印染加工生产量是衡量生产效率，控制协调生产进度的重要依据。跟单员可以依据印染生产流程表的内容定时抄录有关资料，统计出产量数据，并以统计表的形式报送有关人员，从而对生产车间的质量和进度进行监控和调整。

产量统计要内容全面、数据准确，能够直观反映出生产情况，这其中应包括损耗率、回修量、回修率等数据。由于印染生产不易做到产品质量的实时监控，有可能出现产品质量问题，印花生产通常可以在生产过程中对产品质量进行控制和消除，因此染色的质量问题只有通过回修（回染）工作消除或改善产品的质量问题。

进行产量统计，同时也可以根据需要回修数量的多少安排好回修进程，以保证产品的交货时间。根据产量统计表，统计出需要回修的数量，并列出回修的原因以及所占比例，以便于管理人员安排回修进程，分析造成回修的原因，进一步改善生产管理和工艺，从而提高生产效率。

四、回修进程的跟单工作

产品的回修是任何企业都不希望发生的问题。回修量少（甚至没有回修情况）是比较理想的状态，也是企业的管理和技术水平比较高的表现。回修是一种重复性生产的过程，这一过程等同于前面所进行的工作，但其内容略有不同，跟单人员主要进行下面的几项操作：

1. 回修准备工作

准备回修资料和开具单证，主要包括统计回修数量，开具回修通知单，制定回修工艺。

统计回修数量，跟单员可参考产量统计单和生产流程单的有关记录进行统计，需填制产品回修明细表。

2. 回修进程安排

跟单员将回修资料和单证交生产排缸人员，排缸时应尽量优先排列，对于交货期紧急的订单，应立即抽出生产机台将需回修的布匹进行回修。

3. 回修跟进

主要包括回修的进度跟进、统计回修后的产量、回修产品质量跟踪和安排补染事宜。

回修工艺需要研发部门制定。回修工艺是针对染后色布出现的质量问题而采取的改善措施，有时也可能采取剥色重染的方式，但容易对布匹的性能(如强度)产生较大的影响。因此，回修措施和方法要正确有效，如果改进措施和工艺不准确，有可能进行多次回修，造成布匹的质量严重下降而无法使用，从而带来损失。

表 3-34 至 3-37 为相关工作表格。

表 3-34　产品回修配缸明细表

<table>
<tr><td colspan="6">客户名称：
客户单号：　　　　　　　　生产单号：
回修单位：　　　　　　　　回修日期：</td></tr>
<tr><td>产品名称：</td><td></td><td></td><td></td><td colspan="2"></td></tr>
<tr><td>使用坯布：</td><td></td><td></td><td></td><td colspan="2"></td></tr>
<tr><td>坯布规格：</td><td>面密度</td><td>g/m^2</td><td>幅宽</td><td>cm</td><td>英寸</td></tr>
<tr><td>成品规格：</td><td>面密度</td><td>g/m^2</td><td>幅宽</td><td>cm</td><td>英寸</td></tr>
<tr><td>缸号(批号)：</td><td colspan="2"></td><td>缸次</td><td colspan="2"></td></tr>
<tr><td colspan="6">回修原因及说明：</td></tr>
<tr><td colspan="6">回修布明细表</td></tr>
<tr><td>编号</td><td>布号</td><td>数量(kg/m)</td><td>编号</td><td>布号</td><td>数量(kg/m)</td></tr>
<tr><td></td><td></td><td></td><td></td><td></td><td></td></tr>
<tr><td></td><td></td><td></td><td></td><td></td><td></td></tr>
<tr><td></td><td></td><td></td><td></td><td></td><td></td></tr>
<tr><td></td><td></td><td></td><td></td><td></td><td></td></tr>
<tr><td colspan="6">备注：</td></tr>
<tr><td colspan="6">跟单：　　　　　　日期：</td></tr>
</table>

表 3-35　产品回修统计表

客户	单号	品种	颜色（花型）	缸号（批号）	加工数量	回修数量	回修原因	回修率	处理措施	回修结果	备注

主管：　　　　　　　　　　制单：　　　　　　　　　　跟单：

表 3-36　异常处理记录表

文档编号：________　　　　　　　　附件资料：无□ / 有□ 共____页

<table>
<tr><td rowspan="3">三不放过原则</td><td>1. 原因没查清不放过；</td><td colspan="3">发生次数</td><td>时间</td><td>年　月　日</td></tr>
<tr><td>2. 对策措施不明确不放过；</td><td>初次□</td><td>再次□</td><td>次</td><td>发生部门</td><td></td></tr>
<tr><td>3. 相关人员没有受到教育不放过；</td><td>当事人</td><td></td><td>责任人</td><td colspan="2"></td></tr>
<tr><td rowspan="2">发生状况</td><td colspan="2" rowspan="2">异常状况（时间、地点、产品编号、数量、或其他异常情况等等）</td><td colspan="4">纠正——不合格品处置（实施日期，结果确认等）</td></tr>
<tr><td colspan="4">有何先兆（事后的推测）</td></tr>
<tr><td>问题和对策</td><td colspan="2">问题和原因（制造原因、流出原因）</td><td colspan="4">纠正措施——对策及控制计划（暂定、永久）</td></tr>
<tr><td>防止再发生</td><td colspan="6">预防措施——防止办法（标准作业，点检改进，管理方法，教育训练，防差错措施等）</td></tr>
</table>

表 3-37 产品质量检验统计表

编号： 日期：

成品名称	成品规格	批次	检验项目	检验方法	检验标准编号	抽样办法	产品标准	不合格处置方法	备注

制单： 审核： 跟单：

五、后整理定形过程的跟单工作

1. 后整理定形的进度跟进

跟单员依据生产进度安排，将半成品的统计资料报送生产部门主管，参考试样的技术资料进行后整理定形加工，特别要注意协调好生产时间和交货时间的关系。后工序生产是最终决定交货期的重要过程，是产品完成最终加工的关键工序。如果因为后续没有按时完成生产，而延误交货时间，等于前面所做的一切工作前功尽弃。因此跟单员应有序地进行下列操作：

① 准备资料工作：跟单员应及时将半成品的有关资料交后工序生产部门以便安排生产。资料应包括：半成品明细单、生产工艺单、生产流程单、产品质量标准等。

② 确定生产时间：根据各个订单的交货期，合理安排后工序生产进度，原则上是先进先出。对于特别紧急的订单可优先安排。分批分期交付的订单，可灵活穿插安排，最终目的是能够保证所有订单按期交付。

③ 跟进生产进度：跟单员要随时了解统计生产量，掌握生产进度，对于出现的问题(主要是生产进度和质量问题)，应及时向主管人员汇报，协助生产车间人员做好半成品布匹的调配工作，保持生产的连续进行。同时要做好跟单记录。

2. 成品产量汇总统计

后工序生产是形成最终成品的过程，其产量实质上表示整个企业的生产数量和生产能力。后工序的产量数据是企业核算成本、考核业绩的重要依据，因此后工序的产量统计工作非常重要，也是订单实际完成的具体表现。通过产量统计，跟单员应核对客户订单的数量与实际生产量的差异，通常最终产品数在±3%～±5%范围内，如果超出范围，应及时与客户沟通。如果最终成品数量不足应及时补染(印)以补足差额，如果数量超出，应征求客户的意见再决定交付的数量。

坯布的印染加工，因工艺流程很长且影响因素较多，安排生产之前要充分考虑造成损耗的影响因素，并精确计算坯布的投入量。特别是后工序的定形过程对布匹的长度和重量影响很大，机织布通常以长度为数量的计量标准。定形时的拉伸率既会影响成品的长度数量，也会影响成品布的尺寸稳定性(缩水率)；而针织布通常以重量为数量的计量标准，定形时的干燥程度和织物的回潮率，均会对成品数量产生影响。某些针织布所特有的卷边性，要求在整理定形时做浆切边处理，以使布边平整，便于服装生产使用(其原因是服装裁剪要要求铺布平整，以保证剪裁质量，保证衣片的尺寸正确)，这样会增加的 2%～3% 损耗。另外，有时客户可能会要求每一匹成品布的布头布尾有一定长度(通常是 0.5 m)的数量不计入成品数量。因此在成品检验和成品数量统计时要考虑这些因素，最终统计的结果应该是能够交付给客户的实际数量。从另一方面看，在计算坯布投入量时，应充分了解生产加工工艺和客户的要求，并具备较丰富的实践经验，以使最终成品数量更加准确。

生产量的统计可以用生产日报表的形式，将有关的数据填入并统计出有关指标，使每天的生产量可以直观地表示出来。这样可方便有关主管人员及时了解掌握企业的运作情况，有助于提高企业的管理水平。报表可以按客户或按单号分别统计填写，统计核算部门通过此表可以汇总出企业的总产量。

3. 成品质量统计

成品质量统计，是指将成品质量检验的结果进行汇总，其目的是为有关主管人员提供企业产品质量水平的情况，对人为造成的质量问题进行有效地追究责任，对技术水平和生产工艺进行有目的的改进提高，并且可以总结出针对不同的客户要求、不同的产品品种所应注意的问题和提高完善产品质量的措施。

成品质量资料的来源，主要依靠质检和品质控制部门的质量检验资料，成品质量主要从外观质量和内在质量两个方面进行考核。生产品种的不同，要求的质量指标和内容有所差别。跟单员在工作中，要有意识地收集有关的资料，可以通过质检人员、化验室、检验室的检验记录进行统计。统计后的资料可供内部参考使用，有时客户会要求成品交付时随带有成品质量检验报告，跟单员应从统计资料中，摘录出有关的内容，填制成品质量报告，作为产品出厂的合格凭证。

成品的外观质量，包括手感、风格、光光泽等指标，通常会与客户提供的样品进行比照，客观进行评判合格与否。外观质量主要看布匹表面外观疵点情况，疵点的评定应按照标准(现成的标准或新制定的标准)进行评判做出产品质量检验报告。外观质量检验应逐匹检验并记录结果。

成品的内在质量检验通常是由企业的检验室(或化验室)根据客户要求的指标进行逐项检验，检验结果与客户的要求逐项对照，从而判定产品质量是否合格。一些重要的质量项目中如果某一项不合格，即可判定产品不符合要求，应进行相应的回修处理。内在质量应逐批次(或逐缸次)进行抽验，即在每一批次中随机抽取一定匹数的成品进行检验，抽取量可视实际情况而定，通常应不低于一个批次(或缸次)的 15%。检验内容及检验报表格式可参考表 3 - 38 和表 3 - 39。

表 3 - 38　成品质量检测报告

客户名称________________________ 订单号________________________ 订单数量
生产部门________________ 规格________________ 生产日期________________ 验货日期

编号	布号	产品名称	颜色（花型）	色号（缸号）	总数量	出货数量	抽检数量	及格数量	及格率	疵点项目	不良原因	备注
1												
2												
3												
4												
5												
6												
7												
8												

品检员：　　　　　　　　　　　　　　　日期：

表 3 - 39　印染成品产量月报表

填报日期：截止　　月　　日

客户	单号	品种	规格	缸号批次	颜色花型	当月产量						工艺	损耗	备注
						投胚数量		半成品数量		成品数量				
						匹数	重量	匹数	重量	匹数	重量			
使计：														

主管：　　　　　　　　　　　　制表：　　　　　　　　　　　　跟单员：

项目六　染整印花品质量控制跟单实践

任务一　纺织品质量控制基本流程

一、产品质量的概念及检测标准

具体内容可参考第二篇项目四任务一中的叙述。

二、纺织品试样准备和测试环境

1. 标准大气

纺织材料大多具有一定的吸湿性，其吸湿量的大小主要取决于纤维的内部结构，同时大气条件对吸湿量也有一定影响。在不同大气条件下，特别是在不同相对湿度下，其平衡回潮率不同。环境相对湿度增高会使材料吸湿量增加而引起一系列性能变化，如：质量（重量）增加，纤维截面积膨胀加大，纱线变粗，织物厚度增加、长度缩短，纤维绝缘性能下降，静电现象减弱等。为使纺织材料在不同时间、不同地点测得的结果具有可比性，必须统一规定测试时的大气条件，即标准大气条件。标准大气亦称大气的标准状态，有三个基本参数：温度、相对湿度和大气压力。国际标准中规定的标准大气条件为：湿度（T）为 20℃（热带地域为 27℃），相对湿度（RH）为 65%，大气压力规定在 86～106 kPa 范围内，视各国地理环境而定（温带标准大气与热带标准大气的差异在于温度，其他条件均相同）。我国规定的标准环境条件为：大气压力为 1 个标准大气压，即 101.3 kPa（760 mm 汞柱），温度 20℃±2℃，相对湿度 65%±4%。

2. 调湿

纺织材料的吸湿或放湿平衡需要一定时间，同样条件下由放湿达到平衡较由吸湿达到平衡时的平衡回潮率要高，这种因吸湿滞后现象带来的平衡回潮率误差，会影响纺织材料性能的测试结果。因此，在测定纺织品的物理力学性能之前，检测样品必须在标准大气下放置一定时间，并使其达到吸湿平衡，这个过程称为调湿处理。

3. 预调湿

当样品在调湿前比较潮湿时（实际回潮率接近或高于标准大气的平衡回潮率），为了确保样品能在吸湿状态下达到调湿平衡，需要进行预调湿。

预调湿的目的是降低样品的实际回潮率，通常规定预调湿的大气条件为：温度不超过 50℃，相对湿度为 10%～25%。

4. 试样的剪取

对于织物来说，试样剪取是否有代表性，关系到检测结果的准确程度。所以，试样的制备一般要满足以下基本要求：

（1）实验室样品制备

① 整幅宽；

② 至少 0.5 米，样品的长度视检验项目及数量的不同而不同；

③ 离布端 2 米以上；

④ 应避开折痕、疵点。

（2）样品上试样的制备

① 试样距布边至少 150mm；

② 剪取试样的长度方向应平行于织物的经向或纬向；

③ 每份试样不应包括有相同的经纱或纬纱。

由于吸湿会导致纱线变粗、织物变形，为了保证试样的尺寸精度，织物要在调湿平衡后才能剪取试样。

三、纺织品质量检验和抽样方法

1. 抽样方法(详见第二篇项目四任务一)

2. 检验方法

对纺织品(品质、规格、等级等)的检验，主要运用如感官检验、化学检验、仪器分析、物理测试、生物检验等检验手段，从而确定其是否符合标准或贸易合同的规定。

按检验内容可分为品质检验、规格检验、数量检验、包装检验等。

① 品质检验：影响纺织品品质的因素概括起来可以分为内在质量和外观质量两个方面。因此，纺织品品质检验大体上也可以划分为内在质量检验和外观质量检验两个方面。

内在质量检验是指借助仪器设备对产品物理力学性能的测定和化学性质的分析，如回潮率、线密度、耐用性、静电、保暖性、阻燃性、纤维含量的测定等。

外观质量检验大多采用感官检验法，如纱的条干均匀度(黑板条干)、杂质、疵点；织物经纬向疵点、纬斜、破洞等检验。由于感官检验带有较多的人为影响因素，所以已有一些外观质量检验项目用仪器检验替代了感官检验，如纱的条干均匀度(条于均匀度仪)、纱疵分级(纱疵仪)、毛羽检验(毛羽仪)、白度检验(白度仪)等。

② 规格检验：纺织品的规格一般是指按各类纺织品的外形、尺寸(如织物的匹长、框宽)、花色(如织物的组织、图案、配色)、式样(如服装造型、形态)和标准量(如织物面密度)等属性划分的类别。

③ 数量检验：各种不同类型纺织品的计量方法和计量单位不同，机织物通常按长度计量，纺织纤维、纱线按重量计量，服装按数量计量。若按重量计量，则应考虑包装材料重量和水分等其他物质对重量的影响。重量主要有以下几种计量表述：毛重、净重和公量。

④ 包装检验：纺织品包装检验是根据贸易合同、标准或其他有关规定，对纺织品的外包装(又称运输包装或大包装)、内包装(又称销售包装或小包装)以及包装标志进行检验。纺织品包装既要保证纺织品质量、数量完好无损，又要使用户和消费者便于识别。

3. 按检验数量区分

可分为全数检验和抽样检验两种。

全数检验是对批(总体)中的所有个体进行检验。抽样检验则是按照规定的抽样方案，随机地在一批中抽取少量个体进行检验，并以抽样检验的结果来推断总体的质量。纺织品检验中，织物外观疵点一般采用全数检验方武，而纺织品内在质量检验大多采用抽样检验方式。

4. 按纺织品的生产工艺流程区分

按纺织品的生产工艺流程纺织品检验可分为预先检验(投产原料检验)、工序检验(中间检验)、最后检验(成品检验)、出厂检验、库存检验、监督检验、第三者检验等。

四、成品织物质量检验的内容

成品织物的检验，因种类的不同，其检验内容有所区别，但基本上是从外观质量和内质量两方面入手，对成品织物的质量进行评定。

1. 外观质量检验项目

① 手感、花型、色泽、色差检验，通常要求色差（与原样比较）不低于3.5级（变色按GB/T 250评定，沾色按GB/T 251评定）。

② 外观疵点 包括色光、手感、皱痕、土污迹、搭色、油迹、蜡斑、擦伤、纬斜、扭力、月牙、起绒过度、起绒不匀、起绒不足、褶印、起球、折痕、荷叶边、极光、卷边、脱边、坏边、人为污迹等。

2. 内在质量检验

① 纤维含量分析（按ISO1883、AATCC20、AATCC20A、JIS L1030试验标准）；

② 断裂拉伸强力（按ASTM D5034、ISO13934、GB/T 3923试验标准）；

③ 撕破强力（按ASTM D1424、ISO13937、GB/T 3917试验标准）；

④ 顶破强力（按GB/T8878、GB/T 19976试验标准）；

⑤ 起毛起球（按ASTM D3514、ASTM D3512、ISO12945、GB/T 4801－GB/T 4802试验标准）；

⑥ 耐磨性的测定（按ASTM D3886、JIS L1096、GB/T 21196试验标准）；

⑦ 尺寸变化率（包括缩水率，按AATCC135、AATCC150、ISO5077、ISO6300、GB/T 8628－GB/T 8630试验标准）、水洗纬斜变化（扭曲）（按AATCC179试验标准）；

⑧ 染色牢度包括：耐皂洗色牢度（按AATCC61、ISO105－C06、GB/T 3921试验标准）、耐摩擦色牢度（按AATCC8、AATCC116、ISO105－X12、GB/T3920试验标准）、耐日晒牢度（按AATCC16、ISO105－B01、ISO105－B02、GB/T 8427试验标准）、耐汗渍色牢度（按AATCC15、ISO105－E04、GB/T 3922试验标准）、耐熨烫色牢度（按GB/T 6152试验标准）、耐氯水色牢度（按ISO105－E03、GB/T 8433试验标准）等；

⑨ 安全卫生要求：包括pH值（按AATCC81、ISO3071、GB/T 7573试验标准）、甲醛含量（按AATCC112、ISO14184、GB/T 2912试验标准）、致癌染料含量（按GB/T 17592试验标准）、重金属含量等检测项目。

3. 规格检验

幅宽（按ASTM D3774、ISO3922、GB/T 4666试验标准）、匹长（按GB/T 4666试验标准）、纱线线密度（按GB/T 4743试验标准）、经纬纱密度（按ASTM D3775、ISO7221/2、GB/T 4668试验标准）、重量[包括长度重量、面密度（按ASTM D3776、ISO3801、GB/T 4669试验标准）]。

4. 数量和包装标志检验

数量核对（包括长度和重量）、包装花色搭配比例、包装标识与标志核对。

五、织物的环保要求与绿色纺织品

国际生态纺织品标准的颁布实施，使人们认识到纺织品中所含的有害物质对人体的危害性，特别是用于生产纺织品的原料以及生产加工过程中所使用的化学物质，对人体及环境的危害性越来越受到重视。随着技术的发展，纺织原料的生产及织物的印染加工过程中，含有有害物质的化学物品逐步由环保或天然的物质所代替。是由国际纺织品生态学研究与检测协会制定并实施的《生态纺织品标准100》（Oeko-Tex Standard 100），以及我国同步实行的国家标准GB18401—2010《国家纺织产品基本安全技术规范》，明确规定了纺织品中有害物质的种类、残余量等指标的限度值，从而对纺织品中所含的对人体有害物质的含量限定了范围，以保障消费者的身体健康。在制定检验标准及方法时应要特别注意客户对此方面的要求。

纺织品中有害物质主要有：

① 来自纺织品印染加工过程中的偶氮染料、甲醛、荧光增白剂和柔软剂；

② 天然纤维如棉、毛纤维上残留的杀虫剂、防腐剂、防霉剂等；

③ 残留在纺织品中的重金属；

④ 棉花种植时喷洒的农药、施用的人造肥料等；

⑤ 残留在化学纤维中的可诱发癌变的偶氮染料单体、甲醛、卤化物载体；

⑥ 合成染料。

有关生态纺织品技术要求的有关内容摘录在表 3 - 40 中。

表 3 - 40　纺织产品的基本安全技术要求指标(GB18401—2010《国家纺织产品基本安全技术规范》)

项　　目		A类	B类	C类	测试方法
甲醛含量(mg/kg)≤		20	75	300	GB/T 2912.1
pH 值		4.0～7.5	4.0～8.5	4.0～9.0	GB/T 7573
色牢度(级)≥	耐水(变色、沾色)	3～4	3	3	GB/T 5713
	耐酸汗渍(变色、沾色)	3～4	3	3	GB/T 3922
	耐碱汗渍(变色、沾色)	3～4	3	3	GB/T 3922
	耐干摩擦	4	3	3	GB/T 3920
	耐唾液(变色、沾色)	4	—	—	GB/T 18886
异味		无			GB 184016.7
可分解芳香胺染料(mg/kg)		禁用			GB/T 17592 GB/T 23344

a) 后续加工工艺中必须要经过湿处理的非最终产品，pH 值可放宽至 4.0～10.5 之间。b) 对需经洗涤褪色工艺的非最终产品、本色及漂白产品不要求；扎染、蜡染等传统的手工着色产品不要求；耐唾液色牢度仅考核婴幼儿纺织产品。婴幼儿纺织产品应符合 A 类要求，直接接触皮肤的产品至少应符合 B 类要求；非直接接触皮肤的产品至少应符合 C 类要求，其中窗帘等悬挂类装饰产品不考核耐汗渍色牢度。婴幼儿纺织产品必须在使用说明上标明“婴幼儿用品”字样。

六、染整加工品质监控

要对影响纺织品染整加工的各种因素进行分析整理，从生产设备、技术条件、工人操作水平以及坯布质量、练漂质量、染化料质量、半成品质量、成品质量等几方面着手，落实质量责任，对各道生产工序进行检验和敦促工作，直至成品出厂，以保证染整加工后纺织品的品质，所以若跟单员对产品质量控制的跟单工作，应从以下几方面开展。

1. 坯布质量跟进

进厂的坯布，在投入印染加工之前应进行质量抽查，跟单员应协同品质控制部门进行抽查工作，并记录检验结果。坯布检验的目的是了解坯布在染整印花过程中可能对产品质量产生影响的因素。坯布本身的质量问题(如棉结、毛羽、油污、色渍、异形纤维等)均会对最终成品的质量造成影响。对于客户来坯进行印染加工的订单，通过检验发现质量问题严重的坯布，跟单员应及时与客户沟通，反馈坯布质量信息，说明可能产生的后果，征求客户的处理意见。跟单员应熟悉和了解客户对成品质量要求的标准，根据坯布情况尽量给予可行或可用的建议。另外如果抽检时发现坯布品质存在大量问题，必须和纺织厂及时取得联系，找到解决问题的方法，寻求补救措施，否则就无法保证产品交货期。抽检的内容主要包括坯布门幅、坯布密度、坯布厚度、坯布长度、原料质量、织造质量和包装质量等方面。

2. 染化料质量跟进

染化料质量控制和使用应由技术部门具体操作，跟单员应将客户对成品质量要求内容中涉及有关染化料的要求内容通报技术部门，特别是有关色牢度和环保方面的要求应详细列明，从而使技术部门在制定印染工艺时，有针对性地选择染化料，以保证成品的质量达到要求。

3. 半成品质量跟进

生产过程每一个环节的质量控制，是最终产品质量的有效保证，跟单员重点应跟进中检环节的半成品质量，收集、汇总、传递质量信息，及时调整改进生产工艺，保证成品质量。

4. 成品质量跟进

成品质量检验是生产过程的最后一个环节，应严格把关重点跟进。成品检验操作应准确客观，真实记录产品质量结果。应要求质检人员按客户的质量要求（或质量标准）逐匹检验，不合格的产品绝不能出厂交付。同时，跟单员应做好成品质量情况的统计整理工作并上报有关人员。

成品质量的检验，应注意所使用的检验标准、检验程序、检验条件（设备、光源）、检验方法等是否与客户（或标准）的要求相一致，以保证结果的客观性和准确性。通常客户会指派质检人员（QC）到厂抽检成品，跟单员应积极配合，相互交流，以保证产品能够顺利交付。

任务二 染整生产过程质量控制及跟单要点

染整生产过程质量控制主要包括前处理过程质量控制、染色产品质量控制、印花产品质量控制和整理过程质量控制等内容。

一、前处理过程质量控制

前处理（也叫练漂）是织物染整加工的第一道工序，也是染整加工中的主要工序之一，几乎所有的纺织制品都要经过练漂才能加工成最终产品。

前处理半制品质量的好坏不仅直接影响成品的质量，而且也影响到后面染整加工的工艺和质量。例如：练漂时工艺或操作不当使纤维素氧化，会造成织物的脆损，使强力下降，严重时使产品无法进行后续加工或使用；丝光不足，不仅影响纤维的光泽、手感、强力，对染料的吸收也有影响，所以说丝光质量也影响染色工艺；漂白白度如果不够，产品的白度就不达标，染色印花产品的鲜艳度也会受到影响；毛效如果不好，不仅会影响吸湿透气服用性能，而且严重影响染色印花的工艺和质量。如果蚕丝绸精练脱胶不匀，会导致织物光泽性变差，更严重的是会带来染色不匀。因此，控制练漂成品及半制品的质量是保证印染成品质量的前提，对印染产品品质控制的跟单工作具有非常重要的意义。

前处理产品是洁白、柔软且具有良好的润湿渗透性，能满足服用要求和染色、印花、整理后加工要求的成品或半成品。织物品种不同前处理产品的质量要求有所差异，其质量监控通常包括外观质量监控和内在质量监控两个方面。外观质量监控的主要内容包括烧毛质量、白度、光泽和皱条、疵点等符合质量要求；内在质量监控内容包括毛效、强力、pH 值、织物缩水率等。

（一）外观质量指标

织物经练漂处理后，所含的杂质基本去除干净，其外观形状与原坯布（绸）相比有很大变化。不同织物的外观质量检测指标是有差异的，但总体要求基本一致。合格的练漂半制品外观应是光洁、亮泽、洁白、匀净的。

1. 棉及棉型织物的外观质量要求

① 烧毛质量要求：普通棉织物烧毛质量要达到3级以上，即基本上没有长纤毛；斜纹、纱卡其、纱华达呢、纱哔叽等应达3～4级，即基本上无长纤毛，仅有短毛，且较整齐；涤纶、维纶与棉的混纺布、涤黏中长纤维混纺布按同类棉布产品要求降低1/2级；

② 白度要求：客户对漂白产品的白度有一定的要求，染色、印花加工对练漂半成品的白度也有一定的要求；经前处理后，织物的白度一般要求达到85%(以 $BaSO_4$ 作为100%计)以上，白度的具体要求视纤维及织物的品种、用途、印染加工色彩的不同而略有不同；

③ 手感的要求：纺织品经过前处理加工后，所有杂质基本去除，织物的手感在滑爽、柔软等方面应该有较大的提高；

④ 光泽的要求：目前棉织物除少数漂白或浅色品种外，一般均要进行丝光处理，使织物获得丝一般的、耐久性的光泽；

⑤ 外观疵点：前处理质量检验的外观疵点包括织造疵病和练漂加工疵病两方面。无论哪方面的疵病都将直接影响织物的质量等级和后加工质量。常见的织造疵病有：稀密路、断经、纬纱不匀、蛛网百脚等。常见的练漂加工疵病有卷边、破损、纬斜、各类斑渍、门幅大小等诸多种类。对练漂半制品的检验而言，重点是检验和控制前处理加工产生的疵病。

2. 毛及毛型织物的外观质量要求

毛织物的外观质量主要包括呢面的光泽性、白度及光洁性能、外观疵点等。其中前3项与棉织物类似，只是程度有所不同。外观疵点主要有：精梳毛织品中的经向粗纱、细纱、双纱、松纱、紧纱、错纱，呢面局部狭窄；油纱、污纱、异色纱、磨白纱、边撑痕、剪毛痕；缺经、死折痕，经档、经向换纱印，边深浅、呢匹两端深浅，条花、色花；刺毛痕，边上破洞、破边、刺毛边、边上磨损、边字发毛、边字残缺、边字严重沾色、漂白织品的边上针锈、针眼、荷叶边、边上稀密；纬向粗纱、细纱、双纱、松纱、紧纱、错纱、换纱印，缺纬、油纱、污纱、异色纱、小辫子纱、稀缝；经纬向的厚段、纬影、严重搭头印、条干不匀，薄段、纬档、织纹错误、蛛网、织稀、斑疵、补洞痕、轧梭痕、大肚纱、吊经条，破洞、严重磨损，毛粒、小粗节、草屑、死毛、小跳花、稀隙，呢面歪斜等。

3. 丝织物的外观质量要求

丝织物的外观质量要求不同于短纤维织物，主要包括以下3个方面。

① 白度与光泽要求：采用白度仪测定，练后蚕丝的织物白度要求达到80%以上。双绉类产品的白度要求达到80%以上，电力纺、斜纹绸可达85%以上，但用白度仪测出的白度往往与肉眼评定有差距。织物的光泽也会影响白度，光泽好的织物的白度也高，因此白度的评定要结合光泽来进行。

② 手感的要求：桑蚕丝织物脱胶后柔软、滑爽，具有独特丝鸣特征的手感是其被称为纤维皇后的重要原因。

③ 绸面疵点：包括织造疵点和精练疵点两方面，可根据其种类、数量、程度对织物质量评定等级。常见的练疵有：纤维损伤(擦毛、灰伤、轧伤)、皱印、色泽深浅、破损、边不齐、有渍印(色渍、锈渍、油污渍、霉渍、蜡渍、皂渍、白雾、搭开)等。

(二) 内在质量指标

纺织品的内在质量一般是指其物理机械性能及相关的加工性能,它包括织物的润湿渗透性指标,如毛细管效应值;织物的物理指标,如幅宽、面密度、缩水率;有关机械性能指标,如断裂强力、摩擦性能等。其中与前处理加工过程关系密切或对产品质量和后加工工艺影响较大的质量指标有3项。

1. 毛细管效应值

毛细管效应值是衡量织物被水润湿渗透效果的物理量,织物的毛细管效应值大,织物吸水、透汗性好,穿着舒适精练之后织物的毛细管效应值应达到8 cm/30 min以上,具体数值因织物类型不同略有差异。

2. 强度指标

练漂加工过程中使用的许多化学试剂都会对纤维强度有一定影响。例如,棉织物漂白用的氧化剂、退浆用的碱剂、蚕丝织物精练用的碱剂、还原剂等,它们在对织物练漂去杂的同时,也会不同程度地损伤纤维,造成纤维强度的降低。如果工艺控制不当,会造成纤维强力明显下降,影响后加工的进行和纤维的使用价值,所以纤维的强度也是练漂产品的重要指标之一。不同纤维类别和织物类型的织物,其强度指标大小是不同的。

3. 织物缩水率

前处理半制品,尤其是练漂产品的缩水率是决定纺织品质量等级的重要指标之一。纤维原料种类不同、织物类型不同,对缩水率的要求是有差异的,但总体要求是织物的尺寸稳定性要高,缩水率必须低。织物缩水率的大小除取决于纤维和织物类别外,还与印染加工的许多工序的工艺控制有关。

企业会根据本公司的质量要求进行产品的品质控制。产品标准的使用,是针对印染生产过程中对所加工产品的质量进行评判的依据,以保证生产过程中的质量控制,最终保证产品质量达到客户的要求。制定标准时,要充分了解客户对产品质量的具体要求,尤其是销售到其他国家和地区的外贸产品,要特别注意和了解其对产品质量、环保要求,甚至产品包装物的特殊规定,以使产品质量能够符合这些规定,在生产过程中针对这些特殊要求采取相应的措施,保证产品质量。

订单正式实施投产之前,应制定好相应的产品标准,以方便生产操作人员的使用,同时,也是跟单员必须保存的跟单资料,从而在跟单工作中,能够有效监督和控制产品质量,保证生产的正常进行。

跟单员的质量跟进,重点是把握几个质量监控点,并对这几个控制点进行有目的的跟进。使生产全过程各环节的质量处于有效的控制之中,最终保证出厂成品的质量。

生产过程每一个环节的质量控制,是最终产品质量的有效保证,跟单员重点应跟进中检环节的半成品质量,收集、汇总、传递质量信息,及时调整改进生产工艺,保证成品质量。

其中跟单员在前处理产品品质控制中所要汇总的信息包括坯布质量检测结果、半成品中检质量检测报告及统计表、半成品回修统计表等(表3-41～表3-44)。

表 3-41　坯布质量检测表

检测日期：　年　月　日

坯布品种	坯布规格	批号	供应商	长度	幅宽	面密度	强力	坯布疵点								备注
								油污渍	油经油纬油飞	铁锈	棉结杂质	稀路密路筘路	拖纱	布面横档	破损性（破洞、针洞）	

检测员：　　　　跟单员：

表 3-42　半成品质量检测报告

客户名称＿＿＿＿＿＿订单号＿＿＿＿＿＿订单数量

生产部门＿＿＿＿＿＿规格

生产日期＿＿＿＿＿＿验货日期

编号	布号	产品名称	颜色（花型）	色号	总数量	生产数量	抽检数量	及格数量	及格率	疵点项目	不良原因	备注
1												
2												
3												
4												
5												
6												
7												
8												
9												
10												

品检员：　　　　日期：

表 3-43　前处理半成品回修统计表

客户	单号	品种	颜色（花型）	批号	回修数量	回修原因	回修率	回修方法	回修结果	备注

主管：　　　　制单：　　　　跟单：

表 3-44　半成品中检质量检测报告及统计表

订 单 号：＿＿＿＿＿＿ 检验时间：＿＿＿＿＿＿ 客户：＿＿＿＿＿＿
生产单号：＿＿＿＿＿＿ 布类品种：＿＿＿＿＿＿ 规格：＿＿＿＿＿＿
产品幅宽：＿＿＿＿＿＿ 花型颜色：＿＿＿＿＿＿ 色号：＿＿＿＿＿＿ 缸号：＿＿＿＿＿＿

布号						
数量						
疵点项目						
飞花						
烂边						
坏针						
破洞						
断纱						
针路						
纱节、粗结						
接头、勾纱						
错花						
折痕						
水渍、污渍						
油渍						
纹斜						
花型尺寸						
棉结						
毛头、毛粒						
幅宽						
白度						
定形前规格						
定形后规格						
缩水率％						
扭度％						
强度						
手感						
光泽						
毛细管效应值						
评语						
备注：						

品质控制主管：　　　　检验员：　　　　复检：　　　　跟单员：

二、染色产品质量控制

对染色产品质量提出明确具体要求是对染色产品质量进行有效控制的前提。只有明确了质量标准和要求,才能正确地评价产品质量,才能对产品染整加工的各个环节提出具体的要求和措施,使染色产品质量得以保证,以满足客户的要求。染色质量指标分为外观质量指标和内在质量指标。

(一) 外观质量指标

外观质量指标主要包括色泽和匀染性。

1. 色泽

色泽均匀一致是对染色产品质量最主要、最基本的评价要求。在染整企业的实际生产中,色泽要求在一定的条件下(标准对色光源)与来样色泽对比相一致,即可认为符合要求。但要求高的,要将生产样在测色仪下测定,只有其数值与客户来样一致或相近(在允许误差范围内),才能认为符合客户要求。

2. 匀染性

匀染性指染色产品的各个部位颜色均匀一致的程度,它包括染色产品表面色泽的均匀一致和染色产品内外色泽的均匀一致(通常称之为透染)。染色产品不仅要求色泽对样,而且要求染色产品颜色均匀一致,无色差、色渍、色花、条花、色点、深浅边等疵病,且外观均匀,色光柔和一致。

(二) 内在质量指标

1. 透染性

所谓透染性是指织物内外、纱线内外、纤维内外颜色均匀一致,即内外达到颜色相同,达到匀染,无环染等现象。

2. 染色牢度

染色牢度是指染色制品在使用或在染后的加工过程中,染料(或颜料)在各种外界因素的影响下,保持原来色泽的能力(即不褪色、不变色的能力),它是衡量染色产品质量的重要指标。

染色牢度指标分为耐皂洗色牢度、耐摩擦色牢度、耐日晒色牢度、耐汗渍色牢度、耐氯漂牢度、耐升华牢度、耐水渍牢度等。有的染色制品在染后还要经过其他加工处理,如色纱织好以后,还要经过复漂,所用染料就要具有耐漂牢度。对染色产品的染色牢度要求依染色产品的用途不同而有所不同。我国国家标准将耐日晒牢度分为 1～8 级, 8 级最高,而将皂洗、汗渍、摩擦等色牢度分为 1～5 级,5 级最高。

总之,染色产品的色泽必须与来样一致,色泽要匀、透,染色牢度要达标。最大限度地满足客户的要求已成为印染企业指导生产的宗旨之一。

染色疵病种类繁多,一般分为外观疵病和内在疵病。外观染疵如:色泽不符标样、色点、色差、色花、色柳、色档、皱印、纬斜、极光、污渍、风印等;内在染疵主要有:色牢度不符合要求、缩水变形、脆损等。染色疵病的产生与多种因素有关,如:坯布质量、前处理质量、染料助剂的选择和使用、染色设备、染色工艺、染色操作以及后处理操作等。染色产品质量控制的跟单工作主要在于颜色控制、染色牢度控制、染色匀染性控制三部分。其中颜色控制包括批色颜色控制、大小样色差控制、缸差控制、辅料与主面料色差控制等几方面内容。染色牢度控制包括出缸板染色牢度控制和成品染色牢度控制。跟单员的染色质量控制跟进,重点是把握几个质量监控点,并对这几个控制点进行有目的的跟进。质量监控点包括:

① 小样批色过程的跟进:跟进批色结果,样板保存及及时将批色结果反馈给生产车间及小样员,收集有关信息并留档;

② 头缸样板的色差及匀染性、染色牢度跟进：收集头缸样布板及大小样色差评定结果；将头缸样板送检并跟进检测结果。如果打小样色差及匀染性、染色牢度不能达到要求，及时传递质量信息，跟进调整改进生产工艺进行回修的结果。寄送头缸布板给客户进行批核并跟进结果；

③ 缸差控制的跟进：收集缸差样板并存档，对缸差不能达标的布样进行记录，及时通知车间进行回修并跟进回修结果；

④ 成品染色质量跟进：成品送检及结果跟进；寄送成品及缸差板给客户进行批核及结果跟进；

⑤ 染色牢度测试的跟进：染色牢度的测试一定要根据纺织品检测标准的规定进行，否则测试结果无效。贸易双方对测试结果发生争执时，需进行第三方认证。所谓第三方认证即国

表 3-45 Inspection Report(检验报告)

( )Intermediate ( )Final ( )Re-Inspection

Customer:	P.O.:	Date:	Time:
MFTR:	Style:	QTY:	PCS:
Garment:	AQL:	FTY Code:	
Note: Inspection Method is relative to Production Order QC Manual			

Check Points	Right	Wrong	Check Points	Right	Wrong
A. Label			F. Fabric Color		
B. Style/ Color			G. Belt Color		
C. Shipping / Side Marks			H. Thread Color		
D. Hangtag Description			I. Zipper Color		
E. Folding & Packing			J. Button Color		
Defects	Major	Minor	Defects		
01. Material Defect			10. Closures		
02. Shading Problem			11. Damage		
03. Dyeing Problem			12. Threads		
04. Printing Problem			13. Handicraft		
05. Cleanliness			14. Fit & Balance		
06. Component & Assembly			15. Creased Marks		
07. Seam & Stitching			16. Finishing & Hand		
08. Pressing			17. Packaging		
09. Measurement			Total Defective Pieces:		

Inspected: ____PCS　　From Carton No.:

Detailing	%	Suggestion & Remarks
A.		
B.		
C.		
D.		

Garment Size & Quantity											

( ) Good　( ) Satisfactory　( ) Fair
( ) Unacceptable　( ) L/G

Inspector: ____________
Packing In-charge: ____________
QC Manager: ____________

际贸易的主流形式,第三方作为“独立的检测机构(实验室)”能够客观地反映产品的质量内容,能够公平、公正地对待贸易双方;

成品质量检验:生产过程的最后一个环节,应严格把关重点跟进。成品检验操作应准确客观,真实记录产品质量结果。应要求质检人员按客户的质量要求(或标准)逐匹检验,不合格的产品绝不能出厂交付。同时跟单员应做好成品质量情况的统计整理工作,上报有关人员(表3-45)。

三、印花产品质量控制

织物印花产品的一般加工工艺流程为:

图案设计→制版
仿色打样→调制色浆 } →印花→烘干→蒸化→水洗→整理→成品→成品检验
织物半制品准备

织物印花涉及纤维种类、织物组织、花型特点、印花方法、设备性能及前处理、制版、仿色、印制、蒸化、水洗等诸多方面,是染整加工产品中质量问题最多、质量控制难度最大、许多疵病难以修复的一个加工过程。织物印花总的目的是使织物获得鲜艳、清晰且具有一定色泽坚牢度的花型图案。印花产品的质量控制就是围绕实现这一目的而进行的。

印花产品同练漂、染色产品一样,其质量有外观质量和内在质量两个方面。

(一) 外观质量指标

外观质量指标一般包括:幅宽、长度、质量、密度、手感、图案清晰、色彩鲜艳、整体对样无疵点。其中,与印花加工有直接关系的是图案清晰、色彩鲜艳、整体对样无疵点。

印花疵点种类繁多,不同的加工织物、工艺方法、加工设备产生的疵点也不尽相同。平版筛网印花中的疵点有接版印、压糊;滚筒印花中的疵点有刮刀印、拖浆;圆网印花中的疵点有刀线、嵌圆网网孔;拔染印花中的疵点有眼圈、浮雕;涂料印花中的疵点有涂料脱落;各种印花疵点共有40余种。

图案对样是指印花产品图案的形状、大小、相对位置及色调、色泽的浓淡、色光等要符合原稿精神。当印制难以实现(如开路接版或色光难调等)设计要求需更改花样时,要征得客户或作者的同意。在实际生产中,大多数客户更注重印花产品的整体外观效果。

(二) 内在质量指标

内在质量指标一般包括缩水率、色牢度、断裂强力、撕裂强力、甲醛含量、环保染料等项目。其中色牢度又包括日晒牢度、摩擦牢度、熨烫牢度、汗渍牢度、水浸牢度、耐洗牢度等。对于不同的印花产品,根据其用途和印花方法的不同,其内在质量的控制侧重点往往不尽相同。如涂料印花产品注重干、湿摩擦牢度、日晒牢度、皂洗牢度和手感;拔染印花产品除了注重色牢度外,还要控制好断裂强力;活性染料印花产品,注重日晒牢度、皂洗牢度、水洗牢度;分散染料印花产品,还应控制好分散染料的升华牢度。印花质量控制跟单员的关注重点包括:

① 制版是印花生产的第一个重要环节。在印花质量控制中,跟单员要特别跟进制版的进度及质量控制指标,发现花版不符合要求要立刻通知工艺员进行处理。

② 蒸化过程易产生搭色和色泽深浅的外观疵病,使得产品不对样,所以在蒸化工序跟单员要特别跟进印花布面搭色和色泽深浅的疵病。

③ 图案的对样准确性是指经过印花加工在织物上获得的图案与原稿花型(花样形态、外观效果)有很好的符合性。图案的对样准确性如何,是影响印花产品质量的首要因素,也是印

花产品质量检验中第一个要评定的内容。因此，对图案准确性的控制是印花生产中相当重要的一项任务。

④ 影响轮廓清晰度的因素是多方面的，主要有花版质量、原糊的性能、印制设备及工艺方法、织物的亲水性能及蒸化湿度等。

⑤ 色泽对样是要求织物上所印制的花型应在得色的深浅、浓淡、色光等方面与原稿相符合。其中主要控制因素有合理排版、科学确定工艺处方、防止传色、适当给浆、正确选择蒸化和水洗设备及工艺等。

⑥ 印花色牢度的好坏是印花产品内在质量指标，也必须很好控制。染料种类、色浆处方、蒸化及水洗工艺等因素都对色牢度有影响。

⑦ 水洗主要是洗去浮色和糊料，水洗效果关系到印花织物的整体外观质量，尤其对花色鲜艳度、色牢度、白地纯洁度有很大影响。因此控制好水洗中的各有关因素，把好印花生产的最后一道质量关也是非常重要的。

⑧ 涂料印花产品的质量要求也包括图案的对样准确度、色泽对样准确度、图案清晰度、色泽各项牢度、块面的得色均匀度，另外还有图案处的手感。其中图案的对样准确度、色泽对样准确度、图案清晰度和块面的得色均匀度的影响因素和以上讨论的一般染料印花基本相同，而色泽各项牢度和图案处的手感影响因素则不同。

印花产品在印制过程中可以随时观察抽检，质检人员可以跟随机台实时检验，出现问题可以及时停机处理，同样起到质量控制的作用。通过中检可将有质量问题的印花布挑选出来，进行回修，避免造成后工序加工的浪费。

四、整理过程质量监控

织物整理，广义来讲包括织物自下织机后所进行的一切改善和提高品质的处理过程；但在实际生产中，常将织物的练漂、染色和印花加工以后进行的改善和提高织物品质的加工过程称为织物整理。

织物整理的要求不但因组成织物的纤维种类而异，而且即使是由相同纤维组成的织物，也因织物的组织类型和用途的不同，而有不同的要求。织物品种繁多，整理要求各不相同，但是，不管何种纤维、何种织物，其整理质量指标均分为外观质量指标、一般质量指标及特殊质量指标。下面就不同织物的各类指标及风格要求介绍如下。

（一）外观质量指标

各类织物共有的外观质量要求包括：织物的布边整齐，门幅划一，布面平整，无纬纱歪斜，无极光，织物的白度、手感符合产品风格要求，无破边、破洞、披裂、沾污等外观疵点。

（二）一般内在质量指标

反映织物内在质量的性能指标相当广泛，在实际使用中往往根据纤维性能、织物品种及用途的不同，着重要求密度、断裂强力、缩水率、长度、宽度等几项质量指标。

（三）特殊内在质量

赋予织物特殊性能的特殊整理的内容、技术和工艺正在日新月异的发展，所谓特殊内在质量指标是衡量纺织品进行特种整理后整理效果的性能指标。特殊用途纺织品的特殊性能主要有：抗皱性、防火（阻燃）性、防水性、防霉性、抗静电性、透湿性、耐低温性、耐高温性等几个方面。

(四) 织物整理质量控制环节

1. 织物布面平整度、幅宽、伸长、缩水率控制的跟进

① 注意跟进烘燥时的张力、车速、温度、进布平整度、纬向的扩幅张力和经向张力、烘燥整平温度、织物的落布温度、堆放状态、时间等对布面平整度的影响。

② 跟进坯绸幅宽、烘燥过程中的经纬向张力、超喂率、落布温度等因素对成品幅宽的影响。

③ 关注织物的伸长对织物的纬密指标和伸缩率的大小的影响。

④ 跟进织物纤维自身的吸湿性及织物组织结构、整理设备的张力和加工温度对织物缩水率控制的影响。

2. 手感控制的跟进

张力较大、烘燥过度、烘燥温度过高及中途停车、表面树脂集聚或整理剂用量过多都会引起手感问题。

3. 抗静电性效果控制的跟进

织物纤维的吸湿性、环境温度、相对湿度、表面摩擦物质的种类对抗静电性效果的影响。

4. 抗皱性控制的跟进

吸温性、轧余率、预烘温度、催化剂的种类、用量、焙烘温度和焙烘时间、树脂整理剂的浓度对抗皱性的影响。

5. 拒防水性控制的跟进

半制品质量、拒水剂用量、轧余率及车速、焙烘温度对织物拒防水性的影响。

任务三 产品质量问题的统计分析

产品质量情况是从检验结果统计分析出来的,因此要求跟单员在工作中,注意收集记录和整理有关的资料,特别是中检、成品检验的质检报告。另外应每月进行一次质量分析,将影响产品质量的因素进行深入研究,提出改进措施,进一步提高产品质量。产品质量问题的统计分析,可采用统计表格的方式,分析产生成品质量异常的原因,统计回修量、退货回修量数据,追究造成质量问题的责任,从而达到质量考核、加强管理、提高产品质量的目的(表3-46、表3-47)。

表3-46 成品质量检测报告

客户名称: 订单号: 订单数量:
生产部门: 规格: 生产日期: 验货日期:

编号	布号	产品名称	颜色(花型)	色号(缸号)	总数量	出货数量	抽检数量	及格数量	及格率	疵点项目	不良原因	备注
1												
2												
3												
4												

品检员: 日期:

表 3-47 质量分析统计表

序号	质量异常原因	厂内回修数量	出厂退修数量	合计	质量责任归属数量							备注
					客户	坯布仓库	印染工序	中检工序	整理工序	定形工序	化验室	
1	色差											
2	缸差											
3	色花											
4	色渍											
5	错花											
6	污渍											
7	定形不良											
8	pH 值不符											
9	破洞											
10	极光											
11	白斑											
12	缩水不符											
印染产量：			整理产量：			定形产量：			出厂产量：			
制单员：									跟单员：			

“厂内回修数量”是指产品未出厂之前厂内自检出的不合格产品进行回修的数量，如果此数量较多，说明技术工艺、生产管理存在较多的问题，企业内部应重点在提高技术水平、加强管理上采取措施进行改进，降低回修数量。“出厂退修数量”是指产品交付客户后，由客户检验出的不合格产品进行回修的数量，如果这一项统计数量较多，不但说明技术管理水平出现问题，而且内部质量控制工作同样出现较严重的问题，并且会给企业的声誉带来严重的影响。因此企业内部应严把质量关，不合格的产品坚决不可出厂。

项目七　成品交付的跟单工作

成品交付是印染加工完毕订单的完成的标志，也是跟单工作的最后阶段。在这一过程中跟单员一定要认真仔细，单据和统计数据要准确、清晰，不得出现错漏，否则会造成不必要的损失。成品交付过程包括验收、入库、出库、交付几个环节，跟单员应与成品仓库管理员密切配合，共同完成成品的交付。

一、成品的验收、入库工作

对已生产完毕的成品进行质量验收，并做好统计记录，再填制入库单证，核对生产数量(表3-48～表3-50)。

1. 质量验收

质量验收时对成品质量的最终认定，也是跟单员最后一次对产品质量的跟进。通常客户会委派质检人员到厂抽验，随机抽验成品数量的20%～30%，以确认成品质量状况，跟单员应配合工作。客户质检人员应出具检验结果报告，确认是否合格，作为质量验收的依据。

2. 数量统计核查

对成品的产量、质量、交付的统计和管理，是跟单工作中的一项重要内容。成品数量统计和核查的跟单工作主要包括：

① 产量的统计：成品产量是订单进程的直接体现，产量统计通常是由生产部门或外加工企业定期报送原始资料，并以此为依据进行数据的整理、汇总，以达到方便、快捷地查阅，对订单生产进行进一步跟进。

统计核查主要是清点数量、统计产量。成品数量通常由生产流程的包装环节统计出来，跟单人员按统计单(磅码单)的资料进行清点核对。应按客户、订单号、缸号(批号)、订货量等项目核对总匹数，并抽验单匹的重量(或长度)，发现不符现象要及时纠正并重新复查。

这其中要注意一个问题，针织布是以重量为计量标准，而布匹的重量与其回潮率有较大关系，回潮率不同，其重量会有少许变化，因此布匹放置的时间不同，重量可能会有差异，一般差异在2%以内应属正常。

产量统计通常采用报表的形式归纳整理。报表常用两种形式为产量日报表和产量月报表。产量日报表通常是生产管理人员和跟单员所需的信息，反映了当天所生产成品的数量，跟单人员可依此填制订单进度统计表，以便于跟单员及时了解订单进程，使跟单工作快捷有序；产量月报表用于财务结算，是生产管理的考核依据，也是当月生产成品总量的统计和考核生产部门的依据，还是财务部门结算工作的参考资料。

② 交货信息的统计：订单产品交付情况是订单是否完成的体现。跟单人员应及时加以统计，以便及时了解和掌握订单的进度。交货信息可以在进度表上反映出来，另外在货款结算时，也需要统计交货数量，可不必单独统计。

交货信息必须准确、及时。如果有较大的误差，很容易造成交货情况的误导，做出错误的判断甚至错误的决策，从而引起不必要的麻烦。因此在对交付信息进行统计时，要认真核对成品出库单和成品交货单。

③ 降等及不合格产品数量统计。

3. 成品入库

验收完毕后应办理入库，这是企业管理必要的手续。跟单员开列入库单，并与成品数量统计单附在一起递交有关部门，如财务部门、仓库管理部门等，同时存档作为跟单资料。

4. 成品仓储储存监控

从成品生产完成至验收入库，应建立科学的制度，避免出现混批情况。特别是仓库管理要严格区分，按订单分区分别存放，要求标志明显，尤其在成品入库环节，在装卸、清点、搬运、存放等操作过程中，要严格把关。

成品要尽量避免长时间的存放。尤其是天然纤维成分的产品（如：棉、毛类）对环境比较敏感，尤其是温度、湿度的变化，有时会对产品质量产生影响，所以应严格监控成品仓库的温湿度。

表 3-48　成品入库单

客户	单号	编号	入库时间	品种	规格	数量			交货地点	备注
						匹数	重量	长度		

主管：　　　　仓库管理员：　　　　开单员：　　　　跟单员：

表 3-49　成品数量统计单

生产单位：________日期：________订单号：________生产单号：________

品种	规格	色号	颜色花型	重量	订货数量	生产数量	等级	备注

制单：　　　　仓库管理员：　　　　跟单员：

表 3-50　来料加工成品库存表

（　　）月来料加工成品库存表　　　　填报日期：截止　　月　　日

客户	订单号	坯布品种及规格	成品品种及规格	颜色（花型）	色号（网版号）	缸号（批号）	来料数量	结存数量	存放位置	备注
合计										

盘存：　　　　制表：　　　　跟单员：　　　　仓库管理员：

二、成品的交付

(一)交付准备

交付前需要准备必要的交付文件或资料,核对订单的要求与所要交付的产品是否相符。联系运输工具并及时通知客户。

1. 核对订单

应再次核对客户的订单要求,检查所要交付的成品是否符合订单要求。核查的内容有:① 订单号和生产单号;② 成品的数量:包括订货数量和生产数量;③ 产品的质量;④ 产品的名称、品种、规格、颜色、花型;⑤ 交货时间;⑥ 交货地点及包装运输的要求。

2. 交货信息的统计

交货信息必须准确、及时。如果有较大的误差,很容易造成交货情况的误导,做出错误的判断,甚至错误的决策,从而引起不必要的麻烦。因此,在对交付信息进行统计时,要认真核对成品出库单和成品交货单。

3. 准备交付文件

交付时需准备必要的文件,包括出库单(表 3 - 51)、交货单(表 3 - 52)、发票。

① 出库单是企业内部进行结算和通知仓库的一种凭证,是仓库管理所必需的程序。交付成品需经主管人员批准并备案。仓库管理员依据出库单进行货品的装运。

② 交货单是应交付产品的详细资料,交货单的统计要准确无误,数据正确,开具后应由核对人员核对,确保无差错。交货单是货物转运的凭证,货品交付后,应收回客户签收的回执,以此作为客户的收货依据。

③ 发票是财务部门开具的结算凭证,跟单人员应向财务部门提供有关的结算资料,由财务部门依据国家的有关规定开具。

表 3 - 51 成品出库单

客 户:________ 出库时间:________
订单号:________ 编 号:________
提货单位:________ 完成时间:________

品种	规格	数 量			交货地点	交货方式
		重量	长度	种类		
合计						

备注:

主管: 开单员: 跟单员: 仓库管理员:

表 3-52　成品交货单

客　　户：________交货时间：________编号：________单号：________

交货地点：________坯布品种：________规格：________

序号	布号	成品数量	缸号	颜色	色号	花型	加工项目	
1							染色	
2							洗水	
3							半漂	
4							开边定形	
5							坯布定形	
6							圆筒定形	
7							浆边	
8							切边	
9							制软	
10							防缩树脂	
11							抓毛	
12							吸毛	
13							磨毛	
14							预缩	
15							剪毛	
16							蚀毛	
17							装双胶袋	
备注：		提货人签章： 年　月　日			客户签章： 年　月　日			

制单：　　　　审核：　　　　跟单员：

4. 交付方式

交付有两种方式，即一次交付和分批交付，应根据客户的要求进行交货。一次交付是指将订单全部完成后，一次将成品全部交付客户，通常用于批量较小的订单。分批交付，通常客户会安排具体的交付顺序和时间，批量大或多品种的订单，一般采用分批交付方式。

染整印花加工后的成品通常是用于服装的生产。当订单的批量较大、品种较多时，客户会要求先交付一部分成品，使印染加工的同时，可以进行服装的生产加工，以利于争取更多的服装生产时间。对于服装款式品种较多、交货期紧急的订单，客户通常会预先安排好每一品种的交货次序，进行分批交付。

(二) 通知客户

交付前的准备工作完毕后，应及时通知客户，将需要交付成品的资料告知客户，以便客户做好接收准备。应以书面形式(如传真、E-mail)通知客户所交付产品的品种、规格、数量、订单号、运输方式、运输时间、运输单位(部门)等有关内容。

三、结算

1. 结算通知单内容及结算方式

跟单人员应根据订单约定的结算方式，开出正式的结算通知单，连同发票，一同交给客户，以便于货款的结算。

结算通知单的内容应包括订单号、品种、规格、数量、单价、金额等内容，使客户明确，便于核算（表3－53、表3－54）。

结算方式通常有货到付款、款到交货、定期结算等方式。

表3－53　成品布规格卡

客户	
单号	
成品布类	
成品规格	
颜色（花型）	
色号（版号）	
缸号（批号）	
布匹编号	
数量	kg　　m
检验员	
出厂时间	
备注	
主管：　　制表：　　跟单：	

表3－54　成品送样通知单

客户：＿＿＿＿＿地址：＿＿＿＿＿＿＿＿编号：＿＿＿＿＿＿

兹将下列成品布样送交贵客，请即批核为盼！

送样时间：　年　月　日

编号	单号	成品品种	成品规格	颜色花型	色号花号	缸号批号	成品数量		备注
							匹数	重量	
合计送样数量									
批核：			跟单：						

2. 结算信息管理

结算信息管理，实质上是将跟单过程中各个订单的结算通知单进行编列汇总，形成便于查阅的报表，使结算信息全面准确地集中反映出来，从而使结算信息条理化、有序化。

结算信息汇总工作应定期进行，通常应每月进行一次，由跟单人员依据结算通知单编制结算报表，交财务部门进行审核。

结算工作分为两方面,一方面是产品销售应收款项的结算;另一方面是应付款项的结算。跟单人员在定期盘存(对坯布和成品的盘存)的同时,应进行结算工作的定期总结。

(1)应收款项信息汇总

印染加工企业的应收款项主要有两项:一项是成品销售后的应收货款,另一项是客户来料加工订单的加工费用。跟单员在编制结算信息时应按销售订单与加工订单分别统计汇总。这两类订单的最大区别是在于结算单价,产品销售的单价远远高于来料加工的单价,因此在统计计算时要严格区分订单的性质(销售或加以保证结算信息的准确性。

另外,来料加工订单单价的确定有两种方式:一种是按坯布的加工量计算单价,另一种是按加工后的成品数量结算。这两种方式的单价是有区别的,由于染色加工过程有一定的损耗,成品数量少于坯布数量,通常后者比前者应略微高一些,而印花加工由于印花浆料的附着,对于以重量计算的产品(如针织品)有可能成品数量大于来坯数量,造成后者比前者略微低一些。因此业务人员在洽谈订单时,要结合企业的实际情况和所加工产品的类型,确定好加工单价的结算方式,跟单员在计算加工费用时一定要核对订单单价的计算方式,避免出现因结算错误而造成损失。

(2)应付款项信息汇总

应付款项主要包括用于销售订单而购买坯布的款项、发外加工款项和购买染化料款项(有些织染联合企业其坯布来源于企业内部,不涉及购买坯布的问题,但必须购买织布用的原料纱线,此处按购买坯布的形式阐述)。坯布的购买结算和发外加工费用结算须由跟单员进行统计汇总。印染企业所用的染化料,通常由专门的物料供应部门负责购买和结算,这里不再赘述。购买坯布应付款项可依据坯布入库单等有关资料统计汇总。发外加工费用款项可依据外协企业加工产品入库单等有关资料进行统计汇总。汇总后的报表应随同有关的原始资料(如 坯布入库单、发外加工单、明细表、出入库单等)报送财务部门进行审核。

结算信息的汇总报送必须在规定的时间内完成,每个结算报送周期(每个月)内应固定一个时间做此项工作。因结算工作涉及的部门较多,并且与客户、供应商、外协单位的关系较大,延误结算时间会给企业的资金周转带来不利的影响,因此结算报表的报送要快捷、及时、数据统计准确(表 3-55～表 2-59)。

表 3-55 订单结算通知单

<table>
<tr><td colspan="6">客户名称:__________ 订单号:__________ 编号:__________ 日期:
兹于____年____月____日将下列成品布交付贵公司,请于____日之内将下述货款加工费)付回。</td></tr>
<tr><td>品种</td><td>规格</td><td>加工方式</td><td>数量</td><td>单价</td><td>金额</td></tr>
<tr><td></td><td></td><td></td><td></td><td></td><td></td></tr>
<tr><td></td><td></td><td></td><td></td><td></td><td></td></tr>
<tr><td></td><td></td><td></td><td></td><td></td><td></td></tr>
<tr><td>合计数量</td><td colspan="5"></td></tr>
<tr><td>合计金额(大写)</td><td colspan="5"></td></tr>
<tr><td colspan="3">备注:</td><td colspan="3">(本企业名称及财务结算签章)
年 月 日</td></tr>
<tr><td colspan="6">主管: 开单: 跟单员:</td></tr>
</table>

表 3-56　成品销售结算报表

( )月成品销售结算报表							填报日期:截止　月　日		
客户	订单号	品种规格	交货时间	数量	单价	金额	已收金额	差额	备注
合计:总金额:			已收金额:			差额:			
		制表:			财务审核:		跟单员:		

表 3-57　应付货款结算报表

							年　月　日	
供应商	购买项目	品种	规格	单价	数量	金额	入库时间	备注
合计总金额:								
		制表:			账务审核:		跟单员:	

表 3-58　来料加工结算报表

( )月成品销售结算报表											填报日期:截止　月　日		
客户	单号	来坯品种及规格	成品品种及规格	来坯数量	成品数量	加工方式	计算方式	单价	金额	已收金额	差额	备注	
合计:总金额:			已收金额:			差额:							
			制表:			财务审核:			跟单员:				

表 3-59　外发加工结算报表

( )月外发加工结算报表 年　月　日													
加工单位	单号	交付时间	成品品种及规格	投坯坯布品种及规格	投坯数量	加工方式	计算方式	成品数量	单价	金额	已付金额	差额	备注
合计	总加工金额:				已付金额:					差额:			
制表:			账务审核:									跟单员:	

四、成品交付完成后的跟单工作

订单完成后，跟单人员需将订单跟进过程中的有关单证、资料进行汇总、编制、报送和归类存档。

在跟单过程中，有许多有关订单的各类资料、往来文件等，应进行归纳整理，并进行相关的统计计算工作。

1. 需要整理的资料

需要整理的资料有客户订单、生产通知单、工艺单、成品出入库单、成品交货单、验布记录、结算单，与客户之间往来的记录、传真等(图 3-6，表 3-60～表 3-62)。

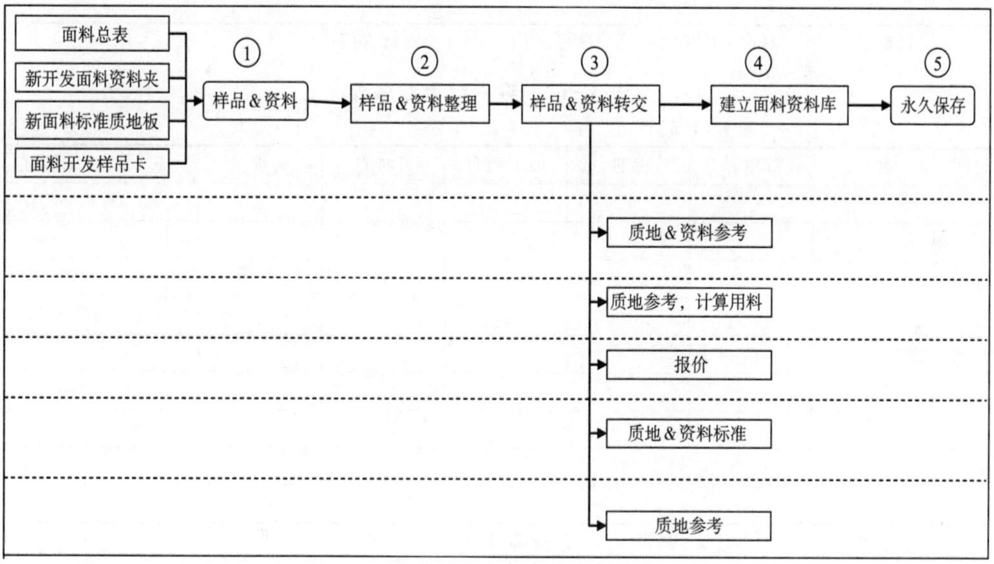

图 3-6 物料样品管理流程

表 3-60 销售成品库存表

( )月成品销售结算报表											填报日期：截止 月 日
品种	成品品种及规格	颜色（花型）	色号（网版号）	缸号（批号）	曾销售的客户	订单号	坯布		结存数量	存放地	备注
							规格	数量			
合计											
盘存：		制表：			跟单员：			仓库管理员：			

表 3－61　未完成订单汇总表

统计时间：自　　年　　月　　日至　　年　　月　　日

客户	订单号	成品品种及规格	订货量	交货期	已交货量	未交货量	未完成原因	备注
合计：								
备注：								

制单：　　　　制单：　　　　送交：主管(　　)　账务部门(　　)　经营部门(　　)

表 3－62　客户订单汇总表

统计时间：自　　年　　月　　日至　　年　　月　　日

下单时间	客户	订单号	品种	加工项目	订货量	交货量	完成情况
合计：							
备注：							

制单：　　　　制单：　　　　送交：主管(　)　账务部门(　　)　经营部门(　　)

2. 需要报送主管及财务部门的资料

需要报送主管及财务部门的资料有客户订单正本、成品出入库单、成品交货单及客户签收回执、结算单。

3. 需要统计计算的指标

需要统计计算的指标有损耗率、产品合格率、产量、交货量。

第四篇　岗位相关技能

跟单员除了掌握生产加工专业知识外，还需要其他技能来应对复杂的工作，如贸易基础知识、办公室管理知识、电脑操作基本技能与个人礼仪等。这些技能可提高工作效率，在工作中更快速、有效地获得信息，同时提高跟单员有效沟通的能力，在日常工作中能更好地协调客户或同事之间的关系。

任务一 贸易术语与价格

一、贸易术语

贸易术语(Trade Terms)是用来表明商品的价格构成和买卖双方的有关手续、费用、风险及责任的划分、所有权转移的界限等问题的专门术语。贸易术语一般遵循以下国际贸易惯例：

1.《1932 年华沙—牛津规则》

本规则制定了有关 CIF 买卖合同的统一规则，虽然这一规则现在仍得到国际上的承认，但实际上已很少采用。

2.《1941 年美国对外贸易修订本》

该修订本主要对以下六种术语作了解释：

①EX ②FOB ③FAS ④C&F ⑤CIF ⑥EX Dock

本定义主要适用于美洲国家，在很多解释上与其他惯例不同，使用本定义或对该地区交易时要慎重。

3.《2000 年国际贸易术语解释通则》

该通则由国际商会国际商业惯例委员会在广泛征求意见的基础上对实行了 60 余年的通则进行了修订。并于 1999 年 9 月公布，简称《2000 通则》。

《2000 通则》共包含 13 种贸易术语，见表 4－1。

表 4－1 国际贸易术语对比表

<table>
<tr><th>术语</th><th>交货地点</th><th>运输</th><th>保险</th><th>出口手续</th><th>进口手续</th><th>风险转移</th><th>所有权转移</th></tr>
<tr><td>EXW</td><td>出口国工厂</td><td>买方</td><td>买方</td><td>买方</td><td>买方</td><td rowspan="7">交货地转移</td><td rowspan="7">随买卖转移</td></tr>
<tr><td>FAS</td><td>装运港船边</td><td>买方</td><td>买方</td><td>卖方</td><td>买方</td></tr>
<tr><td>DAF</td><td>进出口边境</td><td>买方</td><td>买方</td><td>卖方</td><td>买方</td></tr>
<tr><td>DES</td><td>目的港船上</td><td>卖方</td><td>卖方</td><td>卖方</td><td>买方</td></tr>
<tr><td>DEQ</td><td>目的港码头</td><td>卖方</td><td>卖方</td><td>卖方</td><td>买方</td></tr>
<tr><td>DDU</td><td rowspan="2">进口国指定地点</td><td>卖方</td><td>卖方</td><td>卖方</td><td>买方</td></tr>
<tr><td>DDP</td><td>卖方</td><td>卖方</td><td>卖方</td><td>卖方</td></tr>
<tr><td>FOB</td><td rowspan="3">装运港</td><td>买方</td><td>买方</td><td>卖方</td><td>买方</td><td rowspan="3">装运港船舷</td><td rowspan="6">随交单而转移</td></tr>
<tr><td>CIF</td><td>卖方</td><td>卖方</td><td>卖方</td><td>买方</td></tr>
<tr><td>CFR</td><td>卖方</td><td>买方</td><td>卖方</td><td>买方</td></tr>
<tr><td>FCA</td><td rowspan="3">出口国指定地点</td><td>买方</td><td>买方</td><td>卖方</td><td>买方</td><td rowspan="3">货交承运人</td></tr>
<tr><td>CIP</td><td>卖方</td><td>卖方</td><td>卖方</td><td>买方</td></tr>
<tr><td>CPT</td><td>卖方</td><td>买方</td><td>卖方</td><td>买方</td></tr>
</table>

二、六种常用的贸易术语

在进出口业务中，使用最多的术语是 FOB、CFR、CIF、FCA、CPT 和 CIP，前三种适用于海洋和内河运输方式，而后三种适用于多种运输方式。熟悉这六种贸易术语的含义非常重要，一方面它们用得最多；另一方面，通过学习这六种贸易术语，可以对它们的作用有一个深入的了解,对其他贸易术语的含义就容易掌握。

这六种贸易术语下的交货方式都为象征性交货(Symbolic Delivery),它是指卖方只要按期在约定地点完成装运,并向买方提交合同规定的包括物权凭证在内的有关单证,就算完成了交货任务,而无需保证到货。

象征性交货的贸易术语有一个共同特点,即凭单交货、凭单付款,其对比见表 4-2。

表 4-2 六种价格术语比较

英文缩写	中文全称	交货地点	风险划分	运输办理方(运费)	保险办理方(保险费)	出口报关	进口报关	适用运输方式	标价注明
FCA * *	货交承运人	合同规定的出口国内地、港口	承运人接管货物后	买方	买方 *	卖方	买方	各种运输方式	指定地点
FOB * *	船上交货	装运港船上	货物越过装运港船舷	买方	买方 *	卖方	买方	海运,内河运输	装运港名称
CFR	成本加运费	同上	同上	卖方	买方 *	卖方	买方	同上	目的港名称
CIF	成本加保险加运费	同上	同上	卖方	卖方	卖方	买方	同上	同上
CPT	运费付至	合同规定的出口国内地港口	承运人接管货物后	卖方	买方 *	卖方	买方	各种运输方式	目的地名称
CIP	运费,保险费付至	同上	同上	卖方	卖方	卖方	买方	同上	同上

* 按照通则规定,双方无义务办理保险,但买方或实际进口方应为自身利益投保;

* * FCA 或 FOB 术语后应注明交货地点或装运港口,其他四个术语应注明目的港或目的地。

√ FOB 的全称是 Free On Board(—Named Port of Shipment),即船上交货(—指定装运港),习惯称为装运港船上交货。如 FOB SHANGHAI 指卖方在上海港船上交货。

√ CFR 的全称是 Cost And Freight(—Named Port of Destination),即成本加运费(—指定目的港)。如 CFR NEWYORK 指卖方在商品出口成本外要支付到达纽约港的运费。

√ CIF 的全称是 Cost Insurance and Freight(—Named Port Destination),即成本加保险费、运费(—指定目的港)。如 CIF LONDON 指卖方在商品出口成本外要支付到伦敦港的运费和保险费。

√ FCA 的全称是 Free Carrier(—Named Place),即货交承运人(—指定地点)。

√ CPT 的全称是 Carriage Paid to (—Named Place of Destination),即运费付至(—指定目的地)。

√ CIP 的全称为 Carriage And Insurance Paid to(—Named Place of Destination)，即运费保险费付至(—指定目的地)。

其中 FOB、CIF 与 CFR 异同点见表 4 - 3。

表 4 - 3　FOB、CIF 与 CFR 异同点一览表

		卖方	买方
相同点		1. 装货，充分通知 2. 出口手续，提供证件 3. 交单	1. 接货 2. 进口手续，提供证件 3. 受单，付款
相同点		4. 都是装运港交货，风险、费用划分一致，都是以船舷为界 5. 交货性质相同，都是凭单交货、凭单付款 6. 都适合于海洋运输和内河运输	
不同点	FOB		租船订舱、支付运费(F)办理保险、支付保费(I)
不同点	CIF	租船订舱、支付运费(F)办理保险、支付保险费(I)	
不同点	CFR	租船订舱、支付运费(F)	办理保险、支付保险费(I)

三、价格

货物买卖合同中的价格条款主要包括单价(Unit Price)和总值(Total Amount)两项内容，单价主要由单位价格金额、计价货币、计量单位和贸易术语四部分组成。

(一) 交易价格的构成

在贸易中，确定一种商品的成交价，不仅取决于其本身的价值，还要考虑到商品从产地运至最终目的地的过程中有关手续由谁办理、费用由谁负担。在出口贸易中，考虑商品价格的主要因素是商品的出口成本、出口运输费用和运输保险费用。

① 出口成本(Cost)：包括商品成本和商品到达出口口岸的运输费。

② 运输费(Freight)：是指离开出口口岸后的运输费用。

③ 保险费(Insurance)：一般是指出口运输保险费。

在商品交易中，卖方报价的高低与其承担的义务有关。

(二) 计价货币的选择

计价货币(Money of Account)是指合同中规定用来计算价格的货币。

在国际贸易中，用来计价的货币可以是出口国家货币，也可以是进口国家货币，或双方同意的第三国货币，由买卖双方协商确定。世界许多国家都实行浮动汇率，币值波动很大；而进出口合同通常的交货期较长，从订约到履行合同的期间，计价货币的币值可能会出现大幅度的起伏，从而影响进出口双方的经济利益。因此，选择合同的计价货币就具有重大的经济意义，买卖双方在确定价格时必须加以注意。

一般进出口合同都采用可兑换和世界通用的货币进行计价和支付。但是，各种货币在市场上汇率变化趋势不同，有的汇率走势坚挺(称为硬币)，有的走势疲软(称为软币)。从理论上说，在出口交易时争取采用硬币计价比较有利；而进口合同采用软币计价比较合算。在实际业务中，采用什么货币还与双方的交易习惯、经营意图以及交易价格有关。下表 4 - 4 给出了可兑换货币的符号和代码。

表 4-4 可兑换货币的符号和代码

币制代码	币制符号	币制名称	币制代码	币制符号	币制名称
110	HKD	港币	307	ITL	意大利里拉
116	JPY	日本元	309	NLG	荷兰盾
121	MOP	澳门元	315	ATS	奥地利先令
122	MYR	马来西亚林吉特	318	FIM	芬兰马克
132	SGD	新加坡元	326	NOK	挪威克朗
142	CNY	人民币	330	SEK	瑞典克朗
300	EUR	欧元	331	CHF	瑞士法郎
301	BEF	比利时法郎	398	ASF	清算瑞士法郎
302	DKK	丹麦克朗	501	CAD	加拿大元
303	GBP	英镑	502	USD	美元
304	DEM	德国马克	601	AUD	澳大利亚元
305	FRF	法国法郎			

注：表中的币值符号和代码由我国海关编制。

对于生产加工企业，产品报价主要受到各种物料价格和损耗（含供应商配合度、市场环境）、加工工艺成本、难度和加工损耗、工人工资水平、订单量大小、物流费用、其他生产成本和各项税费共同构成。

任务二 5S 管理

5S 指整理（SEIRI）、整顿（SEITON）、清扫（SEISO）、清洁（SEIKETSU）、素养（SHITSUKE）五个项目，因日语的罗马拼音均为“S”开头，所以简称为 5S。开展以整理、整顿、清扫、清洁和素养为内容的活动，称为“5S”活动。

5S 管理起源于日本，是指在生产现场中对人员、机器、材料、方法等生产要素进行有效的管理，这是日本企业独特的一种管理办法。1955 年，日本的 5S 的宣传口号为“安全始于整理，终于整理整顿”。当时只推行了前两个 S，其目的仅为了确保作业空间和安全。后因生产和品质控制的需要而又逐步提出了 3S，也就是清扫、清洁、修养，从而使应用空间及适用范围进一步拓展，到了 1986 年，日本的 5S 的著作逐渐问世，从而冲击了整个现场管理模式，并由此掀起了 5S 的热潮。

一、1S—整理(SEIRI)

整理的定义：区分要与不要的物品，现场只保留必需的物品。

整理的目的：

① 改善和增加作业面积；

② 现场无杂物，行道通畅，提高工作效率；

③ 减少磕碰的机会，保障安全，提高质量；

④ 消除管理上的混放、混料等差错事故；

⑤ 有利于减少库存量，节约资金；

⑥ 改变作风，提高工作情绪。

整理的意义：把要与不要的人、事、物分开，再将不需要的人、事、物加以处理，对生产现场的现实摆放和停滞的各种物品进行分类，区分什么是现场需要的，什么是现场不需要的；其次，对于现场不需要的物品，诸如用剩的材料、多余的半成品、切下的料头、切屑、垃圾、废品、多余的工具、报废的设备、工人的个人生活用品等，要坚决清理出生产现场，这项工作的重点在于坚决把现场不需要的东西清理掉。对于跟单员的工作场所，要将自己办公桌上、抽屉、文件柜等地方的样衣、样布、样卡和相关资料、文具等个人用品整理清楚，达到现场无不用之物。

“整理”往往让人误认为把散乱各地的东西重新排列整理就“好了”，其实重新排列、重新堆积整齐，只能算是“整列”，而“整理”的详细内容应该是：

① 将需要和不需要的东西分类；

② 丢弃或处理不需要的东西；

③ 管理需要的东西。

丢弃需要“狠心”和“魄力”，我们经常有这样的心理和观念：“留下以后或许有用”“这个尾数留下等下批订单再用”“多买一些，急用就不用愁了”等，这些不明确或假设的心态，往往造成“空间”和“成本”的浪费。

二、2S—整顿(SEITON)

整顿的定义：必需品依规定定位、定方法摆放整齐有序，明确标示。

整顿的目的：不浪费时间寻找物品，提高工作效率和产品质量，保障生产安全。

整顿的意义：把需要的人、事、物加以定量、定位。通过前一步整理后，对生产现场需要留下的物品进行科学合理的布置和摆放，以便用最快的速度取得所需之物，在最有效的规章、制度和最简捷的流程下完成作业。

整顿的要点：

① 物品摆放要有固定的地点和区域，以便于寻找，消除因混放而造成的差错；

② 物品摆放地点要科学合理。例如，根据物品使用的频率，经常使用的东西应放得近些(如放在作业区内)，偶尔使用或不常使用的东西则应放得远些(如集中放在车间某处)；

③ 物品摆放目视化，使定量装载的物品做到过目知数，摆放不同物品的区域采用不同的色彩和标记加以区别。

整顿最终是要求放置物品标准化，使任何人立即能找到所需要的东西，减少“寻找”时间上的浪费，也就是将物品按“定点”“定位”“定量”三原则规范化，使工作效率、工作品质、材料控制成本上，达到最大的效益。

跟单员要做好资料的归档，如过季资料、在线生成成衣资料和开发产品资料等要进行梳理，养成资料标签分类的习惯。

三、3S—清扫(SEISO)

清扫的定义：清除现场内的脏污、清除作业区域的物料垃圾。

清扫的目的：清除“脏污”，保持现场干净、明亮。

清扫的意义：将工作场所的污垢去除，使异常的发生源容易被发现，是实施自主保养的第一步，主要是在提高设备稼动率。

清扫的要点：

① 自己使用的物品，如设备、工具等，要自己清扫，而不要依赖他人，不增加专门的清扫工；

② 对设备的清扫,着眼于对设备的维护保养。清扫设备要同设备的点检结合起来,清扫即点检;清扫设备要同时做设备的润滑工作,清扫也是保养;

③ 清扫也是为了改善。当清扫地面发现有飞屑和油水泄漏时,要查明原因,并采取措施加以改进。

清扫除了是用扫把扫扫地、用抹布擦拭机器外,真正的"清扫"应是除了清洁外还能早期发现异常,以达到预防的目的,借以提高工作效益、降低成本,使人和事永远维持在最佳的运转状态下,进而生产出良好品质的产品。

对于跟单工作,跟单员应整理思路,及早发现各生产部门中的异常问题,整理工作环节中影响工作质量和效率的问题。

四、4S—清洁(SEIKETSU)

清洁的定义:将整理、整顿、清扫实施的做法制度化、规范化,维持其成果。

清洁的目的:认真维护并坚持整理、整顿、清扫的效果,使其保持最佳状态。

清洁的意义:通过对整理、整顿、清扫活动的坚持与深入,从而消除发生安全事故的根源。创造一个良好的工作环境,使职工能愉快地工作。

清洁的要点:

① 工作环境不仅要整齐,而且要做到清洁卫生,保证身体健康,提高劳动热情;

② 不仅物品要清洁,而且工作人员本身也要做到清洁,如服装清洁,仪表整洁;

③ 人员不仅要做到形体上的清洁,而且要做到精神上的"清洁",待人要讲礼貌、要尊重别人;

④ 要使环境不受污染,进一步消除浑浊的空气、粉尘、噪音和污染源,消灭职业病。

清洁是具有"追根究底"的科学精神,大事从小事做起,创造一个无污染、无垃圾的工作环境。

通过清洁整顿,应使周围一起工作的人感到跟单员工作专业、有效、可靠。

五、5S—素养(SHITSUKE)

素养的定义:人人按章操作、依规行事,养成良好的习惯。

素养的目的:提升"人的品质",培养对任何工作都讲究认真的人。

素养的意义:努力提高人员的修身,使人员养成严格遵守规章制度的习惯和作风,是5S活动的核心。

素养是5S中最重要的部分。5S实际上是日常工作习惯,不是只靠一个人去做就可以,而需要亲身去体会实行,是由内心里得到认同的观念。因为自己的疏忽会给别人带来不便和损失,所以养成良好的习惯、确实自觉遵守纪律,就是"习惯"。针对中国人对各种活动的态度都有"三分钟热度"、"虎头蛇尾"的状况,为了让5S活动养成习惯且持续不断、全面彻底地进行,就必须从"纪律"管理着手,以从心里自然流露出来的"必须"的心态去实行,才是成功的要素。

除了5S外,也有企业通过6S或7S管理,就是在5S基础上增加了安全(Safety)和节约(Save)。

安全(Safety)指清除隐患,排除险情,预防事故的发生。

其目的是保障员工的人身安全,保证生产连续、安全、正常地进行,同时减少因安全事故而带来的经济损失。

节约(Save)就是对时间、空间、能源等方面合理利用,以发挥它们的最大效能,从而创造一个高效率、物尽其用的工作场所。

5S实施时应该秉持三个观念:能用的东西尽可能利用;以自己就是主人的心态对待企业的资源;切勿随意丢弃边角料等,节约是对整理工作的补充和指导,丢弃前要思考其剩余使用价值,秉持勤俭节约的原则。

任务三 常用办公软件基本技能

在跟单的工作中经常需要建立各种表格和对表格中的各种数据进行处理,制作各种图表和编制文件资料,因此跟单员需要掌握一定的办公软件使用技巧,主要是EXCEL表格的使用、WORD文书的处理、生产会议的POWERPOINT汇报和其他专业软件(如PHOTOSHOP,AI,COREDRAW)的使用技巧。本单元只要讲授跟单工作中用EXCEL表格进行的物料计算和其他实际中的应用。

一、物料的计算(以箱子和贴纸、钮扣的计算为例)

(一)计算信息

根据客户订单信息,制衣厂需要生产的成衣数量见表4-5。根据订单要求,此订单允许±3%的短溢数量。现在需要对纸箱和纸箱贴纸进行采购,物料的损耗见表4-6。

表4-5 订单分色分码数量

尺码/颜色	XS	S	M	L	XL	XXL	合共
70089 白色	182	480	782	820	462	157	2 883
70090 红色	145	483	652	952	236	222	2 690
7090L 蓝色	108	486	522	1 084	190	287	2 677
7091L 黄色	71	489	392	1 216	286	352	2 806

表4-6 物料的损耗

物料 / 订货数量	纸类制品	纸箱	钮扣
5 000 件以上	1.5%	1%	1%
3 000～5 000 件	2%	1.5%	1.5%
3 000 件以下	2.5%	2%	3%

1. 装箱要求

① 分码装箱,小箱每个12件,一个大箱装24件;

② 先单色单码装,再单色混码装,最后混色混码装;

③ 所有成衣先装大箱后装小箱。

2. 贴纸要求

每个箱子贴纸数2张,尺码与贴纸颜色分配如表4-7所示。

表4-7 尺码与贴纸颜色分配表

XS	S	M	L	XL	XXL	混码
红	黄	蓝	绿	白	橙	紫

3. 钮扣要求

6PCS/件，另外 SPARE BUTTON 1PCS/件，钮扣跟成衣颜色相同，四孔，无标牌，16＃树脂钮扣，颜色外观参考样板。

(二) 计算过程

1. 先计算具体生产的成衣数量

第一步：将服装客户订购数相关表格输入 EXCEL；

第二步：将表格复制，将内部数据清空；

第三步：在 B8 单元格输入公式“＝INT(B2＊1.03)”(由于服装允许 3%超裁，因此先将成衣数量乘以 1.03，计算出实际裁剪数量，将计算数值进行取整)；

第四步：将 B8 单元格公式复制到其他单元格，结果见图 4－1。

• 函数使用：

INT 函数“＝INT(NUMBER)”，取单元格数值的整数部分，小数部分全部忽略。

在成衣裁剪数中，多一件和少一件，在数量上一般差别不大，所以可以将超裁数计算后直接取整数，如果订单量非常少的，可以使用“ROUNDUP”函数，具体见后面相关函数使用(图 4－1)。

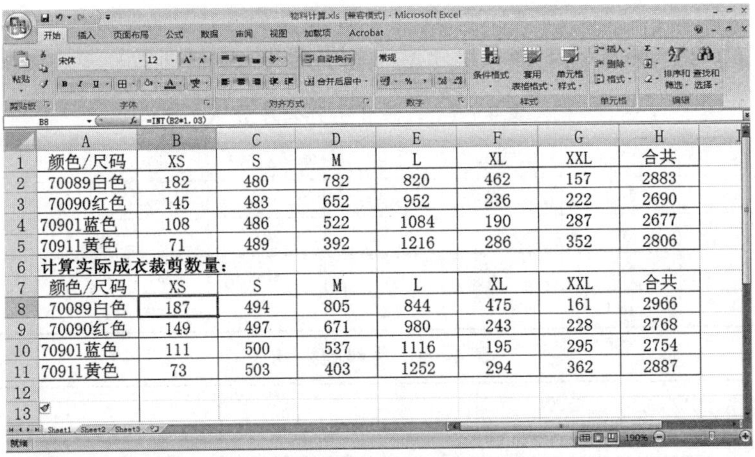

	A	B	C	D	E	F	G	H
1	颜色/尺码	XS	S	M	L	XL	XXL	合共
2	70089白色	182	480	782	820	462	157	2883
3	70090红色	145	483	652	952	236	222	2690
4	70901蓝色	108	486	522	1084	190	287	2677
5	70911黄色	71	489	392	1216	286	352	2806
6	计算实际成衣裁剪数量:							
7	颜色/尺码	XS	S	M	L	XL	XXL	合共
8	70089白色	187	494	805	844	475	161	2966
9	70090红色	149	497	671	980	243	228	2768
10	70901蓝色	111	500	537	1116	195	295	2754
11	70911黄色	73	503	403	1252	294	362	2887
12								
13								

图 4－1　计算实际成衣裁剪数量

2. 根据装箱要求，对成衣按照单色单码装大箱

第一步，将颜色尺码分配空白表粘贴在 A13 单元格；

第二步：将成衣按照单色单码装大箱，输入公式“＝INT(B8＊24)”(实际生产成衣装进大箱，每箱装 24 件，计算结果的整数部分就是单色单码成衣需要的大箱的实际数量，将计算数值进行取整)；

第三步：将 B13 单元格公式复制到其他单元格，并在 B18 中使用编辑工具栏中的“Σ”将各尺码成衣所需要的大箱子数量进行统计，计算结果见表 4－8。

表 4-8 计算单色单码成衣装大箱数量

尺码/颜色	XS	S	M	L	XL	XXL	合计
70 089 白色	7	20	33	35	19	6	120
70 090 红色	6	20	27	40	10	9	112
7 090L 蓝色	4	20	22	46	8	12	112
7 091L 黄色	3	20	16	52	12	15	118
合计	20	80	98	173	49	42	462

3.根据装箱要求,将装大箱后剩余的成衣按照单色单码装小箱

第一步:将颜色尺码分配空白表粘贴在 A13 单元格;

第二步:将装完大箱后的成衣按照单色单码装小箱,在 B21 单元格输入公式"=INT((B8-B14*24)/12)"(公式中"B8-B14*24"是先计算装完大箱后各颜色和尺码剩余的服装数量,其结果除以 12,是计算剩余服装需要小箱的个数,最后对此结果进行取整数);

第三步:将 B13 单元格公式复制到其他单元格,并在 B25 中使用编辑工具栏中的"Σ"将各尺码成衣所需要的小箱子数量进行统计,计算结果见表 4-9。

表 4-9 计算单色单码成衣装小箱数量

尺码/颜色	XS	S	M	L	XL	XXL	合计
70089 白色	1	1	1	0	1	1	5
70090 红色	0	1	1	1	0	1	4
7090L 蓝色	1	1	0	1	0	0	3
7091L 黄色	0	1	1	0	0	0	2
合计	2	4	3	2	1	2	14

4.按照单色单码装箱完毕后,将成衣进行单色混码装箱,先装大箱后装小箱

第一步:成衣颜色、单色单码装箱后剩余成衣数量、需要大箱数量、需要小箱数量和单色混码装箱后剩余成衣数量分别输入 A27 到 E27 单元格内;

第二步:在 B28 单元格输入公式"=H8-H14*24-H21*12",求出该颜色单色单码装箱后剩余成衣数量,并将公式复制到 B29 至 B31 内;

第三步:在 C28 输入公式"=IF(B28<24,0,INT(B28/24))",使用"IF"函数设定剩余服装的数量足够能装满整个大纸箱,"B28<24"是设定剩余成衣数量小于 24 件,如果条件满足,则返回"0",表示不需要大纸箱;如果条件不满足,则意味着剩余成衣数量大于等于 24 件,需将剩余成衣数量除以 24,并将其取整,求出所需大箱的数量;

第四步:在 C28 单元格输入公式"=IF(B28-C28*24<12,0,INT(B28-C28*24/12))",使用"IF"函数,是为了设定剩余服装的数量足够能装满整个小纸箱,"B28-C28<12"是设定剩余成衣装完大箱后剩余的数量是否小于 12 件,如果条件满足,则返回"0",表示不需要小纸箱,如果条件不满足,则意味着剩余成衣数量大于等于 12 件,需将剩余成衣数量除以 12,并将其去整,求出所需小箱的数量;

第五步:算出单色混码装箱后剩余成衣数量。

第六步:在相应单元格统计大箱、小箱和剩余成衣的数量,具体见表 4-10。

• 函数使用:IF 函数"=IF(LOGICAL_TEST,VALUE_IF_TRUE,VALUE_IF_FALSE)"

"LOGICAL_TEST"表示计算结果为 TRUE 或 FALSE 的任意值或表达式;"VALUE_IF_TRUE"表示"LOGICAL_TEST"为 TRUE 时返回的值;

"VALUE_IF_FALSE"表示"LOGICAL_TEST" 为 FALSE 时返回的值;

简单言之就是"=IF(A,B,C),意思是如果满足"A",那么执行"B",否则"执行"C"。

表 4-10 计算单色混码成衣装大小箱数量

尺码/颜色	单色单码装箱后剩余成衣数量	大箱	小箱	单色混码装箱后剩余成衣数量
70089 白色	26	1	0	2
70090 红色	32	1	0	8
7090L 蓝色	30	1	0	6
7091L 黄色	31	1	0	7
合计		4	0	23

5.单色混码装箱完毕后,将成衣进行混色混码装箱,先装大箱后装小箱

第一步:建立混色混码成衣装箱表格,在"A35"单元格输入"=E32",将单色混码装箱完毕后成衣余数进行统计;

第二步:在"B35"单元格输入公式"=IF((A35-INT(A35/24) * 24)>12,INT(A35/24)+1,INT(A35/24))",目的是设定条件:如果"B32"内成衣数量在完全装完大箱后数量仍然大于 12 件,则大箱的个数再增加"1 个";如果装完大箱后成衣数量少于 12 件,则按照实际装箱;

第三步:在"C35"单元格输入公式"=IF((A35-B35 * 24)>0,1,0)",目的是设定条件:如果装完大箱后还有成衣,则需要 1 个小箱;如果没有成衣剩下,则不需要小箱。结果见表4-11。

表 4-11 计算混色混码成衣装大小箱数量

成衣件数	需要大箱数	需要小箱数
23	1	0

6. 计算箱子实际总需求量

第一步:建立箱子总需求量表格,在"A38"单元格输入"=H18+C32+B35",将单色单码、单色混码和混色混码需要的大箱的个数进行求和。

第二步:在"B38"单元格输入公式"=H25+D32+C35",将单色单码,单色混码和混色混码需要的小箱的个数进行求和。

第三步:根据物料损耗要求,在"C38"单元格输入公式"=IF(A38>5 000,ROUNDUP(A38 * 1.01,0),IF(A38>=3 000,ROUNDUP(A38 * 1.015,0),ROUNDUP(A38 * 1.02,0)))",目的是设定条件:纸箱需求量大于 5 000,则实际采购量是需求量的 101%;如果纸箱需求量大于等于 3 000 个,则实际采购量是需求量的 101.5%;如果小于 3 000 个,实际采购量是需求量的 102%(表 4-12)。

表 4-12 箱子总需求量

大箱数量	小箱数量	大箱数量(含损耗)	小箱数量(含损耗)
467	14	477	15

• 函数使用:

1. IF 嵌套函数:"=IF(A,B,IF(C,D,E))",指如果满足"A",那么执行"B",否则在判断是否满足"C",如果"是",那么执行"D",如果"不是"则执行"E"。

2. ROUND 函数:"=ROUND(NUMBER,NUM_DIGITS)"

"NUMBER"为需要进行四舍五入的数字;"NUM_DIGITS"为指定的位数,按此位数进行四舍五入。如果"NUM_DIGITS" 大于 0,则四舍五入到指定的小数位;如果"NUM_DIGITS"等于 0,则四舍五入到最接近的整数;如果"NUM_DIGITS"小于 0,则在小数点左侧进行四舍五入。

3. ROUNDUP 和 ROUNDDOWN 函数:"=ROUNDUP(NUMBER,NUM_DIGITS)或 ROUNDDOWN(NUMBER,NUM_DIGITS)"

它们和函数 ROUND 功能相似,不同之处在于函数 ROUNDUP 总是向上舍入数字,ROUNDDOWN 则总是向下舍入数字。如"=ROUND(3.14159, 3)"是将 3.14159 保留三位小数,对第四位小数进行四舍五入,即(3.142);"=ROUNDUP(3.14159, 3)"是将 3.14159 向上舍入,保留三位小数 (3.142);"=ROUNDDOWN(3.14159, 3)"是将 3.14159 向下舍入,保留三位小数 (3.141)。

在物料采购中,由于几个函数结果只相差"1",所以一般会取多不取少,尤其是采购数量少的物料,所以本次计算采用"ROUNDUP"函数。

7. 计算贴纸数量

第一步:建立贴纸需要表格,在 B40 至 H41 输入尺码与贴纸颜色分配信息,并在 A42、43 和 44 分别输入"纸箱需求数"、"贴纸需求数"和"贴纸采购数";

第二步:按贴纸采购要求,统计大小纸箱的个数,在"B42"单元格输入公式"=B18+B25",计算出单色单码纸箱的需求数,将单元格复制到 C42 至 F42 单元格,另外在 G42 单元格输入公式"=C32+D32",求出单色混码纸箱需求数;最后在 H42 单元格输入公式"=B35+C35",求出混色混码纸箱需求数;

第三步:每个箱子需要两张贴纸,在 B43 输入公式"=B42 * 2",并将公式复制到 C43 至 H43;

第四步:在 B44 单元格输入公式"=IF(B43>5 000,ROUNDUP(B43 * 1.015,0),IF(B43>=3 000,ROUNDUP(B43 * 1.02,0),ROUNDUP(B43 * 1.025,0)))",计算出贴纸的损耗,并将公式复制到 C44 至 H44,求出各种贴纸实际采购数,见表 4-13。

表 4-13 贴纸数量计算

	XS	S	M	L	XL	单色混码	混色混码
	红	黄	蓝	绿	白	紫	橙
纸箱需求数	22	84	101	175	50	4	1
贴纸需求数	44	168	202	350	100	8	2
贴纸采购数	46	173	208	359	103	9	3

8. 计算钮扣数量

第一步:建立钮扣需要表格;

第二步:按钮扣分色采购要求,在 B48 单元格输入公式“=H8 * 7”,计算该色成衣每件需要 7 颗钮扣的总需求数,将单元格复制到 B49 至 B51 单元格;

第三步:在 C48 输入公式“=IF(B48>5 000,ROUNDUP(B48 * 1.01,0),IF(B48>=3 000,ROUNDUP(B48 * 1.015,0),ROUNDUP(B48 * 1.03,0)))”,求出钮扣需求数加损耗数量,并将公式复制到单元格 C49 至 C51;

第四步,在 D48 单元格输入公式“=ROUNDUP(C48/144,0)”,计算钮扣采购的罗数(每罗 144 颗钮扣),并将公式复制到 D49 至 D51,求出各种颜色钮扣实际采购罗数,见表 4-14。

表 4-14 钮扣数量计算

尺码/颜色	需求数量	需求数加损耗数	采购数量(罗)
70089 白色	20 762	20 970	146
70090 红色	19 376	19 570	136
7090L 蓝色	19 278	19 471	136
7091L 黄色	20 209	20 412	142

9. 统计制单所有的物料信息

由于以上计算过程在物料采购中只是为最后采购物料作统计工作,其繁琐的过程不需要在订单中出现,因此为了更加清晰准确地采购物料,需要在 EXCEL 的物料订购文件中对各个工作表进行命名。如本计算中,建立了“物料计算表”、“物料损耗表”和“物料汇总表”3 个工作表,以便于计算和统计。

将计算好的物料订购数量值输入,“物料汇总表”相应位置,将各计算值直接反馈到此表中。如在“物料汇总表”的“B17”单元格输入公式“=物料计算表! C38”,该单元格就会将“物料计算表”中大箱的采购数值返回到此单元格。

输入方法为:第一步,点击“需要返回数值的工作表”所指定的单元格,如“物料汇总表”的“B17”单元格;第二步,在该单元格输入“=”;第三步,直接将鼠标点击相对应工作表相应单元格,如点击“物料计算表”的“C38”单元格;最后按回车,“物料汇总表”的“B17”单元格内就会返回“物料计算表”的“C38”单元格的结果。

对于钮扣数值的输入,由于在“物料计算表”中颜色与需求数是纵向排列,而在“物料汇总表”中颜色和采购数是横向排列,所以在复制过程中需要使用项目工具栏的粘贴工具。

具体操作:如只需要将“物料计算表”中钮扣的颜色代号输入“物料汇总表”的“B7”至“E7”,可以先将“物料计算表”的 A48 到 A51 单元格进行复制,然后点击回“物料汇总表”,点击“B7”单元格,然后在工具栏粘贴工具中点击下三角形,出现菜单后直接点击转置(T)即可以完成。但是对于在“物料计算表”计算的各颜色钮扣的数量,按照转置粘贴将会出现“#VALUE!”信息,这是由于经过转置后,EXCEL 的公式也会随之发生改变,导致错误结果。解决的方法有两种,第一种是单个分别粘贴,如在“物料计算表”“B8”单元格输入公式“=物料计算表! D48”,“C8”单元格输入公式=物料计算表! D49”,如此类推,此方法比较繁琐,容易出错;第二种方法是将“物料计算表”的“D48”到“D51”单元格进行复制,然后点击回“物料汇总表”,点击“B8”单元格,再在工具栏粘贴工具中点击下三角形,出现菜单后,点击选择性粘贴(V),出现选择性粘贴菜单后在里面选择数值(V)和转置(E),点击确定,即可以完成数据统计工作,如图 4－2 所示。

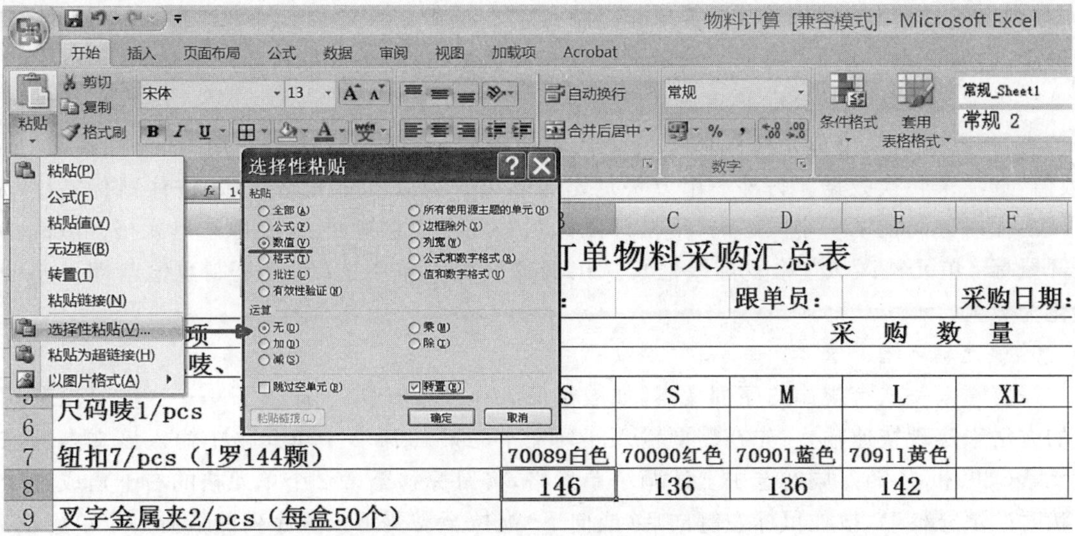

图 4－2 数据的选择性粘贴

工具补充:在 OFFICE 或者 WPS 电脑软件的选择性粘贴工具栏中有很多便利工具,可按照具体的需要进行选择。另外,在大量复制粘贴的工作中,OFFICE 软件还提供了剪贴板工具,OFFICE2003 版剪贴板为 12 个,2007 版为 24 个。使用者可以根据需要,先在工具栏中点击“剪贴板”或者直接使用键盘的“CTRL”键后,连击“C”键两次,就会出现剪贴板。剪贴板出现后,可以先将需要粘贴的内容复制到剪贴板(暂时不粘贴),完成所有复制工作后,再在指定的位置。点击剪贴板相应的内容就可以完成粘贴工作。

二、EXCEL 数据的处理

(一) 数据输入

1. 在一个单元格内输入多个值

有时需要在某个单元格内连续输入多个数值,以查看引用此单元格的其他单元格的效果。但每次输入一个值后按回车键,活动单元格均默认下移一个单元格,非常不便。可以采用以下方法:单击鼠标选订单元格,然后按住 Ctrl 键再次单击鼠标选定此单元格,此时,单元格周围将出现实线框,再输入数据,敲回车键就不会移动了。

2. 快速换行

使用 Excel 制作表格时经常会遇到需要在一个单元格输入一行或几行文字的情况,如果输入一行后敲回车键就会移到下一单元格,而不是换行。有一个简便实用的操作方法可以实现换行:在选订单元格输入第一行内容后,在换行处按“Alt＋回车键”,即可输入第二行内容,再按“Alt＋回车键”输入第三行以此类推。

3. F4 键—“重复”键

Excel 中有一个快捷键的作用极其突出,那就是 F4 键。作为“重复”键,F4 键可以重复前一次操作,在很多情况下都要用到。如在工作表内加入或删除一行,然后移动插入点并按下 F4 键以加入或删除另一行,根本不需要使用菜单。

4. 在单元格中输入 0 值

一般情况下,在 EXCEL 表格中输入诸如“05”、“4.00”之类数字后,只要光标一移出该单元格,格中数字就会自动变成“5”、“4”。解决方法:先选定要输入相关数据单元格,鼠标右键单击,在弹出的快捷菜单中单击“设置单元格格式”,在接着出现的界面中选“数字”标签页,在列表框中选择“文本”,单击“确定”,然后再输入相关数据,该数据就能按要求被输入。

5. 将单元格区域从公式转换成数值

有时,需要将某个单元格区域中的公式转换成数值,常规方法是使用“选择性粘贴”中的“数值”选项来转换数据。另外一个方法是先选取包含公式的单元格区域,按住鼠标右键将此区域沿任何方向拖动一小段距离(不松开鼠标),然后再把它拖回去,在原来单元格区域的位置松开鼠标(单元格区域边框变虚线框),从出现的快捷菜单中选择“仅复制数值”,即可将公式转化为数值。

6. 快速输入有序文本

需要输入一些有规律的序列文本,如数字(1、2……)、日期(1 日、2 日……)等,可以利用下面的方法来实现快速输入:先在需要输入序列文本的第 1、第 2 个单元格中输入该文本的前两个元素(如“甲、乙”)。同时选中上述两个单元格,将鼠标移至第 2 个单元格的右下角成细十字线状时(“填充柄”),按住鼠标左键向后(或向下)拖拉至需要填入该序列的最后一个单元格后,松开左键,则该序列的后续元素(如“丙、丁、戊……”)依序自动填入相应的单元格中。

对于一些不是成自然递增的数值(如等比序列:2、4、8……),可以用右键拖拉的方法来完成:先在第 1、第 2 个单元格中输入该序列的前两个数值(2、4)。同时选中上述两个单元格,将鼠标移至第 2 个单元格的右下角成细十字线状时,按住右键向后(或向下)拖拉至该序列的最后一个单元格,松开右键,此时会弹出菜单,选“等比序列”选项,则该序列(2、4、8、16……)及其“单元格格式”分别输入相应的单元格中(如果选“等差序列”,则输入 2、4、6、8……)。

7. 快速输入特殊符号

有时一张工作表中要多次输入同一个文本,特别是要多次输入一些特殊符号(如±),非常麻烦,对录入速度有较大的影响。这时可以用一次性替换的方法来克服这一缺陷。先在需要输入这些符号的单元格中输入一个代替的字母(如 X,注意:不能是表格中需要的字母),等表格制作完成后,单击“编辑→替换”命令,打开“替换”对话框,在“查找内容”下面的方框中输入代替的字母“X”,在“替换为”下面的方框中输入“±”,将“单元格匹配”前面的钩去掉(否则会无法替换),然后按“替换”按钮一个一个替换,也可以按“全部替换”按钮,一次性全部替换完毕。

8. 快速给数字加上单位

有时需要给输入的数值加上单位(如“件、打、码”等),少量的我们可以直接输入;而大量输入时,可执行以下操作:按住 Ctrl 键点击相关的单元格,单击右键,出现菜单,选择设置单元格格式,在“数字”标签中,选中“分类”下面的“自定义”选项,再在“类型”下面的方框中输入相关单位,如“件”,按下确定键。这样单位(件)就一次性地加到了相应数值的后面。也可在某一单元格按上述方法操作后,双击格式刷,将其他需要该单位的单元格进行单位添加。

(二)排序

数据排序是指按一定规则对数据进行整理、排列,这样可以为数据的进一步处理作好准备。EXCEL 2007 提供了多种方法对数据清单进行排序,可以按升序、降序的方式,也可以由用户自定义排序。

对 EXCEL 2007 中的数据清单进行排序时,如果按照单列的内容进行排序,可以直接从

“开始”选项卡的“编辑”组中完成排序操作。如果要对多列内容排序，则需要在“数据”选项卡中的“排序”组中进行操作。

（三）冻结窗口

由于表格横列数或者纵行数较多时，在编辑资料时表格会自动滚动，导致无法看到标题栏。解决方法，单击“视图→冻结窗格”命令，该命令下方有下拉菜单，点击下拉菜单可以选择冻结拆分窗格（该单元格上方横列和左侧纵行被冻结）、冻结首行（该单元格上方横列被冻结）和冻结首列（该单元格左侧纵行被冻结），可以按照需要进行选择。如需解除冻结，直接再单击“窗口→冻结窗格”命令就可以取消窗口冻结。

（四）数据筛选

数据清单创建完成后，对它进行的操作通常是从中查找和分析具备特定条件的记录，而筛选就是一种用于查找数据清单中数据的快速方法。经过筛选后的数据清单只显示包含指定条件的数据行，以供用户浏览、分析。

自动筛选为用户提供了在具有大量记录的数据清单中快速查找符合某种条件记录的功能。使用自动筛选功能筛选记录时，字段名称将变成一个下拉列表框的框名。

使用 EXCEL 2007 中自带的筛选条件，可以快速完成对数据清单的筛选操作。但是当自带的筛选条件无法满足需要时，也可以根据需要自定义筛选条件。使用高级筛选功能，必须先建立一个条件区域，用来指定筛选的数据所需满足的条件。条件区域的第一行是所有作为筛选条件的字段名，这些字段名需满足的条件。条件区域的第一行是所有作为筛选条件的字段名，这些字段名与数据清单中的字段名必须完全一样。

（五）VLOOKUP 函数使用

在日常的工作中，常常有很多资料会和信息出现在不同的工作表当中，但由于每个工作表都有特殊的作用，会导致相同的信息会在不同的工作表中处于不同的位置，在资料输入和查找中有很多麻烦，尤其当某些数据需要更改时，还需要在不同的工作表中逐一去更正。如果更改有误或者有遗漏，可能会引起很多不必要的麻烦甚至导致损失。所以，在工作中可将一些共用资料建立为基础信息，当某些表格需要基础信息中的某些数据时，就可通过函数直接调用，而不需要重复输入；当基础信息更改时，会联动修改使用相关数据的工作表，这就需要功能强大的 VLOOKUP 函数。

函数使用：“= VLOOKUP(LOOKUP_VALUE，TABLE_ARRAY，COL_INDEX_NUM，RANGE_LOOKUP)”

参数：LOOKUP_VALUE 为需要在数据表第一列中查找的数值，它可以是数值、引用或文字串。TABLE_ARRAY 为需要在其中查找数据的数据表，可用以对区域或区域名称的引用。COL_INDEX_NUM 为 TABLE_ARRAY 中待返回的匹配值的序列号。COL_INDEX_NUM 为 1 时，返回 TABLE_ARRAY 第一列中的数值；COL_INDEX_NUM 为 2 时，返回 TABLE_ARRAY 第二列中的数值，以此类推。RANGE_LOOKUP 为一逻辑值，指明函数 VLOOKUP 返回时是精确匹配还是近似匹配。如果为 TRUE 或省略，则返回近似匹配值，也就是说，如果找不到精确匹配值，则返回小于 LOOKUP_VALUE 的最大数值；如果 RANGE_VALUE 为 FALSE，函数 VLOOKUP 将返回精确匹配值；如果找不到，则返回错误值 #N/A。

【例】在印染服装厂内都会有颜色的要求，将颜色建立一个“颜色基础信息”工作表。现仓库库存面料信息进行登记，已建立“面料信息表 1”，需将面料颜色方面的一些信息进行补充，如图4－3和4－4所示。

序号	Pantone 色号	颜色英文名	颜色中文名	厂内色号
1	18-1550TPX	Aurora Red	经典红	CI7
2	18-2143TPX	Beetroot Purple	紫玫红	CI8
3	19-4007TPX	Black	炭黑	AI2
4	17-2033TPX	Bloom	胭脂红	CI6
5	18-4252TPX	Blue Aster	宝石蓝	DI1
6	18-1945TPX	Bright Rose	鲜玫红	C12
7	18-3812TPX	Cadet	紫灰	HI8
8	17-1831TPX	Carmine	紫红	CI4
9	18-0201TPX	Castle Rock	礁灰	JI8
10	11-4201TPX	Cloud Dancer	云白	BI3
11	19-3632TPX	Collegiate Purple	纯紫	H13
12	19-4057TPX	Collegiate Royal	纯蓝	D16
13	15-1624TPX	Concho Shell	粉红	II4
14	19-4220TPX	Dark Onix	深岩灰	J13
15	19-4104TPX	Dark Shale	檀灰	J12
16	颜色参 B50	Deep Grey Heather	深花灰	MI3
17	13-2010TPX	Diva	樱花红	II2
18	19-3720TPX	Egg Plant	茄皮紫	H14
19	19-1015TPX	Espresso	浅褐灰	FI9
20	17-6030TPX	Fairway	深草绿	G11
21	14-0852TPX	Freesia	柠檬黄	EI4
22	11-0604TPX	Gardenia	栀子黄	BI1
23	15-1215TPX	Light Brown	浅棕	F11
24	颜色参 BC06	Light Grey Heather	浅花灰	MI1
25	14-3911TPX	Light Purple	浅紫	HI2
26	15-0545TPX	Macow	茉莉绿	G18
27	13-4910TPX	Matt-Azure	淡兰	DI2
28	颜色参 BC18	Med Grey Heather	中花灰	MI2

图 4－3 “颜色基础信息”工作表

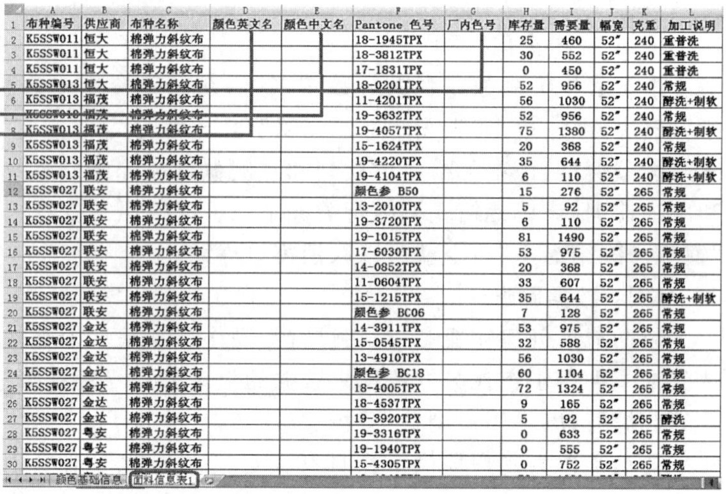

布种编号	供应商	布种名称	颜色英文名	颜色中文名	Pantone 色号	厂内色号	库存量	需要量	幅宽	克重	加工说明
K5SSW011	恒大	棉弹力斜纹布			18-1945TPX		25	460	52″	240	重普洗
K5SSW011	恒大	棉弹力斜纹布			18-3812TPX		30	552	52″	240	重普洗
K5SSW011	恒大	棉弹力斜纹布			17-1831TPX		0	450	52″	240	重普洗
K5SSW013	恒大	棉弹力斜纹布			18-0201TPX		52	956	52″	240	常规
K5SSW013	福茂	棉弹力斜纹布			11-4201TPX		56	1030	52″	240	酵洗+制软
K5SSW013	福茂	棉弹力斜纹布			19-3632TPX		52	956	52″	240	常规
K5SSW013	福茂	棉弹力斜纹布			19-4057TPX		75	1380	52″	240	酵洗+制软
K5SSW013	福茂	棉弹力斜纹布			15-1624TPX		20	368	52″	240	常规
K5SSW013	福茂	棉弹力斜纹布			19-4220TPX		35	644	52″	240	酵洗+制软
K5SSW013	福茂	棉弹力斜纹布			19-4104TPX		6	110	52″	240	酵洗+制软
K5SSW027	联安	棉弹力斜纹布			颜色参 B50		15	276	52″	265	常规
K5SSW027	联安	棉弹力斜纹布			13-2010TPX		5	92	52″	265	常规
K5SSW027	联安	棉弹力斜纹布			19-3720TPX		6	110	52″	265	常规
K5SSW027	联安	棉弹力斜纹布			19-1015TPX		81	1490	52″	265	常规
K5SSW027	联安	棉弹力斜纹布			17-6030TPX		53	975	52″	265	常规
K5SSW027	联安	棉弹力斜纹布			14-0852TPX		20	368	52″	265	常规
K5SSW027	联安	棉弹力斜纹布			11-0604TPX		33	607	52″	265	常规
K5SSW027	联安	棉弹力斜纹布			15-1215TPX		35	644	52″	265	酵洗+制软
K5SSW027	联安	棉弹力斜纹布			颜色参 BC06		7	128	52″	265	常规
K5SSW027	金达	棉弹力斜纹布			14-3911TPX		53	975	52″	265	常规
K5SSW027	金达	棉弹力斜纹布			15-0545TPX		32	588	52″	265	常规
K5SSW027	金达	棉弹力斜纹布			13-4910TPX		56	1030	52″	265	常规
K5SSW027	金达	棉弹力斜纹布			颜色参 BC18		60	1104	52″	265	常规
K5SSW027	金达	棉弹力斜纹布			18-4005TPX		72	1324	52″	265	常规
K5SSW027	金达	棉弹力斜纹布			18-4537TPX		9	165	52″	265	常规
K5SSW027	金达	棉弹力斜纹布			19-3920TPX		5	92	52″	265	酵洗
K5SSW027	粤安	棉弹力斜纹布			19-3316TPX		0	633	52″	265	常规
K5SSW027	粤安	棉弹力斜纹布			19-1940TPX		0	555	52″	265	常规
K5SSW027	粤安	棉弹力斜纹布			15-4305TPX		0	752	52″	265	常规

图 4－4 “面料信息表 1”工作表

第一步：在两个表格之间寻找相同信息源，如在“颜色基础信息”工作表和“面料信息表 1”相同的项目为“Pantone 色号”；

第二步：在需要填充数据的单元格输入公式，在“面料信息表 1”D2 单元格输入公式：“＝VLOOKUP(F:F,颜色基础信息！D:G,2,FALSE)”，回车键则返回相应颜色的英文名。

说明：“F:F”—在两个表之间的相同信息源，如果颜色的“Pantone 色号”一样，就返回需要的相应的信息；

“TABLE_ARRAY”—需要在“颜色基础信息”工作表 D:G 纵行寻找对应的信息（因为本次需要搜索的信息在 D:G 纵行，为方便后续操作直接选择该范围，也可选择整个工作表或者某一需要信息的纵行与信息源之间的全部纵行），操作时可直接通过鼠标进行区域选择，公式自动会生成“颜色基础信息！D:G”；

“COL_INDEX_NUM”—以信息源作为首行信息计算需要返回信息的纵行的位置，如本次需要返回“颜色的英文名”，其位置在“颜色基础信息”工作表中以“Pantone 色号”为首列计算，它属于第 2 纵行，因此输入“2”；

“RANGE_LOOKUP”—要返回精确值，所以选择“FALSE”。

第三步，检查返回值是否正确，正确则将该公式直接复制到该纵行的其他单元格内，完成该纵行信息的登记工作。

第四步，登记“面料信息表 1”中颜色中文名的工作。将刚刚的公式复制到 E2 单元格，会发现返回值是错误值“＃N/A”，原因主要如下：

D2 单元格公式是“＝VLOOKUP(F:F,颜色基础信息！D:G,2,FALSE)”

E2 单元格公式是“＝VLOOKUP(G:G,颜色基础信息！E:H,2,FALSE)”

两个公式之间随着纵行的移动，公式内的纵行也同步移动，包括了信息源的“F:F”变成“G:G,”和信息查找区域“颜色基础信息！D:G”变成了“颜色基础信息！E:H”。

解决方法：Excel 一般情况下会默认公式随着单元格位置的变动而同步变动，如果我们需要只在某个横列、纵行变动或区域不能变动时，则需要进行一些操作。在公式输入时，键盘的

“F4”键能起到转换公式中的单元格及区域引用方式的作用。

① 在键盘上按“F4”键，公式中被点击的数据在每次按F4键后出产生不同的变化，会在其单元格的位置前方出现“MYM”符号。如：某单元格所输入的公式为“＝SUM(B4:B8)”，选中整个公式，按下F4键，该公式内容变为“＝SUM(MYMBMYM4:MYMBMYM8)”，表示对横、纵行单元格均进行绝对引用，不管公式复制到哪个区域，其结果都是返回B4:B8单元格的总和。

② 第二次按下F4键，公式内容又变为“＝SUM(BMYM4:BMYM8)”，表示对横行进行绝对引用，纵行相对引用，表示公式随着移动只能在第4到第8横列内进行纵行间的移动，如引用位置向右移动一个单元格，其结果会变成“＝SUM(CMYM4:CMYM8)”。

③ 第三次按下F4键，公式则变为“＝SUM(MYMB4:MYMB8)”，表示对横行进行相对引用，对纵行进行绝对引用，与第二次按F4键刚好相反，只能在B纵行内选择，可以在5个相邻横列中变化。

④ 第四次按下F4键时，公式变回到初始状态“＝SUM(B4:B8)”，即对横行纵行的单元格均进行相对引用。如果继续按F4键，将再次进行循环。需要说明的是，F4键的切换功能只对所选中的公式段有作用。本次操作要求只能在纵行中选择相应数据，不能横向移动，所以在D2单元格公式“＝VLOOKUP(F:F，颜色基础信息！D:G，2，FALSE)”基础上，在“F:F”和“颜色基础信息！D:G”两个位置纵行字母位置按“F4”键，其公式便会变成“＝VLOOKUP(MYMF:MYMF，颜色基础信息！MYMD:MYMG，2，FALSE)”，其返回结果与原来是一样的，将此公式复制到该纵行其他单元格内。

将D2单元格的公式复制到E2单元格，E2单元格公式就是“＝VLOOKUP(MYMF:MYMF，颜色基础信息！MYMD:MYMG，2，FALSE)”，纵行不再随公式移动而产生位置变化。原来设定的“2”是以“Pantone色号”为首列计算，颜色英文名在第2纵行，因此输入“2”；而目前需要查找的颜色中文名在第3纵行，所以需要更改；

第五步：按照第四步同样的方法，将位列纵行数改为“4”即可完成“面料信息表1”的“厂内色号”的登记工作，如图4－5和4－6所示。

	C	D	E	F
1	布种名称	颜色英文名	颜色中文名	Pantone 色号
2	棉弹力斜纹布	Bright Rose	#N/A	18-1945TPX
3	棉弹力斜纹布	Cadet		18-3812TPX
4	棉弹力斜纹布	Carmine		17-1831TPX
5	棉弹力斜纹布	Castle Rock		18-0201TPX
6	棉弹力斜纹布	Cloud Dancer		11-4201TPX
7	棉弹力斜纹布	Collegiate Purple		19-3632TPX
8	棉弹力斜纹布	Collegiate Royal		19-4057TPX
9	棉弹力斜纹布	Concho Shell		15-1624TPX
10	棉弹力斜纹布	Dark Onix		19-4220TPX
11	棉弹力斜纹布	Dark Shale		19-4104TPX
12	棉弹力斜纹布	Deep Grey Heather		颜色参 B50
13	棉弹力斜纹布	Diva		13-2010TPX
14	棉弹力斜纹布	Egg Plant		19-3720TPX
15	棉弹力斜纹布	Espresso		19-1015TPX
16	棉弹力斜纹布	Fairway		17-6030TPX
17	棉弹力斜纹布	Freesia		14-0852TPX
18	棉弹力斜纹布	Gardenia		11-0604TPX
19	棉弹力斜纹布	Light Brown		15-1215TPX

图4－5　公式初始状态

	C	D	E	F	G
1	布种名称	颜色英文名	颜色中文名	Pantone 色号	厂内色号
2	棉弹力斜纹布	鲜玫红	鲜玫红	18-1945TPX	C12
3	棉弹力斜纹布	Cadet	紫灰	18-3812TPX	HI8
4	棉弹力斜纹布	Carmine	紫红	17-1831TPX	CI4
5	棉弹力斜纹布	Castle Rock	礁灰	18-0201TPX	JI8
6	棉弹力斜纹布	Cloud Dancer	云白	11-4201TPX	BI3
7	棉弹力斜纹布	Collegiate Pur	纯紫	19-3632TPX	H13
8	棉弹力斜纹布	Collegiate Roy	纯蓝	19-4057TPX	D16
9	棉弹力斜纹布	Concho Shell	粉红	15-1624TPX	II4
10	棉弹力斜纹布	Dark Onix	深岩灰	19-4220TPX	J13
11	棉弹力斜纹布	Dark Shale	檀灰	19-4104TPX	J12
12	棉弹力斜纹布	Deep Grey Heat	深花灰	颜色参 B50	MI3
13	棉弹力斜纹布	Diva	樱花红	13-2010TPX	II2
14	棉弹力斜纹布	Egg Plant	茄皮紫	19-3720TPX	H14
15	棉弹力斜纹布	Espresso	浅褐灰	19-1015TPX	FI9
16	棉弹力斜纹布	Fairway	深草绿	17-6030TPX	G11
17	棉弹力斜纹布	Freesia	柠檬黄	14-0852TPX	EI4
18	棉弹力斜纹布	Gardenia	栀子黄	11-0604TPX	BI1
19	棉弹力斜纹布	Light Brown	浅棕	15-1215TPX	F11

图4－6　公式的位置引用

(六) 添加页眉和页脚

页眉和页脚在打印工作表时非常有用，通常可以将有关工作表的标题放在页眉中，而将页码放置在页脚中。如果要在工作表中添加页眉或页脚,需要在“插入”选项卡的“页眉或页脚”中进行设置。在工作表的页眉或页脚中,还可以根据需要插入各种项目,包括页码、页数、当前时间、文件路径以及图片等。这些项目都可以通过“设计”选项卡的“页眉和页脚元素”组中的按钮来完成。

三、PDF 文件格式转换

在工作的过程中,有些资料和信息需要进行不断修订更改,这些资料在 WORD 或 EXCEL 中使用非常方便。但在实际操作当中,有些资料只提供阅读或者不允许修改,尤其是一些涉及到技术要求、任务安排和责任相关的文件。这种情况下,跟单员不能直接发送 WORD 或者 EXCEL 生成的文件,必须转化为其他格式文件发送出去,一般需要将文件转换为 PDF 文件格式。

文件转化为 PDF 文件格式,可以通过安装相关的 PDF 文件阅读器(自带 PDF 打印机功能)或者专门的 PDF 打印机程序,安装好 PDF 打印机。

当我们需要将相关文件转化为 PDF 文件时,可以在文件开始选项中选择“打印”,然后进入“打印内容”菜单,在“打印机名称”中选择 PDF 打印机,按确定。windows 打印机会提示所生成文件需要存放的位置路径和文件名,按照实际需要进行填写后,按确定就可生成相关 PDF 文件。

四、生产工作会议幻灯片(POWERPOINT)制作要点

在企业日常工作中,经常会进行各种类型的会议,目前大多是部门以幻灯片形式将工作中的各种事项整理后汇报。制作要点如下:

① 工作会议用的幻灯片要注意尽量使用企业统一的母版格式;如果企业没有母版的,尽量使用简单的母版,不要选用版面复杂、花哨、有喧宾夺主的母版或图片;

② 因为会议进程紧张,尽量减少文字的输入量,多采用直观的数据表和图片形式进行表述;

③ 内容涉及到一些大型数据表格或将需要引用其他数据或视频资料的,可以通过超链接或文件嵌入。其中超链接的方式适合于使用在制作和使用幻灯片都是同一台电脑,因为更换电脑可能会引起程序路径变化,在讲解时出现不能链接的情况;文件嵌入适用于任何电脑,但是因为文件嵌入到幻灯片中会使得文件空间增大,而文件较大时打开速度慢。

a. 超链接方法:鼠标拖选需要建立超链接的文字→右击鼠标→选择超链接→根据路径选择所需文件。运行超链接文件,需要在幻灯片播放模式点击运行。

b. 文件嵌入的路径为:插入→对象→由文件创建(浏览)→点击插入的文件。运行嵌入文件,需要在普通状态点击运行。

任务四 工作基本礼仪

一、仪容仪表

仪容仪表是指一个人呈现出来的外观,通常是指这个人的外部轮廓、容貌、表情、服饰和举止的总和。一个人的仪容仪表礼仪由静态礼仪和动态礼仪构成。静态礼仪最重要的组成部分是容貌,也包括化妆。容貌的修饰主要体现在发型、面部和口部三部分。

① 发型的修饰最重要的是要整洁、规范、长度适中。男士头发一般前发不附额，侧发不掩耳，后发不及领。留长发的女士，在上班或重要场合中，最好用卡子或者发箍把头发束起来或编起辫子。

② 面部修饰除了要保持整洁之外，还要注意多余的毛发。

③ 口部最重要的是力求无异味。工作期间尽量避免在会客前进食有异味的食物。

除了容貌外，着装也要符合相应的场合，注意服装规格是否合适、颜色花纹图案搭配是否恰当、钮扣和绳带是否系好、服装是否整洁、是否有破烂、鞋面是否干净等。在工作交往应酬中，化妆也是一种礼貌。化妆要注意自然，注意自身整体的协调、与环境的协调和与身份的协调，不在公共场合化妆。服装短、露、透，化妆浓艳都是职场所忌讳的。

二、身体语言

1. 眼睛

目光是最富于表现力的一种身体语言。作为商务场合来说，目光注视范围主要有两种，一种是公务注视范围，一种是社交注视范围。

公务注视是在洽谈业务、贸易谈判或者磋商问题时所使用的一种注视。这个区域是以两眼为底线、额中为顶点形成的一个三角区。如果你看着对方这个区域就会显得严肃认真，对方也会觉得你有诚意；在交谈时如果目光总是落在这个注视区域，你就会把握住谈话的主动权和控制权。

社交注视它的范围是以两眼为上线、唇部为下顶点所形成的倒三角形区域，通常在一般的商务交往场所使用这种注视，当你和人谈话时注视着对方的这个部位，能给人一种平等而轻松的感觉，可以创造出一种良好的社交气氛，像一些茶话会、舞会和各种友谊聚会的场合中，就适合采用这种注视(图 4－9)。

商务场合，除了要把握眼神的注视范围外，还要注意眼神注视的角度和方法。应该用平和、亲切的目光语言，既不目光闪闪显得激情过度而近乎做作，又不目光呆滞，显得应酬敷衍。如果眼神发虚或东瞟西望，就会让对方产生一种不踏实的感觉，话还没出口，就先入为主地对你有了看法。

① 盯视：如果死死地盯视一个人，特别是盯视他的眼睛，不管有意无意，都显示着一种不礼貌的表现，令对方会感到不舒服。盯视在某些特定场合是作为心理战的招数使用的，在正常社交场合贸然使用便容易造成误会，让对方有受到侮辱甚至挑衅的感觉。

② 眯视：“眯视”是一种不太友好的身体语言，它除了给人有睥睨与傲视的感觉外，也是一种漠然的语态。在西方，对异性眯起一只眼睛，并眨两下眼皮，是一种调情的动作。

③ 回避：避免刻意回避对方的眼光或眼睛瞟来瞟去，否则会让对方觉得你不专心、心虚，从而得不到信任。

④ 四处漫游：这是一种犹豫、举棋不定的身体语言信息。

⑤ 正视：表示庄重。

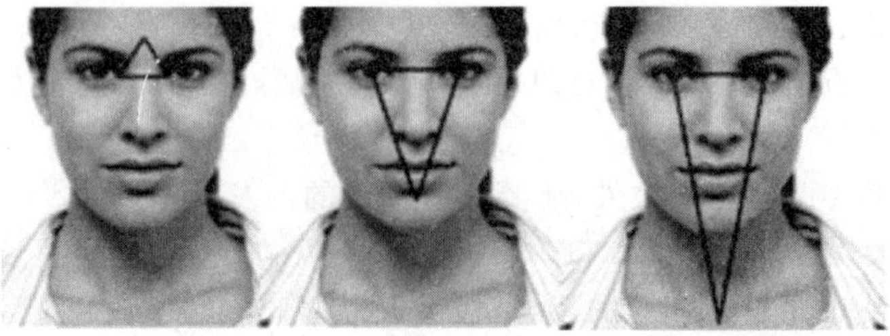

图 4-9 凝视三角区

2. 小动作大问题

伴随着不同的心态，每个人都会或多或少地表现出各种各样的小动作，而恰恰是这些小动作会把一个人的心态暴露无遗。

① 就坐后不断地整理自己的领带，或者频频把玩自己的衣饰是不自信的表现；

② 双手交替地攥紧、弄出骨节的声音是排解紧张的表现；

③ 反复地摆弄笔或其他小物品，或者不断地触摸身体的某一部位（如耳朵，鼻子，面部等）是紧张的表现；

④ 绞扭双手是不耐烦、心不在焉的表现；

⑤ 一支接一支的抽烟是紧张焦虑的表现；

⑥ 频繁地小范围地移动身体是坐立不安、焦虑的表现；

⑦ 以手掩口是心虚的表现；

⑧ 把钱、钥匙弄得叮当响是缺乏教养和风度的表现。

3. 劝退语

在商务交往中，这些都是“劝退语”：

① 反应冷淡，甚至不愿答理。

② 站起身来。虽然显得很“认真”，但反复看手表或时钟。

③ 打呵欠，伸懒腰。把双肘抬起，双手支在椅子的扶手上。

当对方出现这些身体语言，你就应该马上告辞。同样道理，在商务交往中，除非你想表达出这样的“劝退”信息，否则也不应该让这些身体语言出现。

交谈完后，如果你不希望对方再送自己，可以主动伸出手来和他相握，即是明确表示“请留步”“不用再送了”之类的含意。

三、介绍礼仪

在工作场合中，由于跟单员面对的部门和人员较多，经常需要自我介绍或者为他人做介绍。

（一）自我介绍的类型

① 主动型的自我介绍：在社交活动中，在欲结识某个人或某些人却无人引见的情况下，即可自己充当自己的介绍人，将自己介绍给对方。

② 被动型的自我介绍：应其他人的要求，将自己的某些方面的具体情况进行一番自我介绍。

（二）自我介绍的方式

（1）应酬式的自我介绍，往往只包括姓名即可。如“您好！我叫李明。”

(2) 工作式的自我介绍,包括本人姓名、供职的单位以及部门、担负职务或从事的具体工作等三项。

① 姓名。应当一口报出,不可有姓无名,或有名无姓。

② 单位。供职的单位及部门,具体工作部门有时可以暂不报出。

③ 职务。担负的职务或从事具体工作,职务较低或者无职务,则可报出目前所从事的具体工作。

(三) 他人介绍

又称第三者介绍,是为彼此不相识的双方引见、介绍的一种交际方式。他人介绍,通常是双向的,即对被介绍的双方各自作一番介绍。有时,也会进行单向的他人介绍,即只将被介绍者中某一方介绍给另一方。

根据商务礼仪规范,在处理为他人做介绍的问题上,必须遵守“尊者优先了解情况”规则。先要确定双方地位的尊卑,然后先介绍位卑者,后介绍位尊者。根据规则,为他人作介绍时的礼仪顺序大致有以下几种:

① 介绍上级与下级认识时,先介绍下级,后介绍上级;

② 介绍长辈与晚辈认识时,应先介绍晚辈,后介绍长辈;

③ 介绍女士与男士认识时,应先介绍男士,后介绍女士;

④ 介绍客人和主人认识时,应先介绍客人,后介绍主人;

⑤ 介绍与会先到者与后来者认识时,应先介绍后来者,后介绍先到者。

⑥ 介绍者介绍完毕,被介绍者双方应依照合乎礼仪的顺序进行握手,并且彼此使用“您好”“很高兴认识您”“幸会”等语句问候对方。一般情况下,被介绍者应起立。宴会、谈判会,略略欠身致意即可。

四、握手礼仪

礼仪是人际交往中的行为规范,握手尤其重要。所以在比较正规的场合,人和人握手时谁先伸手有标准化的做法。

1. 一般交往应酬中标准伸手顺序

① 地位高的人先伸手;

② 男人和女人握手时,应该是女人先伸手,女士有主动选择是否有进一步交往的权利;

③ 晚辈和长辈握手,应该是长辈先伸手;

④ 上级和下级握手,应该是上级先伸手;

⑤ 老师和学生握手,应该是老师先伸手。

在正规的商务场合,基于位高者先伸手的原则,上述的 5 个顺序都完全适合于正规场合,但是身份不同是不一样的。例如,女士是公关经理,男士是董事长,女士职位显然比男士低,两个单位商务交往,就是董事长地位高,因此应该由董事长先伸手。但是在一般性的社交场合,无论职位高低,仍然是女士优先,大家在一玩,不讲职务,不讲头衔,那么在礼仪上就是女士的地位高于男士,因此应该由女士先伸手。

2. 握手时的几个基本禁忌

① 最重要的禁忌是心不在焉:不看着对方,甚至是与旁边的人聊天,心不在焉的握手不如不握;

② 除非没有右手,否则必须伸出右手:一般握手,尤其跟外国人握手,如新马泰一带、印度

等,左右两只手往往有各自的分工,只用右手行使礼节;另外在英语文化中"右"是上位,是好的位置;而"左"是下位,是不好的位置;

③ 握手时戴手套:国际惯例只有女人在社交场合戴着的薄纱手套可以不摘。此外一般用的御寒的手套一定要摘;

④ 在国际交往中,尤其是到西方国家去,握手要避免所谓双手交叉握着对方的双手,即所谓"交叉握手"。

五、电话礼仪

电话礼仪是指人们在通电话的整个过程之中的语音、声调、内容、表情、态度、时间等的集合。它能够真实地体现出个人的素质、待人接物的态度以及通话者所在单位的整体水平。正确地使用电话,树立良好的"电话形象",无论是发话人还是受话人,都应遵循接打电话的一般要求:态度礼貌友善、传递信息简洁、控制语速语调和使用礼貌用语等。

① 选好通话的时间:首先要考虑在什么时间最合适。如果不是特别熟悉或者有特殊情况,一般不要在早 7 点以前、晚 10 点以后打电话,也不要在用餐时间和午休时打电话,否则有失礼貌,也影响通话效果。

② 礼貌的开头语:当对方拿起听筒后,应当有礼貌地称呼对方,亲切地问候"您好"。只询问别人,不报出自己是不礼貌的。如果需要讲的内容较长,可问:"现在与您谈话方便吗?"

③ 用声调传达感情:讲话时语言流利、吐字清晰、声调平和,能使人感到悦耳舒适。再加上语速适中、声调清朗、富于感情、热情洋溢,使对方能够感觉到你在对他微笑。

④ 有所准备、简明有序:如果要谈的内容较多,可在纸上列出。尤其是业务电话,内容涉及时间、数量、价格,有所记录是非常必要的。

⑤ 电话三分钟原则:在正常的情况下,一次打电话的全部时间,应当不超过 3 分钟。除非有重要问题必须字斟句酌地反复解释、强调,一般在通话时都要有意识地简化内容,尽量简明扼要。

接电话原则:①电话铃响了,要及时去接,不要怠慢,更不可接了电话就说"请稍等",撂下电话半天不理人家。如果确实很忙,可表示歉意,说:"对不起,请过十分钟再打过来,好吗?"②接电话时拿起话筒所讲的第一句话,也有一定的要以问候语加上单位、部门的名称如,"您好!* * 公司跟单部,请讲。"③如果对方打错了电话,应当及时告之,口气要和善;④如果对方没有报上自己的姓名,而直接询问上司的去向,应礼貌、客气地询问对方:"对不起,您是哪一位?"

打完电话,应当有礼貌寒暄几句"再见"或"谢谢"等结束语。挂电话一般由上级、长辈先挂,双方职级相当时,一般由主叫方先挂。挂断电话前要确定对方已经挂断电话,才能轻轻挂上电话。

六、座次礼仪

组织会议或进行洽谈时,次序的安排会影响到议事的庄严性,关系到发言次序,甚至影响到参会人员的心情。商务活动中,上下级关系永远排在第一位;其次是年龄,在相同的级别中以年长的同事为先;再次是性别,在级别相同、年龄相仿的参会人员中,以女士优先。判断座次尊卑的主要有以下几个基本原则:

1. 尊左与尊右

按照国际惯例,"以右为尊"(注:英文中 right 表示右边,也包含好的,权利等意思,所以西方通常是以右为上)。在我国,从古至今,一般遵循"以左为上"。

实际工作中，在座次安排上，要根据会议的性质安排位置。如果是政务会议、国企内部的大型会议，一般仍然遵守"左为上"原则；其他商务、社交、涉外活动则遵循"以右为尊"的国际惯例。

2. 中间与两边

中间的位置为上，两边为下。相比两边的位置，位于中间的人讲话更能使两边的人都清楚地听到，更便于与两边的人进行交流。

3. 前排与后排

前排为上，后排为下。"前"总是与"领先"相关。在会议中前排适宜安排更重要的人士。

4. 面门为上

面门为上，背对门为下。面门的位置比背对门的位置更加优越。

七、其他礼仪

1. 递物给他人

① 双手为宜，不方便双手并用时，也要采用右手，以左手通常视为无礼；

② 将有文字的物品递交他人时，须使之正面面对对方；

③ 将带尖、带刃或其他易伤人的物品递于他人时，切勿以尖、刃直指对方。

2. 展示资料给他人

① 将物品举至高于双眼之处，这适于被人围观时采用；

② 将物品举至上不过眼部，下不过胸部的区域，这适用于让他人看清展示之物。

3. 电梯礼仪

① 遵循先下后上的原则。先进入电梯，应主动按住按钮，防止电梯夹人，帮助不便按键的人按键，或者轻声请别人帮助按键；

② 在商务活动中，按键是晚辈或下属的工作，电梯中也有上位，愈靠内侧是愈尊贵的位置；

③ 电梯中绝对不可以抽烟，尽量避免交谈；

④ 电梯没有其他人的情况，在客人之前进入电梯，按住"开"的按钮，此时请客人再进入电梯。如到大厅时，按住"开"的按钮，请客人先下；

⑤ 电梯内已有很多人时，后进的人应面向电梯门站立。

单元练习题

一、单选题

1. 在外贸订单报价中，其中正确的是(　　)

A. FOB 中国每件 3.12 美元　　B. CIF 伦敦每件 80 元

C. 每件 75 美元 FOB 上海　　D. 每打 35 英镑英国

2. 在下列贸易术语中，(　　)是由买方付手续费。

A. FOB　　B. CFR　　C. EXW　　D. FCA

3. 在下列贸易术语中，(　　)是由卖方付保险费。

A. FOB　　B. CIF　　C. EXW　　D. FCA

二、操作题

1. 根据第二篇项目二任务二中的“合同信息实操”信息，运用 EXCEL 计算订单中的成衣加工数量，纸箱和纸箱贴纸数量(物料损耗参考表 3-6)。

2. 比较 WORD 和 EXCEL 制作表格的差异。

3. 用 WORD 制作一个包含单位名称为页眉，“第　页，共　页”为页码的文件。

4. 进行自我介绍，握手和递物件的演练，自我总结日常生活中哪些行为不符合礼仪规范。

5. 如何通过 5S 学习提高自己的工作和学习效率?

附录 1

常用纤维中英文对照表

纤维名称	英文	英文缩写
棉	Cotton	C
羊毛	Wool	W
马海毛	Mohair	M
羊羔毛	Lambs wool	La
羊绒	Cashmere	WS
牦牛毛	Yak hair	YH
驼毛	Camel hair	CH
羊驼毛	Alpaca	AL
兔毛	Rabbit hair	RH
真丝	Silk	S
柞蚕丝	Tussah silk	Ts
桑蚕丝	Mulberry silk	Ms
亚麻	Linen	L
黄麻	Jute	J
苎麻	Ramie	Ram
大麻	Hemp	Hem
涤纶	Polyester	T
锦纶(尼龙)	Nylon	N
腈纶	Acrylic	A
莱卡	lycra	Ly
黏胶	Rayon	R
莫代尔	Modal	Md
天丝	Tencel 是 Lyocell (莱赛尔)纤维的商品名	Tel
涤/棉混纺 (棉含量高于涤纶, 一般棉含量在65%以上)	Chief Value of Cotton	CVC
涤/棉混纺 (涤纶含量高于棉)	Polyester/Cotton	T/C

附录 2

常用单位换算

1. 长度换算表

米(m)	厘米(cm)	码(yd)	英尺(ft)	英寸(in)
1 000	100 000	1 093.63	3 280.89	39 370.7
1	100	1.093 63	3.280 89	39.370 7
0.01	1	0.010 936 3	0.032 808	0.393 707
1 609.31	160 931	1 760	5 280	63 360
1 853	185 318	2 025.41	6 076.21	72 914.6
914 383	91.438 3	1	3	36
0.304 794	30.479 4	0.333 333	1	12
0.025 399	2.539 95	0.0277 77	0.088 333	1

2. 面积换算表

平方米(m^2)	平方英尺(sq. ft)	平方英寸(sq. in)	平方码(sq. yd)
100	1 076.42	155 005	119.603
1	10.764 2	1 550.05	1.196 03
0.092 899	1	144	0.111 111
0.000 645	0.006 944	1	0.000 771
0.836 096	9	1 296	1
4 046.71	43 560	—	4 840

3. 重量换算表

千克(kg)	百克(hg)	克(g)	吨(t)	磅(常衡)(lb)	盎司(常衡)(oz)
1	10	1 000	0.001	2.204 62	35.273 9
0.1	1	100	0.000 1	0.220 462	3.527 39
0.001	0.01	1	0.000 001	0.002 204	0.035 273
1 000	10 000	—	1	2 204.62	35 274
0.453 592	4.535 92	453.592	0.000 453	1	16
0.028 348	0.283 487	28.348 7	0.000 028	0.062 5	1

常用单位缩写

公斤 kilogram	kg	毫米 millimetre	mm
磅 pound	lb	码 yard	y
米 metre	m	英尺 foot	ft
厘米 centimetre	cm	英寸 inch	in

附录 3

服装加工常用英语缩写

A /H, A. H. =ARMHOLE 袖窿,[粤]夹圈
ART. =ARTICLE [欧洲]款式
B. =BUST (女)胸围
B. L. =BACK LENGTH 后长
B. N. P. =BACK NECK POINT 后颈点
BNT=BACK NECK TAPE 后领滚
B.P.=BUST POINT 胸高点,乳峰点
B. W. =BACK WIDTH 后背宽
BNL. =BACK NECKLINE 后领口
BNP, BNPT. =BACK NECK POINT 后颈点
BOM=BILL OF MATERIAL 物料表
BSP. =BACK SHOULDER POINT 后肩颈点
BTM. =BOTTOM 下摆
C. =CHEST (男)胸围
C. B. ,C/B=CENTRE BACK 后中
C. F. ,C/F =CENTRE FRONT 前中
C. P. L. =COLLAR POINT LENGTH 领尖长
CBL. =CENTER BACK LINE 后中线
CBN-W=CENTER BACK NECK POINT TO WAIST 后颈点至腰
CMT.=CUT, MAKE, TRIMMINGS 来料加工(裁剪+车缝+辅料)
DBL. NDL. =DOUBLE NEEDLES 双针
DL=DECORATIVE LABEL 主唛
DS=DETAIL SKETCH 细节图
DTM=DYE TO MATCH 配色
DTMSA.=DYE TO MATCH SURROUNDING AREA 配所在部位颜色
E. P. =ELBOW POINT 肘点
EMB. =EMBROIDERY 绣花,[粤]车花
F. =FRONT 前
F. L. =FRONT LENGTH 前长
F. N. P. =FRONT NECK POINT 前颈点
F. O. A. =FEED OFF ARM 埋夹
FAB. =FABRIC 布料
FNP. =FRONT NECK POINT 前颈点
H. =HIP 坐围
HPS=HIGH POINT OF SHOULDER 高肩点
HSP=HIGH SHOULDER POINT 高肩点
L/D=LAB DIP 色卡,色样
L/S=LONG SLEEVE 长袖
LBL. =LABEL 唛头,商标
L/H=LABLE & HANGTAG 唛头和吊牌
LSAW. =LEFT SIDE AS WEARED 成衣左侧缝
MEAS. =MEASUREMENT 尺寸
N. TO W. =N. -W. =NAPE TO WAIST 腰直(后颈点到腰线的距离)
N. =NECK 领,颈
NK. =NECK 颈圈
N. P. =NECK POINT 肩颈点
N.S.P.=NECK SHOULDER POINT 颈肩点
O.S.=OUTSIDE SEAM 外长
O/L=OVERLOCK 拷边,锁边,[粤]钑骨
OVRLK. =OVERLOCK 拷边,[粤]钑骨
O.S.=OUTSIDE SEAM 外长
P. P. =PAPER PATTERN 纸样
PPS, P.P. SAMPLE=PRE-PRODUCTION SAMPLE 产前样
PKT. =POCKET 口袋
PT. =PNT. =POINT 点
POS. =POSITION 位置
QLY. =QUALITY 质量
QTY. =QUANTITY 数量
R. S. =RIGHT SIDE 正面
R. T. W. =READY TO WEAR 成衣
S. =SLEEVE 袖
S. A. =SEAM ALLOWANCE 缝头,缝份,[粤]子口
SNP. =SHOULDER NECK POINT 肩颈点
S. P. =SHOULDER POINT 肩点,肩端点
S. P. I. =STITCH PER INCH 每英寸针数
S. S. =SLEEVE SLOPE 肩斜
S. S. P. =SHOULDER SLEEVE POINT 肩袖点
S/O=STRIKE OFF 印花样,手刮样
S/S=SHORT SLEEVE 短袖
S/Y=SAMPLE YARDAGE 样布,布样,[粤]辦布,办布,板布
SGL. NDL. =SINGLE NEEDLE 单针
SLV. =SLEEVE 袖子
SNL. =SINGLE 单,一个
STY. =STYLE 款式

SZ. =SIZE 尺码

T/P=TECK PACK 技术档案。客人交付用于做样板的资料,通常包括款式图、工艺要求、尺寸等。

T/S=TOP STITCH 明线

W. =WAIST 腰围

W. B. ,W/B=WAISTBAND 裤头

W. I. P. =WORK IN PROCESS 半成品

W. S. =WRONG SIDE 反面

WMSP.=WORKMANSHIP 手工,车工

YPD=YARDAGE PER DOZEN 每打衣服用量(单位为码)

附录4

常用物料中英文对照

Attention Card 注意卡
Box end Label 内盒贴纸
Boxes 内箱
Buckle 字扣,铁扣
Button Mould 钮模
Button 钮扣
Carton Sticker 外箱贴纸
Carton Tag 箱贴纸
Carton 外箱
Collar Stay 插竹
Content Label 成分唛
Content/WC/SZ Label 成分/洗水/西士唛
Country Origin Label 产地唛
Cowhide Pager 牛皮纸
Cum Tape 平橡筋
Division Pad 内插筒
Drawstring 棉绳
Elastic Band 细橡筋
Embroidery Patch 绣花章
Flag Label 旗唛,皮士唛
Hang tag Sticker 挂卡贴纸
Hang Tag 挂卡
Herringbone Tape 人字带
Inner Box Sticker 内盒纸箱
Inner Carton 内箱
Interlining 衬
Item Label 旗唛
Label of Other 其他唛
Lace 丝带,花边
Leather Disc 皮牌
Luggage Pin 胶针
Magic Sticker 魔术贴
Main Label 主唛
Metal Clip 叉字铁夹
Neck Label 领唛
Nylon Loop 尼龙捆条
Nylon String 尼龙绳
Paper Belt （纸）腰带
Paper Collar Stripe 纸领条
Paper Shirt Band 纸领条
Paper Tag 纸牌
Pins 针
PL. Collar Support 胶领圈
Plastic Butterfly 胶蝴蝶,胶托
Plastic Clip 胶夹
Plastic Hangers 胶衣架
Plastic Shirt Band 胶领条
Pocket/Placket Label 袋唛/旗唛
Poly Envelope 胶袋(封口)
Polybag Sticker 胶袋贴纸
Polybag 胶袋
Price Ticket 价钱牌
Rectangle Clip 方型胶夹
Ribbon 丝带
Rivet 铆钉
Safety Pins 扣针
Shirt Board 纸板
Shoulder Cotton Pad 棉织带
Shoulder Pad(Tape) 扁带
Silicon Wappes 缎带
Size Label 西士唛
Size Sticker 西士贴纸
Sticker 贴纸
Tag Tin 胶针(用枪打)
Thread 线
Tissue Paper 纸领条,衬纸
Twill Tape 斜纹带
Waist Band 印字系带,纸腰带
Waist Tag 腰牌
Wash Care Label 洗水唛
Yoke Label 担干唛
Zipper Pull 拉链头

附录 5

染整常用词汇中英文对照

染料类

碱性染料：basic dyes
酸性染料：acid dyes
活性染料：reactive dyes
分散染料：disperse dyes
阳离子染料:cation dyes
还原染料：vat dyes
直接染料：direct dyes
硫化染料：sulphur dyes
非偶氮染料：azo free dyes

助剂类

柔软及抗静电剂　softening and antist-atic agents
防水防油整理剂　water and oilrepell-ent agents
防虫剂　insect-resist agents
增稠剂　thickeners
交联剂　crosslinking agents
乳化剂　emulsifiers

整理类

树脂　resin finishing
上浆　starch finishing
热定形：heat setting
树脂整理：resin finish
拒水:w/r(water repellent)
切割:cut
轧花：embossed/logotype
涂层：coating (pvc、pu、pa)
涂白：white pigment
涂银:silver
烫金：gold print
磨毛：brushed
起皱：crinked/ creped
轧泡：bubbled
丝光：mercerized
硬挺：stiffening
抗静电：anti-static
抗起球：anti-pilling
防羽绒：down proof
防霉：anti-fungus
免烫：wash and wear
砂洗：stone washed
阻燃：flam retardant
烂花：burn out
防水：w/p (water shrinkage)
缩水：w/s (water shrinkage)

印花类

拔染印花：discharge printing
平网印花：plate scream printing
圆网印花：rotary scream printing
转移印花：transfer printing
模版印花：block printing
涂料印花:coat printing

染色类

卷染：jig dyeing
轧染：pad dyeing
固色：color fixing
打样：lab dips
大货生产：bulk production

附录 6

纺织品检测常用词汇及面料疵点中英文对照

A 色牢度试验项目 COLOR FASTNESS TESTS

耐皂洗牢度　color fasteness to wash-ing / washing
耐摩擦牢度　color fasteness to rubb-ing / rubbing/ Dry & wet crocking
耐汗渍牢度　color fasteness to perspiration / perspiration
耐干洗牢度　color fasteness to drycleaning/ drycleaning
耐日晒色牢度　color fasteness to sunlight
耐水色牢度　color fasteness to water
耐熨烫色牢度　color fasteness to ironing
氯漂白　chlorine bleach spotting
非氯漂白　non-chlorine bleach
漂白　bleaching
海水　sea-water
酸斑　acid spotting
碱斑　alkaline spotting
水斑　water spotting
染料转移　dye transfer
热(干态)　dry heat
热压　hot pressing
印花牢度　print durability
臭氧　ozone
烟熏　burnt gas fumes
由酚类引起的黄化　phenolic yellowing
唾液及汗液　saliva and perspiration
灰色样卡　grey scale
沾色样卡　grey scale for staining
色差　chromatic difference

B 强力试验项目 STRENGTH TESTS

拉伸强力　tensile strength
撕破强力　tear strength
顶破强力　bursting strength
接缝性能　seam properties
双层织物的结合强力　bonding strength of laminated fabric
涂层织物的黏合强力　adhesion strength of coated fabric
单纱强力　single thread strength
缕纱强力　lea strength
钩接强力　loop strength
纤维和纱的韧性　tenacity of fibres and yarn
断裂强力　breaking strength
断裂强度　breaking tenacity
缝纫强力　seam strength

C 织物机构测试项目 FABRIC CONSTRUCTION TESTS

织物密度(机织物)　threads per unit length (woven fabric construction)
织物密度(针织物)　stitch density (knitted fabric)
纱线支数　counts of yarn
纱线纤度(原样)　denier counts as received
织物幅宽　fabric width
织物面密度(克重)　fabric weight
针织物线圈长度　loop length of knitted fabric
纱线卷曲或织缩率　crimp or take-up of yarn
割绒种类　type of cut pile
织造种类　type of weave
机织物纬向歪斜度　distortion in bowed and skewed fabrics (report as received and after one wash)
圈长比　terry to ground ratio
织物厚度　fabric thickness

D 成分和其他分析试验项目 COMPOSITION AND OTHER ANALYTICAL TESTS

纤维成分　fibre composition

纤维含量　fibre content

染料识别　dyestuff identification

含水率　moisture content

可萃取物质　extractable matter

填充料和杂质含量　filling and foreign matter content

淀粉含量　starch content

甲醛含量　formaldehyde content

释放甲醛含量　releasable for maldeh-yde content

甲醛树脂　presence of formaldehy-de resin

棉丝光度　mercerisation in cotton

pH 值　pH value

吸水性　absorbance

E 织物性能试验项目 FABRIC FERFORMANCE TESTS

耐磨性　abrasion resistance

抗起毛起球性　pilling resistance

拒水性　water repellency

抗水性　water resistance

防蛀性　insect resistance

防污性　soil resistance

防雨性　rain proofness

织物厚度　fabric thickness

透气性　air permeability

折痕回复力　wrinkle recovery

布料硬挺度　fabric stiffness

弹性及回复力　stretch & recovery

外观质量　appearance quality

内在质量　inherent quality

外观疵点　appearance

技术要求　technical requirement

感观检验　subjective inspection

取样　sampling

品质检验单　inspection certificate for quality

检验证书　inspection certificate

F 面料疵点 FABRIC DEFECTS

弓纬　bowing

荷叶边　scallops

门幅　fabric width

窄门幅　narrow width

磨毛痕　sand mark

起毛　hair

起球　pilling

树脂印　resin mark

停车痕　stop mark

纬斜　slanting /skewing

油污　oil

预缩痕　compact mark

抓毛痕　brush mark

硅斑　softener

疵点　defect/fault

经柳　streaky warp

断经　broken end

断纬　broken picks

破洞　hole

横档　filling bar

污迹　stain/dirt

松板印　moire effect

折痕　crease mark

色花　shade variation/ color difference/ color diviation

色柳　color stripe

渗色　color bleeding

褪色　color fading/discolor

擦伤　scratch/barasion/winch mark

条花疵点　stripy defects

斑点染色、染斑　staining

附录 7

常见外贸英文缩写

A.K.A:as know as
A.S.O.:and so on
A/O:account of,at once
A/S:as sight,after sight
ABS:absent
ABT:about
ABV:above
AC,A/C,ACCT:account
ACCES:accessory
ACEPT,ACPT:accept
ACPTBL:acceptable
ADDL,ADDNL:additonal
ADDN,ADD:addition
ADDS:address
ADJ,AJST:adjust
ADV:advice,advise
AF:as follows
AFT:after
AGN:again
AGNST,AGST:against
AGR:agree
AHR,ANTHR:another
ALRDY:already
ALTR:alter
ALWNC:allowance
AM:america
AMAP:as many as possible
AMND,AMD:amend
AMNT,AMT:amount
ANS,ANSR:answer
APLCTN,APLCN:application
APT:apartment
APV,APRV:approve
AQL: acceptable quality level
ARND:around
ARRG,ARNGE:arrange
ASA(P):as soon as (possible)
ASRTMT,ASTMT:assortment
ATCH:attach(ed)(ment)
ATN,ATTN,ATT:attention
AVBL,AVLBL:available
AVRG,AVG,AV:average
BAL,BALCE:balance
BCK:back
BCS,BCOS,BCAUS:because
BEF,BFR,B4,B/4:before
BG:bag
BK:book
BLNDD:blended
BLNK:blank
BLV:believe
BNDL:bundle
BTH:both
BTM:bottom
BTN:button
BTR:better
BTWN:between
BYR:buyer
C/O:certificate of orgin
C/SMPL:counter sample
C/T:cycle time
CA:Canada
CANB:can be
CAPA:capacity
CAPT:captain
CAT,CATLG,CTLG,CA:catalogue
CERT:certificate
CFM,FNF,CNFM:confirm
CHNG:change
CHRGS:charges
CIRCS:circumstances
CK,CHK,CHEK:check
CLR:colour
CLSD:closed
CMMTS,COMNTS:comments
CMT:cutting,making & cutting
CN:China
CNCL,CNL:cancel

COL:collation
COMP,COMPLT:complete
CONT:continue
CONT,CONTR:contract
COOP:co—operation
CORR,CRT,CRCT:correct
CST(S):chest
CSTMR:customer
CTN:cotton
DD,DTD:dated
DELY:delivery
DEPT:department
DESTN,DSTN:destination
DIRTLY,DRCTLY:directly
DIV:dividend
DLVRY,DELY:delivery
DLY,DLAY:delay
DOC,DCMTS:documents
DPT:departure
DRRN,DIFF:different,difference
DSGN,DES:design
DWN:down
DZ,DOZ:dozen
EFCTV:effective
EOQ:economic order quantity
EQL:equal
ERLY,EAR:eayly
ESAM:examine
EU:European Union
EXCH:exchange
EXCL.:exclusive
EXPLN:explain
F.A.C.:fast as can
FBRC:fabric
FLW:follow
FM,FRM:from
FNL:final
F.O.C.:free of charge
FT:feet,foot
FTY:factory
FUR:further
FWD:forward
FYC:for your consideration
FYI:for your information
FYR:for your reference
GDS:goods
GEN,GNRL:general
GV:give
HD:had
HV:have
I/O:instead of
IMM,IMMED:immediate(ly)
IMPS,IMPSBL:impossible
IMPT:important
IMPV:improve
IN.:inch
INCD:include
INCR:increase
JAP,JPN:Japan
JIT:just in time
JKT:jacket
LB(S):pound(s)
LNTH:length
LT:lead time
LTR:letter
LYR:lycra
MEAS(MT):measure(ment)
MK:make
MKR:maker
MKT:market
MSG:message
MSTK:mistake
MTH:month
N,Y:and
N/A:nonacceptance
NEC,NSRY:necessary
NEGO:negotiate
NLT:not later than
NO. NBR,NR:number
NVR:never
NX:not exceeding
NYL:nylon
ODR,ORD:order
ORIG,ORGNL:original
OTHR:other
OZWS.:otherwise

PACKG, PKG: packing
PATTN: pattern
P/C: price catalog
PCE, PC(S): piece(s)
PCT: percent
PLS, PL: please
POLY: polyester
POSS, PSBL: possible
PPM: pieces per million
PRMS: promise
PROBM: problem
PROD: production
PT: part
QC: quality control
QLY: quality
QTY: quantity
RCH: reach
RCPT: receipt
RCVd: received
RDU: reduce
RE.: with reference to
REF: reference
REJ: reject
REQ: requisition
REV: revised
RGS: (best) regards
RMKS: remarks
RPT.: repeat
RT: right
RTO: ratio
S/B: should be
S/C: sales contract
S/D: shippment date
SHP: ship
SHTG: shortage
SK: sack
SKD: separate knock-known
SMPL: sample
SPEC(S): specification(s)
SQYD: square yard
SS: semis, one half
STD: standard
STL: still, style
SUPP: supplier
SZ: size
TBA: to be advised/arranged/ agreed/announced
TBC: to be confirmed
TBD: to be determined
TEX(T): textile
TKS: thanks
TKU: thank you
TTL: total
URG: urgent
W/: with
W/I: within
W/O: without
WK: week
WKR: worker
WL: will
WNG: wrong
YD(S): yardage, yard(s)
YR: your

参考文献

1. 林丽霞,杨慧彤.印染·服装跟单实务.上海:东华大学出版社,2012
2. 中国国际贸易学会商务专业培训考试办公室.外贸跟单理论与实务.北京:中国商务出版社,2009
3. 中国国际贸易学会商务专业培训考试办公室.全国外贸跟单员考试模拟实战题集.北京:中国商务出版社,2012
4. 邢声远,郭凤芝.服装面料与辅料手册.北京:化学工业出版社,2008
5. 毛益挺,杨威,董薇.服装企业理单跟单.北京:中国标准出版社,2005
6. 中国标准社第一编辑室.服装工业常用标准汇编(第二版).北京:中国标准出版社,2000
7. 国家进出口商品检验局检验科技司.出口服装质量与检验.北京:中国纺织出版社,1998
8. 张明德.服装生产技术管理.北京:高等教育出版社,2001
9. 王乃彦.对外经贸英语函电(第四版).北京:对外经济贸易大学出版社,2009
10. 孙繁慧,姬生务.中国服装辅料大全(第二版).北京:中国纺织出版社,2008
11. 张宏仁,张小良.服装英语实用教材(第二版).北京:中国纺织出版社,2007

常见梭织面料

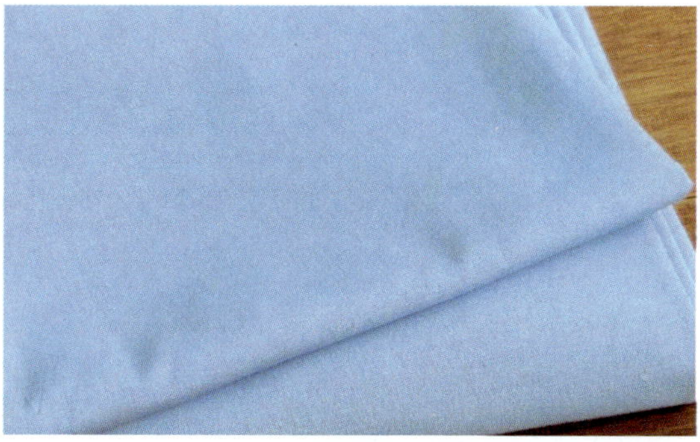

平布

色织府绸格子布

真丝电立纺

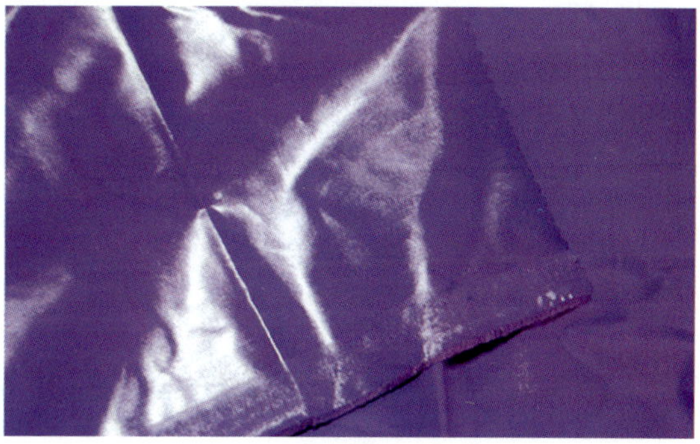

轧光尼丝纺

富春纺

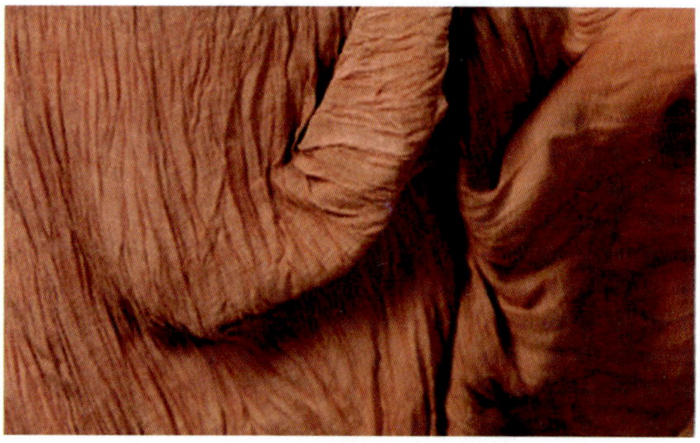

麻纱

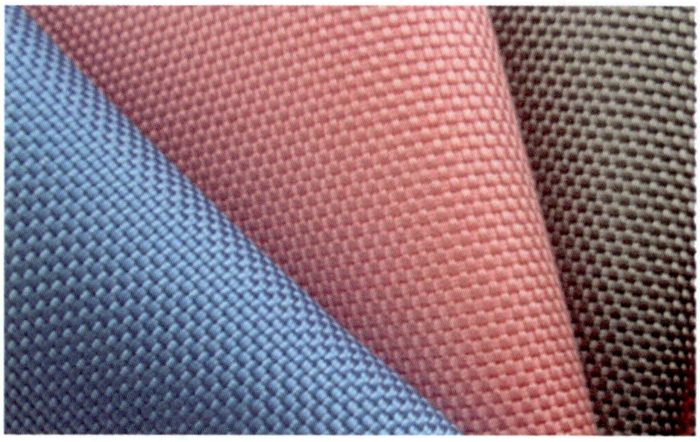

牛津布

乔其纱

雪纺

凡立丁

帆布

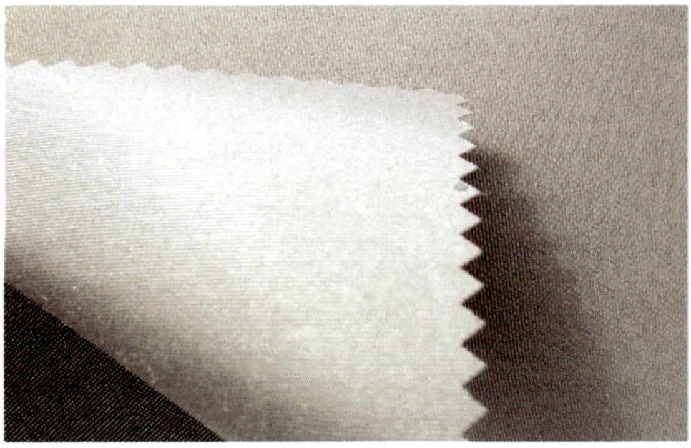
塔丝隆

卡其布

牛仔布

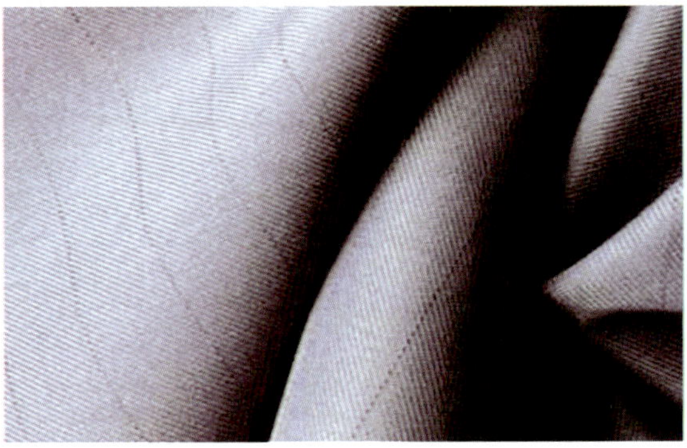
华达呢

人字纹（破斜纹布）

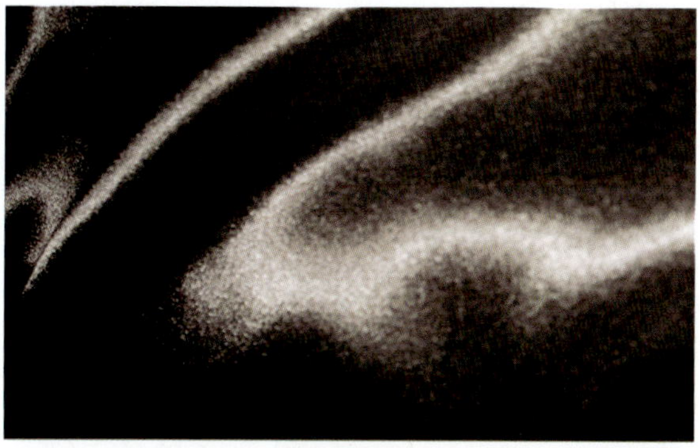

缎纹色丁

粗花呢

灯芯绒

隐条格布

剪花布

泡泡纱布

绉布

提花布

常见针织面料

纬平针

1+1 罗纹

2+2 罗纹

抽针纬平针

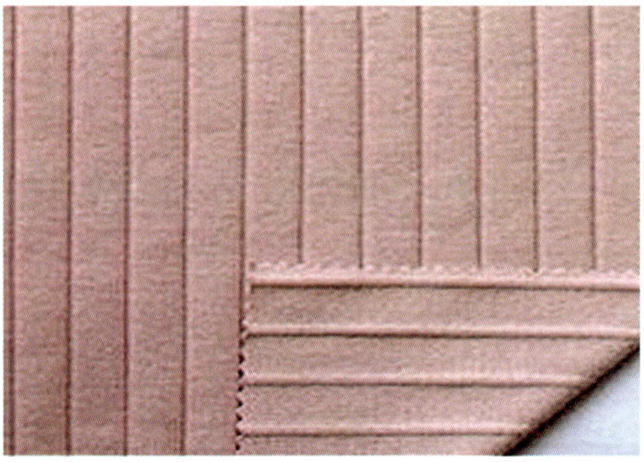
抽针罗纹

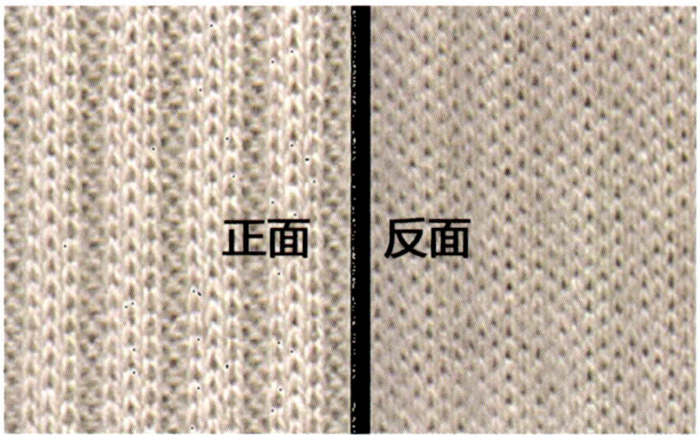

抽针双面布

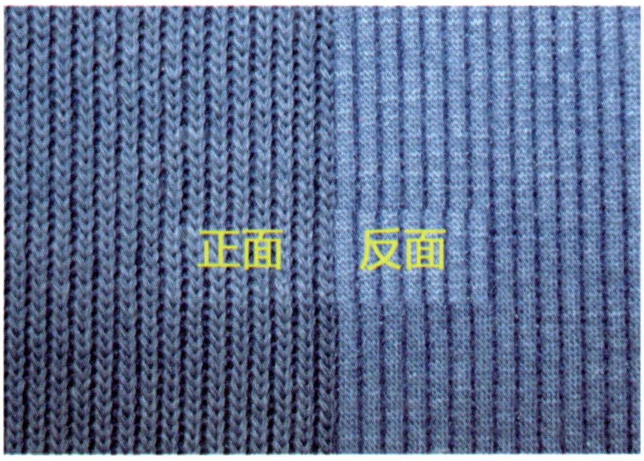

法国罗纹

4 模珠地布

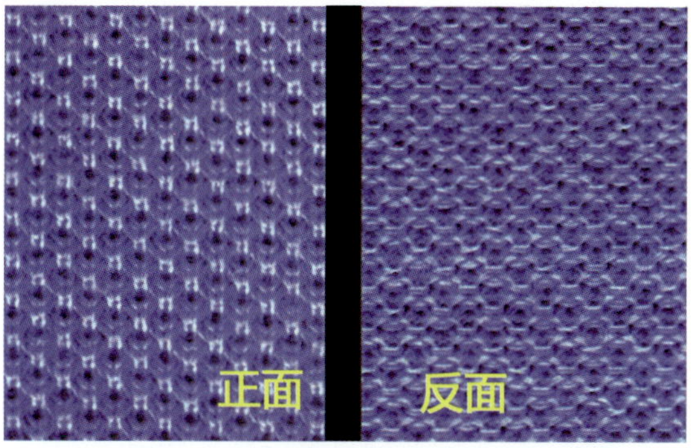

6 模珠地布

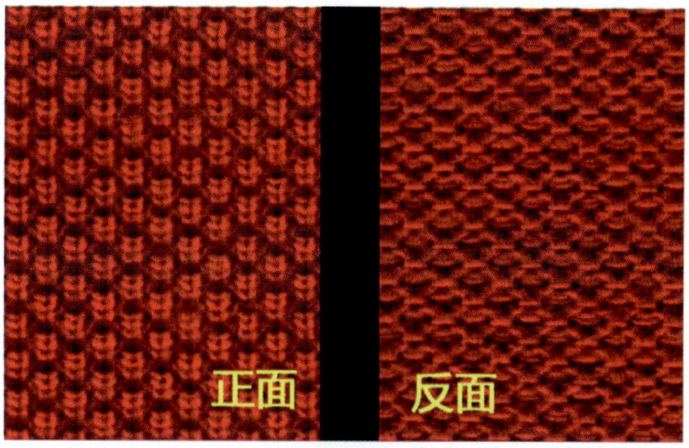

8 模珠地布

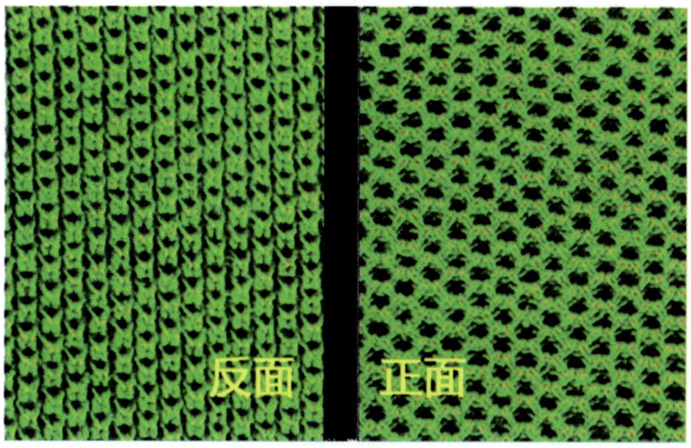

双珠地布

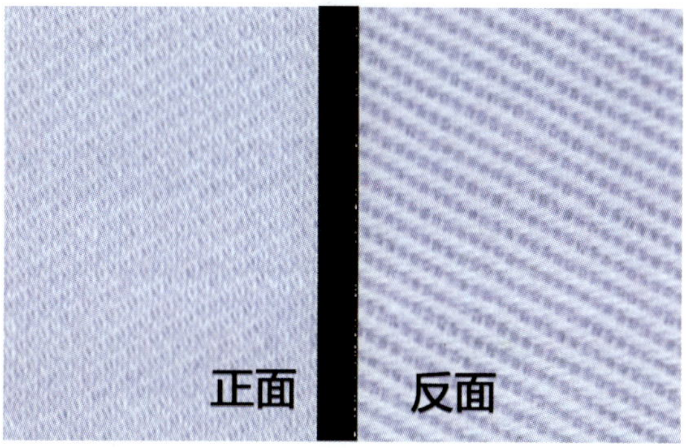

斜纹模珠地布

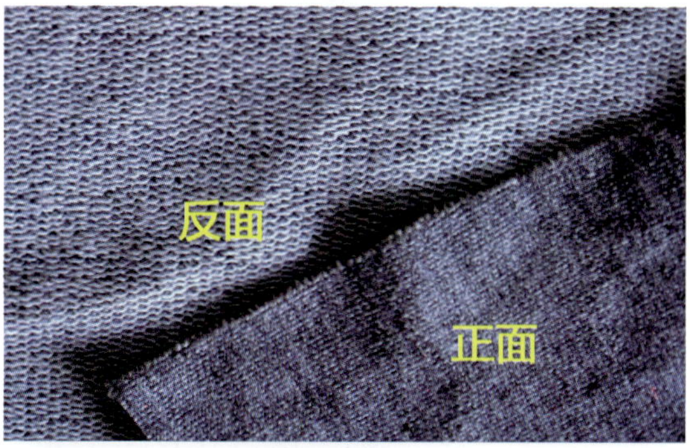

卫衣布

威化布

压花毛巾布

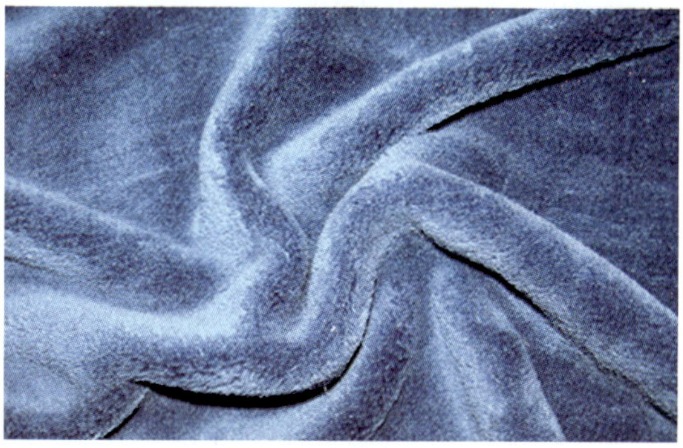
法兰绒

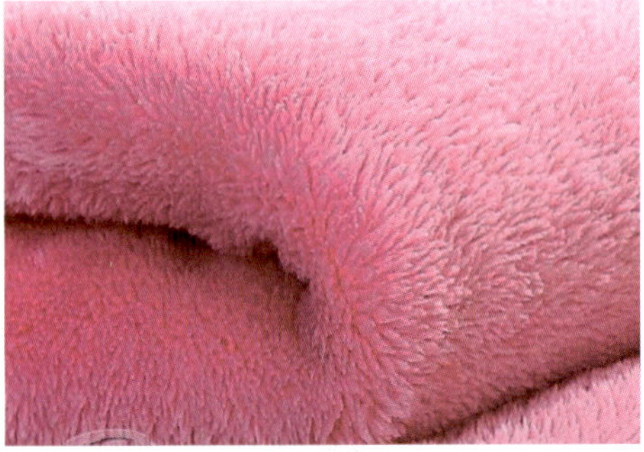

珊瑚绒

桃皮绒

天鹅绒

羊羔绒

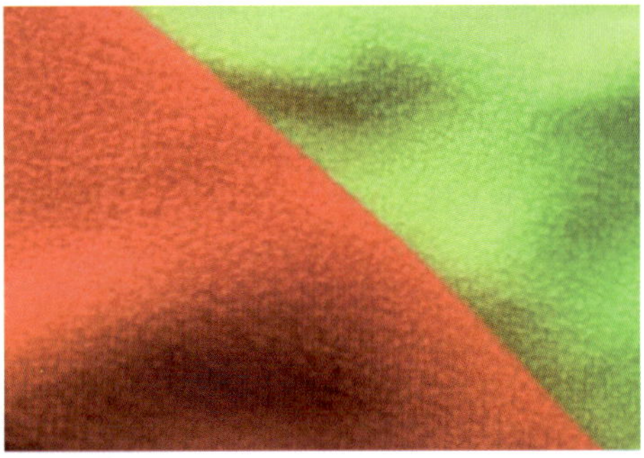

摇粒绒

其他类型面料

经编网眼布

复合布

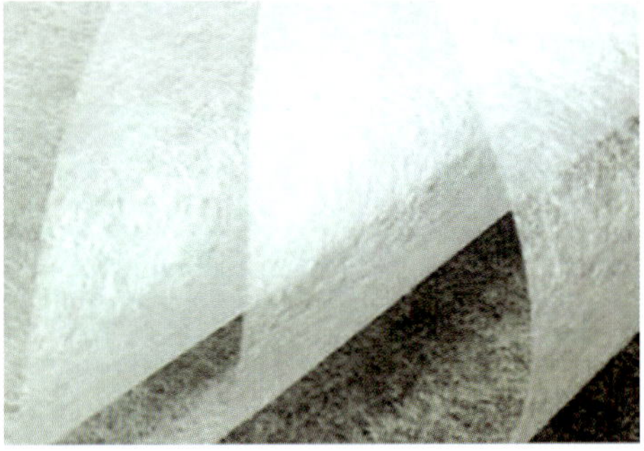

无纺黏和衬布

加工方式不同类型的布料

印花布

涂层布

烫金布

烂花布

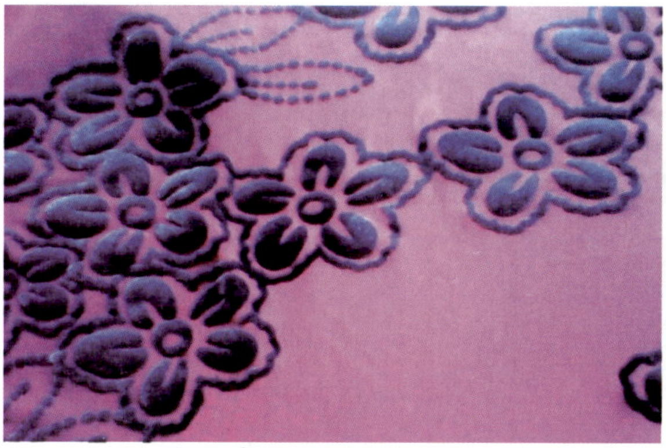

植绒布

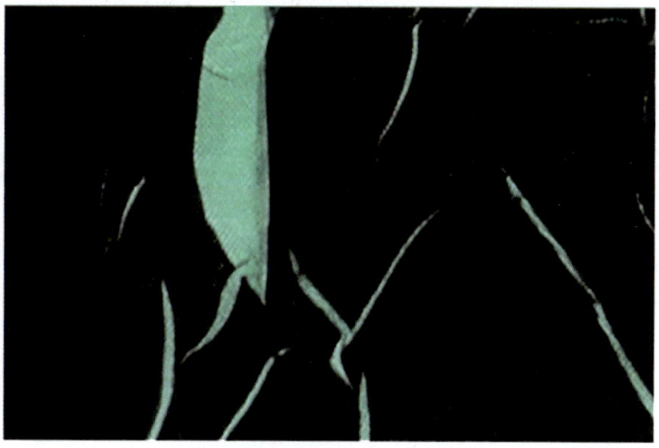

压绉印花布

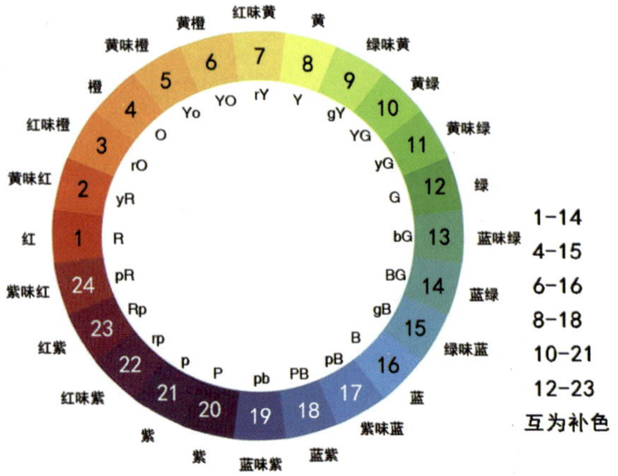

色相环

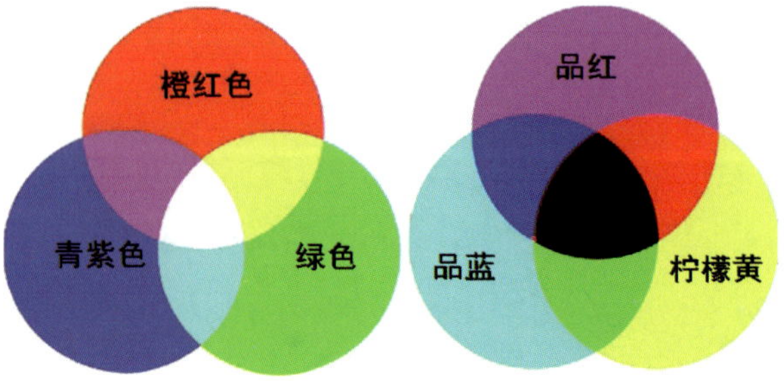

混色方法

纸质版潘通色卡

棉质版潘通色卡

尼龙质色卡

对色灯箱